의무론

일러두기

1. 이 책은 뉴욕의 머숀(The Mershon Company Publishers, 1897~1905) 사에서 출간한 『Duty』를 완역한 것입니다.

2. 역주는 본문 아래 각주로, 원저자주는 본문 마지막에 미주로 처리했습니다.

새무얼
스마일즈의

의무론

글 **새무얼 스마일즈** ┃ 번역 **박상은** ┃ 추천 **제진훈**

21세기북스

『자조론 *Self-help*』을 쓴 지도 어언 24년이 되어간다. 『자조론』은 탈고한 지 3년이 지난 1859년에야 출간되었는데, 우연한 계기를 통해서 쓰게 되었다. 전에 나는 리즈Leeds에서 젊은이들을 대상으로 몇 차례 강연한 적이 있었다. 그때, 내세의 행복은 그들 자신에게 달려 있다는 것, 즉 그들이 부지런히 교양을 쌓고 스스로를 연마하며 무엇보다 정직하고 올바르게 자신의 의무를 수행하는 데 있음을 전달하려고 애썼다.

그 결과는 기대 이상이었다. 그때 강연을 들은 젊은이들 중 많은 사람이 훗날 사회에서 책임 있는 자리에 올랐는데, 몇몇 사람들은 자신들의 성공을 부분적으로 과거에 리즈에서 배운 교훈을 실천하려고 노력한 덕분으로 돌렸기 때문이다.

그리하여 나는 『자조론』에 들어갈 내용을 메모하기 시작했다. 구두 강연보다는 책이 더 많은 사람들에게 영향을 미칠 것이라고 생각했기 때문이다. 하루 일과가 끝난 저녁 시간에 원고를 쓰고, 그 책에 『자조론』이라는 제목을 붙였다. 더 나은 제목을 찾을 수 없어서 『자조론』이라 하긴 했지만, 사실 그 책은 자조뿐 아니라 상호 협력에 대해서도 자세히 다루고 있다.

『자조론』을 탈고한 후 그 원고를 런던의 한 출판사에 가지고 갔지만 정중히 거절당했다. 그 당시는 크림전쟁이 한창이던 때라 책이 거의 팔리지 않았기 때문이다. 그리하여 『자조론』은 『조지 스티븐슨의 생애_Life of George Stephenson_』가 출판된 이후에야 머리Murray 씨의 호의로 세상에 빛을 보게 되었다.

『자조론』은 출간 이후 큰 호응을 얻었다. 이 점에 대해 서평자들에게 감사하게 생각하며, 그들의 평이 공정했다고 믿는다. 대부분의 서평자들은 나의 노력에 과분할 정도의 찬사를 보냈다. 나도 그들을 몰랐고 그들도 나를 알지 못했지만 말이다.

『자조론』은 대부분의 유럽 국가 언어와 인도어 및 일본어로 번역되었으며, 영국에서보다 미국에서 더 큰 호응을 얻었다. 그러나 나는 영국인이므로 미국에서 이 책의 운명이 어떠할지 알 길이 없다. 영국의 서적은 미국 법에 의해 보호되고 있기 때문에 해적 출판이 불가능함에도 불구하고 뉴욕의 정직한 출판업자들은 시카고 출판업자들의 부정직한 행태에 크게 놀라고 있는 실정이다. 미국 의회는 국제 저작권법이 널리 통용되고 있는 프랑스나 독일, 이탈리아 정부에 비해 정직성이 부족한 것일까?

『자조론』이 출간된 이후 13년 동안 나는 다른 저작들의 집필에 몰두해 왔고 『인격론_Character_』을 펴냈다. 『인격론』에서는 고결한 사람들의 생애를 자세히 그려 보이려고 노력하였으며, 이 세상에 왔다 간 훌륭한 사람들의 삶을 다양하게 다루었다. 훌륭한 인품을 지닌 사람들의 예를 제시함으로써 젊은이들을 감화시킬 수 있으리라 생각했기 때문이다. 아이작 디즈레일리Isaac Disraeli는 "어떤 사람들은 저자의 일화가 아니라 그의 저서를 원한다고 말하지만, 내게는 저서보다 일화가 훨씬 흥미롭게 느껴진다."라고 말했는데, 나 역시 그렇다. 플루타크 Plutarch 또한 "사람의 미덕과 악덕을 가장 잘 보여주는 것은 대단한 사건들이 아니다. 큰 전투나 중요한 행위보다는 사소한 말 한마디나 농담, 눈짓 등이 그 사람의 참된 성품을 더 잘 알려준다."라고 말하지 않았던가.

그로부터 5년 후 『검약론Thrift』이 나왔다. 노동의 신성함을 이야기한 이 책에서 나는 절약을 통해 자립의 기반을 마련할 것과 미래에 대한 소망을 가지고 가족을 부양할 것, 단정하고 당당하게 살아갈 것, 그토록 많은 사람을 빈곤으로 이끈 음주의 저주에서 벗어날 것, 덕스럽고 도덕적이고 경건한 삶을 살아갈 것 등을 촉구했다. 이 책이 독자들에게 많은 유익을 끼쳤으리라고 믿는다. 『검약론』이 출간된 이후 전국검약협회National Thrift Society 설립을 위한 많은 단체가 생겨났으며, 또한 서신을 교환하는 많은 사람들이 전하기를 각지에 저축은행이 들어서서 번창하고 있다고 한다.

『검약론』이 나온 지 5년이 지난 지금, 시리즈의 완결편인 『의무론 Duty』을 내게 되었다. 이 책 또한 이전의 책들과 마찬가지로 독자 여러분에게 도움이 되길 바란다. 나는 늘 최선을 다해 책을 써왔다. 독자 여러분은 이 책에서 대단히 훌륭하고 용감한 사람들의 다양한 예를 접하게 될 것이다.

위대한 행위는 더 많은 경이로운 일들을 낳는 위대한 유산이다. 우리는 인류가 이제까지 이루어온 것들을 통해 앞으로 우리가 무엇을 할 수 있는지 알게 된다. 위대한 생애는──비록 실패한 생애라 할지라도──인류의 힘을 보여주는 이정표이다. 의무라는 지고의 덕목을 최대로 구현한 사람은 인류 역사상 가장 뛰어난 사람들과 어깨를 나란히 할 자격이 있다.

지고의 의무는 별처럼 높이 빛나고
위안과 치유와 축복을 가져다주는 자비는
인류의 발아래 꽃잎처럼 흩어져 있다.

1880년 11월
런던에서

목차

1 의무와 양심 _23

기쁨의 참된 원천은 의무의 길에서만 찾을 수 있다. 더불어 인간을 바로 서게 하며, 인류의 유익을 생각하게 하는 성숙한 양심은 가장 차원 높은 행복을 맛볼 수 있게 한다.

2 의무와 행동 _51

말은 우리가 어떤 사람이 되어야 할지를 알려줄 뿐이지만, 행동은 우리가 어떤 사람인지를 알려준다. 실천가의 생애는 매 순간이 결정적인 승리의 순간이다.

3 정직과 진실 _81

정직이 곧 진실함이고 진실함이 곧 정직이다. 진실성만으로 인격자가 되는 것은 아니지만 진실성은 훌륭한 인격의 가장 중요한 요소이다.

4 돈으로 매수할 수 없는 사람들 _111

아리스티데스는 올곧은 성품으로 인해 '의인'으로 불렸다. 그의 정의감에는 한 점의 오점도 없었고 그의 극기심은 나무랄 데 없었다. 그 무엇으로도 그를 매수할 수 없었으며, 그 무엇도 그를 그의 의무로부터 떼어놓지 못했다.

9 일상생활 속의 영웅 _ 295

역사상 가장 훌륭한 사람들은 자신의 이익을 구하지 않는 사람들이다. 그들은 영예와 명성 따위는 고려치 않고, 스스로를 다른 사람들에게 내주며, 의무를 다했다는 사실 자체를 가장 큰 보상으로 여긴다. 그들 중 많은 이들이 제대로 감사 인사도 못 받고 세상을 떠났다.

10 연민 _ 333

연민은 사랑에 기초하며, 사심 없는 애정의 또 다른 표현이다. 연민은 주는 사람과 받는 사람 모두에게 기쁨을 안겨줌으로써 이중의 축복이 된다. 연민은 주는 사람의 마음에 행복의 풍성한 열매를 맺게 하고 받는 사람의 마음에 친절과 박애로 자라난다.

11 박애 _ 371

사랑은 인간에 대한 신뢰다. 인간의 훌륭한 품성에 대한 믿음이 없다면 그 어떤 방법으로도 인간의 고상한 성품을 개발할 수 없다. 친절은 저항과 분노를 없애고 완고한 마음을 녹인다. 그리고 모든 사람에게서 가장 좋은 성품을 끌어내며, 악을 이기고 선을 북돋운다

12 선교 영웅들 _ 405

갖은 위험과 고난 속에서 이루어지는 그들의 헌신은 결코 돈으로 살 수 있는 것이 아니다. 그들은 오직 자신들에게 주어진 사명에 따라 자비를 베풂으로써 수고를 보상받는다.

변하지 않을 삶의 가치를 찾아서

하늘은 스스로 돕는 자를 돕는다

경남 산청이 고향인 나는 어린 시절에 공부와는 인연이 없었다. 당시 내 또래의 많은 농촌 아이들이 그렇듯이, 나 또한 중학교를 졸업하자마자 아버지를 도와 1년 동안 농사일을 했다.

그러던 중 열일곱 살 때 처음 경험한 진주예술제는 내 인생을 송두리째 바꿔놓았다. 물레방아로 전기를 돌리던 시골에서 농사일만 돕던 나의 눈에는 모든 것이 별천지나 다름없었다. 예술제가 끝난 후, 나는 2주 동안 방에서 나오지도 않고 고민을 거듭했다.

"계속 이렇게 살아야 하나? 내가 꿈꾸는 미래의 모습은 무엇일까?"

어디서 용기가 났는지 그 길로 진주에 있는 누나 집으로 가출을 감행했다.

"누나, 나 고등학교에 가야겠으니, 입시까지 세 달만 지내게 해줘."

남이 3년 동안 배운 걸 3개월 만에 따라가려니 참고서를 얻어서 무조건 외우는 수밖에 없었다. 밥 먹는 시간도 아끼며 공부에 몰두해서 당시 명문이었던 진주고등학교에 합격할 수 있었다. 지금도 다행스럽게 생각하는 것은 내가 고등학교 입시를 치른 1964년도에만 시험과목이 국·영·수 단 세 과목이었다는 점이다.

하늘은 스스로 돕는 자를 돕는다.
Heaven helps those who help themselves.

내 인생의 지표로 삼고 있는 새무얼 스마일즈의 격언 속에는 내 어릴 적 경험이 고스란히 녹아 있다. 순수한 열정으로 스스로를 개척하겠다는 의지가 평범한 시골 아이의 삶에 새로운 길을 열어 주었던 것이다. 고등학교 입시를 준비하던 때의 나 자신과의 싸움은 지금 삼성 계열사의 CEO 자리에 있으면서도 마음을 다스리는 소중한 버팀목이 되어주고 있다.

행복은 출신 배경에 좌우되는 것이 아니라, 자기 자신을 스스로 도우려는 자조정신에 달려 있다고 말한 새무얼 스마일즈의 『자조론 *Self-Help*』은 책이 출간된 지 150여 년이 지난 지금도 날카로운 설득력을 유지하고 있다. 스마일즈는 책 속에서 스스로 돕는다는 것은 근면, 인내심, 끈기, 정직 등으로 자신을 끊임없이 키우고, 검약하는 습관을 들여 건전한 몸과 마음을 유지하는 것이라고 강조한다. 특히 세상이 제대로 돌아가기 위해서는 무엇보다 '나' 자신부터 바꿔야 한다는 자조의 정신은 오늘날 자신을 돌아보지 못하고 일방적으로 세상만 변해야 한다고 외치는 이들에게 따끔한 충고가 될 것이다.

사업가의 자조정신을 강조한 부분에서는 CEO로서 경영철학의 근간으로 삼을 만한 경구들이 가슴에 스며든다. 스마일즈는 사업에서 성공하는 길은 상식을 따르는 것이라며 지식을 얻거나 과학을 연구하는 경우와 마찬가지로 꾸준한 노력과 전념은 사업에도 필요하다고 말한다. 특히 비즈니스 분야에서는 슬기롭고 근면하게 실행하는 것이 성공에 이르는 큰 비결이라고 당부하면서, 철학자 베이컨이 말한 사업의 길을 이렇게 인용한다.

사업을 하는 것은 길을 걷는 것과 같다. 지름길은 대개 진창이다. 가장 깨끗한 길로 가려면 다소 돌아가야 한다. 돌아가려면 시간이 더 걸리겠지만 노동의 기쁨을 맛볼 수 있으며, 그로 인해 얻는 성과는 훨씬 더 참되고 순수한 것이다. 고된 일이라 할지라도 맡은 일을 매일 꾸준히 하면 여생을 훨씬 달콤하게 보내게 될 것이다.

세상을 움직이는 진정한 힘은 인격이다

새벽 4시, 세상이 아직 깨어나기 전 고요한 풍경은 나 자신을 돌아보고 새로운 의지를 다지기에 더할 나위 없이 좋은 시간이다. 자신만이 오롯이 누리는 새벽의 고요를 한 번 맛보면 매일 그 유혹을 떨쳐 버리기가 힘들다. 내가 30여 년 동안 새벽 4시에 기상하는 이유도 여기에 있다. 명상을 하고, 산책을 하고, 책을 읽으며 마음속으로 몰입하는 사색의 시간을 보낸다. 출근 전 하루 세 시간을 그 무엇과도 바꿀 수 없는 소중한 인격 수양의 기회로 삼을 수 있음이 감사할 따름이다.

현대인은 혼자만의 고요한 시간을 찾기가 점점 더 어려워지고 있다. 그러다 보니 삶의 지향점을 잃고, 일에 얽매여 중심 없이 살기 쉽다. 질주하는 세상 흐름만을 좇다가 지나온 길을 되돌아보면 텅 빈 가슴을 느끼게 마련이다. 남을 앞서기 위해 특출한 능력을 앞세워 쉴 새 없이 현실에 뛰어들지만, 그 효력은 오래가지 못한다. 뛰어난 재능과 명성만 갖추면 세상을 지배할 수 있다고 믿어왔던 까닭이다.

스마일즈는 『인격론』에서 세상을 움직이는 힘이 사람 마음속에 있다고 진단한다. 엄청난 부와 권력이 아니라 인격을 갖춘 사람의 양심이 세상을 조금씩 바꿔왔다는 것이다. 요즘 성공과는 아무 관련이 없다고 여겨지던 '인격'의 가치를 우리 앞에 다시 살려내 다양한 표현으로 인격의 가치를 칭송하고 있다. "천재는 감탄의 대상이지만, 인격자는 신봉의 대상으로 존경심을 불러일으킨다."고 말한다. 최고의 인생을 위해서는 내면의 양심에 귀 기울이고, 인격을 수양하는 데 전력해야 함을 강조하며 결국 인격이 인생을 지배하는 가장 고결한 재산이라고 단언한다.

저자는 실질적인 인격 수양을 위해서는 일이 최고의 스승이라고 제시한다. 사람은 일을 통해서 복종심, 자제력, 주의력, 적응력, 인내심 등을 키울 수 있다는 것이다. 특히 "책은 인생을 담고 있는 최고의 상자"라며, 훌륭한 인물들의 생각을 공유할 수 있는 책의 인격적 가치에 대해 언급하고 있다. 『인격론』을 현재에 접할 수 있는 것도 결국은 책이 있어 가능한 일인 것처럼, 독서는 시대를 뛰어넘어 성숙한 인격을 위한 토대임을 깨닫게 된다.

『인격론』에서 말하는 인격의 가치는 지속 가능한 경영을 추구하는 현대의 기업에게도 시사하는 바가 크다. 지금까지 대부분의 기업은 이윤 극대화를 위한 경제적 가치를 중시해왔지만, 이제 윤리경영과 사회공헌 등 구성원과 조직의 인격적 성숙함이 바탕이 되는 건강한 가치가 지속 가능 경영의 핵심으로 자리잡고 있다. 시장의 신뢰에 의해 기업의 성패가 좌우되는 경영환경 속에서 당장의 이익보다는 미래의 성공을 기약하는 '인격의 힘'은 CEO로서 믿어야 할 덕목이기도 하다. 스마일즈는 인격을 가꾸기 위한 노력으로 평소의 습관과 위인의 향기를 느낄 수 있는 독서를 제안하고 있다.

인격을 뒷받침하는 최고의 버팀목은 습관이다. 의지가 바르냐 그렇지 못하느냐에 따라 습관은 자비로운 군주가 될 수도 있고 난폭한 폭군이 될 수도 있으며, 습관의 주인이 될 수도, 노예가 될 수도 있다. 습관은 발전에 이바지할 수도, 파멸로 몰고 갈 수도 있다.

훌륭한 인물들은 죽어도 결코 사라지지 않는다. 그들의 정신은 책속에 담겨 사방으로 퍼져 나간다. 책은 살아 있는 목소리이다. 책은 사람들이 여전히 귀 기울이는 지식인이다. 우리가 과거의 위인들의 영향에서 여전히 벗어나지 못하고 있는 것도 그 때문이다.

고매한 인격은 세상의 수많은 유혹을 이겨내고 피어난다. 자기 수양을 통해 스스로를 끊임없이 키워 나가고, 검소한 생활을 바탕으로 자신의 책임을 다하는 자세가 필요하다. 『인격론』을 비롯한 새무얼 스마일즈의 '4대 복음서'가 결코 다른 내용이 아니라, 여러 뿌리의 자양

분으로 피어나는 꽃처럼 유기적으로 통하는 이유도 여기에 있다.

미래는 검약으로 준비할 때 아름답다

지난 2005년, 제일모직은 창립 반세기 사상 최대의 매출액과 순이익을 기록했다. 최대 실적을 거두고서도 나는 매월 초 임직원들에게 보내는 'CEO메시지'를 통해 성과에 자만하지 않는 겸허한 자세를 누차 강조했다. 성과에 만족해 현실에 안주해서는 미래의 성공을 보장받을 수 없다는 말과 함께 유혹을 이겨내기 위해 조금 더 인내하자고 설득했다. 아마도 편지를 받은 임직원들은 조금 서운했을지도 모른다.

그렇지만 기업의 CEO로서 내가 바라본 곳은 현재의 즐거움이 아니라 5년, 10년 후 미래의 모습이었다. 기업이 자만에 빠지면 고객의 소리를 듣지 않고, 새로운 것을 받아들이기보다 과거의 관행에 얽매여 조직 전체가 활력을 잃게 된다. 글로벌 경쟁력을 갖춘 초일류 기업조차도 '변하지 않으면 도태된다'는 위기의식을 강조하며 끊임없이 변화하고 있는 상황에서 작은 성과에 대한 자만은 치명적일 수밖에 없다.

세계 1위를 눈앞에 두고 있는 도요타 자동차는 '1위가 되는 순간이 도요타의 최대 위기'라고 말한다. 잘 나갈 때일수록 자만하지 않고 위기의식을 바탕으로 끊임없이 개선에 몰두하는 정신이 지금 세계 최고의 도요타를 만들고 있다. 미래에 이루고 싶은 꿈을 위해 사람들은 삶의 질서를 바로잡고 인내심을 발휘한다. 기업도 유기적인 생명체와 마찬가지로 미래의 비전을 달성하기 위해서는 현실 속에서 내일을 준비하는 검약의 미덕을 체질로 삼아야 한다.

새무얼 스마일즈가 『검약론』을 출간했던 1875년의 영국 상황은 갈 곳 몰라 하는 돈들이 넘쳤다고 한다. 그러다 보니 돈을 함부로 사용하는 사람들이 늘어 무절제하게 탐욕을 일삼고, 부도덕하고 사치스러운 행위에 돈을 남용하는 경우가 많아졌다. 저자는 "돈이 부족하기보다 돈을 낭비해서 더 큰 고통을 겪고 있다."는 말로 검약의 절실함을 역설하고 나섰다. 오늘의 상황도 그때와 크게 다르지 않다. 최근 급속히 늘어나고 있는 각종 흉악범죄의 근원에 돈이 도사리고 있고, 사회적 위신과 체면을 앞세워 분수에 넘치는 소비를 감행하는 이들이 많다. 결국 소비의 쾌락은 끝도 없이 커져만 가고 남는 것은 삶의 공허함과 어두운 미래뿐이다.

오해하지 말아야 할 것은 스마일즈가 말하는 검약은 무조건 아끼고 보자는 '구두쇠 되기'가 아니다. 돈을 제대로 쓰자는 것이다. 우리 삶의 질서를 유지하기 위해서 건전한 소비를 당부하고 있다. 스마일즈는 검약의 방법으로 그 어떤 재테크보다 유용한 세 가지 지침을 제시한다.

버는 것보다 적게 소비하고, 빚을 지지 말고, 대박(불확실한 이익)을 꿈꾸지 말라. 그러면 무슨 재미로 사느냐고 반박할 수도 있겠지만 삶의 의미는 현재의 즐거움에만 있지 않다. 세상은 지금 즐기지 않으면 큰일이라도 날 것처럼 항상 유혹하지만, 성공을 바란다면 검약의 자세로 자조의 기반을 쌓고, 그 토대 위에서 인격적 성숙을 기대해야 한다. 기업의 투자에 있어서도 같은 원칙을 적용할 수 있을 것이다. 먼저 의무를 다하고 인생을 즐겨도 결코 늦지 않다. 미래는 검약으로 준비할 때 더 아름답다.

인간에게는 이성으로부터 부여받은 미래를 예측할 권리가 있다. 이
권리에는 미래를 준비해야 하는 의무가 따른다. 검약이 미덕이라는 말
에는 유비무환이라는 의미가 들어 있다. 미래를 예측하는 것이 미덕이
아니라 미래를 준비하는 것이 최고의 미덕이다.

인간은 혼자 사는 존재가 아니다

사람은 태어나면서 여러 사회적인 관계를 맺고 그에 따른 의무를
지게 마련이다. 자식으로서, 한 가정의 가장으로서, 회사와 사회의 조
직원으로서 마땅히 해야 할 일이 있다. 요즘 들어 부쩍 강조되고 있는
노블레스 오블리주Noblesse Oblige나 기업의 사회공헌 활동도 결국은 양
심을 존중하고 책임을 다하겠다는 사회적 의무감의 표현일 것이다.

기업을 경영하면서 사회적 책임에 대해 임직원에게 늘 강조하는 것
은 '마음에서 우러나오는 자발적인 참여'다. 물질적인 지원과 제도적
인 체계도 물론 중요하지만 무엇보다 기업의 사회공헌은 임직원 각자
의 마음에서 자발적으로 시작되어야 한다. 겉으로 보기에 봉사활동은
어려운 이웃을 위해 하는 것이지만, 실제 경험해 보면 스스로 더 많은
것을 얻고 깨닫게 된다. 평생을 어려운 사람들을 구원하는 데 몸 바친
성녀聖女 테레사 수녀는 '가난한 이들과 아픈 사람들이 누려야 할 축
복을 나 자신이 더 많이 받았다.'고 생각하는 데서 진정한 봉사가 시
작된다고 말했다. 이처럼 인간은 혼자 사는 존재가 아닌 것이다.

새무얼 스마일즈의 『의무론』은 더불어 사는 인간관계를 말한다. 『자조론』, 『인격론』, 『검약론』에 이은 4대 복음서 시리즈의 완결편으로 개인을 넘어 다른 사람과의 관계, 사회에 대한 책임, 심지어 동물에 대한 의무에 이르기까지 폭넓은 주제를 다루고 있다. 『의무론』을 처음 접하는 독자는 밀려오는 의무감에 조금 당황스러울 수도 있지만, 이미 기존의 복음서를 접한 독자라면 저자의 의도를 금세 알아차리고 자연스럽게 받아들일 수 있을 것이다.

스마일즈는 '의무'를 가리켜 우리의 전 존재를 에워싸, 우리로 하여금 옳은 일을 행하고 그릇된 일을 하지 못하게 하는 원천이라고 말한다. 의무는 평생을 따라다니는 것이며, 사회의 질서가 유지되는 것도 책임을 다하는 개인들의 의무가 밑바탕이라고 진단한다. 우리가 서로를 사랑하고 서로의 보다 나은 삶을 위해 노력하는 것도 당연한 의무로 귀착된다. 또한 자기 성찰은 평소에 양심을 존중하면서 모든 의무를 다함으로써 가능하다고 강조하고, 양심만이 인간을 바로 서게 만들며 기쁨의 참된 원천은 의무의 길에서만 찾을 수 있다고 단언한다. 특히 상업활동에서 품질이 나쁜 제품을 만들어 내는 것은 부정직한 행위이며, 제공키로 한 서비스를 제대로 이행하는 것이 인격의 필수 요건이라고 강조한 부분은 요즘 기업가들에게 절실한 시사점을 던져 주고 있다.

저자는 『의무론』 마지막 장의 제목을 '마지막 때'로 정하고, "우리가 세상에 태어나는 길은 한 가지이지만 이 세상을 떠나는 방법은 여러 가지"라고 적고 있다. "마지막 길에 그 사람 마음속에 어떤 비밀이 담겨 있었는지 드러나게 될 것"이라는 말로 참된 삶의 가치를 강조하고 있다. 이처럼 『의무론』에는 사람들이 공존을 통해 참된 삶을 향유하기를 바라는 저자의 간절한 마음이 녹아 있다.

인간은 혼자 사는 존재가 아니다. 인간은 자신뿐만 아니라 남들을 위해서도 좋은 일을 하며 살아간다. 사람은 부자나 가난한 사람이나 해야 할 일들이 있다. 삶을 이끄는 가장 강한 원동력은 좋은 일에 일조하기를 바라는 마음이다.

변하지 않을 삶의 가치를 찾아서

새무얼 스마일즈의 4대 복음서는 요즘의 트렌드 서적처럼 읽기 쉬운 책은 아니다. 책도 두껍고 내용도 방대하다. 그럴수록 더 가치가 있는 책이다. 제목만 봐서는 지루한 이야기라고 속단하기 쉬워도 한 줄, 한 장을 더할수록 마음속에 여운이 남아 삶의 시선을 조금씩 바꾸게 하는 힘이 느껴진다.

19세기에 출간된 네 권의 책이 세상 변화를 따라가기에도 벅찬 21세기를 살고 있는 우리에게 어떤 의미를 줄 수 있을까?

아무리 세상이 변해도 절대 변하지 않는 삶의 가치는 늘 존재한다. 이 책들은 내일도 변하지 않을 소중한 가치들을 찾아 오늘 우리 삶 속에서 차분히 짚어준다. 이미 수백 년 전 살다간 우리 인생의 선배들이 직접 출연해 자신의 경험을 얘기하기도 하고, 역사적 사실이 연극처럼 눈앞에 펼쳐지기도 한다. 책 네 권으로 수백 명 위인들의 열전을 엿보는 호사를 누리게 해준다.

세상을 향한 질주에 지쳤다면 잠시 호흡을 가다듬고 나만의 고요한 시간을 내보자. 변하지 않을 삶의 가치를 찾는 일은 그 무엇보다 소중하다.

2006년 4월

제진훈(제일모직 대표이사 사장)

1
의무와 양심

그의 곁에는 늘 강력한 우군인 양심이 함께 걸었다.

— 밀턴^{Milton}

종교와 언어가 다르더라도 그대들은 모두 같다.
그대들의 눈앞에 한결같은 불길로 타오르는 의무는
어두운 날이나 밝은 날이나 늘 변함없이 빛나고 있다.

— 『인생 예찬 *The Ode of Life*』

아, 인간이여, 왜 세상을 비난하는가? 비록 마음이 악하고 혼탁한 그대에게는 세상도 악하고 혼탁하게 보이겠지만, 세상은 가장 완벽한 이성에 의해 만들어져 아름답기 이를 데 없는 것을.

— 마르실리누스 피치누스Marsillus Ficinus

인간은 혼자 사는 존재가 아니다. 인간은 자신뿐만 아니라 남들을 위해서도 좋은 일을 하며 살아간다. 사람은 누구나—극빈자로부터 최고의 부자에 이르기까지—해야 할 일들이 있다. 어떤 사람에게는 인생이 즐거움이지만 어떤 사람에게는 고해다. 그러나 가장 훌륭한 사람들은 즐거움을 위해 살지 않고 명예를 위해 살지도 않는다. 그들의 삶을 이끄는 가장 강한 원동력은 좋은 일에 일조하기를 바라는 마음이다.

히에로클레스Hierocles는 한 사람 한 사람이 많은 동심원으로 둘러싸인 축이라고 말했다. 첫 번째 동심원은 부모님과 처자식으로 구성되어 있고, 두 번째 동심원은 친척들로 구성되어 있으며, 그 다음 동심원은 동료 시민들로 구성되어 있고, 마지막 동심원은 전 인류로 구성되어 있다는 것이다.

신은 우리에게 이 세상의 모든 것을 주셨으며, 우리는 신과 인간을 향한 우리의 의무를 꾸준히 수행하기 위해 신이 우리에게 주신 자질을 개발할 필요가 있다. 우리의 의지를 교화하고 인도하는 것은 보다 높은 신의 의지이다. 우리에게 현세의 인간에 대한 책임과 내세의 신에 대한 책임을 지워주는 것은 선악에 대한 지식이며 옳고 그름에 대한 구별이다.

의무의 영역은 끝이 없다. 의무는 삶의 매 단계마다 존재한다. 빈부와 행불행을 임의로 선택할 수는 없지만, 어떠한 상황에 처하든 우리의 의무를 다해야 한다. 어떤 대가가 따르더라도 의무를 다한다는 것, 이것은 문화인의 삶의 본질이다. 위대한 일은 예전과 마찬가지로 지금도 행해지고 희구되어야 하며, 이를 위해 목숨까지도 바칠 수 있어야 한다.

폼페이의 병사

의무는 군인정신과 연관되곤 한다. 우리는 약 1800년 전, 폼페이가 베수비오 화산의 재로 뒤덮였을 때 근무지에서 시체로 발견된 이교도 병사를 기억한다. 진정한 군인이었던 그는 다른 사람들이 모두 달아나는 동안에도 꿋꿋이 자신의 자리를 지켰다. 그것이 그의 소임이었기에 겁내지 않고 임무를 완수했다. 그리고 화산재에 뒤섞인 유황가스에 질식해서 죽어갔다. 그의 몸은 재가 되었으나 그의 정신만큼은 여전히 살아 있다. 지금도 나폴리의 보르보니코 박물관에는 그의 투구와 창, 가슴받이 등이 전시되어 있다.

이 병사는 규율의 준수와 명령에의 복종이 무엇인지를 보여주었으며, 맡은 바 책임을 완수했다. 부모와 스승 그리고 상관에 대한 순종은 바르게 살아가고자 하는 모든 이가 배워야 할 덕목이다. 아이는 어른의 말씀에 순종해야 하며, 이는 나이가 든다고 해서 벗어날 수 있는 것이 아니다. 우리는 끝까지 권위에 순종해야 한다. 가장 순수한 형태의 의무는 구속력이 강해서 이를 수행하는 동안에 온전히 자신을 잊게 된다. 단지 해야 할 일이 있어서 할 뿐, 자기희생이라는 생각은 끼어들 여지가 없는 것이다.

버컨헤드Birkenhead호號가 아프리카 해안에서 좌초되어 용감한 병사들이 축포를 쏘아 올리며 배와 함께 물 속으로 가라앉았다는 소식이 영국에 전해진 후, 얼마 지나지 않아 웰링턴Wellington 공작은 왕립학회의 연회에 참석하게 되었다. 이때의 일을 매콜리Macaulay는 이렇게 회상한다. "나는 웰링턴 공이 바다에서 목숨을 잃은 불쌍한 병사들에 대해 말할 때 용기가 아니라 군의 기강과 명령에의 복종을 칭찬하시는 것을 알아차렸소. 공은 이 점을 몇 번이나 거듭 말씀하셨지요. 병사들의 용기에 대해서는 당연시하시는 듯했소."

의무를 수행한다는 것은 스스로를 헌신하는 것이다. 그것은 두려움을 모르고 행동하는 것만을 의미하지 않는다. 사자와 같은 용기를 가지고 사자와 싸우는 검투사는 관중의 환호에 고무되면서도 결코 자기 자신과 승리에 따르는 상품을 잊지 않는다. 스페인의 탐험가 피사로Pizarro는 대담한 사람이기는 했지만 황금에 대한 갈망이 있었기에 난관을 극복할 수 있었다.

의무를 다하라

성 아우구스티누스St. Augustine는 이렇게 말했다. "위대해지고 싶은 가? 그렇다면 작게 시작하라. 크고 높은 건물을 짓고 싶은가? 그렇다면 먼저 겸손이라는 기초를 생각하라. 높은 건물일수록 기초가 깊어야 한다. 겸손은 미美의 왕관이다."

의무는 남들의 눈에 띄지 않게 수행했을 때 가장 잘 수행했다고 할 수 있다. 그러한 의무의 수행이야말로 가장 숭고하고 헌신적인 것이다. 이는 처세술에서 나온 것이 아니며, 스스로를 광고하지 않는다. 그것은 모든 사람의 삶과 행위를 인류에 대한 영원한 의무의 관점에서 바라보는, 보다 큰 주의와 높은 법을 받아들임으로써 비롯된다. 이렇게 생각할 때 우리의 악행이나 부주의한 행동은 매일 부채로 쌓여서 조만간 인류가 갚아나가야 할 빚이라고 할 수 있다.

어떻게 하면 의무를 다할 수 있을까? 의무 수행에 따른 어려움은 없는가? 가장 우선적으로 신에 대한 의무가 있고, 그 다음에는 가족에 대한 의무와 이웃에 대한 의무가 있다. 또한 하인에 대한 주인의 의무와 주인에 대한 하인의 의무가 있고, 인간에 대한 의무가 있으며, 국가에 대한 의무가 있다. 물론 국가 역시 국민에 대한 의무를 진다.

이러한 의무들 중 많은 것이 사적으로 이루어진다. 공적인 생활은 쉽게 겉으로 드러나지만 사적으로 이루어지는 일은 당사자 외에는 아무도 알지 못한다. 따라서 고결한 인격의 소유자가 되느냐 무가치한 사람이 되느냐는 각자의 선택에 달려 있다. 아무도 우리의 영혼을 파괴하지 못한다. 영혼은 오직 그 자신만이 파괴할 수 있기 때문이다.

자신과 타인을 더 낫고 경건하고 고상하게 만들 수만 있다면 우리는 최선을 다한 것이리라.

다음은 미국의 어떤 주의회 의원이 끝까지 자신의 의무를 다한 이야기이다.

지금으로부터 한 세기쯤 전에 뉴잉글랜드New England에서 일식이 일어났다. 하늘이 온통 어두컴컴해서 최후 심판의 날이 다가온 듯했다. 그때 마침 코네티컷Connecticut 주의 의회가 회기 중에 있었는데, 날이 어두워지자 한 의원이 회의를 파하자고 제안했다. 그러나 연로한 청교도 의원인 대븐포트Davenport가 일어나 지구의 종말이 온다 해도 의무를 다하다가 최후를 맞이길 원한다며 촛불을 가져다가 남은 안건을 마무리하자고 제안하였다.

또한 허약한 몸으로 자선사업에 많은 시간을 할애한 사람도 있다. 그는 전염의 위험을 무릅쓰고 병자를 방문하여 그들의 허름한 집에서 간병을 하는 등 여러 가지로 그들을 도왔다. 친구들이 사업에도 신경을 써야 하지 않겠느냐고 충고하자, 그는 확고하고도 간결하게 대답했다. "나는 아내와 아이들을 위해 사업을 돌봐왔네. 그렇지만 인간에게는 사회에 대한 의무라는 것이 있어서, 가족 이외의 사람들도 보살필 책임이 있다고 생각하네."

이것은 기꺼이 의무를 수행하는 사람들의 말이다. 참된 자선가는 물질을 제공하는 사람이 아니라 자신을 내주는 사람이다. 돈을 기부하는 사람은 널리 이름이 알려지지만, 자신의 시간과 정력과 영혼을 내주는 사람은 사랑받는다. 전자는 오래도록 사람들의 기억 속에 남을 것이다. 후자는 잊혀지겠지만, 그가 뿌린 선한 씨앗은 결코 죽지 않을 것이다.

의무의 토대는 자유이다

그러나 의무의 토대는 무엇인가? 쥘 시몽Jules Simon은 『의무론Le Devoir』에서 의무를 자유에 기반하는 것으로 기술하고 있다. 인간은 개인의 인격 형성을 위해서도 그렇지만 공적인 의무를 수행하기 위해서도 자유로워야 한다는 것이다. 인간에게는 생각의 자유가 있고, 마찬가지로 행동의 자유도 있어야 한다. 그러나 한편으로 자유는 선을 행하기보다는 악을 행하는 데에 사용될 수가 있다. 다수의 횡포는 독재자 한 사람의 횡포보다 나쁘다. 미국의 소로Thoreau는 현대의 자유란 봉건 시대의 노예제가 여론의 노예제로 바뀐 것에 지나지 않는다고 말했다.

'모든 사람에게 공평한 자유'란 비교적 최근에 나타난 개념이다.[1] 고대에 자유민이라 일컬어지던 사람들은 노예를 둘 권리가 있는 사람들이었다. 노예제는 국가뿐 아니라 가정에도 존재했고, 군주제뿐 아니라 공화제하에서도 존재했다. 로마 공화정의 위대한 경제학자 대大 카토Cato는 노쇠한 노예 문제를 해결하기 위해 편법을 썼다. 늙고 병든 노예들을 티베르Tiber 강의 에스쿨라피우스Esculapius 섬에 보내 질병과 굶주림 속에 죽어가게 했던 것이다. 제정 시대의 로마에서 로마 시민은 자선에 의존하여 살아갔다. 영국에서도 노예제가 폐지되고 가난한 사람들이 더 이상 수도원의 자선에 기댈 수 없게 되었을 때 빈민구제법이 제정되었지만, 그것은 자유를 잃은 대가였을 뿐이다.

양심에 따르라

자유보다 더 어감이 강한 단어가 있으니 그것은 '양심'이다. 양심이라는 단어의 힘은 이미 문명의 초기 단계에서부터 인식되기 시작했다. 그리스도가 태어나기 300년쯤 전에 활동했던 그리스 시인 메난드로스Menander는 양심의 존재를 인지하여 "우리 마음 속에는 신, 즉 우리의 양심이 자리하고 있다."라고 말했으며, 이어서 "자기 혼자만을 위해서 사는 것은 사는 것이 아니다. 숭고한 일을 할 때에는 신이 용기를 불어넣어주시리라는 것을 알고 즐거운 마음으로 하라. 마음의 부富는 인간에게 필요한 대단히 중요한 것이다."라고 말했다.

양심은 종교심이라고도 불릴 만한 독특한 내적 자질로 우리 안에 있는 고상한 품성과 저급한 본성이 갈등을 일으킬 때, 다시 말해서 영이 육에 맞서고 선이 악에 대항하여 싸울 때 그 모습을 드러낸다. 우리 주위에는 성聖과 속俗의 구별 없이 도처에서 이런 싸움이 전개되고 있다. 사람들은 선을 행하려 하지만 그렇지 못하기에 고통을 받는다.

그리고 이러한 경험에서 종교가 생겨났다. 종교는 우리를 양심으로 대표되는 유일자에게 인도하는, 보다 높은 차원의 법이다. 성당 참사회원인 모즐리Mosely는 이렇게 말했다. "모든 종교는 내적 성찰의 토대 위에서 이루어졌다. 인간은 내면세계로 들어가 자기 안에 존재하는 갈등을 바라보며, 이로써 자신을 알아가고 신을 알아간다." 이러한 내적 성찰로 인해 인간은 무엇이 옳고 그른지를 감지하게 된다. 인간에게는 선악을 선택할 자유가 있고, 그 선택에 대한 책임도 따른다.

의지력은 양심을 지킨다

논리상으로야 어떠하든 실제로 자신의 행동이 불가피한 것이었다고 느낄 사람은 아무도 없을 것이다. 의지에는 제약이 없기 때문이다. 무엇에 홀린 듯 어떤 일을 하게 되는 일 따위는 없다는 것을 알고 있다. 존 스튜어트 밀John Stuart Mill은 말했다. "우리는 능히 우리에게 그런 강력한 유혹을 거부할 힘이 있음을 증명할 수 있을 것이다. 그렇지 못하다면 자긍심은 상처 입을 것이고 탁월성에 대한 욕구는 마비될 것이다."

우리의 행동은 통제 가능할 수 있다. 그렇지 않다면 왜 세상의 모든 나라에 법이 제정되었겠는가? 법은 지키기 위해 만들어졌으며, 인간이 법을 지키고 안 지키고는 스스로의 결정에 달려 있다. 우리는 습관과 기질이 우리의 주인이 아니라 우리가 습관과 기질의 주인이라고 생각한다. 우리가 습관과 기질에 굴복할 때에조차도 마음먹기에 따라 얼마든지 이를 거부할 수 있으며, 그러기 위해 더 강한 의지가 필요한 것은 아니다.

고차원의 정신적 자유를 누리기 위해서는 의식이 지식에 의해 일깨워져야 한다. 의식이 각성되면 양심이 힘을 발휘하게 되고 인간의 책임도 늘어난다. 그렇게 되면 인간은 자신의 의지를 신의 의지에 굴복시키고, 기꺼이 신의 뜻에 부합되는 행동을 하게 될 것이다. 그리고 이때 그를 지배하는 법은 사랑이 될 것이다. 믿음의 행위는 인식과 신뢰를 포함하고 있으며, 이러한 믿음의 행위는 사람의 인격을 드러낸다. 우리는 자신의 자유로운 행동과 신에 대한 믿음, 그리고 신의 뜻에 따라 행하는 일들을 통해 지고의 선에 도달하리라는 것을 알고 있다.

헤어^{Hare} 부주교는 "종교를 믿지 않는 사람은 환경의 산물이다. 그러나 종교는 모든 환경 위에 있으며, 사람을 환경 위로 끌어올린다." 라고 말했고, 토머스 린치^{Thomas Lynch}는 "우리는 어딘가에 정착하기 전에는 자유롭지 않다. 씨앗이 땅에 묻혀야 큰 나무로 자라나지 않겠는가. 믿음이 있는 사람은 뿌리내린 사람, 즉 신에게 뿌리내린 사람이고, 우리의 행위는 우리의 마음, 즉 신에 대한 마음을 증거한다."라고 말했다. 또한 『신약성경』에는 "주의 영이 계신 곳에는 자유함이 있느니라."[*1]라고 되어 있으며, 쿠퍼^{Cowper}는 이렇게 노래했다.

진리로 인해 자유로워진 사람은 자유인이고
그 밖의 사람은 모두 노예이다.

신의 이법^{理法}이 받아들여지지 않는 곳에서 사람들은 감정과 이기심에 따라 행동한다. 그들은 악습에 사로잡혀 있으며, 자신들이 잘못하고 있음을 안다. 양심이 그들을 정죄하고, 자연의 법이 그들의 행위에 항거하는 것이다. 그들은 자신들이 한 일이 제멋대로의 잘못된 행동임을 알지만, 이에 저항할 힘은 점차로 약해진다. 그들의 의지는 힘을 잃어서, 다음번 유혹이 다가올 때에는 저항할 힘이 줄어든다. 그러면 이것이 습관으로 굳어지게 된다. 모든 악행의 문제점은 악이 악을

---

*1. 〈고린도후서〉 3장 17절

34

낳으면서 악을 전파시킨다는 것이다.

그러나 양심은 죽지 않는다. 우리는 양심을 땅에 묻어버릴 수가 없으며, 양심은 우리가 아무리 짓밟아도 다시 살아난다. 모든 죄악에는 그 죄악에 대한 복수의 천사가 따라다닌다. 우리는 그의 존재에 눈을 감고 귀를 막을 수가 없다. "우리 모두를 겁쟁이로 만든 것은 양심이다." 양심이 앞을 가로막고 올바르게 살라고 경고할 때 우리는 현세에서도 최후 심판의 날을 맞이하게 될 것이다.

진정한 인격은 자기규제로부터 나온다

양심은 영속적이고 보편적이다. 그것은 각 사람의 본질이다. 양심은 우리에게 스스로를 컨트롤하여 유혹에 대항할 힘을 준다. 모든 사람은 개인의 자질을 개발하고 올바른 삶의 길을 찾아 걸어가야 한다. 인간에게는 그럴 수 있는 의지가 있다. 우리에게는 다른 누군가가 아닌 우리 자신이 될 힘이 있으며, 저급한 본성과 시류에 휘말리지 않을 힘이 있다. 진정한 인격은 자기규제, 다시 말해서 저급한 본성을 보다 고상한 품성으로 전환시키는 능력으로부터 나온다.

종합적이고 지속적인 자기규제의 훈련은 양심을 중시하고 의무를 수행함으로써만이 가능하다. 양심만이 인간을 바로 서게 하며, 그 사람 자신의 격정과 성벽으로부터 자유롭게 해준다. 양심은 우리로 하여금 인류의 유익을 생각하게 한다. 또한 기쁨의 참된 원천은 의무의 길에서만 찾을 수 있다. 기쁨은 노동을 즐겁게 하고 올바른 일의 결실을 맺게 한다.

성숙한 양심은 가장 차원 높은 행복을 맛볼 수 있는 일을 하게 하고, 우리를 불행하게 만드는 일을 참고 견디게 한다. 허버트 스펜서 Herbert Spencer는, "문명인들 중에 인간의 행복이 신의 뜻에 부합한다는 의견에 동의하지 않을 사람은 없다. 이런 생각은 모든 종교 지도자들의 가르침이자 모든 윤리학 책의 기본 사상이므로, 이를 보편적 진리로 받아들여도 좋을 것이다."라고 말했다.

양심이 없다면 쾌락이 최고의 행동원리가 될 것이고, 인간은 관능이든 지적 유희든 자신이 가장 좋아하는 것에 탐닉할 것이다. 그러나 우리는 좋아하는 것만 하며 자기만족에 빠지려고 세상에 태어난 것은 아니다. 자연이 이에 반대한다. 각자 좋아하는 것만 하고 산다면 자기희생도 없을 것이고 극기나 자기통제도 없을 것이다.

양심은 인간을 위대하게 만든다

지성과 열정은 있으나 가장 중요한 양심이 없는 국민은 자신들의 행동을 통제하지 못하고 무정부상태에 빠져서 파괴를 초래할 것이다. 독일과 러시아를 휩쓴 허무주의와 파리를 파괴한 공산주의자들의 전쟁이 이미 부분적으로 그 결과를 보여주지 않았던가? 사회에 만연한 쾌락의 원리는 개인과 사회와 국가의 전적인 타락을 불러올 뿐이다.

그러므로 방법은 사람들에게 의무를 환기시키는 것밖에 없다. 윗세대의 과업이 올바른 방법으로 자연을 정복하는 것이었다면 우리 세대의 과업은 의무를 가르치고 널리 알리며, 덕과 자비의 동반자인 정의를 구현하는 것이다. 복음서에는 시대를 초월하여 모든 사람에게 교훈이 되며 윤리학 책의 페이지마다 기록되어야 할 구절이 적혀 있다. "무엇이든지 남에게 대접을 받고자 하는 대로 너희도 남을 대접하라."라는 말이다. 빌헬름 폰 훔볼트Wilhelm von Humboldt는, "행불행에 너무 집착하지 말고 의무 수행에 충실하다 보면 행복은 저절로 따라온다. 그리하면 걱정 근심으로 가득 찬 삶에서조차 행복이 싹튼다."라고 말했다.

괴테는, "의무란 무엇인가? 매일매일의 삶에서 해야 할 일을 하는 것이다."라고 말했다. 그는 또 "가장 좋은 정부란 무엇인가?"라고 자문한 뒤, "그것은 우리에게 스스로를 다스리도록 가르치는 정부이다."라고 답했다. 플루타크는 트라야누스Trajan 황제에게, "폐하의 통치가 폐하 자신의 내부에서부터 시작하도록 하십시오."라고 말했다. 이제 자기규제와 의무, 양심이라는 세 단어가 등장한다. 후커Hooker 주교는, "순결하고 온유한 입에서 나온 이 세 단어가 예리하고 오만한 지성이 번뜩이는 3000권의 책보다 더 대접받는 날이 올 것이다."라고 말했다.

이기적인 목적에서가 아니라 사랑으로 행해진 일들, 의무와 자비와 친절에서 우러나온 행위를 보는 것은 영혼에 유익하다. 사랑으로 행한 일 중에는 보수를 받고 행한 일보다 천 배나 나은 것들이 무수히 많다. 사랑으로 하는 일은 영웅적 행위와 자기헌신의 정신을 고취하는 반면, 보수를 받고 하는 일은 보수를 받는 순간 의미를 잃는다. 의무는 가치 있는 것이지만 돈을 주고 산 의무는 별 가치가 없다. 아널드Arnold 박사는, "부와 명예와 건강을 모두 합친 것보다 더 귀한 것은 고매한 영혼에 깃든 사랑입니다. 선하고 관대하고 진실한 것들과 하나가 된다는 것은 선하고 관대하고 진실한 사람이 되는 것이기 때문입니다."라고 말했다.

모든 사람에게는 자기 자신에 대한 의무와 주변 사람들에 대한 의무가 있다. 의무로 축성祝聖되지 않는다면 인생은 별 가치가 없을 것이다. 마르쿠스 아우렐리우스 안토니우스Marcus Aurelius Antonius는, "그렇다면 당신 안에 있는 그러한 자질들, 즉 성실성과 진중함, 노동에 대한 인내와 쾌락에 대한 염오厭惡, 타고난 복에 만족하는 마음, 자비로움과 솔직함, 관대함 등을 보여주시오."라고 말했다.

너그러운 마음이라고는 조금도 없는 사람도 위대한 지력을 소유할 수는 있다. 너그러움은 인간 정신의 최고봉인 양심과 이성과 믿음에서 비롯된 것으로, 이것이 있기에 인간은 감각적 지식 이상의 것을 알 수 있다. 인간을 동물과 달리 이성적인 존재로 만들어주는 것은 이것이다. 다윈이 말했듯이 잘못을 뉘우치고 의무를 깨닫게 해주는 양심은 인간을 동물과 구별해주는 가장 중요한 차이점이다.[2]

물질 위주의 이 시대에 우리는 직접 눈으로 보고 손으로 만져본 것만을 믿으려 한다. 우리의 이해를 초월하는 것은 아무것도 믿으려 하지 않는 것이다. 그러나 사실 우리가 완전히 이해하는 것이 얼마나 되는가? 우리는 사물의 표피만을 볼 뿐이다. 물질이 생명의 신비를 이해하는 데 어떤 도움을 줄 수 있는가? 우리는 의지와 감각과 정신활동이 어떻게 가능한지에 대해 전혀 모른다. 그런 것들이 존재한다는 사실만 알 뿐, 그 기능에 대해서는 알지 못하는 것이다.

어떤 젊은이가 파Parr 박사에게 본인이 알고 이해하는 것만 믿겠다고 하자 파 박사는, "그렇다면 젊은이, 당신은 내가 아는 그 어떤 사람보다 믿는 것이 적겠군요."라고 대꾸했다. 그에 비하면 시드니 스미스Sydney Smith의 태도는 한결 나은 편이다. 그가 홀랜드Holland가家에서 열린 만찬에 참석했을 때 한 외국인이 스스로를 유물론자라고 소개했다. 잠시 후 시드니 스미스가 "수플레*2 맛이 참 좋군요."라고 말하자 그 유물론자가 "네, 정말 환상적입니다."라고 대답했다. 그러자 스미스는 "그런데 선생, 당신은 이 음식을 만든 요리사를 믿습니까?"라고 응수했던 것이다.

파스칼의 생각

우리가 이해하지 못하면서도 믿을 수밖에 없는 것이 세상에는 무수히 많다. 물질과 그 결합은 생명 자체만큼이나 대단한 신비이다. 지구 바깥의 저 먼 우주에서 정해진 궤도를 따라 도는 수많은 별들을 보라. 또는 우리가 살아가는 이 지구의 자전과 공전을 생각해보라. 이러한 천체의 움직임에 대해 우리는 무엇을 알고 있는가? 그런 현상이 존재한다는 사실 이외에 무엇을 더 아는가 말이다.

파스칼Pascal은 이렇게 말했다. "태양 궤도는 대단히 넓지만 다른 별들의 보다 넓은 궤도에 비하면 아무것도 아니다. 지금의 이 우주는 보이지 않는 다른 우주에 비하면 대자연의 광활한 품 안에 찍힌 하나의 점과 같다. 원자는 실세계와의 비교를 통해서만 상상이 가능한데, 실

---

*2. 수플레 : 달걀의 흰자위를 거품이 일게 하여 구운 것

세계는 모든 곳이 중심이고 주변부는 그 어디에도 없는 무한히 넓은 세계이다. 이 무한히 넓은 우주에서 인간은 과연 무엇인가? 그러나 이 못지않게 놀라운 또 다른 세계가 있으니, 무한히 작은 것들의 세계이다. 육안으로 식별할 수 있는 가장 작은 생물체, 이를테면 진드기 같은 것을 살펴보자. 진드기는 다리와 혈관과 체액을 지니고 있으며, 그 혈관 안에는 피가 돌고, 그 핏속에는 다시 혈구가 들어 있다. 이러한 원자의 세계를 통해 나는 여러분에게 단지 눈에 보이는 우주뿐 아니라 무한히 광대한 자연을 보여주고자 한다. 이런 데에 생각이 미친 사람이라면 누구나 무한과 무無 사이의 심연에 대롱대롱 매달려 있는 자신을 깨닫고 두려워 떨 것이다. 이 경이로운 우주를 지으신 창조주만이 우주의 신비를 이해하리라."

공자는 제자들에게 행동이 인생의 4분의 3을 차지한다고 가르쳤다. "의를 생각하고 덕을 행하라. 지식과 도량과 기氣는 보편적인 구속력을 갖는다. 진중함과 너그러움, 성실성, 친절함 등은 우리를 완덕完德의 길로 이끈다." 이것이 인류의 위대한 스승 공자가 우리에게 들려주는 교훈이다.

소크라테스의 가르침

그러나 이 모든 덕은 우리 안의 내부감시자인 양심에서 비롯된다. 양심이라는 제1원리로부터 모든 행동수칙이 나오는 것이다. 성숙한 양심은 우리로 하여금 다른 사람들을 행복하게 하는 일을 하고, 다른 사람들을 불행하게 만들지 못하게 한다. 우리가 배워야 할 가장 위대한 교훈은 의무를 수행하고 옳은 일을 하도록 스스로를 단련시켜야 한다는 것, 그리고 그 누구도 앗아가지 못할 우리 안의 그 무엇에서 행복과 내면의 평화를 찾아야 한다는 것이다. 양심은 우리 마음에 갈등을 일으키는 동시에 우리의 허약함을 극복하게 해준다. 그것은 우리에게 신의 의지와 정신을 구현할 수 있는 독특한 힘이 있음을 입증해주는 고요한 내적 작용이다.

고대 그리스인들 또한 우리에게 의무의 미덕을 가르쳐주었다. 그리스 철학의 창시자로 간주되는 소크라테스Socrates는 자신이 신으로부터 사람들의 마음속에 있는 양심을 일깨우는 임무를 부여받았다고 믿었다. 그는 그리스도보다 468년 전에 아테네에서 태어났으며, 그 당시 아테네에서 받을 수 있는 최고의 교육을 받았다. 초기에는 조각을 공부하여 조각가로서 명성을 떨쳤으며, 그 후 모든 아테네인에게 부과되는 병역의 의무를 다하기 위해 군에 들어갔다. 이때 그가 다른 젊은이들과 함께 행한 선서는 이러했다. "나는 조국이 내게 맡긴 신성한 무기를 욕되게 하지 않을 것이며, 내가 지켜야 할 곳을 떠나지 않을 것이다."

소크라테스는 전투에 임할 때마다 용감히 싸웠다. 포티다이아 Potidaea 전투 이전의 한 전투에서 알키비아데스Alcibiades가 부상을 입고 쓰러져 적에게 에워싸이자 소크라테스는 달려가 알키비아데스를 구출하고 그의 무기까지 되찾아왔으며, 그 공로로 오늘날의 빅토리아 십자 훈장에 해당하는 시민의 영관civic crown*3을 받았다. 그는 두 번째 전투에서도 용맹을 떨쳤다. 아테네의 패배로 끝난 델리움Delium 전투에서 소크라테스는 크세노폰Xenophon을 구출하여 그를 어깨에 둘러매고 적병 사이를 뚫고 나온 것이다. 그는 나중에 또 다른 전투에 참가한 후, 공직에 있으면서 나라에 봉사했다.

소크라테스는 공직에 있을 때에도 군인이었을 때와 마찬가지로 용감했다. 그는 죽음을 두려워하지 않았던 것과 마찬가지로 대중의 비난도 두려워하지 않았으며, 폭도들뿐만 아니라 폭군에게도 당당히 맞섰다. 아르기누세Arginusae 전투의 지휘관들이 죽은 병사들의 시신을 수습하지 못했다고 재판을 받을 때 소크라테스는 홀로 그들을 변호하였다. 그리하여 군중은 분노했고, 소크라테스는 공직에서 퇴출되었으며, 지휘관들은 유죄 판결을 받았다.

그 후 소크라테스는 교육에 헌신하였다. 그는 장터에 서서 가르침을 베풀었고 작업장과 학교를 방문하여 인간 행동과 사고의 영역 및 가치에 대한 자신의 견해를 가르쳤다. 회의주의가 팽배해 있던 시절에 소크라테스는 사람들을 자연에 대한 사변에서 벗어나게 하려고 애썼다. 그런 식의 사유가 사람들을 의심과 혼돈으로 이끌었기 때문이다. 그 당시에도 지금과 마찬가지로 '인생이 살 만한 가치가 있는가?' 하는 것은 대단히 중대한 문제였다. 소크라테스는 내면을 들여다보라고 말했다. 사람들이 신들의 마음을 누그러뜨리려 애쓰는 동안 그는 도덕적 행위만이 인간을 현세와 내세의 행복으로 이끈다고 주장했다.

소크라테스는 여러 곳을 다니며 가르침을 베풀었고, 현명한 사람들

---

*3. 시민의 영관 : 고대 로마 시대에 전우의 목숨을 구한 자에게 수여되는 떡갈나무 잎의 관

42

과 제자들이 그를 따랐다. 아리스티푸스Aristippus가 거액을 제공하겠다고 했지만 소크라테스는 이를 거절했다. 그는 보수 때문이 아니라 지혜를 전파하기 위해 가르침을 베풀었던 것이다. 그에게 있어서 최고의 보상은 그의 가르침이 인류에게 유익한 영향을 미치는 것이었다.

소크라테스의 가르침은 책이 아니라 토론을 통해 이루어졌다. 그는, "책에게는 궁금한 것을 물어볼 수가 없다. 책은 질문에 대답하지 못하며, 누구를 가르칠 수가 없다. 책에서는 우리가 이미 알고 있던 것들을 배울 뿐이다."라고 말했다. 소크라테스는 사물을 제1원인으로 환원시켜 진리의 유일한 기준인 확실성에 도달하고자 애썼다. 그는 덕의 총화를 믿었으며, 과학과 마찬가지로 미덕도 가르칠 수 있다고 주장했다. 소크라테스는 유일하게 가치 있는 학문은 윤리적 의무와 종교적 소망을 가르치는 것이어야 한다고 생각했으며, 모든 불의와 어리석음을 싫어해서 기회가 있을 때마다 이러한 생각을 겉으로 표현했다. 또한 그는 모든 사람에게 통치력이 있다고는 생각지 않았으며, 오직 소수의 현인만이 나라를 다스리기에 적합하다고 주장했다.

소크라테스는 72세의 나이에 재판정에 서게 된다. 그를 고소한 사람들은 그가 젊은이들을 타락시켰으며, 국가에서 숭배하는 신들을 무시하고 새로운 신들을 끌어들였다고 말했다. 소크라테스는 이 때문에 재판을 받고 사형 선고를 받았다. 그는 감옥에 갇혀 있는 30일 동안 좋아하는 주제를 놓고 친구들과 토론을 벌였다. 크리톤Crito이 탈출 계획을 꾸몄으나 소크라테스는 이를 거부했다. 그는 영혼의 불멸성에 대해 이야기했고,[3] 용기와 덕과 절제에 대해 이야기했으며, 절대 미美와 절대 선善에 대해, 그리고 그의 아내와 자녀들에 대해 이야기했다.

소크라테스는 슬퍼하는 친구들을 위로하고 사형 선고가 부당하다고 불평하는 친구들을 나무랐다. 그는 이제 죽음을 앞두고 있는데, 그런 상황에서 불평을 한들 무슨 소용이 있단 말인가? 어차피 시간이 지나면 죽을 몸, 단지 몇 년 앞서서 갈 뿐인 것을. 소크라테스보다 죽음을 더욱 고상한 존재로의 새로운 탄생으로 확신하고 환영한 이도 없을 것이다. 마침내 시간이 되어 간수가 독배를 들고 나타나자 소크라테스는 용감하게 이를 받아 마시고 평온한 죽음을 맞이했다. 이에 대해 파이돈Phaedo은, "진실로 현명하고 정의로우며, 내가 아는 가장 훌륭한 사람인 우리의 친구는 그렇게 최후를 맞았다."라고 말했다.

루이스Lewes는 이렇게 말했다. "소크라테스의 덕과 죽음은 수세기에 걸쳐 사람들에게 많은 교훈을 주고 관용을 깨우쳐주었으며, 그의 이름은 학생들과 수사학자들에게 윤리의 주제가 되었다. 바라건대 소크라테스의 죽음이 윤리적으로 큰 영향을 미칠 수 있기를!"4

소크라테스의 제자 플라톤

소크라테스는 저서를 남기지 않았다. 그에 대해 우리가 알고 있는 사실은 대부분 그의 제자인 플라톤Plato과 크세노폰의 저작을 통해 알려진 것들이다. 플라톤은 10년 동안 소크라테스와 함께 생활하였으며, 후에 『대화Dialogues』에서 소크라테스의 사상을 자세히 설명하였다. 그러나 이 대화편에서 어디까지가 소크라테스의 생각이고 어디까지가 플라톤의 생각인지 구별하기란 쉽지 않다. 소크라테스와 사별한 뒤 플라톤은 40세에 시칠리아로 여행을 떠났는데, 그곳에서 시라쿠사

Syracuse의 독재자 디오니시오스Dionysius 1세를 알게 되었다. 디오니시오스 1세는 정치적 견해차로 말미암아——플라톤은 대담하고 거침없이 자유를 논했다——플라톤을 죽이려 했다. 플라톤은 디오니시오스 1세의 처남 디온Dion 덕에 목숨을 건졌으나 노예로 팔려갈 운명에 처했고, 그를 친구가 사들여 자유의 몸으로 만들어주었다.

그 후 플라톤은 아테네로 돌아와 사람들을 가르치기 시작했다. 스승인 소크라테스처럼 플라톤도 보수 없이 가르침을 베풀었다. 플라톤의 생애에 대해서는 별도의 설명이 필요치 않으리라. 단지 그가 진리와 도덕과 의무를 가르치는 데 헌신했다는 말로 충분하다. 그는 네 가지 으뜸이 되는 덕목으로 지혜, 용기, 절제, 정의를 꼽았으며, 이러한 덕의 분류는 플라톤 철학의 기초를 이룬다. 플라톤은, "모든 계급의 사람들로 하여금 성공과 실패, 승리와 패배를 떠나서 자신의 의무를 다하고 자족하게 하라."라고 말했다. 이 얼마나 미래의 세대에게 교훈이 되는 말인가!

플라톤은 말년을 아카데미아에서 조용히 제자들을 가르치며 보냈다. 후세 사람들이 찬탄해 마지않는 『대화』를 저술하는 일은 특히 노년기의 그에게 많은 위안을 주었다. 그는 경건한Divine 플라톤이라 불렸으며, 그의 영혼은 진리를 갈망했다. 그는 진리만이 인간이 추구해야 할 위대한 목적이라고 말했다. 플라톤은 스승인 소크라테스와 마찬가지로 지고의 지성Supreme Intelligence에 선·정의·지혜 등의 속성과 인간사에 대한 직접적 개입이라고 하는 개념을 결부시켰다. 칼라일Carlyle이 시를 싫어했듯 플라톤 역시 시를 싫어했다.[5] 플라톤이 칭찬한 시라고는 교훈시가 유일했는데, 사실상 철학과 다를 바 없었다. 콜리지^{Coleridge}는 그리스도보다 400년쯤 전에 태어난 플라톤을 그리스도 시대를 예언한 참된 예언자라 하였다. 그리고 메스트르^{Maistre}는 플라톤에 대해 "중요한 문제가 있을 때 이를 플라톤과 상의하지 않고 미해결 상태로 내버려두는 일이 없도록 합시다."라고 말하곤 했다.

『신약성경』이 말하는 이상적인 삶

『신약성경』에는 이상적인 삶이 제시되어 있다. 그러나 이를 실현하는 데에는 많은 수고가 따른다. 우리는 해야 할 '일 이외에도 하고 싶은 일이 많다고 느낀다. 하지만 우리에게는 해야 할 의무가 있고, 해야만 하기에 공상에 빠지거나 게으름을 피울 여유가 없다. "무릇 네 손이 일을 당하는 대로 힘을 다하여 할지어다."라는 말에는 정신 건강과 행복을 위한 얼마나 많은 교훈이 담겨 있는가! 어떤 운명에 처하든 최선을 다하는 사람에게는 분명 발전이 있을 것이다.

어떤 사람들은, "선한 언행이 다 무슨 소용이란 말인가. 인간은 선해질 수 없으며, 설령 선해진다 하더라도 그것은 아무런 도움도 못 되는 것을!"이라고 탄식한다. 그러나 이렇게 말하는 것은 소망이 없고 진리와 믿음도 없는 행위이다. 우리 각자는 우리의 삶에서 약간의 선을 행할 수 있으며, 그럴진대 당연히 선을 행해야 할 의무가 있다. 우리에게는 스스로를 파괴할 권리가 없듯이 스스로를 무용지물로 만들 권리도 없다.

우리는 큰일뿐 아니라 작은 일에도 성실해야 한다. 많은 재능이 주어졌을 때 이를 잘 키워나가듯 하나의 재능이 주어졌을 때에도 이를 잘 살려나가야 한다. 또한 양심의 명령에 귀 기울이고, 혼자일 때에도 의무를 다해야 한다. 우리는 스스로를 존중하는 마음만으로도 정직하고 성실하며 부지런하게 살아갈 수 있다. 그러므로 무슨 일을 하든 끝까지 성실해야 한다. "내가 자네를 사면 자네는 성실하게 일할 텐가?" 하는 예비 노예주의 물음에 "네, 당신이 나를 사든 안 사든 나는 늘 성실하게 살아갈 것입니다."라고 대답한 어느 노예의 말에 감동하지 않을 사람이 있을까?

인격은 신이 주신 가장 위대한 것

매클라우드Macleod 박사는 글래스고Glasgow의 배로미 교회에서 노동자들을 대상으로 한 설교에서 인격의 중요성을 강조했다. 훌륭한 인격은 신분의 고하를 막론하고 누구나 성취해야 할 중요한 목표라고 하면서 그는 이렇게 말했다. "앨버트Albert 공이 남긴 가장 가치 있는 것은 그의 인격이었습니다. 앨버트 공은 대다수의 가난한 사람들이 스스로에 대해 인격자가 될 수 없다고 생각하는 것을 잘 알고 있었습니다. 그러나 그들의 이러한 생각은 사실이 아닙니다. 앨버트 공이라면 그런 식의 말은 들으려고도 하지 않았을 것입니다. 아무리 가난해도 신으로부터 이 세상에서 가장 위대한 것인 인격을 소유할 힘을 부여받지 않은 사람은 없습니다. 훗날 그들의 자녀는 부모가 경건한 사람이었음을 신에게 감사를 드릴 것입니다."

인격은 작은 의무들을 성실하게 수행함으로써 얻는다. 애정이나 의무감에서 우러나온 친절한 행위나 극기, 자기희생 등을 통해 형성되는 것이다. 인격의 바탕은 가정에서 마련되며, 그 사람의 기질이 선하든 악하든 대개 가정생활은 그 기질을 더욱 북돋워준다. "작은 일에 성실한 사람은 큰일에도 성실하며, 작은 일에 불성실한 사람은 큰일에도 불성실하다." 친절은 친절을 낳고, 진리와 믿음은 진리와 믿음 안에서 더욱 풍부해진다. 추상적인 어구보다 조그마한 친절이 인격에 대해 더 많은 것을 가르쳐준다. 친절을 베푸는 것은 그리 어려운 일이 아니며, 그 효과는 짧은 인생보다 훨씬 오래 간다.

선한 것은 그 어떤 것도 헛되지 않다. 죽는 것은 아무것도 없으며, 생명조차도 죽지 않고 다른 형태로 바뀔 뿐이다. 선한 행위는 죽지 않고 우리 안에 영원히 산다. 사람의 육신은 썩어 없어지지만 그의 행위는 지울 수 없는 흔적을 남기고 새로운 세대의 생각과 의지에 영향을 끼친다. 숭고한 행위는 시간을 초월하여 다음 세대에까지 기쁨을 전할 것이고, 선한 행동 하나는 마을을 감동시키고 나아가 도시와 나라를 감동시킬 것이다. 괴테는, "지금 이 순간 우리는 신의 강력한 현존 안에 있다."라고 말했다.

인간에게서 나온 가장 좋은 산물은 고결한 생각이다. 이는 형성되어 행동으로 옮겨지기 시작하면 수천 년 동안 인류에게 좋은 영향을 미친다. 땅의 가장 좋은 소산은 땅에 떨어진 작은 씨에서 비롯되며, 가장 훌륭한 인격은 타고난 양심과 의무의 수행에서 비롯된다. 워즈워스Wordsworth는 의무에 대해 이렇게 노래했다.

그대는 엄격한 입법자! 그러나
신의 자비로운 은총 안에 있네.

그대 얼굴에 떠오른 미소처럼 아름다운 것을

나는 알지 못하네.

꽃밭의 꽃들은 그대 앞에서 웃음 짓고

그대의 발걸음에서는 향기가 나네.

그대는 별들이 궤도를 이탈하지 않도록 지켜주며

그대 안에서는 가장 오래된 하늘조차 새롭고 강해지네.

2

의무와 행동

| 새무얼 스마일즈의 의무론 |

신에 대한 믿음을 지니고
의무의 길을 걸으라.
그대가 해야 할 일을 다할 수 있도록
늘 신의 말씀을 묵상하라.

— 루터Luther

숭고한 일을 종일토록 꿈만 꾸지 말고 실제로 행하라.
그리하여 삶과 죽음과 저 광막한 우주가 영원히 웅장하고 감미로운 노
래가 되게 하라.

— 찰스 킹즐리Charles Kingsley

아, 세상의 일꾼이여! 그대의 젊은 팔에
잔인한 대지는 마술에 걸린 듯 땅의 소산을 내주었다가 거둬들인다.
젊은 선원과 병사, 학생과 농부, 직조공과 대장장이 그리고 광부들
그대들은 모두 당당한 젊은이들!
어디에 있든 그대는, 비록 촌스럽고 거칠지는 몰라도
보이지 않는 힘의 원천을 지니고 있다.
그대에게는 창조력이 있고 젊음이 있으며
약동하는 생명력이 있다.

— 『인생 예찬』

자신의 의무에 대해 깊이 생각해본 사람은 믿는 바를 즉시 행동으로 옮길 것이다. 행동은 우리 마음대로 할 수 있는 유일한 것이다. 그것은 습관의 총합일 뿐 아니라 인격의 총합이기도 하다.

의무를 이행하는 과정은 늘 쉽지만은 않다. 여기에는 극복해야 할 많은 장애가 따른다. 우리는 장애를 볼 수 있을 만큼 영리할지는 몰라도 장애를 극복할 만큼은 의지가 강하지 않을 수도 있다. 의지가 약한 사람의 앞길에는 많은 복병이 숨어 있다. 그는 생각하고 의미를 부여하고 꿈을 꾸지만 실제로 하는 일은 아무것도 없다. 늘 열심히 일하는 어떤 사람은, "생각할 것도 별로 없고 해야 할 것도 별로 없다. 단지 일을 할 뿐이다."라고 말했다.

의무를 이행하기 위해서는 좋아하는 일과 싫어하는 일을 구분하지 말아야 하겠지만, 그보다 더 힘든 일은 사람들의 평가에 초연해지는 것이다. 어떤 일을 하고 나서 '사람들이 뭐라고 할까?'라는 생각부터 먼저 하는 사람은 아무 일도 해내지 못한다. 하지만 '이것이 내 일인 가?' 하고 자문하는 사람은 세간의 비난을 감수하고 조롱조차도 참아 낼 마음의 준비가 되어 있다. 라크르텔Lacretelle은, "선행을 믿읍시다. 의심과 불신은 악행의 몫으로만 남겨둡시다. 믿지 못하기보다는 차라 리 속는 편이 낫습니다."라고 말했다.

인격은 온전하게 빚어진 의지이다

의무는 가정에서 처음으로 배우게 된다. 아이는 무력한 존재로 태 어나 다른 사람들의 보살핌 속에서 정신적 · 신체적으로 발달한다. 그 리하여 마침내 사고할 줄 알게 되고, 웃어른에 대한 순종과 자기규제 를 배우며, 다른 사람들에게 친절을 베풀 줄 알게 되고, 의무를 다함으 로써 행복을 맛볼 수 있게 된다. 그에게는 그 자신의 의지가 있지만 이 것이 좋은 영향을 받느냐 나쁜 영향을 받느냐는 부모에게 달려 있다.

무언가를 하려는 의지가 쌓이면 목표가 된다. 그리고 인생의 초기 에 올바른 목표를 설정하는 것은 매우 중요하다. 노발리스Novalis는, "인격은 온전하게 빚어진 의지이다."라고 말했다. 의지는 한번 형성되 면 일생을 통해 꾸준히 유지된다. 선한 의도를 가진 진실한 사람은 인 생의 목표가 생기면 세상의 찬사나 보상 따위에 별 가치를 두지 않는 다. 그에게는 자신이 한 일을 잘했다고 인정해주는 스스로의 양심이 가장 좋은 보상이다.

방향성이 배제되었을 때의 의지란 단순히 꾸준하고 꿋꿋하고 끈질 기게 어떤 일을 해나가는 성질일 뿐이다. 그러나 그릇된 방향으로 들어선 강한 의지는 나쁜 힘으로 작용한다. 폭군의 강한 의지는 악마처럼 끊임없이 전횡을 일삼는다. 그것은 수백만의 병사들을 복종시키고 그들의 열정에 불을 붙이고 적에 대한 분노를 심어주며, 정복과 파괴와 폭정 이외의 그 무엇에서도 만족을 느끼지 못한다. 이러한 무한한 의지가 알렉산더Alexander나 나폴레옹Napoleon 같은 인물을 낳았다. 알렉산더는 더 이상 정복할 나라가 없음을 슬퍼하였고, 나폴레옹은 유럽을 제패한 후 눈 덮인 러시아의 벌판으로 진격했다. 그는, "정복이 나를 만들었고, 정복이 나를 유지시킬 것이다."라고 말했다. 그러나 나폴레옹에게는 도덕 원리가 없었기에 유럽은 그의 파괴 작업이 끝난 후 그를 외면하고 말았다.

반면에 올바른 의도와 결합된 강력한 의지는 축복으로 가득 차 있다. 이런 의지를 지닌 사람은 다른 사람들의 마음에 양심을 일깨워준다. 그는 사람들로 하여금 의무에 눈뜨게 하고, 가치 있는 목표를 추구하게 하며, 그릇된 일에 반대하고 옳은 일에 찬성하게 한다. 의지가 강한 사람은 행동에도 힘이 있으며, 그의 열정과 끈기는 체질화된다. 그는 자신이 속한 집단과 사는 지역에, 그리고 태어난 나라에까지 건전한 기풍을 불어넣는다. 그는 소극적인 사람들에게 기쁨이 되고 게으름뱅이들에게 교훈이 된다. 그는 전자에게는 희망을 주어 바로 서게 하고, 후자에게는 모범을 보임으로써 올바른 길을 가게 한다. 테니슨은 이렇게 노래했다.

아, 모든 것이 파괴되더라도 꿋꿋이 버틸
살아 있는 의지여,

정신적 암초에서 솟아올라

우리의 행위 속에 흘러들어 그 행위를 정결케 하라.

우리가 티끌 속에서 하나의 목소리를 들어올려,

정복당한 세월 위로 흩어지는 비명을 들어주시는 그분에게 하듯

우리와 함께 일하며 스스로를 통제할 수 있는 데서 나오는 그 믿음

으로

입증할 수 없는 진리를 믿는 그에게 전할 수 있도록.

사랑하는 모든 것, 그리고 영혼에서 영혼으로 우리에게 전해져온

모든 것들과 함께 우리의 생을 마감할 때까지.

의지가 없는 사람들

세상에는 강한 악의나 강한 선의를 지닌 사람 이외에 의지가 약하거나 전혀 없는 사람들도 무수히 많다. 이들은 개성이 없는 사람들이다. 이들에게는 악을 행하고자 하는 강한 의지도 없지만 선을 행하고자 하는 의지도 없다. 이들은 외부의 인상을 수동적으로 받아들일 뿐 그것을 마음에 간직하지는 않는다. 그들은 앞으로 나아가지도, 뒤로 물러서지도 않는 듯하다. 그냥 바람이 부는 대로 몸을 맡길 뿐이다. 이런 사람들의 마음에는 누구든 영향을 미칠 수 있으며, 누구든 그들의 의지를 지배할 수 있다. 그들은 어떠한 진리도 소중히 간직하지 않으며, 진지함이라는 것을 모른다. 어디에서나 이러한 사람들, 즉 무심하고 수동적이고 유약하며 냉담한 사람들이 사회 구성원의 대다수를 차지한다.

그러므로 의지력의 강화와 향상에 관심을 쏟는 것은 대단히 중요한 일이다. 그렇지 않고서는 독립성도 기대할 수 없고, 과단성이나 개성도 기대할 수 없기 때문이다. 의지력의 강화가 이루어지지 않고서는 진리가 힘을 발휘하지 못하고 윤리가 방향을 잃으며, 사람들은 악의를 가진 사람들의 손에 조종당하는 기계로 전락하고 만다. 지적 발달이 과단성을 가져다주지는 않는다. 철학자들은 토론하지만 과단성 있는 사람들은 행동한다. 베이컨Bacon은 "해결하지 않은 채 두는 것이 곧 해결책"이라고 했는데, 그것은 곧 아무것도 하지 않는다는 뜻이다.

로크의 생각

로크Locke는 이렇게 말했다. "의지를 올바로 교육시키기에 적합한 시기는 청년기이다. 사람에게는 마음이 확장되고 많은 유용한 진리가 습득되는 시기가 있는데, 이 시기에는 감정이 즉각적으로 이성에 복종하며, 장래의 중요한 행위에 영향을 끼치게 될 올바른 원칙들이 내면에 확고히 자리잡는다. 그러나 이 시기는 평생 계속되지도 않고 상당 기간 지속되지도 않는다. 이 시기는 몇 년에 지나지 않으며, 만약 이 시기에 의지의 교육을 소홀히 하면 자연히 실수와 무지가 우리를 따라다닐 것이다. 우리의 의지는 우리를 지배하는 법이 될 것이고, 만약 이때 욕심이 힘을 얻으면 나중에 아무리 욕심을 떨쳐버리려 해보았자 소용이 없게 될 것이다."

제1대 샤프츠버리Shaftesbury 백작은 로크와의 대화에서 인격과 행동에 대한 이론을 제시했는데, 우리는 이를 통해 그 자신의 인격과 행동을 알 수 있다. 그는 지혜란 머리에 있지 않고 마음에 있다고 하였으며, 인간이 어리석은 행동을 하고 무질서하게 살아가는 것은 지식의 결핍 때문이 아니라 의지의 왜곡 때문이라고 말했다. 지식만으로는 인격에 별다른 영향을 미치지 못하기에 지식이 많은 사람도 머릿속으로만 수천 가지 가능성을 생각할 뿐 막상 행동으로 옮기지 못할 때가 있다. 이때 지식은 행동에의 걸림돌이 된다. 의지의 작용은 이해를 바탕으로 이루어져야 하고, 또 그럴 때 영혼은 행위 속에서 풍성한 삶을 누리게 된다.

사실 글자와 어구와 문장을 배우는 것은 어떤 사람들이 생각하듯 그렇게 중요한 일은 아니다. 지식은 선善이나 행복과는 아무 상관이 없다. 그것은 겸손한 마음을 없애고 자만심을 키운다. 책벌레들 중에는 행동가가 거의 없다. 학자들 중에는 시대를 초월하여 모든 사람에게 영향을 주는 위대한 사상가가 된 이가 더러 있지만, 행동을 통해 정신적 위대성에 도달한 사람은 드물다.

인간의 발달은 초기 지질시대에 혼돈 속에서 산이 융기하듯 집단적으로 이루어지지는 않는다. 인간은 개별적으로 다루어져야 한다. 각 개인이 성장해야 집단도 성장할 수 있기 때문이다. 교사와 종교 지도자들이 인간의 성장발달에 영향을 끼칠 수는 있겠으나 주요 활동은 개인의 내부에서 일어난다. 개인이 각자 노력하고 스스로를 돕지 않는다면 다른 사람의 도움도 효과적으로 받아들일 수 없으리라. 버틀러Butler 박사는 이렇게 말했다. "신체적 습관이 외적 행동에 의해 유발되듯 정신의 습관도 내면의 실제적인 목표를 이룸으로써 생겨난다. 다시 말해, 순종·진실·정의·박애 등의 원칙에 입각하여 행동하거나 이러한 원칙들을 행동으로 옮김으로써 정신의 습관이 형성되는 것이다."

스티븐Stephen은 최근의 저서에서 버틀러 박사에 대해 이렇게 말했다. "그의 태도는 윤리적인 면에 있어서만 인상적이었다. 그러나 그러한 측면에 있어서 그의 위대성은 부인할 수 없다. 『설교집Sermons of Human Nature』에서와 마찬가지로 『종교의 유비The Analogy of Religion』에서도 버틀러 박사는 양심을 신성시했으며, 최종적으로는 의무를 말하고 있다. 그는 고난을 겪으면서도 이 우주의 비밀이 도덕성을 통해 드러나리라는 것을 굳게 믿었다."

배움과 도덕성

학교 공부와 도덕성 사이에는 거의 관련이 없다. 지성을 개발하는 것만으로는 행위에 별다른 영향을 끼치지 못하며, 머릿속에 주입된 도덕은 나쁜 습관을 근절시키지 못한다. 지성은 하나의 도구에 불과하며, 그 이면에 있는 다른 힘들, 즉 감정이나 자제심, 자기통제력, 상상력, 열정 및 기타 그에게 기운을 불어넣어주는 모든 힘에 의해 작동한다. 그리고 이런 원칙들의 대부분은 학교가 아니라 가정에서 습득된다. 만약 가정이 돌아가고 싶은 마음이 들지 않을 만큼 비참한 환경에 질서가 잡혀 있지 않다면 학교는 아이들을 훈육하는 유일한 장소가 될 것이다. 그러나 일반적으로 가정은 미덕이 자라나는 훌륭한 토양이다. 가정에서 일어나는 일들은 학교에서 일어나는 사건보다 더 직접적이고 강력한 영향을 미친다. 참된 인격과 장래의 희망 등이 이야기되어야 할 곳은 가정이다.

가족구성원 중에 연장자는 식구들을 훈육해야 할 책임이 있고 연소자는 부모의 말에 순종하고 지혜를 키워가야 할 의무가 있다. 교육은 권위와 존경심을 토대로 이루어진다. 기조Guizot에 의하면 기독교는 세상에서 가장 큰 학교이다. 종교적인 가르침만으로도 희생정신을 비롯한 여러 가지 미덕과 고매한 사상을 전수해주기 때문이다. 종교적인 가르침은 우리의 양심에 깊이 파고들며, 인생을 견딜 만한 것으로 만들어준다.

어떤 위대한 작가는, "배움의 가장 큰 목적은 자유이다. 아이들이 스스로 생각하고 행동하는 것이 빠르면 빠를수록 그 아이는 그만큼 빨리 사람 구실을 하게 될 것이다."라고 말했다. 그리고 뒤팡루Dupanloup 주교는 이렇게 말했다. "나는 다른 사람의 자유를 존중할 것이며, 성인보다 어린아이들에 대해 더욱 그러할 것입니다. 성인에게는 스스로의 자유를 지켜나갈 능력이 있지만 어린아이는 그렇지 못하기 때문입니다. 또한 나는 어린아이들을 내가 원하는 형태로 찍어낼 수 있는 물건처럼 취급함으로써 그들을 모욕하지 않겠습니다."

부모의 권위와 가족의 독립성은 신성한 것으로, 이것이 혼란기에 일시적으로 힘을 잃는다면 기독교적 정서는 이를 받아들이지 못하고 부모의 권위가 회복될 때까지 저항할 것이다. 그러나 자유만이 추구되어야 할 전부는 아니다. 순종과 자제, 자율 역시 중요한 목표이다. 특히 자율은 교육의 주된 목표이다. 이것은 말로써가 아니라 모범을 보임으로써 가르칠 수 있다. 보날드Bonald에 의하면 어린 시절의 최초의 교육은 추론이 아니라 습관 형성으로 시작해야 하며, 말보다는 시범을 통해 이루어져야 한다. 시범은 훈계보다 훨씬 나은 방법인 동시에 훨씬 어려운 방법이기도 하다. 교육은 아동의 발달단계에 맞춰 서서히 이루어질 때 그 영향력이 극대화된다.

올바른 행위

그렇다면 올바르게 행동하는 것이 도덕성의 안전밸브라고 하겠다. 선의만으로는 충분하지 않다. 선한 의지가 늘 선한 행동으로 이어지는 것은 아니기 때문이다. 계속해서 올바른 행위를 해나가는 것이 중요하다. 부지런히 수고하여 이룬 일은 조용한 가운데 보는 이에게 강한 영향력을 미친다. 성당 참사회원인 리든Liddon은 성 바오로 성당에서 젊은이들에게 행한 강연에서 일을 인생의 참 목적에 비유하여 이렇게 말했다. "인생은 행위와 인내로 이루어져 있으며, 얼마나 많이 인내하고 고결한 행동을 하느냐에 따라 풍성한 결실을 얻을 것입니다. 그러나 육체노동자만이 진정한 노동자는 아닙니다. 정신노동자 역시 진정한 노동자에 속합니다. 정신은 드러나지 않는 행동이기 때문입니다. …… 흐릿한 정신으로 나태하게 살아가는 것은 부끄러운 일입니다. 우리는 일을 함으로써만 품위 있는 삶을 살 수 있기 때문입니다."

일은 참된 가르침을 주는 반면 나태함은 육신과 영혼과 양심을 좀먹는다. 세상의 모든 불행과 악의 10분의 9는 나태함에서 비롯되었다. 일이 없다면 인류의 향상은 기대할 수 없다. 제왕의 특권보다 더 견디기 힘든 불행은 없을 것이다. 다른 사람들은 모두 때가 되면 죽는

데 혼자서만 영원한 젊음의 형벌을 받은 게으름뱅이를 생각해보자. 그가 얼마나 간절히 죽음을 소망하겠는가! 칼라일은, "가장 연약한 피조물도 하나의 목표에 진력함으로써 무언가를 이룰 수 있는 반면 가장 강한 피조물도 여러 가지 목표에 힘을 분산시킴으로써 아무것도 성취하지 못할 수가 있다."라고 말했다.

우리에게 극복해야 할 장애가 있는가? 그렇다면 일을 통해 이겨나가도록 하자. 그 어떤 주술도 노동만큼 매혹적이지는 않으리라. 정신과 신체의 나태함은 기계에 슨 녹과도 같아서, 일을 할 때보다 하지 않을 때 더 빨리 우리를 마모시킨다. 실러Schiller는 인생 최고의 행복을 어떤 기계적인 의무의 수행에서 발견했다고 하였으며, "미적인 감각이 의무를 하나라도 더 수행하게 하지는 않는다."라고 말했다.

가장 큰 장애는 예기치 못했던 곳에서 나타나곤 한다. 그러나 시련은 우리를 시험하기 위한 것일 뿐이다. 당당하게 시련에 맞서면 그 당당함이 우리의 마음에 평안을 가져다줄 것이다. 마음은 늘 의무에 따라 행하는 모든 일에 만족을 느끼기 때문이다. 노먼 매클라우드는 이렇게 말했다. "우리가 일상생활에서 부딪치는 매일의 싸움은 군인들의 전투와 마찬가지입니다. 그들에게 거대한 적이 있듯 우리에게도 거대한 적이 있고, 그들에게 슬픔이 있듯 우리에게도 슬픔이 있으며, 그들에게 패배와 승리가 있듯 우리에게도 패배와 승리가 있습니다. 그들에게 명예와 패배와 승리가 있듯 우리 또한 마찬가지입니다."

우리는 시련을 통해 단련된다. 그러므로 용감하고 즐겁게 장애에 맞서야 할 것이다. 행복은 우리의 목표보다는 기운에 있다고 아리스토텔레스도 말하지 않았던가? 장애와 맞붙어 싸우는 것이 장애를 극복하는 가장 확실한 방법이다. 목표를 실현하고자 하는 결의는 우리가 목표를 이룰 수 있고 이루게 되리라는 내적인 확신이다. 우리의 지성은 필요에 의해 더욱 예리해지고, 각각의 사람들은 앞을 가로막은 장애에 정면으로 맞서 이를 극복해나간다.

기회를 내던진 사람들의 전기는 고통스럽지만 기억할 만한 교훈이 담긴 책이 될 것이다. 에벤에저 엘리엇Ebenezer Elliot은 말했다. "우리 앞에 건강하고 의지가 강하면서 스스로에게 진실한 사람이 있다면 결코 그를 무시해서는 안 될 것이다. 열심히 노력한 사람 1000명 중 실패한 사람 수가 몇 명이나 되는지 정확한 통계가 나와 있다면 젊은이들에게 도움이 될 것을……. 내 생각에 그런 사람들은 아마 전체의 1퍼센트도 안 될 것이다." 사람들은 남의 성공을 부러워하지만, 사실 그 성공은 실패의 연속으로 보이는 것들 중 제일 마지막 것일 뿐이다. 성공한 사람들은 처음에 실패하고 계속해서 실패를 거듭하지만, 마지막 순간에 장애가 사라지면서 성공을 거머쥔다.

어리석은 행동

수고하지 않고 얻으려고 하는 것은 나태와 무기력의 표시이다. 즐기고 소유할 가치가 있는 모든 것은 일하는 즐거움을 통해서만 얻어진다. 이것은 나이 들어서까지 기력을 유지할 수 있는 비결이다. "사람들은 확실히 나태함보다는 부지런함을 선호하고 신체 기능을 사용하지 않아서 둔해지기보다는 적절하게 활용하는 편을 선호한다. 그리고 종국에는 신체 기능을 적절히 활용함으로써 얻어지는 결과보다 그

과정 자체가 진정한 기쁨의 원천이 된다는 것을 알게 된다."

어떤 훌륭한 판사는 법이 허락하는 범위 안에서 자신에게 주어진 기회를 내던진 적이 없으며 법을 어김으로써 스스로를 낮춘 적도 없다고 말했다고 한다. 그는 늘 자신의 일에 전심전력하였으며, 그럼에도 불구하고 실패했을 경우에는 자신을 책망하지 않았다. 최선을 다했기 때문이다.

우리는 일을 해야 한다. 우리가 뿌린 선한 씨앗의 일부가 뿌리를 내리고 올바른 행위로 발아하리라 믿으면서 말이다. 우리가 스스로를 위해 시작한 일을 신은 여러 사람에게 유익이 되도록 마무리하신다. 사실 우리가 끝낼 수 있는 일은 아무것도 없다. 우리가 중단한 곳에서 다른 사람들이 우리의 뒤를 이어 일을 계속함으로써 점점 더 나은 결과물을 얻는다. 우리는 뒤에 오는 사람들에게 본이 될 만한 고상한 목표를 물려주어야 한다. 올바른 행위는 영원히 우리에게서 떼어놓을 수 없는 삶의 조건이다.

스스로를 무용지물이라고 생각하는 사람은 없을 것이다. 존재 자체가 이미 존재의 필요성을 함의하고 있기 때문이다. 우리 앞에는 온 세상이 펼쳐져 있으며, 우리는 선악을 선택할 수 있고 쓸모있는 사람이 되느냐 나태한 사람이 되느냐를 선택할 수 있다. 시간과 재산을 어떻게 사용했는가? 우리가 필요한 존재임을 이 세상에 보여주었는가? 우리의 삶으로 인해 누구 한 사람이라도 더 행복해졌는가? 안일하고 이기적이고 게으르고 냉담하게 살아온 것은 아닌가? 우리는 기쁨을 추구해왔는가? 기쁨은 나태 앞을 날아다니고, 행복은 게으름이 닿지 못하는 곳에 있다. 기쁨과 행복은 수고의 대가이지, 부주의와 무관심의 대가가 아니다.

미국 일리노이 주 케이프런Capron에서 있었던 일이다. 어떤 불행한 젊은이가 스스로를 무용지물로 여기고 공개적으로 생을 마감하기로 했다. 그 젊은이는 지적으로는 발달했을지 모르나 다른 부분은 전혀 발달하지 않았던 듯하다. 그는 의무와 미덕, 믿음에 대해서는 아무런 의식이 없었다. 유물론자였던 그 젊은이는 내세를 두려워하지 않았다. 그는 강연 후에 자신의 머리에 총을 쏘겠다고 광고했다. 강연장 입장료는 한 사람당 1달러였는데 이 입장료 수입은 그의 장례비용으로 쓰고, 남은 돈으로는 런던에 거주하는 세 유물론자의 저서를 구입하여 마을 도서관에 기증하기로 했다. 강연장은 만원을 이뤘고, 꽤 많은 입장료가 걷혔다. 피 묻은 손으로 신의 임재 안에 뛰어들다니, 어찌 그렇게 생을 마감할 수 있단 말인가! 1868년 가을에 일어난 일이다.

어쩌면 이 끔찍한 행동은 사람들의 이목을 끌고자 하는 허영심의 발로였는지도 모른다. 이 사건으로 그의 이름이 신문에 나고, 모든 사람이 그의 용기를 칭찬하리라고 생각했던 것이리라. 그러나 이런 행동은 용감하다기보다는 비겁한 짓이다. 그것은 왜곡된 허영심이 분명하다. 셰리든Sheridan은 이렇게 말했다. "사람들은 탐욕과 욕망과 야심을 강렬한 정서라고 말하지만 허영심에 비하면 이것들은 아무것도 아니다. 허영심이야말로 우리의 행동을 지배하는 가장 강력한 감정이다. 허영심은 더할 나위 없이 영웅적인 행동을 가능하게도 하고 가장 끔찍한 범죄를 저지르게도 한다. 허영심으로부터 자유로울 수 있다면 다른 감정으로부터도 충분히 벗어날 수 있으리라. 다른 감정들은 장난꾸러기 아이들에 불과하지만 허영심은 거인이다."

확고한 의지는 어려운 일을 수행하는 데에만 필요한 것이 아니라 사람들 앞에 놓인 무수한 장애를 신속하고도 자신감 있게 헤쳐나가기 위해서도 필요하다. 그러므로 용기는 의무의 수행에 있어서 성실성만큼이나 중요하다. 즐거운 마음으로 장애를 극복해나가게 하는 힘은 대단치 않아 보일지도 모르겠지만, 놀라거나 분노하지 않고 무수한 장애를 하나씩 해결해나가는 것은 인간 정신의 위대한 성취이다.

모든 세대는 그 나름의 짐을 지며, 그 나름의 위험을 헤쳐나가고 시련을 이겨나가야 한다. 우리는 매일 게으름이나 방종과 같은 악습의 유혹에 노출되기에, 세상의 관심을 다소 희생하는 한이 있더라도 의무감과 용기를 가지고 이런 유혹에 맞서야 한다. 그리하여 미덕이 일상의 습관으로 자리잡으면 그때서야 비로소 우리는 각자의 개성을 획득하게 되고 이 세상에 태어난 목적을 이룰 준비가 갖추어지는 것이다.

용기가 부족해서 잃는 것이 얼마나 많은가! 하려는 마음은 있지만 실제로는 해내지 못한다. 너무나 많은 것이 실제적인 행동에 달려 있기에 세상의 모든 것들이 모두를 향해 "무언가를 해야 해. 어서, 어서!"라고 큰 소리로 외치는 듯하다. 교구 내에서 이루어지는 악행과 불의와 불법에 맞서 싸우는 가난한 시골 목사는 알렉산더 대왕보다 더 고결한 의무감을 지니고 있다 하겠다. 어떤 사람들은 말로만 노동자들의 편일 뿐 막상 자신의 생각을 실천에 옮기기에는 용기가 부족하다. 또 조금만 용기를 내어 일을 시작했더라면 분명 실천가로서의 이력을 쌓았을 무수히 많은 사람들이 용기가 없어서 아무것도 이루지 못한 채 죽어가고 있다.

윌슨 교수

에든버러의 윌슨 교수는 학생들을 가르칠 때 의무와 특히 의무의 수행을 강조했는데, 그의 강의는 학생들의 성격 형성에 큰 영향을 끼쳤다. 그는 학생들이 인생이라는 싸움터에 나갔을 때 "높은 뜻을 품고 의지를 강하게 하며, 의무를 행함에 있어서 주저함이 없는" 덴마크의 옛 영웅처럼 용감하기를 바랐다.[1]

이 세상에 형세를 관망하는 기회주의적 태도가 만연한 것은 사람들에게 용기가 부족한 탓이다. 루터가 에라스무스Erasmus에게, "당신은 계란을 깨뜨리지 않고 그 위를 걸으며, 유리잔을 부서뜨리지 않고 그 사이를 걷고 싶어합니다."라고 말했을 때 에라스무스는, "적어도 시대가 허락하는 한 나는 그리스도의 가르침에 불성실하지 않을 것입니다."라고 대답했다. 루터는 황제로부터 소환 명령을 받고 "나는 보름스Worms에 가겠습니다. 비록 지붕 위의 기왓장만큼이나 많은 악마들이 그곳에 대기하고 있다 할지라도 말입니다."라고 말할 정도로 에라스무스와는 성격이 판이했다. 그는 "주 예수의 이름을 위하여 결박받을 뿐 아니라 예루살렘에서 죽을 것도 각오하였노라."[*1]라고 말했던 사도 바오로와 비슷한 성격이었다.

알렉산더 반즈Alexander Barnes 경은, "내 성격적 특성 중 하나는 대단히 진지하다는 것이다. 내가 하는 그 어떤 일에도 무관심한 적이 없다. 무언가를 하게 되면 도저히 그 일에 무관심해질 수가 없다."라고

---

*1. 〈사도행전〉 21장 13절

말했다. 의지가 강한 사람과 약한 사람의 차이는 바로 이것이다. 용감한 사람은 때로 죽음을 당하고, 말만 앞서는 사람은 살아남으며, 겁쟁이는 도망을 친다. 말은 우리가 어떤 사람이 되어야 할지를 알려줄 뿐이지만, 행동은 우리가 어떤 사람인지를 알려준다. 실천가의 생애는 매 순간이 결정적인 승리의 순간이다.

염세주의자들은 노동이 인류의 적이라고 말한다. 그러나 카로Caro는 이렇게 말했다. "인간은 어찌할 수 없는 본능에 이끌려 행동하고, 행동을 통해 미처 예기치 못한 기쁨과 행복을 맛본다. 이 어찌할 수 없는 본능이란 생의 충동이다. 그것은 생의 충동을 설명하고 요약한다. 그것이 우리 안에 존재감을 부여하는 순간 우리는 존재의 참된 가치를 안다. …… 일은 인간을 그의 모든 연약함으로부터 들어올리고 그를 정화시키며 속된 유혹으로부터 구하고 슬픔의 나날을 견디게 한다. 일을 할 때에는 극심한 슬픔조차 잠시 잊을 수 있으며, 사실 처음의 피로와 지루함만 견뎌낸다면 일은 우리에게 원기를 불어넣어준다. 일은 결과와 상관없이 그 자체로 가장 생생한 기쁨의 원천이다. 염세주의자들처럼 일을 적으로 취급하는 것은 기쁨을 잘못 이해하는 것이다. 아리스토텔레스가 『윤리학Ethics』에서 말했듯 일하는 사람은 그가 추수하는 농부가 되었든 집을 짓는 건축가가 되었든, 아니면 조각상을 만드는 조각가가 되었든──혹은 시인이나 저술가 등 그 누구라도 상관없다──그의 손끝이나 머릿속에서 나오는 결과물에 스스로를 동일시할 것이기 때문이다.

창조의 기쁨은 모든 수고를 보상해주고도 남음이 있다. 그리고 외적 장애를 극복하고자 하는 노력이 각성된 삶의 최초의 기쁨이듯 완성된 결과물은 가장 강렬한 가쁨이며, 이는 우리 안에 충만한 존재감을 불러일으키고, 비록 부분적이고 일시적일지라도 자연에 대한 우리의 승리를 축복해준다. 이런 것이야말로 노력의 참된 특성이다."[2]

인간은 노동이라는 기적을 통해 천재성의 기적에 도달한다. 인간의 힘은 환경을 극복할 수 있으며, '행동'의 원리는 매우 강력하여 어떤 상황에서도 힘을 발휘한다. 그것은 장애물을 치우고 스스로를 모든 것 위로, 행불행과 선악의 경계 위로 끌어올린다. 우리가 맛보는 기쁨은 앞으로의 큰일들에 대비하여 우리에게 힘을 불어넣어주기 위한 것이다. 인간의 지혜는 그의 행동을 통해 드러난다. 모든 인간은 그가 행한 일의 자녀이기 때문이다. 리히터Richter는, "선행은 종소리처럼 하늘 위로 울려 퍼진다."라고 말했다.

건전하고 힘있는 행동을 위해서는 명상이나 은둔보다 일상생활 속에서의 사람들과의 활발한 교류가 중요하다. 은둔생활에 대한 스베덴보리Swedenborg의 다음과 같은 말은 진실한 울림을 준다. "우리를 천국으로 인도하는 삶은 세상과 격리된 삶이 아니라 세상 속에서 활동하는 삶이다. 성실하게 일하고 여가를 즐기며 신의 이법을 지킴으로써 박애의 삶을 사는 것은 그리 어려운 일이 아니다. 그러나 경건하게만 사는 것은 어려운 일이며, 이것은 천국으로 인도한다고 믿어지는 것만큼이나 우리를 천국에서 멀어지게 한다."

많은 사람들에게 있어서 신앙은 언어상의 문제일 뿐이다. 말에 관한한 우리는 늘 옳은 말을 한다. 그러나 말이 우리를 행동하게 하고 사고하게 하는 일은 거의 없으며, 말이 우리를 순결하고 선하고 정직하게 만드는 일도 없다. 사람들은 종교서적을 열심히 탐독하지만, 사람의 인격과 행위에 구현된 참된 신앙은 수천 권의 책보다 교훈적이다. 우리에게 선을 행하려는 강한 의지가 없다면 우리는 감각적 쾌락의 노리개가 되거나 게으름뱅이의 부끄러운 삶을 살아가게 될 것이다.

지식은 많으나 지혜가 없는 세대

현재 영국의 젊은이들을 위험에 빠뜨리는 가장 큰 유혹의 하나는 게으름이다. '교양'이라고 하는 것은 참으로 별것 아니어서, 고위층에 대해서는 굽신거리고 가난한 하층민들에게는 큰소리치는 사람들과 연관지어 생각할 수 있겠다. 무엇에든 쉽게 싫증내는 나태한 젊은이들은 아무것도 믿지 않고 그 누구도 존경하지 않으며 아무것도 소망하지 않는다. 선善의 최종적인 승리조차 믿지 않는다. 세상에는 "모두 똑같아."라거나 "그런 건 중요하지 않아."라고 말하는 게으름뱅이들이 너무나 많다. 그러나 모든 것이 똑같지는 않으며, 이는 100년이 지난 후에도 마찬가지일 것이다. 우리는 각 개인의 삶을 통해 사회 전체를 알 수 있다. 사람들에게는 누구에게나 수행해야 할 특별한 의무가 있고 할 일이 있다. 내가 할 일을 하지 않는다면 나 스스로도 고통 받고, 나를 통해 다른 사람들까지 고통 받을 것이다. 나의 나태함은 다른 사람들에게 전염되어 나쁜 본보기를 전파할 것이다. 무용한 삶을 사는 것은 일찍 죽는 것이나 마찬가지이다.

오늘날의 젊은이들은 불평불만이 참으로 많다. 그들은 꿈꾸어온 일을 하는 대신 불평만 늘어놓고 결국 아무것도 이루지 못한다. 채닝 Channing 박사는 이 점을 주목하고 영국의 많은 젊은이들이 절망의 학교에서 성장한다고 한탄했다. 인생은 살 만한 가치가 있는가? 게으름 속에 낭비되어진다면 분명 그럴 만한 가치가 없을 것이다. 그러한 젊은이들에게는 독서조차 기분전환용의 소일거리로 간주된다. 세련된 무관심이라고나 할까? 불만에 차 있고 냉담하며 무감각한 이 땅의 수많은 젊은이들, 독서를 통해 예리한 지성을 소유하게 된 그들은 다른 사람들의 행동에 냉소를 보내면서도 스스로는 아무것도 하지 않는다. 그들은 모든 진지한 것들에 코웃음을 친다. 통탄할 만한 무감각이 이 지적 방랑자들을 사로잡고 있는 것이다. 그들의 영혼은 바람이 불어올 때마다 이리저리 흩날린다. 그들은 이해는 하지만 믿지는 않으며, 그들에게서는 아무런 행동도 나오지 않는다. 그들에게는 원칙도 없고 신념도 없다. 종교적 요소는 무시되고 만다. 그들의 신조는 무無이며, 무에서는 무가 나올 뿐이다. 고상한 삶에 대한 바람도, 고매한 생각과 그보다 더욱 고결한 인품에 대한 갈망도 없다. 지성은 풍부하나 믿음은 없고, 지식은 많지만 지혜는 없으며, 교양은 풍부하나 배려는 없다. 국가도 마찬가지이다. 세련된 문화는 있지만 그 이외에는 아무것도 없는 나라도 있을 수 있다. 지식과 지혜는 결코 같은 것이 아니며, 전혀 상관이 없을 때도 있다. 학식이 선善과 지혜를 북돋을 수 있는지는 의심스러운 일이다. 페넬롱Fenelon은 좋은 책을 좋아하기보다는 살아 있는 좋은 책이 되는 편이 낫다고 말했다. 다방면의 독서는 마음을 즐겁게 해줄지는 모르나 마음을 살찌우지는 못한다. 성 안셀름St. Anselm은, "신은 자신의 세계를 추구하는 학자들의 학식보다는 신의 세계를 추구하는 무지한 사람들의 삶을 통해 더 자주 역사하신다."라고 말했다.

다음은 프랑스의 한 위대한 작가가 동시대인들을 묘사한 글이다. "사방에서 신조와 의무에 대한 심각한 무관심과, 쾌락과 물질에 대한 열망만이 느껴질 뿐이다. 모든 것을——양심과 명예, 신앙, 여론, 품위, 권력, 배려 그리고 존경심까지도——돈으로 살 수 있는 이 시대에 모든 미덕과 진리는 난파당했다. 모든 철학 이론과 불경한 학설조차도 인식의 무덤인 거대한 무관심 속으로 빨려 들어가버렸다. 인식이 진리와 실수의 옷을 모두 벗은 채 홀로 걸어 내려간 그 무덤은 속이 텅 비어 있어서 뼈조차 찾을 길이 없다."

교양이 우리를 구원하리라고 생각하는 사람들이 있다. '교양Culture'은 독일어 어원을 갖는 새로운 단어이다.[3] 많은 사람들이 교양을 숭배한다. 교양은 그들의 유일한 종교이다. 교양은 세련된 겉옷을 덧입은 지적 냉소주의이자 회의주의이다. 스스로를 교양인이라 일컫는 사람들은 몰리에르Moliere의 『웃음거리 재녀才女들 Les Precieuse Ridicule』에 묘사된 것 같은 세련된 우월감 속에 산다. '어떤 일에도 놀라지 않는다Nil admirari'가 그들의 모토이다. 그들은 근면·극기·자조 등의 오래된 미덕에 코웃음을 치며, 그 무엇에도 감동하지 않고 그 무엇도 소망하지 않는다. 그들은 모든 것에 대해 회의적이며, 자신은 아무 일도 안 하면서 다른 사람들이 해놓은 일들을 부정한다. 자신 이외의 그 누구도 믿지 않는 그들에게는 스스로가 작은 신이다.

괴테

괴테Goethe는 '교양' 내지 '시대정신geist'의 발명자였다. 그러나 괴테의 시는 실러의 시처럼 행동을 촉발하지는 않는다. 괴테의 작품은 열매 맺지 못하는 나무와도 같다. 그는 여성편력이 심했으며, 그만의 매력으로 여성들을 매혹시켰다. 최근에 나온 괴테 전기에는 다음과 같은 구절이 나온다. "사모하는 여인이 없을 때의 괴테는 해부할 대상이 없는 의사 같았다. 그는 발자크^{Balzac}에 대해 그의 가장 훌륭한 소설들은 고뇌하는 여인의 마음속을 파헤친 듯하다고 말했지만, 사실 이 말은 괴테 자신에게 더 어울리는 말이다. 괴테는 어렸을 때 자연사에 관심이 많았는데, 이와 관련해서 그는 '어렸을 때 나는 꽃잎이 꽃받침에 어떻게 붙어 있는지 보려고 꽃잎을 조각조각 뜯어보았고, 새의 깃털이 날개에 어떻게 붙어 있는지 보려고 깃털을 뜯어보기까지 했다.'고 말했다. 베티나^{Bettina}가 휴턴^{Houghton} 경에게 한 말에 의하면, 괴테는 여인들을 대할 때도 같은 태도였다고 한다. 괴테가 사랑한 여성은 신분의 고하를 떠나서 모두 이런 종류의 생체해부의 대상이었다. 괴테는 놀라운 매력으로 여인의 마음을 사로잡았으며 작품에서 강렬한 감정을 표현해야 할 경우, 십자가상의 그리스도를 그리는 어떤 화가가 고통스런 표정을 표현하기 위해 모델의 옆구리에 창을 찔러 넣었듯이 아무런 양심의 가책 없이 상대방의 마음에 고통을 가할 수 있었다. 이러한 상황에서 세밀한 관찰을 할 수 있었다는 것은 그의 냉정한 성격을 짐작하게 해준다. 괴테가 『무감각한 사람 *L'Homme Blase*』에 나오는 주인공처럼 손가락으로 맥박수를 헤아리고 있다가 원하는 만큼의 흥분상태에 도달하면 마음을 진정시키려고 애쓰는 모습이 상상이 가지 않는가. …… 괴테는 연애를 통해 경험한 모든 것을 작품에 활용했으며, 여인들과의 사이에서 있었던 모든 일을 심미적인 관점에서 바라보았다. 그리고 불행이나 좌절을 맛보았을 때 가장 유익한 완화제는 그것에 대해 글로 쓰는 것이라고 털어놓았다."[4]

아, 지적 능력의 헛된 자긍심이라니! 감성의 풍요로움에 비하면 지적 능력이란 얼마나 무가치하고 저급한가! 딱딱하고 메마른 두뇌와 신체의 인지작용이 다 무엇이란 말인가? 메마른 마음을 촉촉하게 적셔줄 영혼과 생명, 본질과 실재, 진리와 가쁨이 없다면 육신과 두뇌는 몇 개의 뼛조각에 불과하고 앙상한 의견의 뼈대에 불과하다. 누구나 뉴턴의 겸허한 말을 기억할 것이다. 미분과 만유인력 및 빛의 분산 현상을 발견한, 어쩌면 모든 시대를 통틀어 가장 위대한 인물일 수도 있는 뉴턴이 스스로를 진리의 망망대해 옆에서 뛰노는 어린아이에 비유하지 않았던가! 오늘날의 학자들 중에도 그와 같은 고백을 할 사람이 과연 있을까?

메스트르는 이렇게 말했다. "진리 중에는 마음으로만 이해할 수 있는 것들이 있다. 선한 사람은 자신의 눈에는 분명한 증거를 다른 똑똑한 사람들이 거부하는 것을 보고 놀랄 때가 있는데, 이때 똑똑한 사람들에게 결여되어 있는 것이 순수한 의도이다. 무척 똑똑하긴 하지만 신앙심이 없는 사람에 대해 우리는 그를 설득할 수도 없고 그를 이해시킬 방법도 없다." 또한 험프리 데이비Humphry Davy 경은, "이성은 생에 엄청난 부담으로 작용한다. 그것은 감성을 파괴하고 원칙을 계산속과 조심성으로 바꿔놓는다."라고 말했다.

그러나 의무의 영역은 대부분 서재 바깥에 있다. 인간은 지적인 피조물이라기보다는 사회적 존재이다. 인간은 사회적인 접촉을 통해 가장 잘 발달할 수 있으며, 따라서 예의와 자존감, 서로에 대한 관용, 이

타적 희생 등이 중요하다. 인간의 경험은 책에서 접하는 것보다 훨씬 폭이 넓다. 인생은 평생 간직할 책이지만 어려운 페이지를 이해하기 위해서는 지혜가 필요하다.

국가의 미래는 가정교육에 달려 있다

버니Verney 부인은 이렇게 말했다. "우리 시대에는 교양과 읽기 · 쓰기를 따로 떼어서 생각할 수 없게 되었습니다. 요즘 읽고 쓰는 법을 모르는 사람들은 무지하고 어리석은 사람들뿐입니다. 그러나 50년 전에는 고등교육을 받은 사람들을 제외하고는 책을 읽는 사람이 매우 드물었으며, 똑똑한 사람들은 성경 이외의 다른 책의 도움 없이 스스로 생각했습니다. 심지어 상류층의 경우에도 여성들에게는 독서가 보편적인 현상이 아니었습니다. 어떤 프랑스인은 '우리 할머니는 철자법도 잘 모르고 읽은 책이라곤 기도서밖에 없었지만 요즘 여자들보다 더 고상하고 현명했다.'고 말했습니다."

옛날에는 아이들에게 상을 주고 싶을 때 무언가 일을 맡기곤 했다. 그 일을 제대로 해내지 못하면 창피한 노릇이고, 잘 해내면 의무를 다하는 것이 된다. 휴 밀러Hugh Miller는, "교육을 통해 인류가 한 단계 진보하리라는 꿈은 이 시대의 환상일 뿐이며, 파딩*2을 문질러 닦아 기니*3로 만들 수 있다고 주장하는 것과 마찬가지이다."라고 말했다.

---

*2. 파딩 : 영국의 옛 청동화
*3. 기니 : 영국의 옛 금화

결국 최고의 학교는 가정이다. 가정생활은 신이 젊은이들을 훈련시키기 위해 사용하는 교육의 장이다. 가정의 분위기는 여자들이 어떻게 가정을 꾸려가느냐에 달려 있다. 작고한 오를레앙Orleans의 주교는, "프랑스의 희망은 어머니들에게 있다."라고 말했다. 영국 역시 마찬가지이다. 그러나 안타깝게도 영국의 여인들은 자신의 여성성에 저항하며 그 가장 사랑스러운 특성을 내던지려 한다. 그들은 권력, 즉 정치적 권력을 원하지만 세상은 그들이 영향력을 발휘하는 가정들이 모여 이루어진 것이다. 영국 여성들은 선거권이 주어지기를 바란다. 그러나 그들이 몇 년에 한 번씩 국회의원 선거 때 투표를 한다고 해서 세상이 이전보다 더 나아지리라 믿는 것일까? 성 바오로는 집에 있는 여인들에게 종려나무 잎사귀를 주었다. 가정이 사회의 핵심이며 가족간의 사랑과 의무가 사랑하는 사람들에 대한 최상의 안전장치임을 알고 있었기 때문이다.

최근에 한 작가는 여성성을 특징짓는 자질들을 묘사한 뒤에 이렇게 말했다. "오늘날의 여성들이 새로 유행하는 종교나 일을 쫓아다니는 것을 보면 그들의 어머니와 할머니들에게 그렇게 가까웠던 천국이 그들에게는 그다지 가깝지 않은 듯해서 걱정되고, 신앙이 그들에게는 별 힘을 발휘하지 못하고 그들의 가슴속에 신의 선하신 율법이 자리하고 있지 않은 것 같아 염려된다." 그런데 이렇게 말하는 작가 자신도 여성이었다.

보불전쟁이 있기 얼마 전에 스토펠Stoffel 남작은 프로이센군의 기강이 프랑스군에 비해 어떠한지를 보고하라는 임무를 부여받았다. 그는 이렇게 보고했다. "군의 기강은 각 가정과 사회의 기강이 어떠한가에 달려 있습니다. 프로이센의 젊은이들은 윗사람에게 순종하고 권위를 존중하며 무엇보다도 의무를 이행하고 있습니다. 그러나 이 같은 기풍이 프랑스의 각 가정에 존재하지 않는데 어떻게 프랑스 군대 안에 존재하겠습니까? 가정 바깥의 사회는 또 어떻습니까? 학교와 대학 등지에서 우리 청소년들로 하여금 부모를 존경하고 의무를 중시하며 법과 권위에 순종하고 무엇보다 신앙을 간직하도록 하는 시도가 전혀 이루어지지 않고 있습니다. 그리고 그 결과 종교적 윤리와 건전한 정신이 결여되고 있으며, 어린 시절부터 제멋대로 행동해 버릇한, 그리고 모든 것에 대해 할 말은 많으면서도 그 무엇에 대해서도 존경심이 없는 젊은이들이 우리 군에 들어오고 있습니다. 상황이 이런데도 어떤 사람들은 이 젊은이들이 일단 군에 들어오기만 하면 즉시 규율이 바로 선 병사들로 바뀌리라고 생각합니다. 이런 사람들은 군대 내에서의 규율이 사적인 일상생활에서의 규율과 다르지 않다는 사실을 모르고 있는 것입니다. 의무감과 상관에 대한 복종 및 제도와 권위에 대한 존중 등은 일상생활에서나 군대에서나 똑같이 중요한 것들입니다. …… 인위적으로 형성된 규율은 상황에 의해 얼마간은 지속될 수 있을지 모르겠으나 막상 시험대에 오르면 연기처럼 사라져버릴 것입니다." 스토펠 남작의 예측이 정확했음은 굳이 말할 필요도 없으리라.

영국 역시 프랑스와 비슷해져가고 있는 것일까? 그리하여 민주주의의 거센 물결에 가정교육이나 도덕성 같은 것들이 휩쓸려 내려가고 있는 것은 아닐까? 우리 영국 사람들은 허영심이 강한 민족이다. 우리는 우리가 가진 부富와 힘과 자원을 자랑하고 우리의 해군력과 육군력과 상업적인 측면에 있어서의 우월성을 자랑한다. 그러나 수년 안에 이 모든 것들은 사라지고 영국은 네덜란드처럼 부유하지만 힘없는 나라가 될지도 모른다. 국가는 국민 개개인에 의존한다. 국민이 도덕성과 의무감이 없고 명예와 정의를 중시하지 않는다면 국가 역시 그러하다.

더비 경은 최근에 행한 연설에서 이렇게 말했다. "일전에 어느 학식이 풍부한 귀족이 내게 말하기를 워털루 전투 이후로 영국은 과거에 영국을 부강하게 만들어준 특질들을 점차 잃어가고 있는 듯하다고 했습니다. 비록 말로 표현하지는 않았지만 그의 태도와 어조로 미루어 볼 때 다시 예전과 같은 상태를 회복하기에는 너무 늦었다고 생각한다는 것을 알 수 있었습니다. 그는 조만간 모든 것을 쓸어버릴 재앙의 대홍수가 올 것이며, 그때가 닥치기 전에 죽는 사람들은 복되다고 생각하는 듯했습니다. 물론 대재앙이 찾아오는 것은 얼마든지 있을 수 있는 일이며, 특정한 조건만 갖추어지면 분명 찾아올 것입니다."

이것은 심각한 경고이다. 100년 전의 프랑스처럼 영국도 대재앙을 만나게 될 것인가? 고故 매클라우드 박사는 이렇게 말했다. "1815년의 종전終戰과 더불어 시작되어 종교개혁만큼이나 파란만장한 지금의 이 혼란상은 참으로 견디기 힘듭니다. 사회, 정치, 과학, 철학, 신학 등 모든 분야에 있어서 기존의 사고 체계가 허물어졌습니다. 그러나 어리석은 자만심과 권력욕에 불타 오래된 벽을 허물어뜨리는 사람들이 있는 한편 진리와 의무를 대단히 중시하는 사람들도 아직 많습니다. 진리를 중시한다는 것은 늘 진리의 편인 신에 대한 믿음을 나타내지요. …… 스코틀랜드로 말할 것 같으면 교회의 미래가 보이지 않습니다. 우리는 마치 홍어와 가자미를 놓고 말다툼을 벌이는 생선장수 아낙네들 같습니다."

조상들이 진심으로 믿었던, 그리고 이를 통해 자손들에게 믿음과 선善과 올바른 행위를 물려줄 수 있으리라 여겼던 위대한 원리들에 대해 공리공론만 일삼으며 시간을 보내는 사람들을 보는 것만큼 슬픈 일도 없을 것이다. 마음에 받아들이기만 하면 전 생애를 변화시킬 만한 것이 두 가지 있는데, 그 하나는 이 세상이 영원한 미래로 이어지는 입구라는 믿음이고, 다른 하나는 지금 우리가 그의 품 안에서 살고 있고 다음 세상에서도 그러할 신이 존재한다는 생각이다. 우리 각자에게는 선한 길을 가거나 악한 길을 갈 선택의 자유가 주어져 있다. 둘 중 어느 쪽을 택하라고 누가 말해줄 수 있겠는가? 우리 스스로 판단할 뿐이다. 이는 우리의 각성된 양심과 개화된 의지에 달려 있다. 다양한 의무를 수행하다 보면 역경과 고난을 만날 수도 있겠지만, 그럼에도 불구하고 우리는 즐거운 마음으로 의무를 다해야 한다. 그것이 신의 뜻이기 때문이다. 선행은 우리 자신에게 힘을 줄 뿐만 아니라 다른 사람들에게도 선을 행하고 싶은 의지를 불러일으킨다. 선행은 그 일을 행하는 사람들의 바람을 이루어주는 보물이다. 그러므로 우리는 마음을 굳게 하고 기운을 북돋워 미래에 대비하자. 경주는 평생 계속된다.

3
정직과 진실

일을 잘하면서도 빨리 할 수 있는
일꾼은 없다.
일은 한가할 때 완벽하게 해야 한다.

— 초서^{Chaucer}

그대는 아무런 욕심 없이 금을 만지겠지만, 막상 금이
그대의 손에 닿으면 금세 마음이 달라질 것이다.

— 조지 허버트^{George Herbert}

정직한 사람은 비록 가난할지라도
제왕과 같다.

— 번스Burns

결코 덕과 명예의 길을 떠나지 말라.
그것이 행복에 이르는 유일한 방법이므로.

— 뷔퐁Buffon

정직과 진실성은 늘 같이 다닌다. 정직이 곧 진실함이고 진실함이 곧 정직이다. 진실성만으로 인격자가 되는 것은 아니지만 진실성은 훌륭한 인격의 가장 중요한 요소이다. 진실한 일꾼을 둔 고용주는 믿고 일을 맡길 수 있어서 안심이고, 진실한 사람 밑에서 일하는 사람은 고용주를 신뢰할 수 있어서 좋다. 진실성은 원리원칙과 성실성과 독립성의 본질이며, 모든 사람에게 일차적으로 필요한 것이다. 요즘은 역사상 그 어느 때보다 진실성이 절대적으로 필요한 시기이다.

거짓말과 이중성

거짓말은 흔히들 하지만 거짓말을 하는 본인조차 좋게 생각하지 않는다. 거짓말을 하는 사람은 자신이 진실을 말한다고 주장하는데, 그것은 진실성이 높이 평가되고 거짓말은 비난의 대상인 것을 잘 알기 때문이다. 거짓말을 하는 것은 부정직할 뿐만 아니라 비겁한 행동이다. 조지 허버트는, "용감하게 진실을 말하라. 그 무엇에 대해서도 거짓말을 할 필요가 없다."라고 말했다. 가장 나쁜 거짓말쟁이는 진실에 가까운 거짓말을 하는 사람이다. 그들은 사실을 말할 용기가 없어서 에둘러 말하다가 사실이 아닌 것을 말해버린다. 그러나 진실이 반쯤 섞인 거짓말은 거짓말 중에서도 가장 나쁘다.

거짓말만큼이나 나쁜 것이 또 하나 있는데, 그것은 이중적인 생활 태도이다. 행동은 말만큼이나 분명한 목소리를 낸다. 비열한 사람은 그가 한 말을 지키지 않으며, 진실을 회피한다. 그런 사람들은 이중적이어서 성실성과 진실성이 결여되어 있다. 성실한 사람은 생각한 대로 말한다. 그들은 믿는다고 말한 것을 믿고, 하겠다고 말한 것을 하고, 약속을 지킨다.

스퍼전Spurgeon은 이렇게 말했다. "또 다른 형태의 모순적인 태도도 흔히 볼 수 있습니다. 어떤 사람들은 자유를 주장하면서 다른 사람들의 자유는 존중하지 않고, 또 어떤 사람들은 평화를 옹호하는 데 지나치게 과격한 방법을 쓰거나 무절제에 대해 무절제하게 비난을 퍼부어 댑니다. 우리는 진리——특정의 교리를 말하겠지요——의 수호자임을 자처하면서도 물건을 사고파는 일이나 이웃 간의 평판 및 가정에서 일어나는 여러 가지 일과 관련해서는 진리를 고려하지 않는 사람들의 이야기를 듣습니다."[1]

거짓말은 가장 보편적이고 인습적인 악덕으로, 사회 곳곳에 만연해 있다. 누군가를 찾아갔을 때 "지금 안 계십니다."라는 답변을 듣는 것은 흔한 일이 되었으며, 일상사를 처리해가는 데 있어서 요긴하다는 이유로 암묵적인 동의하에 거짓말이 사용되고 있다. 거짓말 중에는 무해하다고 여겨지는 거짓말도 있고 대단치 않은 거짓말도 있으며 의도치 않은 거짓말도 있다. 그리고 그 대부분이 사소한 거짓말이다. 그러나 아무리 사소한 거짓말일지라도 순수한 마음의 소유자에게는 다소 불쾌하게 느껴질 것이다. 러스킨Ruskin은 "거짓말은 아무리 사소하고 우발적인 것일지라도 탄갱에서 캐낸 시커먼 석탄 덩어리 같다. 어느 것이 더 크고 시커먼지를 따지기에 앞서 우리 마음에서 깨끗이 털어버리는 편이 좋을 것이다."라고 말했다.

진리에 대한 생각

"조국의 이익을 위해 외국에 거짓말을 한다."라는 말은 외교관들의 금언이었다. 그러나 사람은 자신이 한 말을 목숨보다 중히 여겨야 한다. 카르타고의 포로가 되어 감옥에 갇혀 있던 레굴루스Regulus는 강화 조약이 체결되지 않을 경우 다시 돌아온다는 조건으로 강화 사절단과 함께 로마로 파견되었다. 그는 임무에 실패하면 다시 돌아오겠노라는 서약을 한 후 로마로 향했다.

로마에 도착한 그는 원로원 의원들에게 포로 교환에 동의하지 말고 전쟁을 계속하라고 촉구했다. 그렇게 되면 물론 그는 카르타고로 돌아가야 한다. 원로원 의원들은 하나같이 그의 서약이 적의 강요로 이루어졌으니만큼 카르타고로 돌아갈 필요가 없다고 주장했다. 그러자 레굴루스는 이렇게 대답했다. "여러분은 내게 불명예를 안겨줄 생각인가요? 나도 카르타고에 가면 고문과 죽음이 기다리고 있음을 모르

지 않습니다. 그러나 그것은 부끄러운 행동이 가져다줄 수치와 죄의
식에 비하면 아무것도 아닙니다. 비록 카르타고의 포로이긴 하지만
내게는 로마인의 정신이 살아 있습니다. 나는 그들에게 돌아가기로
맹세했습니다. 돌아가는 것은 나의 의무입니다. 나머지는 신의 뜻에
맡기기로 하겠습니다." 레굴루스는 카르타고로 돌아갔고, 그곳에서
고문 속에 죽어갔다.

　플라톤은, "바르게 사는 사람은 진리에 도달할 것이며, 그때 비로소
슬픔에서 놓여날 것이다."라고 말했다. 마르쿠스 아우렐리우스의 말
을 인용해보자. "공정하지 못한 사람은 경건치 못한 사람이다. 자연의
이법이 인간에게 이성을 부여하여 서로를 돕고 결코 부당한 행동을
하지 않도록 하였기에, 이러한 자연의 이치를 어기는 자는 분명 지고
의 신에게 불경죄를 범하는 것이라 할 수 있다. 또한 거짓말을 하는
사람 역시 존재하는 모든 것들에 깃든 자연의 이법에 비추어 볼 때 지
고의 신에게 불경죄를 짓고 있다고 할 것이다. 존재하는 모든 것들은
앞으로 존재하게 될 모든 것들과 연관되어 있다. 자연의 이법은 진리
라 불리며, 진실한 모든 것들의 첫 번째 원인이 된다. 따라서 의도적
으로 거짓말을 한 사람은 속임수를 써서 부당한 행동을 했으므로 불
경죄를 범한 것이 되고, 의도치 않게 거짓말을 한 사람은 자연의 이법
에 순응하지 않고 세상의 질서를 어지럽혔기에 불경죄를 범한 것이
된다. 전자는 자기 스스로 진리의 반대편에 서서 자연의 이법에 대항
하여 싸웠으며, 후자는 자연으로부터 여러 가지 힘을 부여받고도 이
를 소홀히 하여 진실과 거짓을 구별할 수 없게 되었다. 실로 고통을
피해야 할 악으로 여기고 쾌락을 추구해야 할 선으로 여기는 사람은

모두 불경죄에 해당한다."2

상업에서의 정직성

정직과 진실성은 다양한 방법으로 스스로를 나타내 보인다. 그것은 공정한 상거래를 하는 사람들과 성실한 사업가, 자신의 이익을 위해 남을 속이지 않는 사람들에게서 볼 수 있다. 진실성을 가장 분명하고 겸손하게 구현하는 것이 정직이다. 물건의 양과 무게를 속이지 않는 것이나 제공하기로 한 서비스를 제대로 이행하는 것은 인격의 필수요 건이다.

흔한 예를 하나 들어보기로 하자. 식당에서 저녁식사를 하던 샘 푸 트Sam Foote는 맥주의 양이 평소보다 조금 적다는 것을 알았다. 그는 주인을 불러 "한 달에 가게에 들여놓는 맥주가 몇 통이나 되지요?"라 고 물었다. 식당 주인은 "열 통입니다, 손님."이라고 대답했다. 그러자 푸트는 "가능하면 열한 통을 들여놓고 싶으시겠군요?"라고 물었다. 식당 주인이 "물론입니다, 손님." 하고 대답하자 그는 "그렇다면 맥주 를 가득 부어주는 게 어떻겠습니까?"라고 말했다.

이러한 예는 이외에도 많이 있다. 근수가 덜 나갈 때도 있고 좋지 않은 물건이 섞여 있을 때도 있으며 주문한 것과는 다른 물건이 배달 되어 올 때도 있다. 상인은 상품을 팔아야 하고 이윤을 많이 남길수록 좋지만 속임수를 쓰다가 그 사실이 알려지면 손님을 잃게 된다. 수년 전에 영국을 방문한 르 플레Le Play는 영국 제조업자들의 정직성을 접 하고 기뻐하며, "그들은 외국에 보내는 물품에 대해서도 그 양과 질을 꼼꼼하게 점검한다."라고 적고 있다.

그의 이 말이 지금도 유효할까? 영국 상품에 대한 불만이 공공연하게 들려오고 있다. 영국의 면직물은 도자기용 점토나 녹말가루, 마그네슘, 아연 등과 함께 선적이 된다고 한다. 우리는 그 선적 과정을 보아왔기에 면직물의 상태가 어떠할지를 미루어 짐작할 수 있다. 아마 곰팡이가 피고 색이 바래서 상품성이 없어졌을 것이다. 곰팡이는 습기로 인해 생겨나서 전분을 양분으로 하여 번식한다. 중국은 영국산 면직물의 주요 수입국이었지만, 영국산 면직물에서 곰팡이가 발견되자 수입을 중단했다.

중국 속담 중에 '마술사는 마술 공연 때 그를 위해 징을 치는 사람은 속이지 않는다.'는 속담이 있다. 중국인들도 영국인들만큼이나 속임수에 능하다. 그들은 차※에 쇳가루를 섞고, 비단에 물을 뿌려 판다. 그들은 속임수에 능한 만큼 남의 속임수도 금세 알아차린다. 주중 영국 영사는 "영국산 면직물은 평판이 나빠서 미국산으로 대체되고 있습니다. 미국산 무명은 영국산 무명보다 40퍼센트나 더 비싼데도 영국산을 몰아내고 중국 시장을 점유하고 있는 것입니다."라고 말했다. 우리는 더 이상 세계 시장에서 신뢰받고 있지 못하다. 과거에 영국 제품은 정직의 대명사였지만 더 이상은 그렇지 않다.

인도에서도 상황은 마찬가지이다. 영국산 면직물은 얼룩이 잘 빠지지 않는다. 도자기용 점토와 녹말가루의 물이 빠질 때쯤이면 천이 너덜너덜해진다. 인도는 면화 재배지이며, 인도인들은 영리하고 유능한 일꾼들이다. 인도인들은 손끝이 섬세해서 맨체스터의 여자 방적공들만큼이나 올이 고르게 베를 짠다. 인도는 이제 축적된 자본으로 공장을 건설하여 직접 제조업에 뛰어들고 있다.

이런 사실은 업계에서는 이미 잘 알려져 있는 사실로, 공적인 모임에서도 자주 이야기되고 있다. 영국산 면직물이 녹말가루나 도자기용 점토와 함께 선적되는 것을 모르는 나라는 없을 것이다. 멜러Mellor 의원은 질이 나쁜 제품을 속여 파는 제조업자들을 비난하면서, 그들이 자신들을 제외한 소비자 모두를 바보로 여기는 듯하다고 말했다. 그는 인도양을 가로지르는 배 위에서 만난 한 엔지니어의 이야기를 들려주었다. 어떤 엔지니어가 모슬린으로 터번을 장식하고 있는 모습을 본 멜러 의원이 그에게 "그 천은 영국산입니까?"라고 묻자, "아니요, 스위스산입니다. 영국산은 끈적거려서 손가락에 달라붙지요."라는 대답이 돌아왔다고 한다. 이것이 오늘날 영국 무역의 현주소이다.

미국산 면제품은 런던과 맨체스터를 포함한 영국 각지에서 좋은 값에 팔려서 높은 수익을 올리고 있으며, 인도산 면제품은 영국산보다 훨씬 비싼데도 중국과 오스트레일리아에 수출되고 있다. 인도의 지방 제조업체에서 생산되는 면제품이 이제 맨체스터에서 내수용과 수출용으로 생산되는 전체 면제품의 양에 맞먹는다고 하니 놀랍지 않은가? 우리는 직공들에게 기술 교육을 시키고 있다. 그러나 기술 교육이 집단적인 속임수에 대해 어떤 대처 방법을 알려준단 말인가? 어떤 젊은 여인은 250야드라고 표시가 되어 있는 무명실 한 타래를 샀지만 실제 길이는 175야드밖에 안 되었다. 과연 그녀가 자국의 상인들을 믿을 수 있겠는가?

뒤팽 남작의 경고

공직자들에 대한 기준이 낮아지고 공중도덕이나 정치 원리에 질적 저하가 있었던 것 또한 부인할 수 없는 사실이다. 작고한 뒤팽^{Dupin} 남작은 60년 전 영국을 방문했을 때 영국 상인들의 용기와 지성과 활력에 감탄하여 이렇게 적고 있다. "영국의 제조업과 상업이 계속해서 발달할 수 있었던 데에는 상인들의 용기와 지성과 활력도 한몫 했지만, 그보다는 그들의 지혜와 경제관념, 그리고 무엇보다도 정직성이 큰 역할을 했다. 영국 시민들이 이러한 자질들을 잃는다면 제아무리 막강한 해군력과 뛰어난 외교력 그리고 심오한 정치철학을 가지고 있다 해도 질이 떨어지는 제품을 실은 영국 선박이 세계 여러 나라의 항구에서 입항을 거부당하는 일이 생겨날 것이다. 그리하여 현재 영국 상품과 교환한 온갖 보물을 싣고 바다를 누비는 영국 선박들이 빠르게 해상에서 자취를 감추게 될 것이다."[3]

영국의 제조업이 이런 상황에 이른 것은 업체들 간의 치열한 경쟁과 정부의 규제 때문이다. 제조업자들은 제한적인 법규에 의해 손발이 묶여 있다. 이 법규들 중에는 여성과 어린이의 탄광 노동 금지라든가 노동 시간의 단축 등을 규정하는 훌륭한 것들도 있지만, 공장법 Factory Acts은 규제가 지나치게 심하다. 최근에 키츤^{Kitson}은 리즈^{Leeds}에서 있었던 모임에서, 공장법의 발효로 몇 개 산업이 고사 위기에 처했다고 말했다. 벨기에에서는 쇠나 강철로 만든 소형 낚싯대를 영국에 수출하고 있는데, 이는 소년 노동력을 이용할 수 있기에 가능한 일이다. 한때 영국의 주요 수출품이었던 소형 엔진은 이제 프랑스와 벨기에에서 생산되고 있다. 키츤은 영국 의회가 이런 식으로 영국의 소규모 산업을 고사시키고 있으며, 더욱이 여기에 드는 비용을 업계에 떠넘기고 있다고 말했다. 이 모임에 참석한 또 다른 연사는 자신이 운영하는 회사 인근에 주물 공장이 많이 있지만 벨기에의 주물이 더 싸기 때문에 벨기에 제품을 수입하고 있다고 말했다.

정부의 규제도 문제지만 근로자의 파업은 더욱 심각한 걸림돌이다. 사업이 번창하는 듯하면 근로자들은 임금 인상을 외치며 파업에 들어간다. 그리하여 공장이 폐쇄되고 용광로의 불이 꺼지고 건설 현장에 공사가 중단되고 모든 것이 멈춰 선다. 영국인들이 경솔하게도 좋은 자원과 기회를 내던지는 바람에 외국인들이 득을 보는 것이다. 근로자가 고용주를 천적으로 여기는 것은 불행한 일일 뿐 아니라 스스로를 망치는 일이다.

품질이 나쁜 제품은 거짓말과 같다

그러나 근로자의 노동의 질은 과연 어떠한가? 한때 영국의 근로자들은 자신의 일에 온 마음과 혼을 쏟아 부은 적이 있었다. 이 장의 서두에 나오는 초서의 말마따나, 일을 "한가할 때 완벽하게" 해내면서 제품의 질에 자부심을 가진 적도 있었다. 하지만 지금은 어떠한가? 기술도 없고 양심도 없고 부지런하지도 않은 근로자들이 아무렇게나 되는 대로 일을 하고 있다. 그리하여 터널이 붕괴되고 철교가 무너지고 건물이 내려앉는다. 집은 반쯤 짓다 만 듯하고, 하수도에는 가스배출 장치를 설치하지 않아 악취가 올라오며, 전염병이 창궐한다. 아, 지각

없고 무책임한 영국의 근로자들이여! 그대들로 인해 얼마나 많은 목숨이 희생되었으며 얼마나 많은 가정이 불행해졌는가! 그대들은 일의 결과만 중요할 뿐 과정은 아무래도 좋다고 생각한다. 그대들은 최선을 다하지 않으며, 그대들이 하는 일에 정열을 기울이지 않는다. 단지 무사히 검열을 통과하여 일을 끝마칠 수 있기만을 바랄 뿐이다. 참으로 부정직하고 불명예스러운 일이 아닌가. 어리석은 영국의 근로자들이여! 그러나 이것은 그대들의 잘못만은 아니다. 그대들은 지식이 부족하고, 따뜻한 보살핌 속에서 교육받지 못했다. 그대들은 세상이 그대들을 적대시한다고 생각하지만, 사실은 그렇지 않다.

　품질이 나쁜 제품을 만들어내는 것은 거짓말을 하는 것과 마찬가지로 철저하게 부정직한 행위이다. 소비자들은 좋은 제품으로 알고 물건을 구매하지만 사실 그 물건은 부정직한 근로자가 만든 질 나쁜 제품이다. 하지만 제품의 그럴싸한 외관에 현혹된 소비자는 너무 늦게야 그 사실을 깨닫는다. 이런 일이 계속되는 한 노동의 존엄성이나 근로자의 사회적 가치를 논하는 것은 헛일이다. "존엄성은 손재주에 있지 않고 노동의 내용에 있다. 요즘 사람들이 만든 것이 조상들이 만든 것보다 얄팍하고 표피적이라면 그것은 무엇 때문일까? 물욕과 경쟁과 조급성 때문이다."4

　폴리네시아인들조차도 영국 제품을 사용하기를 거부한다. 선교여행차 남태평양의 여러 섬들을 방문한 패터슨Patteson 주교는 섬의 원주민들이 영국 상품을 사지 않는다는 사실을 알았다. 그는, "내구성이 없는 조잡한 물건들은 폴리네시아인들의 눈에 쓸모없게 비칠 뿐입니다. 값이 싸든 비싸든, 비록 1실링밖에 안 되는 물건일지라도 제품 자체가 좋아야 삽니다. 그들은 날이 하나뿐이고 투박한 손잡이가 달린 싸구려 칼일지라도 질이 좋으면 만족하지만, 날이 여섯 개나 되는 칼도 질이 나쁘면 거들떠보지 않습니다."라고 말했다. 리빙스턴^{Livingston} 박사 역시 아프리카 원주민들이 품질이 떨어지는 영국산 철제품을 사지 않는다는 사실을 알게 되었다.

소크라테스는 자기 분야에서 최고가 되기로 결심하는 것이 얼마나 유익하고 훌륭한 일인지를 설명하였다. 만약 목수라면 최고의 목수가 되고 정치가라면 최고의 정치가가 될 때 진정 성공했다고 말할 수 있을 것이다. 그런 목수는 나무를 깎고 다듬는 일에 불과할지라도 그 분야에서는 화관을 목에 걸게 되리라고 소크라테스는 말했다.

웨지우드와 토머스 브라시

진정한 장인정신을 지닌 웨지우드^{Wedgewood}의 예를 보자. 그는 최선을 다하기 전에는 결코 만족하지 않았다. 그는 특히 제품의 품질과 용도, 그리고 제품에 대한 사람들의 평가에 신경을 썼으며, 이것이 그의 성공의 원천이 되었다. 그는 질이 떨어지는 도자기는 용납하지 않았다. 기대에 못 미치는 제품이 나왔을 경우 그릇을 지팡이로 부숴버린 후, "조사이어 웨지우드가 만든 도자기는 이래서는 안 돼."라고 말하곤 했다.

웨지우드는 완벽한 도자기를 만들려고 애썼으며, 기하학적 비례와 광택, 형태, 장식문양 등에 끊임없이 신경을 썼다. 바라는 효과를 얻을 때까지 도자기를 굽는 가마를 무수히 뒤엎었으며, 거듭되는 실패

끝에 완벽하게 아름다운 도자기를 만들어낼 수 있었다. 그는 자신의 작업장에서 사용되는 거의 모든 도구를 직접 발명하고 개량했으며, 일꾼들 옆의 벤치에 앉아 일꾼들을 개별적으로 지도하는 데 대부분의 시간을 보냈다. 그가 성공한 데에는 다 그만한 이유가 있었던 것이다.

진정한 용기와 정직성의 또 다른 예를 건설업자인 토머스 브라시 Thomas Brassey의 예에서 찾아볼 수 있다. 대충대충 일하는 풍조가 만연해 있을 때에도 브라시는 늘 자신이 한 말과 행동에 성실했다. 27개의 아치가 있는 바랑탱 고가도로가 거의 완성 단계에 접어들었을 때 폭우가 쏟아져 고가 전체가 붕괴되었다. 피해액은 3만 파운드에 달했다. 물론 건설업자에게는 법적으로나 도의적으로 아무런 책임이 없었고, 프랑스의 법률가들도 그에게 책임이 없음을 선언하였다. 그러나 브라시의 생각은 조금 달랐다. 그는 자신이 고가를 건설하고 이를 유지·보수하기로 계약했으며, 어떤 법률로도 그가 이를 이행하는 것을 막지 못하리라고 말하고 자비를 들여 고가를 재건하였다. 이러한 그의 삶은 이 세대의 젊은이들에게 더할 나위 없는 본보기가 될 것이다.

파업과 경기침체

우리는 형편이 좋을 때도 있고 나쁠 때도 있지만 결과는 늘 비슷하다. 장래의 일은 거의 생각지 않고 있다가 개인적인 만족을 위해 쓸 돈이 떨어질 때쯤 되어서야 절약을 하는 것이다. 최근에 브래드퍼드 Bradford의 한 사업주는 다음과 같은 말을 했다. '5, 6년 전에는 경기가 아주 좋았습니다. 상인 계층은 정신없이 바빴죠. 사람들은 빠르게 부자가 되었고, 모두들 이런 상태가 끝없이 이어지리라 여기는 듯했습니다. 부는 노동 계급에게도 돌아갔고, 그들 역시 고용주만큼이나 바빠졌습니다. 사업이 번창함에 따라 노동자들은 임금 인상을 요구하는 파업을 벌였고, 일시적으로나마 원하는 것을 얻었습니다. 그들은 일하는 시간이 줄어들수록 더 많은 보수를 받는 셈이 되므로 더 잘살 수 있으리라고 주장하면서 생산량을 줄였습니다. 그리고는 불황이 찾아왔지요. 파업이나 노조활동으로는 불황을 타개할 수 없었습니다." 그는 근로자들에게 다시 경기가 좋아지기를 바란다면 정직하고 성실하게 일하고, 보수에 비해 가능한 한 일을 적게 하거나 대충 하려는 마음가짐을 버리라고 촉구했다.

에든버러Edinburgh에서 있었던 근로자 대회에서 한 연사가 파업의 장점을 이야기하며, "내 말은 일은 되도록 적게 하고 보수는 되도록 많이 받으라는 겁니다."라고 말했다. 그러나 그의 말대로 행한다면 노동계 전반에서 사기가 저하되고 나태와 비효율과 불성실이 만연하게 될 것이다. 또 다른 연사가 반대 의견을 제시했다. "파업을 목적으로 노동조합을 설립하는 것은 대단히 부도덕한 일입니다. 일전에 에든버러의 거리를 지나다가 마지못해 대충대충 일하는 사람을 보았습니다. 지나가던 소년이 그 모습을 보고 '일하는 속도가 매우 더디시군요.' 하고 말을 건네자 그 사람은 '어차피 내 시간도 아닌걸, 뭐.'라고 대답하더군요. 그는 주인이 손해를 보면 그만큼 자신에게는 이익이라고 생각하는 듯했습니다. 근로자들이 그런 생각을 갖고 있기 때문에 질이 좋은 제품이 안 나오는 겁니다."

근로자들이 자신의 현 위치를 돌아볼 수 있다면 좋을 것이다. 그들은 온 유럽과 미국의 근로자들과 경쟁하고 있다. 예전에는 영국 노동자들이 다른 유럽 국가들의 노동자들보다 우수하다고 생각되었다. 하지만 지금은 상황이 완전히 다르다. 외국인들이 영국의 성능 좋은 기계와 최신 설비의 덕을 톡톡히 보고 있으며, 이제는 직접 기계를 제작해내기에 이르렀다. 그들은 영국의 공원들만큼이나 빠르고 솜씨 좋게 일할 수 있게 되었으며, 토요일과 일요일에도 일을 한다. 영국의 근로자는 일주일에 56시간을 일하는 데 반해, 프랑스의 근로자는 72시간을 일한다. 게다가 외국 기술공의 임금은 영국 기술공의 임금보다 25퍼센트나 적으며, 영국 제품은 프랑스 제품보다 질이 떨어진다. 이런 상황에서 우리가 어떻게 경쟁력을 유지할 수 있겠는가? 프랑스와 독일의 면제품은 무관세로 영국에 들어오지만, 영국의 면제품은 고율의 관세를 물지 않고는 프랑스와 독일에 수출할 수 없다. 과거에 우리가 독점적으로 취급했던 품목을 이제는 더 이상 그럴 수 없다. 우리의 면제품은 곧 내수용으로만 생산될 것이고, 그나마 싸고 품질이 좋지 않으면 프랑스와 미국 제품에 밀려 국내시장조차 잠식당하게 될 것이다. 다른 품목들도 모두 마찬가지이다.

홀리오크

우수한 공원인 홀리오크Holyoake는 노조활동의 폐해를 지적한 뒤 노사간의 화합과 신뢰를 강조했다. "근로자로서의 지난 14년을 돌아볼 때 이렇게 말할 수 있을 것 같습니다. 만일 하루 8시간의 근로에 대한 임금이 확보되어 어느 정도 여유 있는 생활이 가능하고 최고의 제품,

즉 나의 취향과 개성이 반영되어 있고 자부심을 느낄 수 있을 만한 물건을 만들 자유가 주어진다면, 그리고 퇴직 후에도 그 일을 계속할 수 있다는 보장이 있다면 나는 다른 어떤 생활보다 지금의 이 생활을 택하겠습니다. 나는 고용주의 친구가 될 것이며, 그의 명성이 곧 나의 긍지가 되고 그의 이익이 곧 나의 이익이 될 것입니다. 그는 사업을 경영하여 수익을 얻을 것이고, 나는 일을 배우고 연구하며 편안하고 만족스러운 삶을 누릴 것입니다."

분명 영국은 세상에서 가장 좋은 자원을 가지고 있다. 일을 할 의지가 있고 또 일을 잘할 수 있는 인적 자원도 많다. 그러나 우리는 제대로 만들어진 물건을 원하지, 건성으로 만들어진 물건을 원하지 않는다. 영국에는 저임금에 반대하여 파업하는 근로자는 있어도 건성으로 일하는 데 반대하여 파업을 하는 근로자는 없다. 하지만 중요한 것은 얼마나 더 좋은 물건을 만드느냐이지 얼마나 더 오래 일하느냐가 아니다. 영국의 상품이 세계시장에 믿음을 주지 못하는 이유는 그것이 부정직하고 불성실하게 만들어졌기 때문이다. 홀리오크는 이렇게 말을 이었다. "일이 재미없게 느껴지는 것은 일하는 사람이 자신의 일에 자부심을 갖지 못하기 때문입니다. 건성으로 일하는 근로자가 있어서는 안 됩니다. 건성으로 일하는 것은 그 일의 품위를 떨어뜨리는 짓이며, 제품의 구매자와 공모한 사기행위입니다. 저임금에 반대하는 근로자를 지원하는 노동조합은 많지만 부정직한 노동에 반대하는 근로자를 지원하는 노동조합은 하나도 없다는 사실은 장인정신에 대한 인식이 어떠한지를 극명하게 보여줍니다." 이런 상태가 계속되다가는 위대한 상업국가로서의 영국의 위상에 금이 갈 것이다.

미국의 예

비슷한 이야기가 바다 건너 미국에서도 들려온다. 미국 어디를 가나 '미주리 주 서편에는 신이 존재하지 않는다.'라는 경구를 실감할 수 있다. 막강한 힘을 지닌 달러야말로 최고의 신이며, 달러 숭배가 보편화되어 있다. 다음은 새크라멘토Sacramento의 한 신문에 난 기사이다. "미국인들은 돈을 사랑하는 사람들이고, 돈벌이에 혈안이 된 사람들이다. 미국에는 귀족 계급이 없지만 돈이 귀족을 대신한다. 다른 모든 것은 부富에 대한 욕망 속에 묻혀버렸다. 상업 활동에 있어서 속임수는 예외가 아니라 당연한 법칙이 되었다. 식품에 유해물질을 섞어 팔고 의약품조차 값싼 재료로 만든 좋지 않은 것들을 판다. 털실 대신 재생 털실을 팔고, 목재 대신 합판을 판다. 질 나쁜 벽돌과 회반죽으로 허름한 창고를 지어놓고는 그것을 집이라 부른다. 속임수가 만연하며, 모두들 돈벌이에 급급하여 명백한 사기를 당하고도 시간이 없어서 이를 바로잡지 못하고 차라리 다른 사람에게 사기를 치는 것으로 위안을 삼는다. 미국의 정체성은 큰 타격을 입었다. 정직하고 부지런한 국민으로서의 자부심은 급속히 사라져가고 있다. 군주제하의 미개한 나라 사람들도 우리보다 물질적으로 부족한 가운데 더 풍족하게 살고 있다. 그런 나라에서 사기 행위는 범죄로 간주되고 사기꾼은 중형에 처해진다. 자유에 대해서는 아무것도 모르는 미개국임에도 불구하고 말이다. 그들에게는 독립기념일도 없고 월스트리트도 없고 벼락부자나 가짜 귀족도 없다. 생존권과 자유권과 행복(돈을 의미한다) 추구권이 사람들로 하여금 그 이웃에게 사기를 치고도 배상할 책임을 전혀 못 느끼게 만든다는 사실을 그들은 알지 못할 것이다."

이상하게도 미국인들은 근로자에게 좋은 제품을 만들어내려는 의지가 결여된 것이 어느 정도 공교육제도에 기인한다고 생각하기 시작했다. 모든 사람이 교육을 받는 바람에 육체노동을 할 사람이 없어졌다는 것이다. 미국에는 도제도 없고 하인도 없으며, 모두가 다 권위자들이다. 〈월간 스크리브너즈 *Scribriner's Monthly*〉의 한 기자는 이렇게 쓰고 있다. "미국인들은 공교육제도를 매우 중시한다. 공교육제도에 반하는 말을 하는 것은 반역행위나 마찬가지이고, 공교육제도의 가치에 조금이라도 의구심을 표시하는 사람은 교육의 적으로 간주된다. 그러나 장래의 직업을 준비하는 사람들에게, 특히 그 일이 수공업 분야일 경우 공교육제도는 아무런 도움이 못된다는 사실을 직시해야 한다. 수박 겉 핥기 식의 주입식 교육은 겉치레이고 허식일 뿐이다."

이 기사를 쓴 기자는 옛날식 도제제도는 거의 사라졌다고 했다. 소년들은 모두들 학교에 있기 때문에 도제가 되어 일을 배울 수가 없다는 것이다. 그리하여 기술이 필요한 일은 대부분 외국인이 맡게 되었다. 교육받은 젊은이들은 그런 분야에 진출하려 하지 않는다. 그들은 육체노동보다는 정신노동을 선호한다.[5]

가지 많은 커다란 밤나무 밑에
마을의 대장간이 있었네.

롱펠로Longfellow는 이렇게 노래했지만, 더 이상 마을에는 대장간이 없다. 흑인 기술학교인 햄프턴 대학교의 암스트롱Armstrong 장군은 대장장이를 찾아 북부로 떠났지만, 미국인 대장장이는 눈 씻고 보아도 없었다. 대장장이들은 모두 아일랜드인이었다. 하지만 다음 세대로 가면 아일랜드 소년들 역시 모두 교육을 받고 육체노동을 회피할 것이다. 많은 신도를 거느리고 있는 뉴욕 어느 교회의 목사는 (이 같은 풍조의 확산을 막기 위해) 최근의 설교에서, 그 교회의 젊은이들 모두 생계를 위협받게 될 경우에 대비해 기술을 배워두어야 한다고 말했다. 부유하든 가난하든 기술을 익혀둘 필요가 있으며, 그것도 가능하면 잘 익혀두어야 한다. 부자도 금세 가난해질 수 있고 가난한 사람도 때로 부자가 될 수 있기 때문이다. 학생들로 하여금 훗날 자기 자신과 식구들을 부양할 수 있도록 준비시키지 못하는 교육은 실패한 교육이다.

상도덕이 땅에 떨어지다

우리는 지금까지 상도덕이 땅에 떨어진 것을 비판해왔다. 그러나 많은 부분이 우리 자신의 잘못에 기인하고 있지는 않은가? 상인들의 셈법으로는 2 더하기 2가 늘 4가 되지만은 않는다. 남들보다 더 빨리 돈을 벌기 위해 얼마나 많은 책략이 동원되는가! 정직은 끼어들 여지가 없을 정도이다. 많은 사람들이 매일의 성실하고도 소박한 삶보다는 일확천금을 꿈꾼다. 사업이 아니라 도박을 부추기는 듯한 풍조가 사회 전체에 만연해 있다. 모든 것이 너무나 빨리 진행되기에 뒤쳐진 사람들을 돌아볼 여유가 없다. 모두들 부富를 얻기 위해 앞만 보고 내달린다. 상업적 도박과 사기가 횡행하고 낭비와 허영심이 조장되는 사회가 우리 마음을 얼마나 황폐하게 하고 불행하게 할지는 예언자가 아니라도 능히 짐작할 수 있는 일이다.

한 아버지는, "아들아, 이제 사회에 나가게 될 텐데 사회에 나가면 사람들이 너를 속이려 할지도 모른다. 하지만 남에게 속아 넘어가기보다는 네가 남을 속이는 편이 낫다."라고 말했고, 또 한 아버지는 "가능하면 정직한 방법으로 돈을 벌어라. 그러나 그것이 여의치 않다면 부정한 방법을 써서라도 돈을 벌어라."라고 충고했다. 또 다른 아버지는, "정직한 것이 부정직한 것보다 낫다. 이것은 경험에서 하는 말이다."라고 조언했다. 이 세 가지 인용구는 사람마다 진실성과 정직에 대한 견해가 각기 다르다는 것을 보여준다. 그러나 차원 높은 행동 원리가 상인 계층에 파고들 수 있을지는 의문이다. 한 젊은이가 사업을 시작한다. 그는 천천히, 그러나 안전하게 사업을 운영해나간다. 이익이 적을지는 모르나 그것은 정당하게 벌어들인 것이다. "충성된 자는 복이 많아도 속히 부유하고자 하는 자는 형벌을 면치 못하리라. 악한 눈이 있는 자는 재물을 얻기에만 급하고 빈궁이 자기에게로 임할 줄은 알지 못하느니라."[1]

상업활동이 활발하게 이루어지고 있는 대도시의 젊은이들은 주도적인 사업가들의 호화로운 생활에 감탄할 것이다. 그러한 사업가들은 어디에서나 환영받고 모임에서는 가장 상석에 앉는다. 그들은 무도회와 파티, 만찬회 등을 베풀며, 그들의 집에는 위대한 화가들의 그림이 잔뜩 걸려 있고 지하 저장고에는 최상급 와인이 가득하다. 그들은 깊

---

[1]. 〈잠언〉 28장 20~22절

이 있는 대화를 나누기보다는 주로 와인과 말, 주식 등을 화제로 삼는다. 그야말로 엄청난 재산의 황금빛 바다 위를 순항하는 듯이 보인다.

젊은 사업가들은 그들이 사는 모습을 보고 감탄한다. 의지가 굳지 못하고 용기가 없는 젊은이는 부유한 선배 사업가들이 걸어간 길을 따르고자 한다. 이 젊은 사업가들은 최초의 투자에서 수익을 낼 수도 있으리라. 그리고 다음번에도 계속해서 수익을 내게 되면 부富를 얻고자 하는 욕심에 눈이 멀어 부정직하고 무분별해진다. 그들은 어음을 남발하는 한편 신용을 유지하기 위해 미술품 구입과 자선사업에 더 많은 돈을 쏟아 붓는다. 과거에는 탐욕적이고 부정직한 사람들이 강제로 다른 사람의 물건을 빼앗았다면, 요즘은 거짓 파산으로 남의 재산을 가로챈다. 과거에는 모든 일이 투명하게 드러났지만, 지금은 마지막 순간까지 베일에 싸여 있다. 사업이 부도나고 어음이 휴지조각이 되고 미술품이 경매에 넘어가면 그제서야 비겁한 사업주들은 채권자들을 피해 달아난다.

어떤 파산 사건의 경우, 회사 장부에 적혀 있는 자선기금 액수가 3만 9000파운드를 웃돌았다! 그 회사의 채권단 모임에서 한 연사는 이렇게 말했다. "이 회사는 파산 위기에 처한 지난 4~5년간 엄청난 양의 상품을 구입하여 아시아 시장에 뛰어들었습니다. 자금 마련을 위해 무리수를 둔 것입니다. 파산한 회사의 자선기금 액수가 이렇게나 많다니 기가 막힐 노릇입니다. 우리 중에 부정한 돈으로 교회 건물을 지어 천국 가는 길을 닦는 사람이 있다고 하신 우리 교구(맨체스터) 주교님의 말씀이 생각나는군요."

은행이 파산하다

은행이 도박과 속임수로 사업을 운영하다 파산하는 바람에 그 주주들이 재산을 잃고 가족까지 불행에 빠졌다는 이야기를 들어보지 못한 사람은 아무도 없을 것이다. 실러는, "100만 파운드를 횡령하는 것은 겁나는 일이지만, 1크라운을 훔치는 것은 그와는 비교도 안 될 만큼 더욱 두려운 일이다. 죄가 늘어갈수록 죄의식은 줄어드는 것 같다."라고 말했다. 그러나 요즘에는 수백만 파운드를 유용하는 것쯤은 아무것도 아니다. 은행에서는 고객이 예치한 돈으로 철도주株에 투자하기도 하고 해외 식민지에 땅을 사기도 한다. 그러다가 투자에 실패하면 은행이 파산하고, 그 여파로 수많은 가정이 불행에 빠진다. 그리하여 남자들은 반쯤 넋이 나가고 여자들은 목숨을 거둬달라고 신께 기도를 올리는 것이다.

신이여, 우리를 불쌍히 여기소서! 여기에 예순을 넘긴
다섯 자매가 있습니다.
슬픔과 두려움에 휩싸인 우리 다섯은
이미 세상을 뜬 언니를 생각하며 차라리 다행이라 여깁니다.
저들은 조금만 더 기다려줄 수는 없는 것일까요? 그리 오래 기다리
지는 않아도 될 텐데요.
우리는 아주 적은 돈으로도 명랑하고 씩씩하게 살아갈 수 있습니다.
하지만 오랜 추억이 깃든 이 정든 집을 떠나야 한다고 생각하면
아, 차라리 무덤 속의 평안이 더 낫게 느껴집니다![6]

사람들은 이미 많은 것을 가지고 있으면서도 더 많은 것을 가지려고 서두르다가 무분별한 투자를 하게 되고, 그 결과 파산하여 재기 불능의 상태가 된다. 이러한 예는 참으로 많다. 티퍼러리Tipperary의 한 부유한 은행가가 국회에 복귀했을 때 급진적인 선동정치가인 그에 대한 유화책으로 재정위원장의 자리가 주어졌다. 그의 앞날에 서광이 비치는 듯했지만, 결국 이로 인해 그의 인생은 좌초하고 말았다. 그는 이탈리아와 미국, 스페인 등지의 철도에 투자하여 큰돈을 잃었고, 그 후 수십만 파운드 상당의 어음과 권리증, 양도증서 등을 위조하기 시작했다. 그의 영리하지만 파렴치한 계획은 실패로 돌아갔고 그의 어음은 부도가 났으며 결국 파멸이 임박했다. 그는 밤늦게 서재에 들어가 극약이 든 약병을 꺼내들고 나와서 햄프스테드 히스Hampstead Heath*2를 배회하다가 약을 먹고 스스로 목숨을 끊었다. 그의 사망 소식이 발표되었을 때 설스Thurles와 티퍼러리의 거리가 어떠했던가! 전 재산을 잃은 노인들은 울부짖고, 미망인들은 땅바닥에 무릎을 꿇고 자신들이 영원히 빈털터리가 된 것이냐고 신에게 물었다. 그런데 그것은 사실이었다. 재정위원장이던 그 은행가는 자신의 은행에 예치되어 있던 돈을 모두 잃고 나서 사기행각에 뛰어들었고, 잃은 돈을 메우느라 더 많은 사기행위를 하게 되면서 주위 사람들을 더욱 파멸의 늪으로 빠뜨렸다.

그는 사촌에게 보낸 마지막 편지에서 이렇게 쓰고 있다. "내가 어떻게 해서 불명예에 발을 담그고 죄 위에 죄를 쌓게 되었는지! 나는 수

---

*2. 햄프스테드 히스 : 런던 북서부의 공원

많은 사람들에게 파멸과 불행과 수치를 안겨주었네. 아, 이 끔찍한 재난을 당한 사람들을 생각하면……. 나는 어떤 처벌도 달게 받겠지만 그 사람들의 고통을 보는 것만은 참을 수 없을 것 같네. 차라리 죽는 편이 나을 거야. 아, 아일랜드를 떠나오지만 않았어도! 투기에 손을 대지만 않았어도! 그랬다면 정직하고 진실한 본래의 나 자신으로 남아 있을 텐데. 지금은 후회하고 또 후회하지만 이제 와서 그게 다 무슨 소용이 있겠나?"7

개인과 마찬가지로 국가와 국민도 부정직할 수 있는데, 그것은 국민의 상위 3퍼센트가 어떠한지를 보면 알 수 있다. 스페인과 그리스와 터키의 상업계는 부정직하다. 스페인은 국부國富에 의해 망한 경우이다. 남미에 있는 스페인 식민지에서 쏟아져 들어온 금은 스페인 국민을 타락하게 하여 게으르고 나태한 사람들로 바꿔놓았다. 요즘 스페인 사람들은 구걸하는 것은 창피해하지 않으면서도 일하는 것은 창피하게 여긴다. 그리스는 수년 동안 채무의 이행을 거부하고 있다. 터키와 마찬가지로 빚을 갚을 능력이 없는 것이다. 터키나 그리스의 산업은 전부 외국인들에 의해 주도되고 있다.

펜실베이니아와 일리노이의 예

여러 해 전에 채무 불이행을 선언한 펜실베이니아 주 및 미국의 다른 주들에 대해서는 좀더 희망을 걸어볼 만하다. 이 주들은 원래 부유했는데, 외국에서 빌린 돈으로 도로를 내고 운하를 건설함으로써 더욱 부유해졌다. "평생 쓰지 않고 절약해서 모은 돈"을 잃게 된 시드니 스미스는 자신이 입은 피해를 세상에 알리기로 하고, 워싱턴의 국회 의사당에 항의서한을 보냈다. 훗날 활자화된 이 항의서한에서 그는 이렇게 쓰고 있다. "미국인들은 구대륙보다 나은 제도를 자랑하지만 적어도 범죄에 있어서만은 구대륙에 못지않습니다. 지상의 모든 독재를 반대하는 위대한 국가 미국이 유럽의 가장 부패한 나라의 가장 악명 높은 왕보다 더 큰 사기를 행하고 있는 것입니다."

일리노이 주는 비록 가난했지만 훌륭한 태도를 보여주었다. 일리노이 주 역시 펜실베이니아 주처럼 주의 제반 시설을 개선하기 위한 용도로 자금을 빌렸다. 부유한 펜실베이니아 주의 주민이 채무 불이행을 선언했을 때 다른 많은 가난한 주들도 펜실베이니아 주의 예를 따르고 싶어했다. 주의 모든 세대주에게는 투표권이 있었으므로, 만약 그들이 부정직한 사람들이라면 채무 불이행을 결의하는 것은 쉬운 일이었다. 일리노이 주의 주도인 스프링필드Springfield에서 집회가 열렸고, 누군가 채무 불이행을 선언하자고 제안했다. 그러나 그 제안이 채택되려는 순간 한 정직한 사람이 이의를 제기했다. 스티븐 A. 더글러스Stephen A. Douglas는 병으로 호텔 침대에 누워 있는 신세였지만 반드시 집회에 참석해야 한다고 생각했다. 그는 걸을 힘이 없어서 침대에 누운 채 모임 장소까지 운반되어 왔고, 다음과 같은 결의안을 써서 냈다.

"일리노이 주는 아직 한 푼도 갚지 못했지만 끝까지 정직하게 채무를 이행하기로 결의합니다."

이 결의안은 집회에 모인 모든 사람의 마음을 움직여 열렬한 지지 속에 채택되었다. 이 일은 채무 불이행의 관습에 제동을 걸었다. 결의안이 통과되자마자 운하의 채권 가격이 올랐고, 많은 자본과 이민자들이 일리노이로 유입되었다. 현재 일리노이 주는 미국에서 가장 번영한 주의 하나로, 철도의 총 연장 길이가 다른 어떤 주보다 길고, 커다란 곡창지대를 형성하는 드넓은 초원 위로 평화롭고 행복한 가정이 드문드문 자리잡고 있다. 이 모든 것은 정직한 행동이 낳은 결과이다.

가난할지라도 정직하게 살자

우리는 너무나 이기적이다. 다른 사람보다 자기 자신을 훨씬 더 많이 생각하고, 자신이 행복하면 행복할수록 다른 사람들에 대해서는 생각지 않게 되었다. 이기적인 사람들은 다른 사람들의 필요에 둔감하다. 그들은 쇠미늘 갑옷을 입고 있어서 그 어떤 무기도, 불행이나 궁핍조차도 그 갑옷을 꿰뚫고 들어갈 수가 없다. 그들의 감각은 그들의 욕구를 만족시켜주는 사람들에 대해서만 열려 있다. 성 크리소스토무스St. Chrysostom는 이렇게 말했다. "쾌락만을 위해 이 세상에 태어난 듯이 보이는 사람들이 있다. 그들은 썩어 없어질 육체를 살찌운다. …… 그들의 호화로운 식탁을 보면 천사들은 뒷걸음질치고 신은 안타까워하고 악마들은 즐거워하고 선한 사람들은 충격 받고 집안의 하인들조차 비웃을 것이다. …… 먼저 세상을 떠난 의로운 사람들은 세상의 두통거리인 부정축재자들과 폭군들에게 성대한 만찬을 남기고 가는 셈이다."

우리는 더 이상 부족한 가운데 살아가는 법을 알지 못한다. 늘 사치품에 둘러싸여 지내야 하는 것이다. 그러나 사람의 인생은 그가 소유한 물질만으로 이루어지는 것은 아니며, 가난할지라도 정직하게 살아야 한다. 필요하지 않은 물건은, 아니 비교적 필요한 물건일지라도 없이 지내는 것이 기독교적 자기부인을 향한 길이다. 우리 시대에 가장 부족한 것은 모든 정당한 욕구를 충족시킬 능력이 있으면서도 적은 것으로 만족하는 사람이다. 라코르데르Lacordaire는, "이 지상의 모든 것들 중 내게 가장 큰 감동을 준 것은 작은 집에 사는 위대한 영혼이다. 선과 진리의 씨앗을 뿌린 사람은 복되다. 훗날 그는 수확한 것들에 실망하지 않으리니."라고 말했다.

여기 정직과 진실성의 좋은 본보기가 있다. 베르나르댕 드 생피에르Bernardin de Saint-Pierre는 『자연 연구 Études de la Nature』에서 한 가난한 독일 농부의 이야기를 소개하고 있다. 생피에르는 1760년의 헤센Hesse 전투 당시 생제르맹Saint-Germain 백작의 휘하에 있었는데, 그는 이때 처음으로 전쟁의 공포를 체험하였다. 그는 몇 날 며칠을 약탈당한 마을과 황폐한 들판을 행군했다. 마을 주민들은 눈물을 흘리며 집을 떠났고, 도처에서 군인들이 전리품을 마구 다루고 있었다. 그러나 그러한 가운데에서도 생피에르는 훌륭한 마음씨의 한 농부를 만나 마음의 위안을 얻었다. 그 이야기는 다음과 같다.

한 용기병 대장이 부하들을 이끌고 식량을 구하러 갔다. 그들이 초라한 오두막을 발견하고 문을 두드리자 수염이 하얗게 센 노인이 나왔다. 대장이 "식량이 필요해서 그러니 우리를 밭으로 안내하시오."라고 말하자, 노인은 "그러지요."라고 대답한 후 앞장서서 계곡을 올라갔다. 30분쯤 걸어 올라가자 잘 익은 보리밭이 눈앞에 펼쳐졌다. 대장이 "이거면 됐습니다."라고 말하자, 노인은 "아닙니다. 조금 더 올라가야 합니다."라고 대답했다. 조금 더 올라가자 또 다른 보리밭이 나왔다. 병사들은 말에서 내려 곡식을 베어 꾸러미를 짓기 시작했다. 대장이 "왜 여기까지 온 거죠? 아까 본 보리밭도 이 보리밭만큼이나 훌륭했는데요."라고 묻자 농부는 대답했다. "옳으신 말씀입니다. 그러나 거기는 제 밭이 아니랍니다."

4

돈으로 매수할 수 없는 사람들

진리를 가르치고자 한다면
그대 자신이 용감해져야 한다.
진실하게 살아라, 그러면 그대의 삶은
위대하고 고결한 하나의 신조가 될 것이다.

빌려주고 양보하며 살아가는 세상은
참으로 좋은 세상이지만
구걸하고 빌리며 자기 것으로 만들려 애쓰는 세상은
그 이상 나쁜 것이 없을 만큼 끔찍한 세상이다.

— 불워 리튼Bulwer Lytton

누구에게나 있어 명예는
그 사람의 보석 같은 영혼을 말해줍니다.
내 지갑을 훔친 사람은 쓰레기를 훔친 것이나 마찬가지입니다.
지갑은 중요한 것이면서도 하찮은 것,
내 것이었던 것이 남의 것이 되고 많은 사람의 노예가 됩니다.
그러나 나의 명예를 훔친 사람은
그를 부유하게 하지도 못하면서 나는 가난하게 만드는
그 무엇을 내게서 앗아간 셈입니다.

— 셰익스피어Shakespeare

명예는 돈보다 귀하다.

— 프랑스 속담

세상에는 돈으로 매수할 수 있는 사람들이 있다. 돈과 술이 들어온다면 육신뿐 아니라 영혼까지도 기꺼이 팔 사람들이 무수히 많다. 누구나 뇌물수수와 부패로 얼룩진 선거에 대해 들어보았을 것이다. 그러나 이것은 자유를 향유하는 올바른 방법이 못 된다. 스스로를 파는 사람들은 노예나 마찬가지이며, 그들을 사는 사람들은 무원칙하고 부정직한 사람들이다. 자유에도 허점이 있다. 어떤 연설가가 "나는 자유의 땅에 발을 딛고 있습니다."라고 말하자, 청중 속에 있던 한 제화공이 "아니오, 당신은 아직 대금을 지불하지 않은 구두에 발을 딛고 있습니다."라고 대꾸했다.

사람들은 다수의 의견에 휩쓸리는 경향이 있다. 실러는, "수가 많다고 해서 무슨 의미가 있단 말인가? 의식 있는 사람들은 소수에 지나지 않는데. 투표를 할 때는 득표수보다 표의 비중을 따져보아야 한다. 수에 좌우되어 무지한 결정을 내리는 나라는 조만간 멸망하게 되어 있다."라고 말했다.

스코틀랜드에 교회 분리가 일어났을 때 노먼 매클라우드는 인기 없는 편에 서서 양심이 명하는 대로 행동한다는 것이 참으로 힘든 일이었다고 털어놓았다. 사방에서 경멸 섞인 야유가 쏟아졌던 것이다. 그가 보낸 편지에는, "오늘 홀리루드 성당 묘지에서 '여기 정직한 사람이 잠들어 있다'라고 씌어 있는 묘비를 보았습니다. 내 묘비에도 그런 문구를 새길 수 있게 되기를 바랄 뿐입니다."라는 구절이 보인다.

불법을 행하는 사람들

무지하고 경솔한 사람들은 부도덕한 사람들에게 휘둘리기 쉬운데, 세상에는 무지한 사람들이 대단히 많다. 프랑스의 한 돌팔이 의사가 퐁뇌프 다리의 통행을 방해한 죄로 법정에 끌려왔다. 판사가 "그토록 많은 사람들을 불러모아 엉터리 약을 팔다니 어찌된 일이오?"라고 묻자, 돌팔이 의사는 "판사님, 그 시간에 퐁뇌프 다리를 건너는 사람이 얼마나 된다고 생각하십니까?"라고 물었다. 판사가 "잘 모르겠군요."라고 대답하자, 그는 "그렇다면 제가 말씀드리지요. 1만 명쯤 됩니다. 그 중에 현명한 사람이 몇이나 된다고 생각하십니까?"라고 다시 물었다. "아마 100명쯤 되겠지요." 판사가 대답하자 그는 이렇게 말했다. "너무 많습니다. 하지만 판사님 말씀대로 100명이라고 쳐도 나머지 9900명은 제 고객이랍니다."

뇌물수수는 사회 각 분야에서 행해지고 있다. 뇌물을 주고받는 사람들에게는 정직성도 없고 자존감이나 인간다운 위엄도 없다. 만약 이런 것들이 있었다면 그들은 모든 종류의 뇌물을 경멸했을 것이다.

공무원들은 기업체로부터 뇌물을 받고 품질에 상관없이 그 회사의 제품을 통과시킨다. 그리하여 군대에서는 반쯤 무두질한 군화가 행군 도중에 못쓰게 되고, 질 나쁜 코트가 금방 닳아 해지고, 비상용 통조림이 부패해서 먹을 수 없게 된다. 네어스Nares 대위는 극지를 항해할 때 부하들에게 부패한 음식을 제공할 수밖에 없었던 서글픈 경험이 있다. 이 모든 것은 공무원 조직의 하부에 뇌물수수와 부패가 만연해 있기 때문이다.

커미션을 받고 불법을 자행하는 사람들도 많다. 특정한 공무원에게 수표를 건네면 그는 일이 원만히 진행되도록 돌봐준다. 많은 사람들이 이렇게 해서 적은 월급으로도 부유하게 산다. 어떤 공기업에서 대규모 부정이 행해진 후에 그 회사의 사무실 문에는 "이 회사의 직원들은 뇌물을 받지 못하게 되어 있습니다."라는 문구가 부착되었다. 요리사들은 거래처 상인들로부터 커미션을 받고, 집사들은 와인 판매상과 은밀히 연결되어 있다.

다음은 〈더 타임스The Times〉에 난 기사이다. "불법적인 커미션이 오가는 이런 관행이 상업 분야뿐 아니라 공직 사회에까지 침투한다면 능률적인 업무 처리는 말할 것도 없고 공직자들에 대한 신뢰가 땅에 떨어지고 말 것이다. 공직자들이 일을 투명하게 처리하여 한 점 의혹을 남기지 않는 것은 대단히 중요하다. 공무원들이 뒷돈을 받는다는 의혹이 일기 시작한다면 그날은 국가적으로 매우 불행한 날이 될 것이다."

어떤 발명가가 승합마차에 타는 승객의 수를 기록하는 방법을 고안했지만, 주무장관은 이를 받아들이지 않았다. 그는 이렇게 말했다. "그것은 아무 도움이 못 됩니다. 우리는 사람들을 정직하게 만들어주는 기계를 원하면서도 정작 그런 기계를 사용하려고는 하지 않으니까요."

'정직한 사람을 구합니다!'라는 말이 도처에서 들려오고 있다. 그러나 신망 있는 사람들이 사기와 절도죄를 범한 것으로 드러나는 경우가 너무나 많다. 많은 사람들의 신뢰를 받던 이들이 파멸의 구렁텅이로 향하는 것이다. 우리에게 가장 필요한 것은 신뢰할 만한 인격이며, 이것은 곧 행위를 통해 내가 믿을 만한 사람임을 남들에게 납득시키는 것을 의미한다.

러시아, 이집트, 스페인의 부패상

외국의 경우도 상황은 마찬가지이며, 특히 러시아와 이집트, 스페인은 최악이다. 러시아에서는 공무원들의 부패가 심해서 고위 공직자들에 이르기까지 그 부패상이 이루 말할 수 없다. 제조업체와 공무원을 연결시켜주는 일에서부터 직접적인 금품 공세에 이르기까지 생각할 수 있는 온갖 종류의 뇌물수수가 이루어지고 있다. 그들의 변명은 공무원들의 봉급이 너무 적다는 것이다. 모스크바와 페테르부르크 Petersburg에 철도를 건설하는 데에는 막대한 비용이 소요되었는데, 엔지니어와 인부들에게 지급된 보수 이외에도 감독관들이 거금을 유용했기 때문이다. 멘치코프Mentchikoff 공은 페르시아 특사에게 러시아의 거리를 구경시켜주는 황제의 산책길에 동행한 적이 있다. 페르시아 특사는 황금빛 돔과 번쩍번쩍한 상점들이 즐비한 거리를 동양적인 초연함으로 바라보았다. 초조해진 황제는 마침내 멘치코프 공에게 속삭였다. "이 사람을 놀라게 해줄 무언가가 없을까?" 멘치코프 공이 대답했다. "있습니다, 폐하. 모스크바와 페테르부르크의 철도 건설에 대한 회계장부를 보여주십시오."라고 대답했다. 이집트의 알렉산드리아에서는 관리들을 돈으로 매수하지 않는 한 새어나가는 돈이 너무 많다. 스페인에서는 배가 항구에 들어올 때에도 세관원에게 뇌물을 건네야만 입항이 가능하다. 그들의 변명 역시 러시아의 경우와 같다. 스페인 공무원들은 너무 박봉에 시달려서 뇌물을 받지 않고는 살아갈 수가 없다는 것이다.

뇌물수수는 공화국에서도 흔히 있는 일이다. 돈은 많은 장애를 없애고 많은 문제를 해결해준다. 최상의 공화제가 운영되고 있는 미국에서도 대규모 뇌물수수가 행해진다. 공무원 월급만으로는 부족하여 고위 공직자들까지도 마차나 말 등의 뇌물을 상납받고 심지어 현금을 받기도 한다. 통찰력 있고 정직한 미국의 정치가들은 부정부패로 인해 행정의 효율성이 빠르게 감소하고 있으며 도덕의 기준이 저하되고 있음을 깨닫는다.[1]

이러한 현상은 전 세계적으로 공통적이며, 정부의 형태와는 전혀 상관이 없다. 군주제냐 공화제냐 하는 것은 별로 중요치 않으며, 중요한 것은 그 정부를 이끌어가는 사람들이다. 정치권력은 이기적으로 사용하면 저주가 되고, 현명하고 올바르게 사용하면 공동체를 위한 커다란 축복이 된다. 통치 계급에 이기심이 싹트면 그 나라 전체에 화가 미칠 것이다. 이기심은 가장 가난한 사람들을 포함한 모든 계급에 확산되어 삶은 축재의 장으로 전락할 것이기 때문이다. 인생의 경주는 금전과 자기 자신만을 위한 것이 될 것이다. 원칙은 포기되고 정직성은 잊혀질 것이며, 믿음은 말라붙고 사회는 지위와 돈을 얻으려는 사람들의 각축장이 될 것이다.

정의로운 사람들

그러나 어느 시대에도 돈으로 매수할 수 없는 사람들이 있었다. 심지어 극도로 가난한 사람들 중에도 의무감이 투철하여 매수당하기를 거부하는 사람들이 있다. 북아메리카 인디언들 사이에서는 용감한 사람이라면 재산을 탐내지 않는다는 생각이 지배적이어서, 종종 부족 중에서 가장 가난한 사람이 추장으로 선출되었다. 이스라엘 사람들이나 그리스인들, 로마인들 중에서도 나라에 가장 큰 공헌을 한 사람은 가난한 사람들이었다. 엘리사Elishas는 밭을 갈고 있다가 선지자로 부르심을 받았으며, 킨키나투스Cincinaatus 역시 밭에 있다가 로마 군대의 지휘관으로 부름을 받았다. 소크라테스와 에파미논다스Epaminondas는 그리스에서 가장 가난한 사람들이었고, 기독교의 기초를 세운 갈릴리의 어부들 역시 마찬가지였다.

아리스티데스Aristides는 올곧은 성품으로 인해 '의인The Just'으로 불렸다. 그의 정의감에는 한 점의 오점도 없었고 그의 극기심은 나무랄 데 없었다. 그는 마라톤 전투와 살라미스 해전에 출전하였으며, 플라테아Platea 전투에서 군대를 지휘하였다. 아리스티데스는 나라의 요직을 두루 거쳤지만 가난하게 살다 갔다. 그 무엇으로도 그를 매수할 수 없었으며, 그 무엇도 그를 그의 의무로부터 떼어놓지 못했다. 아테네인들은 그를 거울 삼아 덕성을 함양했다는 이야기가 전해 내려올 정도이며, 일례로 아이스킬로스Aeschylus의 비극이 상연됐을 때 도덕적 선을 옹호하는 대사가 나오자 관객의 시선이 저절로 배우로부터 아리스티데스에게로 옮겨갔다고 한다.

용맹스럽고 혜안이 있는 아테네의 장군 포키온Phocion은 별명은 '선인The Good'이었다. 그리스를 석권한 알렉산더 대왕이 그의 환심을 사려고 많은 선물과 함께 아시아의 4개 도시를 주겠다는 말을 전해오자, 포키온은 "알렉산더가 진심으로 나를 존중한다면 정직하게 살도록 내버려둬주었으면 한다."고 대답했다. 그의 인품이 엿보이는 말이 아닐 수 없다.

그러나 웅변가인 데모스테네스Demosthenes는 뇌물에 약했다. 알렉산더의 부장인 하르팔로스Harpalus가 아테네에 왔을 때 아테네의 웅변가들은 그의 사치품에 관심을 보였는데, 데모스테네스도 그 중 하나였다. 그러나 정직성이 결여된 웅변이 무슨 소용이겠는가? 데모스테네스가 하르팔로스를 방문했을 때 하르팔로스는 데모스테네스가 아름다운 조각이 장식된 잔을 마음에 들어하는 것을 알았다. 하르팔로스는 데모스테네스에게 잔을 들어보라고 주었다. "이 잔에 얼마나 들어갈까요?"라고 데모스테네스가 묻자, 하르팔로스는 "20달란트는 족히 들어갈 겁니다."라고 대답했다. 그날 밤 20달란트가 들은 그 잔이 데모스테네스에게 배달되었고, 데모스테네스는 이를 마다하지 않았다. 그러나 이 사건으로 데모스테네스는 명예를 잃고 음독 자살하게 된다.

한편 키케로Cicero는 적뿐만 아니라 친구들로부터도 일절 선물을 받지 않았다. 키케로가 암살당한 얼마 후에 카이사르Caesar는 손자가 키케로의 책을 읽고 있는 것을 보았다. 소년은 책을 감추려 했지만 결국 할아버지의 눈에 띄고 말았다. 카이사르는 책의 내용을 살펴본 후 손자에게 돌려주며, "얘야, 이 책의 저자는 문장가인데다 애국자이구나."라고 말했다.

비아스Bias는 왜 다른 사람들처럼 귀중품을 가지고 피난을 떠나지 않느냐는 질문에, "무슨 말씀이세요? 모든 보물이 제 안에 있는걸요."라고 대답했다.

황제의 자리에서 물러난 디오클레티아누스Diocletian에게 막시미아누스Maximilian가 다시 황위에 복귀하기를 촉구하자 디오클레티아누스는 이렇게 대답했다. "사로나Salona에 내 손으로 직접 심은 양배추와 훌륭한 멜론과 집 근처에 내가 만든 멋진 농장을 보면 권력을 위해 지금의 이 행복을 포기하라는 말은 못할 걸세."

그가 열심히 일해서 얻은 결과물은 그의 것이며, 그 자신의 노동과 수고의 결실이었다. 그는 근면의 정신을 체득하였는데, 이는 노동자에게는 인내를, 전사에게는 기상을, 정치가에게는 신념을 부여한다. 노동은 부정직으로 향하는 최초의 길을 차단해주고 온갖 재능을 펼쳐 보일 수 있도록 넓은 길을 열어주며, 모든 사회적, 종교적 의무를 수행할 수 있도록 새로운 힘을 불어넣어준다. 그렇기 때문에 로마인들은 디오클레티아누스가 다시금 정치적 의무를 수행해주기를 바랐던 것이다.

만족은 사치스러운 생활이나 권력보다 낫다. 아니, 만족 자체가 자연이 주는 부富이다. 엘리자베스 여왕의 이복언니인 메리Mary 여왕은 여왕이 아니라 젖 짜는 아가씨의 신분으로 태어났으면 좋았을 것이라고 생각했다. 그랬다면 짝사랑의 고통을 맛보지 않아도 되었을 것이고, 신하들의 손에 휘둘리지 않아도 되었을 것이며, 종교 문제로 수많은 사람을 처형하지 않아도 되었을 터이므로.

용감하고 정직한 사람들은 재산을 불리기 위해 일하지 않는다. 그들은 사랑을 위해, 명예를 위해, 자신의 인격을 위해 일한다. 소크라테스가 올바른 윤리관에 대한 자신의 신념을 포기하기보다는 죽음을 선택했을 때, 그리고 라스카사스Las Casas가 불쌍한 인디언들의 고통을 줄여주고자 했을 때 그들은 돈이나 나라를 생각해서 그랬던 것은 아니다. 그들은 사람들의 사고를 한층 높은 수준으로 끌어올리고 고통 받는 모든 이를 돕고자 했던 것이다.

미켈란젤로Michelangelo는 교황으로부터 성 베드로 성당의 조영 감독을 맡아달라는 부탁을 받았을 때 보수 없이 '하느님에 대한 사랑만으로' 그 일을 하겠다고 말했다. 그리고 브뤼셀의 비에르츠Wiertz는 그의 그림을 구입하려고 하는 신사에게, "돈은 그냥 두십시오. 그것은 예술에 악영향을 끼친답니다."라고 말했다. 물론 비에르츠가 기인이었다는 사실을 덧붙이기로 한다.

앤드루 마블

정치계에는 지위와 돈에 대한 요구가 너무나 많다. 공직은, 그것이 국민에 대한 봉사를 통해 정당하게 얻은 것이 아닐 경우 도덕성의 타락을 말하는 것이다. 공직자들이 지녀야 할 애국적 동기는 저급한 동기로 바뀌고, 정실인사를 비롯한 공직의 거래가 이루어지는 곳에는 늘 부패한 정치와 타락한 정치가들이 따라다닌다.

앤드루 마블Andrew Marvell은 고대 로마식의 애국자였다. 그는 어지러운 시대를 살았다. 찰스 1세의 통치 초기에 헐Hull에서 태어난 마블은 케임브리지의 트리니티 대학에서 4년간 수학한 후 유럽 여행을 떠났으며, 이탈리아에서 밀턴을 만나 평생 우정을 쌓아가게 된다. 그가 유럽 여행에서 돌아올 때쯤 영국은 찰스 1세와 의회와의 분쟁으로 들끓고 있었다. 마블은 늘 자유를 옹호했지만 이 싸움에서는 어느 편에도 가담하지 않은 듯이 보인다. 1660년에 그는 고향인 헐에서 국회의원에 당선되었고, 의원 재직 기간 동안 선거구의 시장과 주민들에게 의회에서 일어나는 일들을 소상히 써 보냈다.

마블은 군주제를 반대하는 밀턴의 사상에 동조하지 않았다. 마블의 전기작가는 그를 "영국과 자유와 대헌장의 친구"로 묘사하고 있다. 마블은 제한적 군주제에 반대하지 않았던 만큼 왕정복고에 찬성이었다. 사람들은 찰스Charles 2세가 복위하면 평화와 충성심이 회복되리라고 믿으며 왕정복고를 바랐지만, 그것은 잘못된 생각이었다. 왕실에 적대적으로 보이지 않았던 마블은 러시아에 사절로 파견되는 칼라일Carlisle 경을 수행하게 되었는데, 그가 없는 사이에 영국에서는 많은 악이 행해졌다. 복위한 왕은 끊임없이 돈을 요구했고, 필요한 자금을 마련하기 위해 직위를 팔고 전매 제도를 시행하는 등 온갖 수단을 동원하였다. 마블이 선거구민에게 보낸 편지에는, "조정의 사치는 극에 달했고, 백성은 불만에 가득 차 있습니다."라는 구절이 보인다. 펜Penn과 미드Mead라는 2명의 퀘이커교도가 올드 베일리Old Bailey에서 재판에 회부되었을 때 재판정의 서기는 그곳에 모인 다른 사람들과 마찬가지로 스페인의 종교재판소를 칭찬하면서, "우리에게도 그런 것이 없는 한 문제는 좀처럼 해결되지 않을 것이다."라고 말했다.

왕은 정신들과 변절한 애국자들을 구슬려 계속해서 돈을 물 쓰듯 했으며, 수천 파운드의 뇌물로 그들의 마음을 샀다. 그러나 마블에게는 이것이 통하지 않았다. 왕실과 그 측근들을 풍자한 마블의 시문이 출판되었고, 왕에서부터 상인에 이르기까지 이것을 읽지 않은 사람이 없었다. 왕은 마블을 자기 사람으로 만들기로 했다. 마블은 협박과 회유를 당했으며, 일을 방해받고, 첩자의 추적을 당하고, 길에서 불량배를 만나고, 미인의 추파를 받았다. 그러나 그의 힘의 비밀을 발견한 데릴라는 없었다. 그는 타고난 성실성으로 위험과 타락으로부터 스스로를 지켜냈다. 위협과 뇌물공세에 맞서야 할 때 자존심은 소신의 동반자가 된다. 정직한 남자와 순결한 여자를 찾아보기 힘든 궁전에서 사람의 마음을 회유하는 방법은 고도로 발달해서 완벽의 경지에 이르렀지만, 스스로에 대한 존경심을 지닌 마블은 그 유혹에 넘어가지 않았다.

그리하여 왕실 회계를 담당하는 댄비Danby 경이 옛 친구의 마음을 사고자 마블의 집을 방문했다. 댄비 경은 헤어질 때 왕실 회계국에서 발행한 1000파운드짜리 어음을 마블의 손에 쥐어주고는 자신의 마차가 대기하고 있는 곳으로 향했다. 그러자 어음을 본 마블이 댄비 경을 불렀다. "잠시만 기다려주십시오." 그들은 다시 집 안으로 들어왔다. 마블은 심부름하는 소년 잭을 불러 물었다. "잭, 내가 어제 저녁에 무얼 먹었지?" "기억 안 나세요, 주인님? 제가 시장에서 사온 양고기를 드셨잖아요." "그렇구나. 오늘 저녁에는 무얼 먹었더라?" "제게 고기 수프를 끓이라고 하셨잖아요?" "그래, 맞다. 이제 됐으니 가보아라." 그러고 나서 마벌은 댄비 경에게 말했다. "들으셨지요? 앤드루 마블에게는 저녁식사가 제공되고 있습니다. 여기 경이 주신 어음이 있지만, 나는 이것을 받을 수 없습니다. 경이 어떤 의도에서 주셨는지 알기 때문입니다. 나는 선거구민에게 봉사하기 위해 이곳에 있습니다. 내각에서는 그들의 목적에 합하는 사람을 구하려 하겠지요. 하지만 나는 그런 사람이 아닙니다."

마블은 끝까지 훌륭하게 행동했다. 그는 나무랄 데 없는 인격의 소유자였으며, 그를 뽑아준 선거구 주민들의 진정한 대표자였다. 그는 가난하지는 않았지만 간소하고 소박한 삶을 살았다. 1678년 7월 그는 마지막으로 선거구를 방문한 뒤에 런던으로 돌아와 갑작스럽게 사망했다. 혹자는 그가 독살을 당했다고 말하지만, 그것은 사실이 아닐 것이다. 한 가지 분명한 것은 그가 정직한 사람으로 죽음을 맞이했다는 것이다. 그는 끝까지 순결한 마음을 잃지 않았으며, 늘 정의의 편에 섰다. 마블은 "선인의 사랑을 받았고 악인에게는 두려움의 대상이었으며, 소수의 사람들이 그의 모범을 따랐으나 누구도 그처럼 될 수는 없었다." 이것은 헐에 있는 그의 묘비에 새겨진 문구이다.

벤 존슨과 골드스미스

벤 존슨Ben Jonson 역시 마블처럼 올곧은 성격에 언어 표현이 직설적이었다. 이 용감한 시인이 가난과 질병으로 고생할 때 찰스 1세가 마지못해 약간의 하사금을 보내오자 벤 존슨은, "내가 뒷골목에 산다고 이 돈을 보낸 것 같은데, 가서 그에게 전하시오. 뒷골목에 사는 것은 그의 영혼이라고."라고 말하면서 그 돈을 돌려보냈다.

골드스미스Goldsmith 또한 돈으로 매수할 수 없는 사람이었다. 그는 가난을 뼛속 깊이 알고 있었다. 그는 유럽을 방랑하며 플루트 연주로 생계를 유지했으며, 헛간과 노천에서 잠을 잤다. 그는 배우로 활동하기도 하고 문지기와 의사 노릇을 하기도 하면서 그들과 함께 배를 곯았다. 후일 그는 글을 쓰고 신사가 되었지만 빈곤에서 완전히 벗어나지는 못했다. 그는 스스로에 대해, "빵을 벌기 위해 다락방에서 글을 쓰면서 우유배달부가 밀린 외상값을 받으러 오지나 않을까 걱정했다."고 말하고 있다. 어느 날 골드스미스로부터 몹시 곤란한 지경에 처했다는 전갈을 받고 달려온 존슨은 집세를 못 내서 집주인에게 붙잡혀 있는 골드스미스를 발견했다. 존슨이 할 수 있는 일이라고는 골드스미스의 집에 있는 원고뭉치를 처분하는 것뿐이었다. 존슨이 원고를 살펴보니 『웨이크필드의 목사Vicar of Wakefield』였다. 원고의 가치를 확신한 존슨은 그것을 서적상에게 가지고 가서 60파운드에 팔았다.[2]

골드스미스는 죽을 때까지 가난했지만——그는 빚을 남기고 죽었다——결코 돈의 유혹에 넘어가지 않았다. 그는 지저분한 정치 선전에 이용당하기를 거부했다. 그 당시는 로버트 월폴Robert Walpole 경에 의해 비밀 기관의 유지비로 매년 5만 파운드가 지출되던 때여서, 정부에 고용된 논객들이 매일 정부의 활동을 미화하고 반대파를 비난하는 글을 써댔다. 노스North 경이 수상으로 있는 동안에는 주니어스Junius가 반대파의 여론을 주도하고 있었는데, 그의 신랄한 풍자에 맞서기 위해 정부 여당에서는 골드스미스를 고용하기로 결정하고 샌드위치Sandwich 경의 지도 신부인 스콧Scott 박사를 보내 그의 의사를 타진했다. 후에 스콧 박사는 이렇게 말했다. "그는 누추한 집들이 죽 늘어서 있는 거

리에 살고 있었습니다. 내가 용건을 말하고 그의 수고에 대해 응분의
보상이 따를 거라고 얘기하자, 그가 뭐라고 한 줄 아십니까? 아, 글쎄,
'정당을 위한 글을 쓰지 않고도 생활에 필요한 만큼은 법니다. 따라서
당신네들의 도움은 필요치 않습니다.'라고 하지 않겠습니까? 그래서
그를 다락방에 내버려두고 그냥 나와버렸지요."

가난하지만 고결한 인품의 골드스미스는 이렇게 해서 부정한 돈을
거절했던 것이다. 그는 정권의 시녀가 되어 정치 팸플릿을 쓰느니 어
린이들을 위해 「멋진 구두Goody Two Shoes」 같은 유명한 동화를 쓰는 길
을 택했다.

공평무사한 사람들

하원의 야당 지도자인 풀트니Pulteney가 연설 도중에 라틴어를 인용
하자, 로버트 월폴 경이 이를 고쳐주면서 1기니를 걸어도 좋다고 말했
다. 그의 내기는 받아들여져서 인용구가 적힌 고전을 조사해보니 풀
트니가 옳았음이 밝혀졌다. 월폴 경이 탁자 위에 1기니를 던지자 풀트
니는 그것을 집어 들고는 하원의원들에게 그것이 그가 사적으로 취한
최초의 공금이라는 사실에 대한 증인이 되어달라고 말했다. 그 동전
은 현재 '풀트니의 기니'라는 이름으로 대영박물관에 보관되어 있다.
채텀Chatham 백작 피트Pitt는 군대의 회계 담당자에 임명되었을 때
법에 의해 정해진 월급 이외에는 한 푼도 더 가져가지 않았다. 평화시
에 군 회계 담당자는 수십만 파운드에 달하는 거액을 자신의 계좌에
넣어둘 수가 있었고, 여기서 나오는 이자를 개인적인 용도로 사용할

수가 있었다. 그러나 채텀 백작은 이 모든 특권을 거부했다. 그는 해마다 외국에서 제공하는 거액의 뇌물도 일절 받지 않았다. 그의 인격은 그의 금전거래만큼이나 투명하고 공평무사했다.

'위대한 하원의원the great Commoner' 윌리엄 피트William Pitt 역시 마찬가지이다. 그는 공공의 이익과 국민의 존경에 비하면 돈은 발끝의 먼지와 같다고 여겼다. 폭스Fox가 이끄는 반대파와 피트 사이의 갈등이 첨예화되었을 때 공문서보관소에 빈 자리가 하나 생겼는데, 그 자리는 평생 3000파운드의 연봉이 지급되는 명예직이었다. 피트가 가난하다는 것은 잘 알려진 사실이었기에 사람들은 모두들 피트가 그 자신을 임명하리라고 생각했다. 그런다고 해서 그를 비난할 사람은 아무도 없었다. 그 당시에는 그런 일이 관행이었기 때문이다. 그러나 피트는 궁핍하게 사는 실명한 친구 바레Barre 대령을 그 자리에 임명했다.

사람들은 누구나 피트가 공평무사하다는 것을 알고 있었다. 많은 사람들이 그를 헐뜯고 비방하고 그의 명예를 훼손했지만, 그의 가장 큰 적들조차도 그가 부정축재를 했다는 비난만큼은 할 수 없었다. 넓은 영토를 소유한 영국 최고의 부자들이 공작이나 백작의 지위와 가터 훈장을 제안하며 그를 유혹하려 할 때에도 그는 이를 거절했다. 피트는 돈과 돈이 가져다주는 사회적 지위 등을 몹시 경멸했다. 피트는 아리스토텔레스의 『윤리학』에 등장하는 관대한 사람처럼 도량이 넓었다. 그리고 청빈만큼 그의 인격 함양에 도움이 된 것도 없었다.

프랑스의 훌륭한 변호사 샤밀라르Chamillard는 중요한 서류 하나를 빠뜨리고 제출하지 않는 바람에 소송에서 패했다. 판사의 판결문이 의회에 보고되었으며, 재심은 청구할 수 없게 되어 있었다. 소송 의뢰인은 재산을 잃게 된 것을 한탄하며, 샤밀라르가 이 사건의 핵심이 되는 중요한 서류를 언급하지 않아서 재판에서 졌다고 주장했다. 샤밀라르는 그 서류를 본 적이 없다고 항의했지만, 의뢰인은 다른 서류와 함께 분명히 건네주었다고 주장했다. 마침내 샤밀라르가 가방을 열고 안을 살펴보자 그 서류가 나왔다. 그는 그 서류를 제출했더라면 승소했으리라는 것을 알았다. 하지만 재심은 없었다. 샤밀라르는 마음을 정하고 의뢰인에게 다음 날 아침에 다시 찾아와달라고 말했다. 그는 가진 돈을 모두 모아서 이튿날 그를 찾아온 의뢰인에게 건넸다. 그리고는 재판장을 찾아가 앞으로 의회에서 보고하는 일은 자신에게 맡기지 말아달라고 요청했다. 그는 자신의 잘못으로 인한 손해를 모두 배상했으면서도, 자신이 큰 실수를 범했으니만큼 의회에서 보고할 자격이 없다고 생각한 것이다.

아서 웰즐리Arthur Wellesley 경(후일의 웰링턴 공작)은 하이데라바드 Hyderabad의 수상이 아사예Assaye 전투에서 패한 그들의 왕자를 잘 봐달라는 뜻에서 거금을 건네려 하자 잠시 그를 물끄러미 바라보더니, "당신은 비밀을 지킬 수 있을 것 같군요?"라고 말했다. 수상이 "물론입니다."라고 대답하자 웰즐리 경은 "그렇다면 나 역시 그렇습니다."라고 말하며 수상이 내미는 돈을 거절하고 그를 배웅하였다. 그 후 키투르 Kittoor의 라자*1가 무언가 이권을 얻는 대가로 1만 파고다를 보내오자 웰즐리 경은 분개하여, "그에게 가서, 나와 전 영국군 장교는 상대가 누구냐에 상관없이 이런 제안을 받은 것을 모욕으로 여긴다고 전해주

---

*1. 라자 : 산스크리트어로 왕을 일컫는 말

십시오."라고 말하며 상대방의 제안을 거절하였다.

그의 친척인 웰즐리 후작도 동인도회사의 이사진에서 보내온 10만 파운드를 받지 않았다. 어떤 것으로도 그로 하여금 그 돈을 받게 할 수는 없었다. 그는 이렇게 말했다. "굳이 나의 독립적인 성격과 내 지위에 어울리는 품위를 거론하지 않더라도 …… 우리의 군을 생각하는 것만으로도 충분합니다. 저 용감한 군인들에게 돌아가야 할 몫이 줄어든다면 몹시 마음 아플 것입니다."찰스 네이피어Charles Napier 경도 인도에 있는 동안 이와 비슷한 이타심을 보였다. 그는 "분명 신드 Scinde에 온 이후로 3만 파운드는 벌 수 있었지만, 아직 내 손은 깨끗하다. 아버지가 주신 칼은 아직 피로 얼룩지지 않았다."라고 말했다.

제임스 오트램 경

제임스 오트램James Outram 경은 아량이 넓고 이기심이 없었다. 인도에서 대위로 근무할 때 그는 마히칸타Mahi Kanta의 폭도들에 맞서 싸울 군대의 지휘권을 위임받았지만 자신보다 계급이 훨씬 높은 친구를 위해 이를 포기했다. 그는 자신과 같은 하급장교가 그런 중책을 맡는다면 무엇보다도 단결이 중요한 군대 안에 불만이 생겨날 수 있음을 지적하는 것이 자신의 의무라고 생각했다. 그의 친구인 상급장교는 직급이 대장이었다. 오트램 경은, "그 장교는 저보다 훨씬 뛰어난 자격을 갖추고 있습니다. 저는 기꺼이 그의 휘하에서 싸우겠습니다. 작전수행에 성공하면 그의 공이고 실패하면 제 책임일 것입니다."라고 말했다. 그러나 총사령관은 그의 제안을 받아들이지 않았고, 그는 다시 한번 요청해서 겨우 허락을 받았다.

신드에서의 승전 후 장교와 병사들에게 상금이 분배될 때 오트램 경은 소령으로서 당연히 받을 권리가 있는 3000파운드를 받지 않기로 했다. 자신이 반대한 전투였기에 1루피도 받을 수 없다는 것이었다. 그는 3000파운드 전액을 자선단체에 기부했는데, 그 중에는 더프 Duff 박사가 인도에 세운 기독교계 학교들도 있었다. 그는 쿠솔리 Kussowlee에 있는 힐 기숙학교에도 800파운드를 기부했다. 나중에 로렌스Lawrence 부인은 그에게 편지를 보내 "귀하가 보내주신 후원금은 대의명분이 뚜렷한 만큼 더욱 기쁘게 받았습니다."라고 말했다.

제임스 오트램 경은 자신의 이익은 전혀 생각지 않았으며, 돈은 발끝의 먼지처럼 여겼다. 오트램 경처럼 소탈하고 자의식으로부터 자유로운 사람도 없었다. 그의 삶을 자세히 들여다보면 그가 얼마나 자신보다 다른 사람들을 더 많이 배려했는지를 알게 된다. 인류에 대한 그의 동정과 연민은 끝이 없었다. 오트램 경으로 하여금 모든 형태의 불의에 저항하게 한 것은 바로 다른 사람들의 눈으로 보고 다른 사람들의 마음으로 생각할 줄 아는 이러한 자질이었다. 이러한 자질이 영국의 통치자들에게는 결여되어 있었기에 인도에서의 상황이 악화되었지만 말이다.[3]

로렌스 경

로렌스 경이 인도의 젊은 왕자가 연루된 중요한 사건을 조사하게 되었을 때 인도 왕자는 테이블 밑으로 돈을 건네려 했다. 그러자 로렌스 경은, "젊은이, 자네는 영국인에게 큰 모욕을 주었네. 이번에는 자네가 아직 어리다는 점을 참작해서 그냥 넘어가겠지만, 다시는 영국 신사에게 이런 모욕을 가하지 않았으면 하네."라고 말했다.

인도 제국이 유지될 수 있었던 것은 바로 이런 사람들의 용기와 정직성 때문이었다. 그들은 목숨이 위험한 상황에서조차 성실하게 자신의 의무를 다했다. 인도에 폭동이 일어나자, 그때까지만 해도 비교적 알려져 있지 않던 사람들——해블록Havelock, 닐Neil, 니콜슨Nicholson, 오트램, 클라이드Clyde, 잉글리스Inglis, 에드워즈Edwards, 로렌스——이 곧 전면에 부상했다. 로렌스 형제는 인도 북서부에서 크게 이름을 떨쳤는데, 두 형제 모두 의무 수행에 대한 기준이 대단히 높았다. 형인 존——그는 '철인 존Iron John'이라 불렸다——과 동생인 헨리는 주변의 많은 사람들로부터 사랑을 받았다. 특히 존은 그 한 사람의 인격이 부대 전체에 값한다는 말을 들을 정도로 훌륭한 인격의 소유자였다. 에드워즈 대령은 로렌스 형제에 대해, "그들은 신앙의 대상이었으며, 지금까지도 살아 있는 하나의 종파를 낳았다."라고 말했다.

인도에 폭동이 일어났을 당시 존은 펀자브 지방의 행정 책임자였다. 그의 관할 지역은 영국군이 점령한 지 얼마 안 되는 곳이었지만 그는 현명하게 잘 다스렸다. 주변 사람들을 신뢰하고 그들과 친구가 된 존은 역사상 유례가 없는 일을 감행하였다. 자신의 안전은 돌보지 않고 펀자브 지역의 원주민 군대 전 병력을 델리로 보내 그곳의 영국군을 돕게 한 것이다. 그리고 그 결과 그의 판단이 옳았음이 입증되었다. 시크 교도와 펀자브 사람들은 그의 믿음을 저버리지 않았던 것이다. 반란은 진압되고 델리는 평온을 되찾았다. 이 모든 것은 존 로렌스의 인품으로 인해 가능했다. 그의 동생 헨리는 자신의 묘비명으로 '여기에 의무를 다하고자 애쓴 헨리 로렌스 잠들다.'라는 문구를 새기고 싶어했는데, 참으로 그의 삶과 인품을 겸손하게 묘사한 말이 아닐 수 없다.

자신을 희생한 과학자들

과학자들도 비슷한 자기희생의 정신을 보여주었다. 험프리 데이비 경은 숱한 고생 끝에 광부들을 위한 안전램프를 발명했는데, 특허를 출원하지 않고 모든 사람이 그의 발명품을 이용할 수 있도록 했다. 한 친구가 그에게, "특허를 냈다면 해마다 5000~1만 파운드의 수입이 생겼을 텐데."라고 말하자 데이비 경은 이렇게 대답했다. "그런 일은 생각해본 적도 없네. 내 유일한 목표는 인류에 공헌하는 걸세. 내게는 원하는 일을 하며 살아갈 만큼의 재산이 있다네. 더 이상의 부는 일을 하는 데 방해가 될 뿐이야. 재산이 늘어난다고 명예나 행복도 따라서 늘어나는 것은 아니지 않은가. 물론 재산이 많으면 사두마차를 타고 다닐 수 있겠지. 하지만 험프리 경이 사두마차를 타고 다닌다는 소리를 들어서 무엇하겠나?"

패러데이Faraday 역시 마찬가지였다. 패러데이는 과학에만 몰두했으며, 과학적인 탐구심 못지않게 상상력도 풍부했다. 그가 발견한 새로운 사실들은 보다 큰 신비의 중심이 되었다. 그는 유물론자가 아니었으며, 과학의 독단주의와 종교의 분파주의 모두를 혐오했다. 늘 자신의 지식에 자만하지 않고 겸손했던 패러데이는 그의 앞에 새롭게 펼쳐지는 진리에 감탄하며 어린아이와 같은 마음으로 탐구에 몰두했다. 그는, "저 오존과 산소가 이 세상의 절반 이상을 덮고 있다니 이 얼마나 경이로운 일인가. 하지만 우리는 이제 겨우 세상의 경이를 조금씩 알아가기 시작했을 뿐이다."라고 말했다.

패러데이는 가난한 편이었지만 자신의 삶에 만족했다. 그는 돈 때문에 일을 하지는 않았다. 만약 그랬다면 큰 부자가 됐을 것이다. 패러데이는 그가 발견한 모든 것을 많은 사람들이 이용할 수 있게끔 특허를 내지 않았다. 그는 돈벌이의 유혹——그의 경우에는 유혹이라고 할 수 없겠지만——을 물리치고 순수한 과학자의 길을 걸었다. 그는 많은 새로운 사실들을 발견했으며, 자신이 발견한 사실에 놀라곤 했다. "이러한 것들은 지금으로서는 설명할 수 없다. 이것들은 장차 알게 될 지식에 비하면 지금 우리가 알고 있는 지식이 얼마나 적은지를 보여준다."라고 그는 말했다. 자신을 어린아이에 비유한 아이작 뉴턴을 연상케 하는 말이다.

왕립학회의 최근 모임에서 틴들Tyndall 교수는 호프만Hoffman 박사에게 패러데이 메달——학회에서 수여하는 가장 큰 상이다——을 전달하면서, 패러데이의 친절한 일면을 드러내주는 감동적인 일화를 소개했다. 에든버러의 한 학생(나중에 의학박사가 된 새무얼 브라운Samuel Brown)이 물질과 원자에 관한 복잡한 연구를 하다가 어떤 착상이 떠오르자, 당대의 가장 위대한 화학자인 패러데이에게 편지를 보내 조언을 구했다. 그 당시에 패러데이는 일에 파묻혀 살았지만 그의 질문을 무시하거나 값싼 칭찬을 늘어놓지 않았다. 패러데이는 무명의 젊은 과학도에게 다음과 같은 답장을 보냈다. "나는 조금의 망설임도 없이 당신에게 실험을 해보라고 권하겠습니다. 실험결과가 어떻게 나오든 당신은 실험을 통해 많은 것을 배울 것이기 때문입니다. 당신의 아이디어 자체에 대해서는 그것이 지적 호기심을 자극한다는 것 이외의 다른 말은 할 수 없을 것 같군요. 어쨌든 실험과학의 역사를 조금만 생각해보면 실험이 기존의 이론을 변화시키는 데 큰 역할을 해왔음을 알게 될 것입니다. 나는 물질의 입자와 원자 및 인력에 대한 이론들에 오랫동안 천착해왔지만, 실험을 거듭할수록 원자와 물질의 입자에 대한 개념이 모호해지는 것을 느낍니다."

로스차일드 가문

이제 주제를 바꿔 치부致富에 대한 이야기를 해보자. 로스차일드Rothschild 가문의 부는 창업자인 메이어 암셀Meyer Amschel의 정직성에 기반한 것이다 메이어 암셀은 1743년 프랑크푸르트에서 태어났다. 그의 부모는 유대인이었다. 유대인들이 중세 때부터 얼마나 많은 고난과 핍박을 당해왔으며 지금까지도 박해를 받고 있는지!⁴ 독일의 다른 도시에서와 마찬가지로 프랑크푸르트에서도 유대인들은 해가 지고나서 일정한 시각이 되면 유대인 거주지 안에만 머물러 있어야 했으며, 이를 위반할 경우 죽음을 각오해야 했다. 프랑크푸르트의 유대인 거주지는 밤이 되면 문이 잠겨 출입이 불가능했다. 나폴레옹이 대포로 이 문을 부숴버린 것은 그가 한 일 중 가장 잘한 일일 것이다. 그러나 문은 부서졌어도 박해는 계속되었다.

암셀은 열한 살에 부모를 여의고 홀로 세상을 헤쳐나가야 했다. 소

년은 약간의 교육을 받은 후──유대인들은 늘 서로에게 친절하다──
운 좋게도 하노버의 한 은행에 취직이 되었다. 그는 1772년에 프랑크
푸르트로 돌아와서 대부업과 중개업을 시작했다. 그의 가게에는 붉은
방패가 그려진 간판이 걸려 있었는데, 로스차일드라는 이름은 바로
이 '붉은 방패rothschild'에서 유래된 것이다. 그는 오래된 동전들을 수
집했는데, 그의 가게에 자주 들리던 아마추어 동전 수집가들 중에 훗
날 헤센의 선거후가 된 빌헬름William이 있었다.

나폴레옹이 유럽을 침략하자 헤센의 빌헬름은 가지고 있던 돈을 모
두 암셀에게 맡기고 나라 밖으로 피신했으며, 그 후로 25만 파운드에
달하는 이 돈을 잘 관리하는 것이 암셀의 최대 목표가 되었다. 그 당
시에는 돈의 가치가 매우 높아서 투자만 잘하면 12~20퍼센트의 수익
을 올릴 수 있었다. 전쟁은 계속되어 러시아가 나폴레옹군의 공격을
받았다. 나폴레옹은 눈 덮인 러시아의 벌판에서 많은 병사들을 잃었
으며, 그 후 라이프치히Leipzig 전투에서 패해 라인Rhine 강 저편으로 퇴
각하였다. 헤센의 빌헬름은 고국으로 돌아왔고, 그가 돌아온 며칠 후
메이어 암셀의 장남이 궁전으로 그를 찾아와 암셀이 보관하고 있던
300만 플로린을 건넸다. 빌헬름은 예기치 않은 행운에 몹시 기뻐하며
즉시 젊은 로스차일드에게 기사 작위를 수여하였다. 그는 로스차일드
에 대해 "이렇게 정직한 사람은 일찍이 없었다."고 말했으며, 얼마 후
에 열린 빈 회의에 참석해서도 로스차일드 집안의 정직성을 극구 칭
찬하였다. 암셀에게는 자녀가 많았는데 그들 모두가 그를 본받았으
며, 그리하여 로스차일드 집안은 세계에서 가장 큰 금융업자로 성장
하였다.[5]

매콜리 경

고故 매콜리 경은 대단히 청렴한 사람이었다. 윌버포스Wilberforce나 헨리 손턴Henry Thornton, 재커리 매콜리Zachary Macaulay 등과 같은 사람들 틈에서 자랐으니 애국적이고 사심이 없는 인물이 될 수밖에 없었을 것이다. 그가 글을 써서 1년에 겨우 200파운드를 벌 때였는데, 시드니 스미스는 그에 대해 이렇게 말했다. "매콜리는 청렴한 사람이다. 그 어떤 관직이나 훈장, 부나 작위도 그에게는 통하지 않을 것이다. 그는 정직한 사람이자 참된 애국자로, 세상의 그 무엇도 그로 하여금 영국의 국익에 소홀하게 하지는 못할 것이다."[6]

매콜리는 해야 할 일을 적절하게 안배함으로써 그것이 귀찮고 성가신 일이 아니라 기분 좋은 소일거리가 되도록 했다. 그의 경제 원칙은 매우 간단했다. 공적인 수입과 글을 써서 얻은 수입은 모두 자본으로 간주하고, 빚은 24시간 이내에 갚는다는 것이다. 그는, "빚을 빨리 갚는 것은 도덕적 의무이다. 나는 빌려준 돈을 빨리 돌려받지 못하는 것이 얼마나 고통스러운지 겪어봐서 잘 안다."라고 말했다. 또한 "빚을 졌을 때 우리는 그 빚과 상처 입은 자존심으로 인해 두 배나 마음이 무겁다."라고도 말했다. 그는 일찍부터 자신의 수입을 유일한 근거로 하여 청렴하고 독립적인 생활을 유지해나갔다.

하지만 그에게는 자산이 얼마 없었다. 인도 의회의 의원 자리를 제안해온 랜즈다운Lansdowne 경에게 보내는 답장에서 그는 이렇게 쓰고 있다. "살다 보니 부에 대한 욕망은 점점 줄어들지만, 자산의 중요성은 매일같이 깨닫습니다. 자산이 없는 공직자는 부정에 연루되기가 쉬우며, 설사 그렇지 않다고 하더라도 그런 혐의에서 벗어나기란 거의 불가능합니다. 나는 공직을 수행하고 글을 쓰는 두 가지 일을 통해 생계를 유지해야 할 처지에 있습니다. …… 서적상의 구미에 맞는 글을 써야 하며, 마음속에 가득한 것을 쏟아놓는 것이 아니라 빈 호주머니를 채우기 위해 글을 써야 한다는 것, 지친 상상력을 채찍질하여 억지로 글을 쓰려고 애쓰며 단지 지면을 메우기 위해 쓰레기 같은 글을 써야 한다는 것, 출판업자와 편집자들로부터 드라이든Dryden이 톰슨 Thomson의 충고를 어떻게 받아들였으며 매킨토시Mackintosh가 라드너 Lardner의 충고를 어떻게 받아들였는지를 들어야 한다는 것, 이런 것들을 생각하면 참으로 끔찍합니다. 하지만 만약 공직을 그만두면 그렇게 살아가야 하겠지요. 그러나 단지 급료를 받기 위해 공직을 수행한다는 것은 더욱 끔찍합니다."

매콜리는 인도에서의 공직을 훌륭하게 수행한 뒤 훗날 그의 유명한 『영국사 History of England』를 아무 걱정 없이 쓸 수 있을 만큼의 자산을 모아 가지고 돌아왔다.

| 새무얼 스마일즈의 의무론 |

비열하고 무가치한 일을 하기를 두려워하는 것이 용기이며,
만약 그런 일이 우리에게 행해졌을 경우
이를 참아 견디는 것 또한 용기이다.

— 벤 존슨

하늘이시여, 제게 사람들 간의 친화력으로
변화될 수 있는 것 이외의 빛을 허락지 마시고,
보다 완벽한 인간성을 지향하는 전통
바깥의 힘을 허락지 마소서.

— 조지 엘리엇

삶이 물 흐르듯 흐를 때뿐만 아니라

이상한 우연이 물살의 흐름에 영향을 미칠 때에도

진실의 힘은 나타난다.

인생의 새로운 국면에서

갈망이나 과욕, 또는 무력감에

멀미를 일으키거나

여러 차례 죽음의 위협을 느끼며

큰 기쁨과 깊은 슬픔을 맛볼 때에도.

— 로버트 브라우닝Robert Browning

용기는 모든 사람이 찬탄해 마지않는 자질이다. 그것은 위기에 봉착했을 때마다 우리 안에서 솟구치는 에너지이며, 그 어떤 무서운 일에도 흔들리지 않는 온전한 의지이다. 용기라는 것이 있어서 우리는 때로 의무를 수행하다가 죽기도 한다.

반면에 비겁을 칭찬할 사람은 아무도 없을 것이다. 보편적인 양심이 이를 비난하지 않는가? 비겁한 사람은 비열하고 남자답지 못하다. 그에게는 자신의 의견을 주장할 용기가 없다. 그는 노예가 될 준비가 되어 있는 사람인 것이다. 호메로스는 "우리가 노예로 전락할 때 우리의 미덕은 절반이 뜯겨나간다."라고 말했으며, 아널드 박사는 여기에 더해 "그리고 나머지 절반은 그가 도망칠 때 없어진다."라고 말했다.

그러나 비겁자를 다루는 데에는 용기가 필요하다. 필립 시드니Philip Sydney 경과 언쟁을 벌이던 한 어리석은 젊은이가 필립 경을 화나게 할 생각에서 그의 얼굴에 침을 뱉었다. 그러자 필립 경은, "젊은이, 내 얼굴에 튄 자네의 침을 닦아내듯 내 양심에서 자네의 피를 닦아낼 수만 있다면 나는 이 자리에서 자네의 목숨을 빼앗았을 걸세."라고 말했다. 이것이야말로 진정한 용기이다. 이 이야기는 우리 모두에게 어떻게 스스로를 억제하고 인내해야 하는지에 대한 교훈을 준다.

용감한 사람은 두려움을 모르는 사람들에게 좋은 본보기가 된다. 그는 자력과도 같은 영향력을 발휘하며 숭고한 무언가를 전파하기 때문에 사람들은 죽기까지 그를 따른다. 이때 성공한 사람만이 숭배의 대상이 되는 것은 아니다. 한때 실패한 사람일지라도 동족에게 강한 영향력을 행사할 수 있다. 뜻을 이루지 못한 지도자는 비록 실패했을지라도 그의 몸은 성채로 연결된 다리가 되어 승자들로 하여금 성 안으로 들어갈 수 있게 해준다.

소년, 성 판크라티우스

순교자는 기둥에 묶여 화형을 당하지만, 그가 죽음으로 지켜낸 진리는 그의 희생으로 인해 새로운 빛이 더해진다. 애국자는 단두대의 이슬로 사라짐으로써 그가 믿는 대의의 승리를 앞당긴다. 위대한 인물의 생애는 그의 죽음과 더불어 사라지지 않고 사람들의 마음속에 영원히 살아남는다. 열정적인 사람들은 대의를 위해 목숨을 버리지만 오래 참는 사람들은 그 싸움을 계속해서, 앞서 간 사람들이 잠들어 있는 땅에 들어간다. 따라서 대의의 승리는 늦어질지도 모른다. 그러나 마침내 승리의 그날이 오면 그것은 성공한 사람들 못지않게 실패한 사람의 공이기도 하다.

세상의 모든 위대한 일은 용기를 가지고 행함으로써 이루어졌다.

신변의 안전과 개인의 자유를 포함하여 우리가 누리는 모든 축복은 오랜 세월 악惡이 거듭 시행된 끝에 얻어진 것이다. 국가는 끔찍한 전쟁을 무수히 거치면서 하나의 나라로 존립할 권한을 얻는다. 기독교는 4세기 동안 순교자를 낸 후에야 공인받았으며, 종교개혁은 한 세기 동안의 내란을 거친 후에야 뿌리를 내렸다.

진리에 대한 단순하고도 성실한 믿음이 순교에 영원한 가치를 부여한다. 사상의 자유를 위해 죽어간 모든 사람은 우리의 순교자이다. 그들은 우리를 자유하게 하기 위해 목숨을 바쳤기 때문이다. 로마 가톨릭과 개신교, 기독교도와 이방인, 정통과 이단이 모두 순교라는 이 영광스러운 유산을 가지고 있다. 마치니Mazzini는 "순교의 천사와 승리의 천사는 한 형제이다. 그들은 둘 다 날개를 펴서 미래의 삶이 누워 있는 요람을 덮는다."라고 말했다.

초기 기독교 시대부터 전해 내려오는 순교자들의 이야기 중에 판크라티우스Pancratius에 대한 이야기가 있다. 그는 사도 바오로가 방문한 바 있는 프리기아Phrygia 지방에서 태어났다. 판크라티우스는 어릴 때 주피터 신을 믿으며 자랐지만, 부친이 사망한 후 숙부인 디오니시오스에 의해 양육되었다. 305년 디오니시오스는 막대한 재산의 상속자인 조카를 황궁에서 가까운 곳에 살게 해주려고 로마로 옮겨갔다. 로마에서 판크라티우스는 나이가 지긋하고 덕이 높은 로마의 주교 마르켈리누스Marcellinus의 자상한 가르침을 받으며 기독교로 개종했다. 얼마 후 숙부인 디오니시오스가 사망하자, 그는 14세의 나이에 의지할 곳 없는 고아가 되었다. 그에게 남은 것이라곤 재산과 신앙밖에 없게 된 것이다.

그 당시는 디오클레티아누스 황제가 기독교인들을 핍박할 때였는데, 판크라티우스의 개종 소식이 디오클레티아누스의 귀에 들어갔다. 황제는 즉각 판크라티우스를 불러, 주피터 신에게 희생제를 바치지 않으면 사형에 처하겠노라고 위협했다. 그러자 판크라티우스는 자신이 기독교인이며, 신앙을 위해 죽을 각오가 돼 있다고 대답했다. "주님이신 그리스도께서는 저처럼 어린 종에게도 그를 위해 고난을 견딜 용기를 주셨습니다."라고 소년은 말했다. 황제는 여기에 대해 아무 대꾸 없이 그를 성문 밖으로 끌고 나가 베어 죽이라고 명했다. 판크라티우스는 피로써 신앙을 증거하고 다음 날 동틀 녘까지 그대로 버려져 있었다. 아침이 되자 기독교 신자인 로마인 부인이 그의 시신을 결이 고운 아마포에 싸서 근처의 지하묘지로 옮긴 후 신선한 꽃으로 그 위를 덮고 눈물의 향유를 뿌렸다. 그의 이름은 그를 기념하기 위해 건립된 성당들을 통해 지금까지 전해 내려온다.[1]

로마와 기독교

초기 기독교인들은 3세기 말까지도 로마의 경기장에서 맹수의 밥이 되었다. 그들은 "로마인들에게 볼거리를 제공하기 위해 살육되었던 것이다." 로마인들에게는 맹수들이 기독교인들을 갈기갈기 찢어놓는 것과 검투사들의 싸움처럼 흥미진진한 스포츠도 없었다. 이 같은 오락거리는 로마 제국 전역에서 즐길 수 있었다. 로마인이 정착하는 곳마다 원형경기장이 건설되었기 때문이다. 영국에도 켄트Kent 주의 리치버러Richborough에 로마의 원형경기장이 하나 남아 있다. 알프스

산맥 이북의 로마제국 중심지인 트레브Treves에는 많은 로마 유적이 발견되었는데, 그 중에는 수천 명의 관중을 수용할 수 있는 원형경기장도 있다. 306년에 콘스탄티누스Constantine 황제는 신료들을 위해 '프랑크족의 스포츠'를 열었는데, 이것은 무장하지 않은 프랑크족을 맹수에게 풀어놓는 것으로, 만약 맹수들이 배가 불러 살육을 중지하면 살아남은 사람들은 검투사가 되어 서로를 죽여야 했다. 그러나 검투사들은 목숨을 걸고 싸우기보다는 자진해서 상대방의 칼을 받음으로써 광포한 관중을 실망시켰다. 같은 해에 수천 명의 게르만족이 관중의 즐거움을 위해 야만스럽게 희생되었으며, 이때 파괴된 원형경기장과 맹수의 우리는 지금도 그 흔적이 남아 있다.

프랑스에는 아직도 많은 수의 원형경기장이 남아 있으며, 일부는 채석장으로 활용되고 있다. 니스메Nismes와 아를Arles에 있는 원형경기장이 가장 크며, 특히 아를의 원형경기장은 무척이나 커서 무어인들이 그 외벽에 4개의 성채를 쌓고 프랑스에 대항했다. 베로나Verona에 있는 원형경기장은 원형이 완벽하게 보존되어 있으며, 해마다 세심한 관리와 보수가 이루어지고 있다. 그러나 세계 최대의 원형경기장은 8만 7000명의 관중을 수용할 수 있는 로마의 콜로세움이다. 이 경기장은 기독교 건축가이자 순교자인 가우덴티우스Gaudentius가 설계한 것이라고 하며, 그 건설 작업에는 티투스Titus가 예루살렘에서 끌고 온 수천 명의 유대인 포로들이 동원되었다고 한다. 이 건물의 헌당식 때에는 5000마리의 맹수가 경기장 안에서 도살되었는데, 최근에 사자와 호랑이의 뼈가 경기장 밑 지하에서 발견되었다.

콜로세움에서 대단한 볼거리가 연출되는 날이면 온 로마가 축제 분위기에 휩싸였다. 성인 남녀와 어린이들이 피비린내 나는 스포츠를 구경하러 몰려들었으며, 황제의 주재하에 행정관과 원로원 의원들, 국가 공무원들, 귀족과 평민, 심지어 베스타 여신을 섬기는 처녀들 Vestan Virgins까지 와서 구경하였다. 검투사들은 황제 앞을 행진하며, "황제이시여, 시합에서 죽을 우리가 폐하께 인사드립니다."라고 외쳤다. 먼저 맹수들에 의한 살육이 시작되고 이어서 검투사들의 시합이 벌어졌는데, 관중은 밤늦게까지 살육의 광경에 흠뻑 취했다.

이러한 스포츠는 로마가 기독교 국가가 될 때까지 계속되었다. 그러나 400년경, 이 피의 축제를 한탄스럽게 여긴 한 은자가 목숨을 걸고 이를 저지하기로 했다. 이 끔찍한 범죄 행위에 비하면 그의 목숨 따위는 아무것도 아니었기에! 이 순교자의 이름은 정확히 알려지지 않아서, 어떤 사람은 알리마쿠스Alymachus라 하고 또 어떤 사람은 텔레마쿠스Telemachus라 한다. 어쨌든 그의 용감한 행위는 그가 훌륭한 사람이었음을 입증해준다. 동쪽 끝에서 온 그는 아는 이가 아무도 없었고, 그를 아는 사람 또한 아무도 없었다. 경기장에서 검투사의 시합이 있을 거라는 소식이 전해지자 모든 로마인들이 경기장으로 몰려들었다. 그는 결심을 굳히고 군중 속에 섞여 경기장으로 향했다. 검투사들이 날카로운 창과 검을 들고 경기장에 입장했다. 누구 한 사람이 죽을 때까지 싸워야 하는 시합에서 2명의 검투사가 서로를 향해 다가섰을 때 한 노인이 울타리를 넘어 두 사람 사이로 뛰어들었다. 노인이 죄 없는 사람을 죽여서는 안 된다고 말하자 사방에서 고함과 야유가 터져나왔다. "물러서! 물러서라, 늙은이!" 그러나 그는 물러서려 하지 않았다. 검투사들은 노인을 피해 상대에게 공격을 가하려고 했지만, 노

인은 여전히 예리한 검 사이로 파고들면서 피를 흘리지 말 것을 촉구
했다. 관중이 일제히 "죽여라!"라고 소리 지르자 행정장관이 이를 허
락했다. 검투사들은 그를 베어 넘어뜨리고 싸움을 시작했다.

그러나 그의 죽음은 헛되지 않아서, 사람들은 자신들이 무슨 일을
했는지 생각하기 시작했다. 그들은 죽음으로써 잔혹행위에 항의한 경
건한 사람을 죽였음을 깨닫고 자신들의 잔인성에 충격을 받았다. 그
리하여 노인이 스스로를 희생한 날 이후로 콜로세움에서는 더 이상
시합이 벌어지지 않았다. 은자의 죽음이 승리를 거둔 것이다. 검투사
의 시합은 402년 호노리우스Honorius 황제에 의해 폐지되었다. 얼마
전, 이 이름 없는 노인의 유해는 사람들의 애도 속에 경기장을 한 바
퀴 돌아 산클레멘테San Clemente 교회에 안장되었다.

로마의 옛 영광은 부패와 방탕과 잔인성으로 인해 빛이 바랬다. 고
위층의 부정부패는 사회의 모든 계층에게 나쁜 영향을 미치기 마련이
며, 예의범절의 상실은 원칙의 상실로 이어지기 마련이다. 그리고 그
렇게 되면 인간의 저급한 본성이 고개를 들고 도덕성은 자취를 감춘
다. 그리스와 로마는 지도자들의 부패가 일반 대중의 타락으로 확산
되어 멸망했다. 고대세계의 연인이었던 로마는 중부 유럽의 숲에서
나타난 야만족의 공격에 허무하게 무너졌다. 로마의 부유층은 주색에
빠지고 가난한 사람들은 자선단체에 의존하여 생활했으니 그럴 만도
했다. 그들에게는 나라를 지킬 마음이 전혀 없었으며, 사실 그런 나라
는 없는 편이 더 나았던 것이다.

기독교의 영향

그때 기독교가 들어와 종교의 올바른 기초를 보여주었다. 성 바오로가 로마에 전파한 기독교는 세상을 되살리기에 충분했다. 기독교는 처음에 가난한 사람들 사이에 뿌리내리기 시작했다. 이유가 무엇일까? 그것은 종교가 인간의 운명에 대한 설명이자 지상에서의 우리 존재에 대한 시詩이고 더 나은 미래에 대한 약속이기 때문이다. 기독교는 부녀자들 사이에서 널리 퍼졌다. 로마에서 아내들의 삶은 남편들에게 좌우되었으며 아내는 남편의 노예나 마찬가지였는데, 그런 로마의 여인들에게 기독교는 정의의 개념을 되찾아주었다. 그리하여 여자들은 처음으로 희망을 갖게 되었고, 남자들로부터 존경과 사랑을 받게 되었다. 고대의 어떤 기사는, "모든 덕은 여자들에게 있다. 여자들은 덕을 나눠주어 남자들을 덕성스럽게 만든다."라고 말했다.

방종과 타락과 부도덕은 각 사람들의 마음속에 자리한 신앙심에 의해 밀려났으며, 따라서 악을 행하고자 하는 마음도 줄어들거나 완전히 사라졌다. 신앙은 인간 본성의 고상한 욕구를 충족시켜주었다. 사람들은 안식일을 지키게 되었고, 그리하여 그날 하루는 일에서 놓여나게 되었다. 교회는 교인들을 신성한 의식에 참례하게 하였고, 기독교인들은 계층의 구분 없이 모두 함께 예배당의 장려한 지붕 아래 모여 예배를 드렸다. 신 앞에서는 모두가 한 형제인 까닭이다. 이 얼마나 복된 광경인가! 아, 이런 일이 계속될 수만 있다면!

종교 박해

그러나 안타깝게도 옛 아담은 완전히 사라지지 않았고, 이 세상에는 에덴동산이 존재하지 않는다. 성직자들은 모든 사람의 합법적인 권리를 무시하고 소수의 특권층을 옹호하였으며, 그들의 이익을 나눠 갖게 되었다. 종교의 교리에 대해서도 견해의 차이가 발생했으며, 이교도들이 초기 기독교인들에게 행했던 것을 이제 기독교인들이 그들의 반대파에게 행하게 되었다. 다시 박해가 시작되었고, 예전처럼 순교자들이 화염 속에 죽어갔다. 진리를 위해 싸우는 사람들에게 다시 용기와 인내가 요구되었다. 그들은 고통을 감내하며 경건하게 죽어갔다.

박해의 불길은 이탈리아에서 시작되어 스페인과 프랑스, 네덜란드 등지로 확산되었다. 독일은 박해에 저항하였다. 루터는 이렇게 말했다. "하느님은 영구하고도 온전하게 두려움이 없고 침착하며 관용적인 자녀를 원하시며, 그들이 아무것도 두려워하지 않고 신의 은혜를 확신함으로써 모든 악을 이기고 인간의 형벌과 죽음을 대수롭지 않게 여기는 사람들이 되기를 바라신다. 두려움에 가득 차 어찌할 바를 몰라 하고 나뭇잎이 바람에 스쳐 바스락거리는 소리에조차 놀라 혼비백산하는 겁쟁이들을 하느님은 좋아하지 않으신다."

F. W. 뉴먼Newman은 이렇게 말했다. "종교가 잔인성을 조장한다는 것은 참으로 이상한 일이다. 기독교가 이교를 밀어낸 후에 생겨난 종교재판소는 고의적으로 잔혹행위를 일삼았다. 종교재판소는 수세기 동안 존속한 종교 기관이지만, 끔찍한 악을 자행한 기관으로 기억될 것이다. 그런데 그들의 범죄는 모두 사랑과 자비의 이름으로 행해졌

던 것이다."

스페인의 성직자들은 세속적인 권력과 결탁하여 순전히 물리적인 힘으로 종교개혁을 억제했다. 세비야Seville에서만도 하룻밤 사이에 800명이 투옥될 정도로, 신교도는 도처에서 붙잡히고 불태워졌다. 스페인의 주요 도시들에는 모두 불길이 치솟았다. 얼마 전에는 신교도들이 화형을 당했던 마드리드 인근의 들판에 배수 도랑을 파게 되었는데, 그 땅 속에서 석회가 된 뼈와 석탄이 뒤섞인 검은 흙의 두터운 층이 발견되었다. 교회의 뜻에 따라 화형에 처해진 사람들의 유골이었다.

그런 잔혹행위에 대한 대가는 무엇이었을까? 스페인은 그 대가로 국부國富를 잃었으며, 거의 파산 지경에 이르렀다. 국민은 교육을 받지 못해서 읽고 쓸 줄 아는 사람이 8명 중에 1명꼴이었다. 사람들은 성직자들을 적대시했고, 점점 더 많은 사람들이 신앙을 버렸으며, 성직자들조차도 가난했다. 리스Lees 박사는 이렇게 말했다. "이상하게도 스페인은 기독교인의 지배를 받을 때보다 무어인의 지배를 받을 때에 더 융성했다. 무어인이 지배할 때 정부는 더 관용적이고 문화적으로도 개화되었으며, 국민은 더 교육을 잘 받았고, 국토는 더 잘 개발되었다. 무어인들이 물러간 이후로 스페인은 계속해서 쇠퇴하는 듯하다."

스페인의 펠리페Philip 2세는 네로Nero와 칼리굴라Caligula에 비견될 만큼 악한 왕이었다. 그는 1568년에 영을 내려 네덜란드의 모든 신교도를 사형에 처하도록 했다. 그의 악마적인 명령은 수행할 수단이 충분치 않아 제대로 이행되지 못했지만, 그의 심복인 알바 공작은 그가 할 수 있는 모든 것을 다했다. 알바는 의회와 보안대, 종교재판소 등의 도움을 받아 때로는 1주일에 800명이나 되는 신교도를 죽음으로 몰아넣었다. 죄수들에게 적용된 첫 번째 죄목은 신교도라는 것이었고 두 번째 죄목은 부자라는 것이었다. 신교도뿐 아니라 가톨릭교도 중에도 두 번째 죄목에 걸려 죽은 사람이 많았다. 재산을 소유한 자는 정통파 신앙의 소유자로 간주되지 않았기 때문이다. 알바는 6년 동안 1만 8000명을 교살하고 수장하고 불태우고 참수했는데, 이 숫자는 알바 행정부 시절에 전쟁터에서 죽어간 수만 명과는 별개의 숫자이다. 알바는 무수히 많은 사람을 죽인 것과 마찬가지로 무수히 많은 재물을 강탈해갔다.

프랑스의 종교 박해

프랑스의 상황도 스페인과 별반 다를 바 없었다. 로마에 밀착한 초기부터 프랑스는 위대한 로마 교황에 반대하는 사람들이라면 누구나 재산을 몰수하고 불태우고 참수하고 국외로 추방했다. 알비파Alvigenses*1 사람들은 대량학살을 당하거나 피레네 산맥 저쪽으로 내몰렸으며, 스위스 보Vaud 지방의 신교도들은 프랑스 남동부와 이탈리아 북서부 지역에서 교수형을 당하고 화형을 당했다. 또한 파리에서는 스페인 귀족들을 즐겁게 해주기 위해 3명의 루터파 지도자들이 불태워졌다.

그러나 이런 광란의 소용돌이 속에서도 신교도 탄압에 동조하지 않은 고결한 사람들이 많이 있었다. 국새상서인 드 로피탈De L'Hopital은

---

*1. 알비파 : 12~13세기 프랑스 알비Albi 지방에서 일어났던 일종의 반로마 교회파 교단

자신과 같은 교파의 사람들에게 미덕과 선한 삶으로 스스로를 치장하고 자비와 기도와 설득으로 적을 공격하라고 촉구했다. 그는 "당파나 파벌의 이름 같은 악마적인 단어를 입에 올리지 맙시다. 루터파나 위그노, 교황주의자 같은 말들을 기독교인이라는 말로 바꿉시다."라고 말했는데, 그는 이로 인해 무신론자로 불리게 되었다.

바욘Bayonne의 통치자인 도르트Dorte 자작은 샤를 9세로부터 관할 지역의 신교도들을 죽이라는 명령을 받고 답서에서 보고하기를, 마을 주민들과 수비대에게 왕의 뜻을 전했지만 마을 사람들 중에는 용감한 군인들과 충성스러운 백성이 있을 뿐 신교도를 죽이려고 하는 사람은 단 한 명도 없었다고 썼다.

그 후 부아시Voissy 학살과 성 바르톨로뮤의 대학살이 발생했고, 이와 더불어 프랑스 전역에서 신교도 학살이 자행되었다. 성 바르톨로뮤 축일의 대학살은 유럽의 모든 신교도들의 마음속에 영원히 잊히지 않는 악몽으로 남았는데, 이 사건과 스페인 무력함대의 영국 침략은 16세기 후반에 일어난 가장 중요한 두 가지 사건이었다.

루이 14세가 낭트칙령을 철회한 것도 신교도들에게는 큰 타격이었다. 이 포고령으로 인해 신교도들은 개종을 하지 않는 한 죽을 운명에 처했기에 프랑스를 떠나지 않을 수 없었다. 신교도 귀족과 향반, 상인, 농부, 수공업자 등은 위선자가 되기를 거부하였으며, 자신들의 신앙에 반하는 것에 순응하려 하지 않았다. 귀족들은 영지를 버리고 작위를 포기했으며, 모든 것을 적에게 내주었다. 상인들과 수공업자들은 양심에 따라 신을 섬길 수 있고 또 열심히 일해서 그 결실을 누릴 수 있는 평화의 땅을 찾아 떠났다.

그들이 두려워한 것은 죽음이 아니었다. 마옌Mayenne 공작은, "그들은 조상 대대로 죽음에 익숙해 있다."라고 말함으로써 위그노의 본질을 꿰뚫고 있다. 수천 명의 위그노가 도끼와 형거刑車, 그 밖의 온갖 상상도 할 수 없는 고문에 의해 죽어갔다. 그러나 죽음도 그들을 굴복시키지는 못했다. 그들은 자신의 의무를 다하기 위해 기꺼이 목숨을 내어놓았다. 위대한 위그노 지도자들처럼 고결한 삶을 산 사람들도 없을 것이다. 사실 프랑스 신교도들의 확고한 신념과 숭고한 영혼은 이제까지의 프랑스 역사상 가장 훌륭하고 고결한 인격이었다. 그러나 역사는 주로 왕과 여왕의 행적을 다룬다. 승리와 패배는 역사에 길이 남겠지만 박해받은 사람들은 잊혀질 뿐이다.

루이 14세와 그의 모든 군대로도 양심이라는 견고한 성벽은 허물 수 없었다. 루이 14세의 무자비한 탄압은 프랑스에 60년 이상 성 바르톨로뮤의 대학살 때와 같은 사람들을 출현하게 했다. 그 결과가 어떠했을까? 루이 14세는 뜻을 이루지 못했다. 결국 패배하고 만 것이다. 그의 실정으로 국민은 세금에 허덕이고 나라는 위기에 빠졌다. 위그노를 추방함으로써 상업과 농업이 파괴되었고 무정부상태가 이어졌으며, 이는 훗날 1789년의 프랑스 대혁명으로 발전하게 된다.[2]

미슐레Michelet는 이렇게 쓰고 있다. "위그노의 탈출은 신앙과 양심을 지키려고 한 데서 나온 훌륭한 행동이었다. 그것은 거짓된 태도에 대한 염오이자 사상에 대한 존중이다. 그토록 많은 사람들이 진리를 위해 자신의 모든 것을 희생하고, 부유한 데 있다가 가난한 곳에 처하며, 생명과 가족과 전 재산을 걸고 그토록 위험한 탈출을 감행했다는 사실은 인간 본성의 영광스러운 일면을 나타내준다. 어떤 사람들은 이들에게서 완고한 종파주의적 신앙을 볼 뿐이지만 나는 이들에게서 명예를 소중히 여기는 고결한 마음을 본다. 이들은 스스로 프랑스의 엘리트임을 온 천하에 입증한 사람들이다. 자유사상가들이 널리 전파한 금욕주의가 바로 신교도들로 하여금 죽음을 무릅쓰고 진실한 삶을 찾아 외국으로 이주하게 한 기본 정신이 되었다. 그들의 삶은 진리를 위해 희생한 삶이었다.[3]

잉글랜드와 스코틀랜드의 순교자들

잉글랜드와 스코틀랜드에도 이미 박해의 불길이 퍼져 있었다. 런던의 스미스필드Smithfield에는 종종 신교도들과 마녀들을 태우는 불길이 치솟았다. 순교자는 신교뿐 아니라 구교에서도 많이 나왔다. 프란체스코 수도회의 계율엄수파 수사인 포리스트Forest는 헨리 8세의 수장령을 거부했다는 이유로 화형을 당했다. 화형은 신교도와 구교도 모두에게 적용되던 형벌이었다. 가톨릭 신자인 메리 여왕 시절에는 신앙상의 문제로 처형당한 사람의 수가 전보다 10배나 늘었다. 세인트 세펄커 교회의 목사인 존 로저스John Rogers는 그의 교회가 보이는 곳에서 화형을 당했다. 존 브래드퍼드John Bradford는 같이 화형을 당하는 사람들을 위로하며 죽어갔는데, 그 중에는 윈체스터의 부주교 존 필폿 John Philpot도 있었다. 그 밖에 래티머Latimer와 크랜머Cranmer, 리들리 Ridley 등의 이름은 굳이 거론할 필요도 없을 것이다. 그 당시의 위대한 인물들은 요즘 사람들과 달랐다. 손가락 하나만 데어도 질겁하는 우리로서는 신앙을 위해 불태워질 뿐만 아니라 그 안에서 영광스럽게 죽어간 그들이 경이로울 뿐이다. 존 필폿은, "우리 주님은 나를 위해 십자가상에서 끔찍한 죽음을 당하셨는데, 내가 어찌 화형주火刑柱에 메이는 것을 두려워하겠는가?"라고 말했다.

양심에 따라 신앙을 지키려는 사람들에 대한 박해는 찰스 2세 때에도 계속되었다. 윌리엄 펜William Penn에 의하면 "왕정복고 이후에 1만 5000가구가 화를 당했고, 5000명 이상이 신앙 문제로 목숨을 잃었다." 찰스 2세와 그의 뒤를 이은 제임스 2세는 종교 탄압을 스코틀랜드에까지 확대하였다. 구교가 득세하던 옛날에는 신교도를 다루는 유일한 방법이 화형에 처하는 것이었다. 비튼Beaton 추기경은 세인트앤드루스St. Andrews에 있는 자신의 성 앞에서 조지 위셔트George Whishart의 화형식을 거행하게 해놓고 창가에 서서 직접 그 광경을 지켜보았다. 그리고 이제 신교가 세력을 얻은 찰스와 제임스의 시대에는 신교도가 자신들과 견해가 다른 또 다른 신교도를 박해하였다. 스튜어트 왕조의 하수인들은 장로파 교인들을 붙잡아 총살하고 교수형에 처했다. 그 결과 장로파의 신앙은 그들의 마음과 영혼 속에 파고들어 더욱 공고해졌다. 장로파들에게 가해지는 고문은 끔찍했지만 그들은 참으로 용감하게 이를 견뎌냈다.

다음은 뉴욕의 로버트 콜리어Robert Collyer의 말이다. "나는 밀레이Millais의 조그마한 드로잉을 매우 좋아한다. 그것은 파도가 닿을 만한 높이의 기둥에 매인 여인의 그림이다. 바닷물이 여인의 발밑에서 출렁거리고, 돛단배가 그녀의 운명 따위에는 관심도 없다는 듯이 빠르게 바다를 지난다. 먹이를 노리는 새들이 머리 위를 맴돌지만 그녀는 새에도, 배에도, 바다에도 주의를 기울이지 않는다. 그녀의 눈은 정면을 응시하고, 두 발은 굳건히 버티고 있다. 곧바로 하늘을 응시하는 그녀는 장차의 영광에 비하면 지금의 이 고통은 아무것도 아니라고 스스로에게 말하고 있는 듯하다. 그림 아래쪽에는 스코틀랜드의 교회 묘지에 있는 그녀의 묘비명에서 따온 다음과 같은 문구가 씌어 있다.

> 그리스도가 교회의 수장이라고 말한 것밖에는
> 아무 죄도 없는 그녀가 죽음을 당했네.
> 국교회를 믿지 않는다고
> 장로교를 포기하지 않는다고
> 바다 속 기둥에 묶여
> 예수 그리스도를 위해 고난을 당했네.

내가 이 그림을 좋아하는 이유는 그림 속의 인물이 운명의 밧줄에 매인 채 하늘을 바라보는 무수한 여인들을 대변하는 듯해서이다. 그들은 높게 이는 파도와 함께 위로 들어올려질 것이다. 그리하여 마침내 가장 높은 파도의 물마루에서 영원한 안식처에 들 것이다. 그때 그들의 귀에는 '잘했다'는 음성이 들려올 것이다."

시드니 스미스는 이렇게 말했다. "우리는 얼마나 오랫동안 스코틀랜드 사람들의 종교를 바꾸려 했던가! 장로파 목사와 회중들에게 기병과 보병, 포병, 그리고 무장한 성직자들까지 보내지 않았던가. 그러나 무수히 많은 사람들이 피를 흘렸음에도 불구하고 국교회에서는 장로파 교회에 『일반기도서 *Book of Common Prayer*』조차 들여놓지 못했으며, 그들이 우리의 방식이 아니라 자신들의 방식으로 천국에 가는 것을 막지도 못했다. 그리하여 유일하게 참된 치유책이 도입되었다. 스코틀랜드인들이 자신들의 방식에 따라 신을 예배하기 위해 고난을 받은 것이다. 하지만 그렇다고 해서 하늘에서 벼락이 내리거나 이 나라가 멸망하거나 하지는 않았으며, 세상의 종말이 오지도 않았다. 이러한 일들을 예견한 권위자들은 완전히 잊혀졌고, 스코틀랜드는 대영제국의 발전에 점점 더 큰 힘이 되고 있다."

관용의 발견

타종교에 대한 관용은 최근의 현상이다. 우리는 더 이상 사람들을 화형에 처하거나 하지는 않는다. 이제는 말로 설득해야 하는 시대가 된 것이다. 순교의 시대는 기적의 시대만큼이나 먼 옛날이 되어버렸다. 우리는 예전처럼 총살당하거나 화형을 당하거나 형거에 매여 사지를 찢기거나 하지는 않는다. 대신 소외와 무고와 조롱과 비난으로 인해 고통받는다. 용기는 진리를 아는 선천적인 능력을 지키려는 사람들에게도 필요하다. 순교의 시대에 비해 요즘처럼 무관심이 지배하는 시대에는 지고의 법과 순수한 본성에 충실하기가 한층 더 어려운 법이다. 한 유명작가는 이렇게 말했다. "심한 박해와 잔인한 매질은 고문을 당하는 사람의 날이 선 신경에 활력소가 되어준다. 그러나 아무도 상관하지 않고 알아주지 않으며, 존경심을 가지고 보아줄 사람도 없고 자비를 베푸는 신도 없는 권태롭기만 한 믿음은 신앙을 지켜나가는 데 있어 그 어떤 독재자나 야만적인 제도보다 파괴적이다."
그러나 우리는 진정으로 타종교인에 대한 박해를 포기한 것일까?

근래에는 인쇄와 출판의 자유가 인정되고 있기 때문에 사람들이 자유롭게 자신의 생각을 지면에 발표한다. 최근에 런던의 한 신문에 실린 다음과 같은 기사를 어떻게 생각해야 할 것인가? "인류의 종말과 문명사회의 목적을 고려할 때 루터와 칼뱅이 교회에 반기를 든 것은 끔찍한 범죄행위이다. 이것에 비하면 살인과 강도는 차라리 가벼운 범죄에 불과하며, 전염병의 확산조차 중요한 문제가 아니다." 물론 성 바르톨로뮤의 대학살을 일으킨 장본인들이나 자신의 신앙에 충실하고자 했던 사람들을 수천 명이나 불태우고 목을 벤 사람들 같으면 이러한 견해에 동의했으리라. 하지만 이제 더 이상은 이런 글이 효력을 발휘하지 않는다. 조상들은 우리에게 자유로운 국가라는 귀중한 유산을 물려주었다. 그것은 이 지상의 가장 고귀한 사람들이 피를 흘린 대가로 얻은 것이다. 따라서 우리가 이런 종류의 글로 타종교인을 억압하려 한다면 그것은 우리의 잘못일 것이다. 신교도인 위그노처럼 구교도인 예수회 신자들 역시 프랑스에서 추방당했으며, 그들도 박해받는 다른 모든 사람들과 마찬가지로 영국 법의 보호하에 자유롭게 살아가고 있다. 그러나 이들은 영국의 법과 그들이 몸담고 살아가고 있는 이 나라의 종교적 관용을 존중해야 할 것이다.

월리엄 펜은 종교의 교리를 비롯한 여러 가지 사안에 대해서 전 국민의 의견이 일치해야 그 나라가 강해진다는 생각은 큰 잘못이며, 다양한 의견과 다양한 직업이 동등하게 받아들여질 때 그 나라와 국민이 강해진다고 생각했다. 개성은 존중되어야 한다. 개성이 없이는 자유도 없기 때문이다. 존 스튜어트 밀은 이렇게 말했다. "독재조차도 그 치하에 개성이 존재하는 한 최악의 것은 아니다. 반면에 개성을 말살하는 것은 그것이 어떤 이름으로 불리든, 비록 신의 뜻을 구현한다거나 법을 시행한다고 하더라도 모두 독재이다."

제러미 테일러Jeremy Taylor는 그의 『기독교적 관용에 대한 변명Apology for Christian toleration』을 동방의 우화로 끝맺고 있는데, 그 우화를 소개하면 다음과 같다. 아브라함이 그의 천막 앞에 앉아 있는데 지팡이를 짚은 한 노인이 나타났다. 아브라함은 그를 천막 안으로 초대하여 음식을 대접했다. 노인이 기도를 드리지 않는 것을 본 아브라함이 그에게 왜 하느님을 섬기지 않느냐고 묻자 노인은, "나는 불 이외의 다른 신을 섬기지 않습니다."라고 대답했다. 아브라함은 화가 나서 노인을 내쫓았다. 이윽고 하느님이 아브라함을 불러 노인이 어디에 있느냐고 물었다. 아브라함은, "제가 내쫓았습니다. 그가 당신을 섬기지 않기 때문입니다."라고 대답했다. 그러자 하느님은, "나는 지난 수백 년 동안 그를 참아주었는데 너는 단 하루도 참지 못하겠더란 말이냐?"라고 말했다. 이에 아브라함은 노인을 다시 불러 음식을 대접하고 현명한 조언을 들려주었다.

브루노, 코페르니쿠스, 갈릴레오, 케플러

과학 발전을 위해 수고한 위대한 인물들도 순교의 위험을 감내했다. 옛날에는 천문학이나 자연사, 물리학 등의 분야에서 중요한 발견이 이루어진 것이 거의 없었으며, 이러한 학문이 신앙에 해가 된다고 여겨지지도 않았다. 브루노Bruno는 당대에 유행하던 학문의 허구를 폭로한 까닭에 로마에서 산 채로 화형을 당했으며, 코페르니쿠스Copernicus의 추종자들은 이단으로 몰렸다. 네덜란드의 리페르스하임Lippersley이 망원경을 발명하자 갈릴레오는 여기에서 힌트를 얻어 자신의 망원경을 만들었으며, 이것을 가지고 베네치아의 산마르코 종루에 올라가 천체를 관측했다. '무한한 기쁨'을 가지고 행성과 항성을 관찰한 그는 목성의 고리와 위성들을 발견했고 금성의 위상과 태양의 흑점을 보았다. 갈릴레오는 하늘이 그에게 계시한 것들을 충실하게 기록했으며, 관측을 계속하여 미래의 그 어떤 천문학자도 따라가지 못할 만큼 많은 발견을 했다.

그러나 이 모든 발견은 당대에 널리 받아들여진 개념들과 상충했다. 갈릴레오는 로마의 종교재판소에 불려가 그의 이단적인 학설들에 대해 해명해야 했다. 그는 자신의 주장을 철회하도록 강요당했고, 결국 지동설을 포기한다고 선언하였다. 종교재판소에서는 갈릴레오와 케플러Kepler, 코페르니쿠스의 저작을 금서목록에 올렸다. 나중에 갈릴레오는 다시 용기를 내서 대화 형식의 새로운 저서를 통해 자신의 학설을 옹호했지만 또다시 종교재판소에 소환되었으며, 그곳에서 무릎을 꿇은 채 그의 위대한 발견을 부인해야 했다. 그에게는 자신의 주장을 밀고 나갈 용기가 없었다. 하지만 주장을 철회할 당시 갈릴레오는 이미 70세의 노인이었던 것이다. 만약 그의 주장이 널리 받아들여졌더라면 그는 아마 박해를 받지 않았으리라. 그러나 그러한 가운데서도 진리는 살아남아서, 우리는 이제 올바른 방향으로 천체를 관측할 수 있게 되었다.

이 사건과 관련하여 파스칼은 이렇게 말했다. "당신들이(예수회 교단) 로마로부터 지동설을 비판하는 교령을 확보하여 갈릴레오에 맞서

보았자 부질없는 짓이다. 그런다고 해서 지구가 움직이지 않는다는 것을 증명하지는 못할 테니까. 만약 정확한 관찰을 통해 지구가 돌고 있음이 증명된다면 전 인류가 나서도 지구가 도는 것을 막을 길이 없으며, 지구와 함께 그들 자신이 도는 것을 막을 수 없을 것이다." 진리의 물길은 오랜 세월 지하에서 흐르더라도 언젠가는 지표 위로 샘솟을 것이며, 그 과정에서 만난 장애와 고난이 크면 클수록 더욱 큰 승리를 거둘 것이다.

케플러 또한 갈릴레오만큼이나 불운한 생애를 살았다. 케플러는 가난한 집안에 태어나 마울브룸Maulbroom에 있는 수도원학교에서 교육을 받고 마침내 위대한 학자가 되었다. 그는 슈타이어마르크Styria의 그라츠 대학에서 천문학을 가르치고 행성의 연구에 몰두하였으며, 훗날 비록 월급은 적었지만 궁정수학관으로 임명되기도 했다. 린츠Lintz에서 그는 화체설transubstantiation*2에 대한 몇 가지 의견을 제시한 까닭에 로마 교황청으로부터 파문을 당했다. 그는 평소 친분이 두터운 호프만에게 이렇게 말했다. "성직자와 대학의 감독관이 합력하여 제게 이단의 오명을 씌우려 하는데 제가 어떻게 당신을 도울 수 있겠습니까? 저는 그들의 모든 질문에 대해 하느님의 뜻에 부합한다고 여겨지는 답을 할 뿐입니다."

그 후 케플러는 볼로냐 대학의 수학 교수직을 제의받았지만 갈릴레오의 일을 잘 아는 터라 이를 거절했다. 그는 이렇게 말했다. "아마 재산은 늘릴 수 있겠지요. 그러나 독일인들 틈에서 독일인으로 살아온

---

*2. 화체설 : 빵과 포도주가 그리스도의 몸과 피로 변화한다는 가톨릭 교리

저로서는 자유롭게 말하고 행동하는 생활에 익숙해져 있습니다. 볼로냐에서도 이렇게 지내려 하다가는 위험하지는 않더라도 의심과 적의에 노출될 것입니다."

1619년 케플러는 과학사에 길이 남을 유명한 법칙을 발견했는데, 그것은 '행성의 공전주기의 제곱은 행성과 태양의 평균거리의 세제곱에 비례한다'는 것이다. 그는 17년의 연구 끝에 도달한 이 절대적 진리에 도취되어 이렇게 말했다. "주사위는 던져졌다. 책은 쓰여졌고, 이 책이 현 시대에 읽히든 후세에 읽히든 그런 것은 아무래도 좋다. 어쩌면 이 책은 독자를 만날 때까지 한 세기를 기다려야 할지도 모른다. 신 역시 관찰자가 나올 때까지 6000년을 기다리지 않았던가."

케플러가 그 다음에 쓴 책 『코페르니쿠스의 천문학 개요 *The Epitome of the Copernican Astronomy*』는 가톨릭계의 비판을 받고 금서목록에 올랐다. 하지만 그 사이에 그에게는 훨씬 더 큰 고난이 닥쳤다. 그의 어머니가 79세의 나이에 감옥에 갇혀 고문을 당하고 마녀로서 화형당할 위기에 처한 것이다. 케플러는 즉시 고향으로 돌아가 어머니의 구명을 위해 전력을 기울였다. 하지만 또 다른 고난이 기다리고 있었다. 스티리 당국이 그의 1624년도 『칼렌더 *Kalendar*』에 대해 소각 처분을 내린 것이다. 그의 서재는 예수회 교단에 의해 폐쇄되었고, 그는 그 당시에 흔히 있던 대중 봉기로 인해 린츠를 떠나야 했다. 케플러는 슐레지엔 Silesia의 사간Sagan으로 가서 프리틀란트Friedland 공작인 알베르트 발렌슈타인Albert Wallenstein에게 몸을 의탁하였으며, 그 후 곧 과도한 연구가 원인이 되어 뇌질환으로 사망하였다.

콜럼버스

콜럼버스Columbus도 순교자의 한 사람이다. 그는 신대륙 발견을 위해 전 생애를 바쳤다. 제노바Genoa의 가난한 양모직조공의 아들로 태어난 콜럼버스는 꿈을 이루는 데 필요한 자금을 모으기 위해 오랫동안 고생을 해야 했다. 세상은 그의 생각을 불신하고 비웃었지만, 그에게는 자신의 생각이 옳다고 확신할 만한 충분한 근거가 있었다. 세상 사람들이 지구가 평평하다고 믿을 때 그는 둥글다고 믿었다. 콜럼버스는 알려진 세계의 바깥이 전부 바다로만 이루어져 있지는 않을 것이며, 그 안에는 육지도 있을 것이라고 믿었다. 그것은 어디까지나 가능성일 뿐이었지만, 그러나 고귀한 영혼을 가진 사람들은 다른 사람들이 대수롭지 않게 여기는 가능성에 주목하는 법이다. 고향 사람들에게는 콜럼버스가 미지의 바다에서 살아남는 것이야말로 가능성이 없는 일로 비쳤다.

콜럼버스는 지적일 뿐만 아니라 실제적인 영웅이었다. 그는 이 나라에서 저 나라로 돌아다니며 왕과 황제들에게 미지의 세계를 탐험하기를 촉구했다. 처음에는 고향인 제노바에서 후원자를 찾아보았지만 결국 실패하고 포르투갈로 건너가 주앙John 2세에게 도움을 청했다. 주앙 2세는 자문위원회를 열어 콜럼버스의 계획에 대해 의논했으나 계획 자체가 터무니없는 망상처럼 받아들여진데다 막대한 자금이 소요된다는 이유로 부결되었다. 그럼에도 불구하고 주앙 2세는 콜럼버스의 아이디어를 도용하여 배 1척을 콜럼버스가 이야기한 방향으로 출범시켰다. 그러나 이 배는 폭풍우를 만나 항해 4일 만에 리스본으로 되돌아오고 말았다.

콜럼버스는 제노바로 돌아가서 다시금 자신의 계획을 후원해줄 것을 요청했으나 역시 거절당했다. 그러나 그 무엇도 그의 의지를 꺾지는 못했다. 신대륙 발견은 결코 포기할 수 없는 그의 인생 목표였던 것이다. 콜럼버스는 스페인으로 건너갔다. 안달루시아Andalusia 지방의 팔로스Palos라는 항구도시에 도착한 그는 우연히 프란체스코 수도회의 한 수도원을 발견하고 문을 두드려 먹을 것을 청했다. 수도원의 원장은 그를 환대했으며, 그가 이제까지 살아온 이야기를 듣고는 그를 격려해 주었다. 콜럼버스의 원대한 포부에 감동한 수도원장은 그를 코르도바Cordova에 있는 스페인 궁정에 출입할 수 있도록 주선해주었다. 페르디난도Ferdinand 왕은 콜럼버스를 따뜻하게 맞아주었으나, 결정을 내리기에 앞서 현인들로 구성된 살라망카 위원회에 자문을 구하기로 했다. 콜럼버스는 여기서 과학적인 논의뿐 아니라 성경 인용구에 이르기까지 광범위하게 제시되는 질문에 대답해야 했다. 스페인의 성직자들은 지구상의 정 반대쪽에 위치하는 두 지점이 있다는 대척지 이론이 신앙에 해로운 영향을 끼친다고 주장했다. 지구는 거대한 원반 모양의 평평한 땅이며, 만약 바다 건너편에 새로운 땅이 있다면 전 인류가 아담의 자손일 수가 없다는 것이다. 콜럼버스는 조소의 대상이 되었고, 그의 제안은 거부당했다.

콜럼버스는 이에 좌절하지 않고 영국 왕과 프랑스 왕에게 서신을 띄웠지만 결과는 별로 신통치 않았다. 그러다가 1492년, 마침내 콜럼버스는 루이스 데 산탕헬Louis de Saint Angel의 소개로 스페인의 이사벨라Isabella 여왕을 알현하게 된다. 함께 온 콜럼버스의 지지자들이 확신에 차서 여왕을 설득하였으므로, 마침내 여왕은 그들의 청을 들어주기로 했다. 3척의 조그마한 쾌속 범선이 마련되었고, 이 배들은 1492년 8월 3일 팔로스항을 출발하였다. 오랫동안 사람들의 무지에 맞서 싸워온 콜럼버스는 이제 뱃사람들의 미신과 싸워야 했다. 참으로 길고 험난한 항해였다. 미지의 바다에 대한 공포가 있었고, 언제 식량이 바닥날지 모른다는 두려움이 있었고, 육지인 줄 알았다가 육지가 아니라는 것이 밝혀졌을 때의 실망이 있었고, 이로 인한 반란이 있었다. 그러나 희망에 차 있던 콜럼버스는 용감하게 이 모든 것을 이겨나갔다. 마침내 70일간의 항해 끝에 그들은 산살바도르San Salvador 섬에 상륙하였고, 그 후 쿠바와 히스파니올라Hispaniola 섬을 발견하였다. 그들은 스페인의 왕과 여왕의 이름으로 그 섬들을 접수하였다. 콜럼버스는 히스파니올라 섬에 요새를 세운 뒤 그곳에 지휘관과 몇 명의 부하들을 남겨두고 그가 발견한 것을 보고하기 위해 스페인으로 돌아왔다.

스페인에서 콜럼버스는 열렬한 환영을 받았으며, 스페인뿐만 아니라 전 세계에 이름이 알려졌다. 그는 스페인에 오래 머물지 않고 곧 아메리카를 향해 출발했는데, 이번에는 14척의 쾌속 범선과 3척의 커다란 배에 모두 1200명이 승선하는 등, 그 규모가 전과는 비교도 안 됐다. 배에 승선한 사람들 중에는 귀족도 제법 많았다. 콜럼버스는 이번 항해를 통해 과달루페Guadaloupe와 자메이카를 발견하고 산도밍고와 쿠바를 탐사하였다. 그러나 귀족들이 기대했던 금이 발견되지 않자 결국 내분이 일어나 유혈사태가 벌어졌다. 콜럼버스는 그들의 열정을 다시 불붙게 하려고 애썼지만 그들은 콜럼버스를 자신들에게 불행을 초래한 장본인으로 여겨 멸시하였다.

콜럼버스는 두 번째로 스페인에 귀환했으나 이번에는 전과 같이 환대해주지 않았다. 스페인의 국왕 내외는 냉정한 태도로 그를 맞아주었다. 콜럼버스는 신하들 사이에 그에 대한 시기와 질투의 감정이 퍼져 있는 것을 알았다. 하지만 그럼에도 불구하고 또 한 차례의 항해가 이루어졌다. 콜럼버스는 6척의 선단을 이끌고 신대륙으로 떠났으며, 이때 아메리카 본토와 카리브 해 지역의 다른 섬들을 발견하였다. 그런데 그 사이에 산도밍고의 원주민들이 자신들을 가혹하게 다룬 스페인인들에 맞서 반란을 일으켰으며, 스페인인끼리 내분이 일어나 서로 싸우게 되었다. 이러한 사건들로 인해 몹시 상심한 콜럼버스는 스페인 왕에게 서신을 띄워 자신을 산도밍고의 사법과 행정을 총괄하는 책임자로 임명해줄 것을 요청했다.

그러나 콜럼버스를 시기하는 신하들은 왕을 부추겨 돈 프란시스코 데 보바디요Don Francisco de Bobadillo를 신대륙의 총독에 임명하도록 했다. 보바디요가 신대륙에 도착해서 제일 먼저 한 일은 콜럼버스와 그의 두 동생을 투옥하는 것이었다. 그는 알론소 데 비예고Alonzo de Villego에게 명령하여 콜럼버스 형제들을 스페인으로 호송하도록 했다. 콜럼버스는 죄수처럼 쇠사슬에 묶인 채 배에 올랐다. 항해 도중 비예고는 위대한 항해가의 불운을 동정하여 쇠사슬을 풀어주려고 했지만 콜럼버스는, "그냥 두시오! 이것은 내가 스페인을 위해 봉사한 대가로 받은 기념품으로 간직하겠소."라고 말했다. 콜럼버스의 아들 페르난도Fernand는, "나는 가끔 아버지의 캐비닛에 걸려 있는 이 쇠사슬을 보았습니다. 아버지는 당신이 돌아가시거든 이것을 함께 묻어달라고 말씀하셨지요."라고 말했다.

콜럼버스가 탄 배가 스페인에 도착하자 왕과 여왕은 보바디요가 한 짓을 부끄럽게 여기고 죄수들을 풀어주라고 명했다. 콜럼버스는 자신이 받은 대우에 대해 이렇게 말했다. "세상은 나를 무수히 곤경에 빠뜨렸고 나는 이날까지 이 모든 것에 저항해왔다. 그러나 무기로든 신중함으로든 나는 스스로를 방어할 수 없었다. 아, 저들이 내게 얼마나 야만적으로 굴었던가!"

그러나 콜럼버스의 마음은 여전히 대양을 향하고 있었다. 그는 자금을 모아, 이제까지 그가 아무런 감사도 받지 못하고 봉사해온 스페인에 막대한 부를 안겨줄 것으로 예상되는 네 번째 항해를 떠났다. 그리고 이 네 번째 항해에서 구아나하Guanaja 섬을 발견했다. 그는 온두라스와 니카라과, 파나마 등의 해안을 따라 전진하였으며, 베라과스Veraguas 일대에서 매장량이 풍부한 금광을 발견했다. 그는 벨렌Belen 강 부근에 식민지를 건설하려 했으나 심한 폭풍우를 만나 배가 파손되는 바람에 산도밍고로 돌아가지 않을 수 없었다. 선원들이 반란을 일으켜 콜럼버스의 목숨을 위협했을 때 그는 병들고 지친 상태였다. 콜럼버스는 도와줄 사람 하나 없이 절망적인 상황에 빠졌지만, 그때 홀연히 육지가 나타난 덕에 안전하게 산도밍고에 상륙할 수 있었다.

그 후 오래지 않아 콜럼버스는 스페인으로 향했다. 그의 마지막 항해였다. 콜럼버스의 나이는 어느덧 일흔이 다 되어 있었다. 오랜 방랑을 마친 콜럼버스는 마침내 스페인으로 돌아오게 된 것이 몹시 기뻤다. 그는 약간의 보상——적어도 생계를 유지할 수 있을 만큼의——을 바랐으나, 그것은 헛된 희망일 뿐이었다. 그는 스페인으로 돌아온 후 몇 달간 가난과 고독과 병마에 시달렸으며, 죽음이 임박했을 때에는 거지나 다름없는 신세였다. 집 한 칸 없이 궁핍하게 지내야 했고, 돈이 없어서 외상 술값을 갚지 못하고 겉옷까지 팔아서 생활해야 했다. 그는 가쁜 숨을 내쉬며, "제노바인인 나는 멀리 서쪽에서 인도의 섬들과 대륙을 발견했다."는 말을 남겼는데, 참으로 간결하면서도 감동적인 말이다. 콜럼버스는 1506년 3월 바야돌리드Valladolid에서 숨을 거뒀다. "주님, 제 영혼을 당신께 맡깁니다."라는 것이 그의 마지막 말이었다. 위대한 발견을 한 콜럼버스는 그렇게 순교자의 죽음을 맞이했다. 그의 패배는 곧 승리였다. 그는 숭고한 투쟁을 했으며, 믿음 안에서 죽어갔다.

가장 잘 참는 사람이 가장 잘 해낼 수 있다

어떤 사람들은 대의를 위해 기꺼이 목숨을 바친다. 초기의 순교자들과 탐험가들, 발명가들 및 문명의 개척자들——모두 진리와 종교와 나라를 위해 수고한 사람들이다——은 인류의 고독한 희망이었다. 그들은 개인적 보상이 따르리라는 기대는 전혀 없이 대의를 위해 살고, 일하고, 죽어갔다. 그들에게는 자신들이 무슨 일을 하는지 알고 양심에 입각하여 그 일을 해내는 것으로 충분했다. 천재와 활동력을 갖춘 사람들은 폭넓은 사고를 바탕으로 한 높은 목표에 이끌린다. 많은 장애에 부딪쳐 뜻을 이루지 못할 수도 있겠지만, 그들은 굴하지 않는 용기를 지니고 태어났으며 사후에 모든 사람의 존경을 받을 것이다. 죽음은 그들의 삶을 열매 맺게 하고 다른 사람들의 삶조차도 풍요롭게 하리라. 브루송Brousson은, "신은 그의 사도들에게 복음을 위해 죽는 것을 허락하셨는데, 이 사도들의 목소리는 살아 있을 때보다 죽은 후에 더 크게 울려 퍼질 것이다."라고 말했으며, 제러미 테일러는 "우리가 몇 년 사이에 뿌린 씨앗은 왕관과 왕홀로 자라나 영원토록 찬연한 빛을 발할 것이다."라고 말했다.

고난과 역경은 가장 뛰어난 인격과 활동력과 천재를 위해 요구되는 것들이 아닐까? 노력과 인내, 분투와 순응, 활동력과 끈기는 모든 운명에 깃들어 있다. 인내는 큰 성공보다 더 위대하다. 그것은 모든 것을 감내하며 참고 견디면서도 끝까지 희망을 포기하지 않는다. 그리고 장애를 미소로 맞이하며 가장 무거운 짐을 지고도 똑바로 서려고 애쓴다. 인내심을 가지고 고통을 감내하는 것은 인간의 가장 고상한 자질 중 하나로, 그 안에는 영웅적 행위로 승화될 만한 무언가가 있다. 밀턴은, "가장 잘 참는 사람이 일을 가장 잘 해낼 수 있다."라고 말했다.

영웅적인 미덕이 요구되지 않는 시대가 있다거나 압제에 맞서 죽음으로 항거하는 시대에만 이러한 미덕이 요구된다고 생각하면 잘못이다. 숭고한 삶에 대한 개념이 사라지고 쾌락이 의무를 대신하게 된 이 시대에도 독재에 맞서거나 목에 사형집행인의 도끼를 받을 때와 마찬가지의 진정한 영웅주의가 매일매일의 삶 속에서 요구되고 있다.

물론 전시에도 인내는 용기 못지않게 중요한 덕목이며, 특히 요즘은 전쟁을 과학적으로 수행하게 됨에 따라 인내가 보다 중요해졌다. 잘 훈련된 병사는 정해진 장소에 똑바로 서 있어야 하며, 총알이 빗발치더라도 자리를 이탈해서는 안 된다. 공격할 때에도 인내가 필요하다. 발포 명령이 있기 전에는 총을 쏘아서는 안 되기 때문이다. 공격할 때뿐만 아니라 전쟁에 패해서 퇴각할 때에도 인내는 중요하다. 크세노폰의 1만 용병대는 알렉산더의 정복보다 빛났고, 존 무어^{John Moor} 경의 코루냐^{Corunna}로의 후퇴는 웰링턴의 승리만큼이나 위대했다.

무수히 많은 사람들이 조국을 위해 싸우다 숨졌다. 프랑스에는 다음과 같은 옛 이야기가 전해 내려오는데, 사실 이 같은 이야기는 어느 나라에서나 찾아볼 수 있을 것이다. 클로비스^{Clovis} 왕은 가론^{Garonne} 강 건너편의 기름진 평야를 바라보면서 이렇게 말했다고 한다. "저런 비옥한 들판이 우리와는 다른 신앙을 간직한 자들의 소유라니 참으로 부끄러운 일이다. 가자! 가서 저들의 땅을 빼앗자!"

나라를 위해 헌신한 사람들

크세르크세스^{Xerxes}가 그리스를 침략했을 때 레오니다스^{Leonidas}는 300명의 부하를 이끌고 테르모필레^{Thermopylae}로 나아가 페르시아의 대군을 맞았다. 무시무시한 싸움이 전개되었고 무수히 많은 침략자들이 죽어 넘어갔다. 레오니다스와 300명의 영웅은 비록 목숨을 잃었지만, 그들은 그리스를 구했다.

유다 마카베오^{Judas Maccabeus}도 레오니다스만큼이나 용감했다. 그는 성지를 침략한 2만 명의 시리아군을 800명의 부하들과 함께 막아내야 했다. 주위에서는 퇴각을 권유했지만 그는 이렇게 대답했다. "저들 앞에서 도망치는 것은 신이 허락지 않으신다. 때가 되면 우리 형제들을 위해 장렬히 전사하자. 명예를 더럽히지 말자." 이윽고 치열한 전투가 벌어졌고, 유다와 그의 부하들은 최후의 한 사람까지 용감하게 싸우다 얼굴을 적에게 향한 채로 죽어갔다. 그들의 죽음은 헛되지 않아서 유대인들은 용기를 내어 침략자들을 내쫓고 성전을 재건했으며, 유대는 다시금 동방에서 가장 번영한 나라가 되었다.

로마인들 역시 영웅적인 희생과 나라를 위한 헌신의 가치를 알고 있었다. 이제 보다 현대와 가까운 시대로 넘어가기로 하자. 비교적 인구가 적은 소국小國들은 자유를 지키기 위해 숱한 어려움을 극복해야 했다. 중요한 것은 나라의 크기가 아니라 그 나라의 국민성이다. 사람들 중에는 끊임없이 자유를 부르짖으면서도 이를 위해 아무런 행동도 취하지 않는 사람들이 있다. 그들은 게으르고 이기적인 생활을 계속한다. 애국심이라고 일컬어지는 것 중에는 늑대의 울부짖음보다 못한 것도 있다. 그러나 참된 애국심은 정직과 진실, 관용, 자기희생, 그리고 자유에 대한 진정한 사랑에 기반한다.

스위스는 수백 년 동안 주변의 강대국들로부터 시달림을 받아온 소국이지만, 그 나라의 국민은 용감하고 검소하고 정직하며 열심히 노력하는 사람들이다. 그들은 군주제가 아닌 자치제를 선택했으며, 아펜첼Apenzell에서 그러했던 것처럼 시장과 같은 공공장소에서 거수로 그들의 대표를 선출했다. 그들은 양심의 자유를 선언했으며, 스위스는 영국과 마찬가지로 양심의 자유를 지키기 위해 핍박받는 모든 사람들에게 피난처가 되어주었다.

스위스가 격렬한 투쟁 없이 독립을 쟁취한 것은 아니다. 이 용감한 국민의 지도자는 나라를 지키기 위해 스스로를 희생하기도 했다. 아르놀트 폰 빙켈리트Arnold von Winkelried의 예를 들어보자. 1841년 오스트리아군이 스위스를 침략했을 때 그들에 맞서 싸울 수 있는 스위스인들의 수는 얼마 되지 않았다. 오스트리아군은 마치 한 몸이 된 것처럼 질서정연하게 열을 맞추어 밀고 내려왔다. 스위스인들은 쳄파흐 Sempach라는 작은 마을 인근에서 그들을 맞았지만 창의 길이도 오스트리아군의 창보다 짧았고 수적으로도 워낙 열세였다. 아르놀트 폰 빙켈리트는 오스트리아군을 물리치기 위한 모든 노력이 실패로 돌아갔음을 알고 동료들에게, "내가 길을 내겠다! 동지들이여, 내 아내와 자식들을 부탁한다!"라고 외치고는 앞으로 내달렸다. 그는 온몸에 창을 맞으면서도 적진에 틈을 내는 데 성공했고, 스위스인들은 그 틈을 뚫고 들어가 대승을 거뒀다. 아르놀트 폰 빙켈리트는 죽음으로써 나라를 구했으며, 산악지대의 이 조그마한 나라는 자유를 지켰다. 이 전투는 7월 9일에 벌어졌는데, 오늘날까지도 이 나라 사람들은 지도자의 희생을 통해 오스트리아의 침략을 물리친 이 날을 기념하고 있다.

스위스인들은 여인들도 남자들 못지않게 용감하다. 스위스 여인들은 대단한 용기로 정신적, 신체적 위협을 견딘다. 그들은 오래 참는 능력이 뛰어나며, 때로 급박한 위기 상황에서 남자들 못지않은 용기를 가지고 대응한다. 용감한 사람의 자녀는 그 부모를 보고 자라는 것만으로도 용감한 사람이 된다고 하는데, 그 말이 맞는 것 같다.

쳄파흐 전투가 있고 나서 200년쯤 지난 1622년, 오스트리아 황제는 개신교를 뿌리 뽑고자 스위스에 군사를 보냈다. 그의 군대는 프뢰티고이Pratigau 계곡에서 처음으로 목격되었다. 그 계곡은 높은 산으로 둘러싸인 초원지대로, 지금도 양 떼를 키우는 목양지로 유명하다. 그 당시 남자들은 모두 양 떼를 몰고 산 위에 올라가 있었기에 계곡에는 여자들만 남아 있었다. 여자들은 오스트리아군이 쳐들어온다는 소식을 듣자 곡괭이와 낫, 갈퀴 등을 들고 오스트리아군을 맞으러 갔다. 스위스에는 소수의 무장한 남녀가 수많은 적을 물리칠 수 있는 고갯 길이 많은데, 여자들은 그런 고갯길에서 돌을 굴려 오스트리아군을 격퇴했다. 물론 남자들도 여자들 못지않게 용감했다. 오래지 않아 성 은 무기라곤 지팡이밖에 없는 농민들에 의해 점거되었다! 여자들이 용감하게 적을 방어한 것을 기리기 위해 그곳에서는 지금도 성찬식 때 여자들이 남자들보다 앞에 서는 전통이 이어지고 있다.

스위스인들은 이렇게 영웅적인 행위를 한 사람들을 존경했는데, 용 감한 궁사 빌헬름 텔과 창병 빙켈리트가 바로 그런 사람들이었다. 아 마도 텔은 전설 속의 인물이겠지만[4], 빙켈리트는 실존인물이었다. 지 금도 운터발덴Unterwalden의 스탄츠Stanz에는 빙켈리트가 살던 집이 있 으며, 그 안에는 그의 쇠미늘 갑옷이 보존되어 있다. 그리고 장터에는 옆구리에 창을 잔뜩 끼고 있는 빙켈리트의 동상이 세워져 있다.

윌리스와 브루스

대략 5세기 전에 잉글랜드는 북방에서 벌어진 한 전투에서 대패했 는데, 이는 훗날 잉글랜드에 주어진 가장 큰 축복의 하나로 판명되었 다. 그 당시 스코틀랜드는 주로 산과 황무지로 이루어진 가난한 나라 였으며, 인구가 현재 런던 인구의 4분의 1도 채 안 되었다.[5] 따라서 스 코틀랜드 사람들은 넓게 흩어져 살았다. 스코틀랜드는 잉글랜드와 인 접해 있는 만큼, 늘 침략을 당할 위험이 있었다. 바다를 사이에 두고 잉 글랜드와 떨어져 있던 아일랜드와는 상황이 달랐던 것이다. 게다가 스코틀랜드는 통일된 국가도 아니었고 단일 민족도 아니었다. 북서쪽에는 켈트족과 고지대인이 살았고 남동쪽에는 색슨족과 앵글족, 노르만족 등이 살았다. 고지대인은 자기들끼리도 전쟁을 벌였으며, 저지대인들이 자유를 위해 투쟁할 때 아무런 도움도 제공하지 않았다. 사실 로버트 브루스Robert Bruce는 론Lorne을 거쳐 도망칠 때 맥두걸Macdougal 일파에게 살해당할 뻔하기까지 했다.

월리스Wallace는 브루스 이전의 스코틀랜드 애국자이다. 저지대 국가가 에드워드 1세에게 정복당하고 모든 중요한 도시가 잉글랜드에 넘어가자 월리스는 서부 주민들의 애국심을 고취하려고 애썼다. 그러나 개인적으로는 대단히 용감했지만 위대한 전사는 아니었던 그는 정면 승부를 하기에 충분한 수의 군사를 모아본 적이 없었다. 그는 폴커크Falkirk 전투에서 패배한 실패자였다. 그러나 조국의 앞날에 대한 그의 믿음은 그의 계승자인 로버트 브루스의 승리보다 국민정신을 더욱 함양하였다. 마침내 월리스는 배신자의 손에 의해 잉글랜드군에 넘겨졌으며, 런던으로 압송되었다. 1305년 성 바르톨로뮤의 축일 전야에 그는 런던탑에서 스미스필드로 끌려나와 그곳에서 교수형에 처해진 후 아직 숨이 붙어 있는 동안 사지를 절단당했다. 그의 죽음은 헛되지 않아서, 동족에게 자유에 대한 사랑을 심어주었다. 스코틀랜드인들은 그의 모범을 따름으로써 훗날 잉글랜드와의 전투에서 승리할 수 있었다.

로버트 브루스는 노르만족의 후예로 잉글랜드인과 스코틀랜드인의 피를 절반씩 물려받았으며, 모계로 따지면 스코틀랜드의 왕위 계승권자이기도 하다. 브루스는 수많은 모험과 역경을 겪었던 까닭에 훗날 애국적인 병사들을 결집시켜 1314년 배녁번Bannockburn에서 잉글랜드군에 대항할 수 있었다. 전투가 시작되기 전에 스코틀랜드군은 무릎을 꿇고 기도를 올렸는데, 이를 지켜보고 있던 에드워드 2세가 총애하는 기사를 돌아보며 "아르젠틴, 반란자들이 자비를 구하고 있어!"라고 말했다. 그러자 그 기사는, "그렇습니다, 전하. 그러나 전하께 자비를 구하는 것은 아닙니다."라고 대답했다. 전투는 스코틀랜드군의 승리로 끝났다.

그 후 교황청에 파견된 잉글랜드의 사절들은 요한 22세에게 로버트 브루스를 파문해줄 것을 요청했다. 그러자 1320년, 8명의 백작과 21명의 귀족이 아브로스Arbroath에 모여 공동 명의로 교황에게 보내는 서한을 썼는데, 그것은 그 안에 담긴 원리로 보아 유럽 역사의 그 어떤 서류 못지않은 가치가 있었다. 그들은 이 서한에서 교황에게 잉글랜드 왕으로 하여금 스코틀랜드의 독립을 존중하게 해달라고 요청하면서 이렇게 쓰고 있다. "우리가 100명이라도 살아 있는 한 우리는 결코 잉글랜드에 굴복할 수 없습니다. 우리가 싸우는 것은 명예나 부나 영광을 위해서가 아니라 단지 자유를 위해서, 사람이라면 누구나 죽기까지 포기하지 않을 자유를 위해서일 뿐인 것입니다."[6]

그 후에도 무수한 전쟁이 잇따랐고 강한 나라가 약한 나라에게 새로운 종교를 강요하려는 시도가 있었지만, 결과는 늘 같았다. 스코틀랜드의 역사는 독재에 대한 끈질긴 저항의 역사로, 우리에게 개개인의 힘과 양심의 자유를 지킬 권리를 일깨워주었다.

잔 다르크

같은 시기에 잉글랜드는 또 다른 전투에서 참패를 경험하였는데, 이는 그 당시에는 쓰라린 패배로 여겨졌으나 지금 돌이켜보면 배넉번에서의 패전만큼이나 잉글랜드의 역사에 복된 것이었다. 그것은 아널드 박사가 "유럽 역사에 일대 전환기가 된 사건"이라고 말한 오를레앙 전투이다.7 잉글랜드는 프랑스와의 전투에서 수차례 승리를 거두고 파리에 입성했으며, 오를레앙을 포위했다. 프랑스는 암담한 상황에 빠졌으며, 유력한 귀족들은 국왕(샤를 7세)을 버리고 각자 작은 나라를 세우고자 했다. 각 성읍은 저항 없이 무너져 내렸고, 세금이 강제로 징수되었으며, 국왕조차도 여유가 없어서 군대를 유지하기도 힘든 형편이었다. 왕과 귀족들에 대한 믿음을 잃은 일반 백성은 신이 나라를 지켜주시기만을 바랐다.

그러나 사소한 일이 나라의 운명을 바꾸다니, 이 얼마나 신기한 일인가! 프랑스를 위기에서 구하려고 나선 사람은 집에서 뜨개질을 하고 양 떼를 돌보던 한 시골 처녀였다. 잔 다르크Joan of Arc는 로렌Lorraine 지방의 동레미Domremy라는 마을에서 태어났다. 그녀는 소박하고 덕성스럽고 경건했다. 신경이 예민하고 섬세했던 그녀는 환상을 보고 신비한 목소리를 들었는데, 그 목소리는 그녀에게 "가서 프랑스 왕을 도우라."라고 명했으며, 그녀가 왕국을 되찾아주리라고 확인해주었다. 잔에게서 이 이야기를 들은 보드리쿠르Baudricourt 대장은 처음에 그녀가 온전한 정신이 아니라고 생각했지만, 결국 그녀의 진지함에 감동하여 그녀를 국왕에게 데려다주기로 했다. 잔은 잉글랜드군에 의해 점령당한 지역을 150마일이나 여행하여 왕궁이 있는 시농Chinon에 도 착했다.

국왕은 그 누구로부터의 도움이든 기꺼이 받아들여야 할 형편이었 다. 주교들을 비롯한 고위 성직자들은 잔이 마귀의 사주를 받은 마녀 일지도 모른다고 생각했지만, 국왕은 그녀를 잉글랜드군에게 포위당 한 오를레앙으로 보냈다. 잉글랜드군은 이미 군세가 기울어가고 있었 다. 솔즈베리Salisbury 백작이 사망하자 그를 따라온 병사들이 그곳을 떠나고 잉글랜드군과 연합한 부르고뉴Burgundy 군도 부르고뉴 공작의 부름을 받고 떠난 후라 200~300명가량의 잉글랜드군만 남아 있었는 데, 그나마도 10여 곳에 분산되어 있었다. 미슐레는, "군대를 이끌고 오를레앙으로 달려온 장수들의 수로 보아 오를레앙의 승리는 전혀 기 적이 아니었다."라고 말했다.

잔 다르크는 선봉에 서서 잉글랜드군을 공격하다가 마지막에 부상 을 당했지만 결국 잉글랜드군을 몰아내는 데 성공했다. 그러나 잔은 여기서 만족하지 않고 계속 그들을 추격하여 파테Patay에서 또 한 번 잉 글랜드군을 격파하였으며, 그 후 랭스Reims로 가서 샤를 7세의 즉위식 을 거행하였다. 이에 대해 미슐레는 이렇게 말했다. "오를레앙의 처녀 의 독창성과 승리의 비결은 그녀의 용기나 비전이 아닌 그녀의 분별력 에 있다. 그녀는 곧바로 랭스로 가서 샤를 7세의 즉위식을 거행함으로 써 잉글랜드에 대한 프랑스의 우위를 확고히 하였던 것이다."

잔은 이루고자 한 일을 완수하자 고향의 부모에게 돌아가 양 떼를 돌보고자 했으나 왕은 이를 허락지 않았다. 왕은 잔이 어떻게 프랑스 군에 승리를 가져다주었는지를 보았기에 그녀가 좀더 병사들 사이에 있어주었으면 했다. 이때부터 잔은 자신감을 잃기 시작했으며, 전투를 계속하면서도 결정적인 승리로 이끌지는 못했다.

잉글랜드군과 부르고뉴군은 다시 연합하여 우아즈Oise 강변의 콩피에뉴Compiegne를 포위했다. 그때 이미 시민들은 샤를 7세에 대한 지지를 선언한 상태였다. 오를레앙의 처녀는 즉시 콩피에뉴로 달려가 적을 궁지에 몰아넣었으나 마지막에 성문 쪽으로 몰리면서 프랑스군(부르고뉴군)의 포로가 되었다. 그녀는 동족에 의해 잉글랜드군에게 넘겨졌으며, 잉글랜드군은 그녀를 루앙Rouen에 있는 종교재판소로 끌고 갔다. 보베Beauvais의 주교와 리지외Lisieux의 주교 및 기타 프랑스 성직자들이 참석한 가운데 교황대리가 재판을 주재하고 보베의 수도 참사회원인 에스테베Estevet가 기소를 맡았다.

잔 덕분에 왕위에 오른 샤를 7세는 잔을 구출하려 노력하지 않았다. 소르본에서 열린 항소심에서는, "이 처녀는 악마에 사로잡혀 있다."고 결론짓고 그 죄에 합당한 형벌을 내리기로 했다. 부르고뉴 사람들은 그녀가 받게 될 끔찍한 형벌에 대해 이의를 제기하지 않았다. 그 당시 마녀나 마법사들에 대한 일반적인 형벌은 화형이었기에 잔 다르크 역시 산 채로 화형을 당하는 형벌을 받게 되었다. 그녀는 루앙에서 순교했는데, 그녀가 죽어간 장소는 오늘날 '(오를레앙의) 처녀 광장Place de la Pucelle'이라는 이름으로 알려진 곳으로 그곳에서 그리 멀지 않은 케드아브르Quai de Havre에 그녀의 동상이 서 있다.

미슐레는 말한다. "역사는 조금 더 순결하거나 조금 덜 순결하고 조금 더 영광스럽거나 조금 덜 영광스러운 무수한 순교자를 배출했다. 그 중에는 자긍심이 강한 사람도 있고 증오와 논쟁적 기질이 강한 사람도 있다. 또한 어느 시대에나 전쟁이 낳은 순교자들은 더 이상 적을 죽일 수 없게 되었을 때 기쁘게 죽어갔을 것이다. …… 그러나 이런 모든 것들은 잔 다르크와는 상관이 없다. 그녀에게는 특유의 선함과 자애로움과 상냥한 영혼이 있었다. 그녀에게는 고대의 순교자들에게서 볼 수 있는 것과 같은 상냥함이 있었지만 그 성격은 약간 달랐다. 초기의 기독교인들은 세상을 멀리하고 세상살이의 고달픔과 시련으로부터 떨어져 있음으로써 순결한 생활을 유지했다. 그러나 잔은 가장 거친 투쟁 속에서 온화했고, 악인들 사이에서 선했고, 전쟁 속에서 평화로웠고, 전쟁에 신의 숨결을 불어넣었다."[8]

프랑스 사람들은 잔 다르크를 잊지 않고 있다. 곳곳에 그녀를 기념하는 동상이 세워졌으며, 그녀는 세대를 거듭하여 프랑스 병사들의 존경의 대상이 되고 있다. 군부대가 동레미를 지날 때면 병사들은 늘 멈춰 서서 잔 다르크의 고향 마을에 경의를 표한다. 이러한 관습이 그토록 오랜 세월 동안 지켜져왔으며, 조국에 헌신한 이 처녀 영웅을 프랑스가 아직도 생생히 기억하고 있다는 사실은 참으로 감동적이다.

6

최후까지 인내를 — 사보나롤라 이야기

사랑은 고뇌를 극복한다.
버려진 듯이 보였던 영혼은
다시금 하느님의 임재를 느끼며
하느님 아버지의 팔 안에서
만족스러운 죽음을 맞이한다.

— 케블Keble

할 일을 다 마친 후라면
이 지상에서 가장 축복받은 탄생보다
죽음이 낫다.

— 조지 맥도널드George Macdonald

나 일생 편히 살다가
죽는 것이 아니라.

— 『찬송가』

그대가 일반적으로 싸움의 끝이 무엇이냐고 묻는다면 나는 승리라고 대
답하겠다. 그러나 그대가 보다 구체적으로 대답해달라고 한다면 나는
죽음이라고 답하겠다.

— 사보나롤라

이제 이탈리아의 위대한 순교영웅들인 브레시아의 아르날도Arnold of Brescia와 단테Dante, 그리고 사보나롤라Savonarola에 대해 살펴보기로 하자. 로마제국이 멸망하자 저급한 인간 본성이 다시 고개를 들기 시작했다. 그러나 교회는 이러한 분위기를 올바른 방향으로 이끌기보다는 오히려 끌려다녔다. 베르나르 디 클레르보Bernard de Clairvaux는 이 시기의 로마인들에 대해 이렇게 비판했다. "그들의 허영심과 오만함을 모를 사람이 어디 있겠는가? 치안 부재의 로마에서 그들은 너무 허약해서 저항할 힘이 없지 않는 한 법과 질서 따위에는 냉소를 보낼 뿐이었다. 그들은 선을 행하는 것을 배운 적이 없고 악한 일에만 능하다. 아첨과 중상, 불신 및 배신이 일상적인 일이 되었다."

아르날도와 단테

고위층의 부패와 경박함은 사회 전반에 해로운 영향을 미친다. 그런 불건전한 분위기가 하층계급에까지 침투하여 온 국민이 제멋대로의 방종한 생활에 빠져들게 되는 것이다. 그 당시 이탈리아의 상류층은 사치와 허영에 젖어 있었고, 하류층은 빈곤과 불행에 찌들어 있었다. 성직자들도 일반인과 다를 바 없어서, "아들이 나쁜 사람이 되기를 바란다면 성직자를 시켜라."라는 말이 있을 정도였다. 그리하여 한때 용감하고 활동적이던 이탈리아 사람들은 도덕성의 붕괴 위기에 처하게 되었다.

그러던 중 12세기에 브레시아의 아르날도가 나타나 이탈리아의 자유를 드높이 외쳤다. 그는 교회에서의 위치는 미미했지만 정열적이고 호소력 있는 설교가였다. 그는 순결과 사랑과 의를 말했으며, 자유를 외쳤다. 그러나 마지막 것은 그가 가르친 여러 가지 덕목 중에서도 가장 위험한 것이었다. 사람들은 그를 애국자로 존경했지만 그에게는 적이 없지 않아서, 그들은 교황에게 그가 한 말을 알렸다. 교황 인노켄티우스 2세는 그의 견해를 비난하였고, 브레시아 당국에서는 그를 체포하려 하였다. 그러나 미리 귀띔을 받은 아르날도는 알프스를 넘어 스위스의 취리히로 피신했다.

그러나 그는 두려움에 굴하지 않고 다시 알프스를 넘어 로마로 가서 활동을 재개했다. 그는 귀족과 일반 시민들에 의해 보호받았으며, 그의 힘있는 설교는 10년간 로마 전역에 울려 퍼졌다. 그는 로마 시민에게 한 인간이자 기독교인으로서의 양도할 수 없는 권리를 주장하고 공화국의 법을 되살리며, 그들의 목자를 영혼을 돌보는 성직자들로 제한하라고 촉구했다.

아르날도의 활동은 2명의 교황을 거치는 동안에도 계속되었으나 유일한 영국인 교황 아드리아누스 4세 때에 이르러 극심한 탄압을 받기 시작했다. 교황은 모든 사람을 파문한 뒤 그들을 사면하는 대가로 아르날도를 추방할 것을 요구했다. 아르날도는 체포되어 사형선고를 받았다. 그는 감사할 줄 모르는 무리 앞에서 산 채로 불태워졌다. 그의 유해는 재가 되어 테베레 강에 뿌려졌는데, 그것은 추종자들이 그의 유해를 거두지 못하게 하기 위함이었다.

이탈리아에는 경박하고 방탕한 분위기가 계속 이어졌으며, 또한 황제파인 기벨린 당과 교황파인 구엘프 당 사이의 격한 대립과 도시국가들 간의 전쟁으로 나라가 몹시 황폐해졌다. 그런 가운데 13세기에 단테가 나타나 다시금 자유를 외쳤다. 그는 영원한 정의를 믿었으며, 자신의 영혼 안에 깃든 진리와 사랑의 힘으로 이탈리아의 방탕한 생활상을 보다 높고 숭고한 인간 본성에 대비시켰다. 이탈리아라는 미처 돌아가는 세계는 시간의 빛 속에서, 천국과 지옥 사이에서 흔들리고 있었다. 그는 인간의 분투 저변에 영원한 정의가 자리하고 있음을 알았다. 그의 영혼은 높이 솟아올라 위대한 논쟁과 빼어난 노래 속에서 인간에 대한 신의 방식을 옹호하였다.

타락과 부패가 만연해 있던 수세기 동안, 그의 타는 듯한 언어는 이탈리아의 진실하고 신실한 모든 사람들에게 횃불이 되어주었다. 그는 조국의 자유를 위해 애쓴 선구자였으며, 조국에 대한 사랑으로 인해 핍박받고 추방당하고 죽어갔다. 『군주론 *De Monarchia*』에서 단테는 브레시아의 아르날도가 그랬듯이 교권과 정치의 분리를 옹호하고, 교황의 통치를 권력의 찬탈이라 주장하였다. 그의 『군주론』은 볼로냐에서 공개적으로 불태워지고 금서목록에 올랐다. 단테는 시대를 초월하여 이탈리아 국민으로부터 가장 많이 사랑을 받는 이탈리아의 국민 시인이다. 그는 1301년 피렌체에서 추방당한 이후 집이 약탈당하고 화형 선고를 받는 불운을 겪었으나, 망명 기간 동안 가장 뛰어난 걸작을 썼다. 이탈리아인들은 그를 존경하고 사랑했으며, 추방령이 철회되어 그가 다시 피렌체에 돌아올 수 있기를 바랐다.

피렌체에는 예로부터 성 요한 축일에 죄수들 몇 명을 사면해주는 전통이 있었는데, 단테에게 이러한 사면을 받게 해주겠다는 제안이 들어왔다. 단, 그가 죄수로서 사람들 앞에 모습을 드러내야 한다는 조건이 따랐다. 그 이야기를 들은 단테는, "뭐라고? 이것이 그 부당한 판결의 철회이며, 15년간의 힘겨운 망명생활 끝에 조국에 돌아온 단테 알리기에리를 기다리고 있는 것이란 말인가? 이것이 나의 애국심에 대한 보상이란 말인가? 이것이 지속적인 수고와 연구에 대한 대가란 말인가? …… 이것만이 내가 피렌체로 돌아갈 수 있는 유일한 방법이라면 나는 결코 피렌체로 돌아가지 않겠다. 내가 피렌체 사람들 앞에서 스스로를 욕보이지 않는다고 해서 저 하늘의 태양과 별들을 보지 못할 것이며, 하늘 아래 어딘가에 있을 진리를 숙고하지 못할 것인가? 나는 아직 끼니를 거른 적은 없다. 안 된다! 안 되고말고! 나는 결코 돌아가지 않겠다!"라고 외쳤다. 그리하여 단테는 사면 제의를 거절하고 20년 동안 망명 생활을 한 끝에 1321년 라벤나Ravenna에서 사망했다.

사보나롤라의 출가

그로부터 한 세기쯤 후에 또 다른 자유의 선구자가 나타났다. 신앙심이 깊고 용감하며 인류 역사상 보석같이 빛나는 위인 중 하나인 지롤라모 사보나롤라가 그 사람이다. 그는 1452년 페라라Ferrara에서 태어났다. 그의 부모는 가난하긴 했지만 귀족이었다. 아버지는 궁정의 시종이었고 어머니는 인격적으로 대단히 훌륭한 분이었다. 사보나롤라는 원래 의사 교육을 받을 예정이었으나, 그의 기질은 그를 전혀 다른 방향으로 인도하였다.

그 당시에도 이탈리아는 여전히 부패와 악에 물들어 있었다. 부자는 빈자에게 횡포를 부렸고, 빈자는 비참하고 무기력한 생활에서 헤어나오지 못했다. 사보나롤라는 일찍부터 기독교 정신을 흡수하였으며, 성경을 공부하고 성 토머스 아퀴나스St. Thomas Aquinas의 저작을 읽는 데 몰두했다. 그는 주변의 신성모독적인 일들에 충격을 받고, 세상과 싸우고 있는 자신을 발견했다. "선을 행하려 하는 사람은 한 사람도 남아 있지 않다. 우리는 하층계급의 부녀자들과 어린이들로부터 배워야 한다. 순수의 그림자라도 남아 있는 사람들은 그들뿐이기 때문이다. 선한 사람들은 억압받고, 이탈리아인들은 하느님의 백성을 노예로 삼은 이집트인들처럼 되어간다."라고 그는 말했다.

마침내 악으로 가득 찬 세상을 버리고 기독교에 귀의하기로 결심한 사보나롤라는 23세가 되던 해에 부모님 허락도 받지 않고 집을 떠나 볼로냐로 향했다. 볼로냐에서 그는 곧바로 산도미니코 수도원을 찾아가 하인으로라도 받아달라고 청했다. 그는 즉시 수련 수사가 되었다.

사보나롤라는 곧 아버지에게 편지를 써서 그가 집을 떠나올 수밖에 없었던 이유를 알렸다. 편지에서 그는 이렇게 쓰고 있다. "세상의 모든 고통과 인간이 저지르는 온갖 불법과 불의, 인간의 교만과 우상숭

배, 끔찍한 독신瀆神 등이 저를 수도생활로 이끌었습니다. …… 저는 맹목적인 이탈리아인들의 사악함을 참을 수가 없습니다. 도처에서 덕이 멸시되고 악이 존중받는 것을 볼수록 더욱 그렇습니다. 이 세상의 거대한 슬픔을 견딜 수 없어서 예수 그리스도에게 저를 이 악의 소굴에서 구원해달라고 기도하게 됩니다. 그리고 하느님께 저의 길을 알려달라는 짧막한 기도를 늘 입에 올리게 됩니다. …… 의지가 강하신 아버지께는 어머니를 위로해달라는 말씀밖에 달리 드릴 말씀이 없습니다. 아버지와 어머니가 저를 축복해주시기를 기도드립니다."

그 당시 교회의 부패상은 이루 말할 수 없었다. 바오로 2세의 끝 모를 탐욕과 식스투스Sixtus 4세의 파렴치함, 그리고 알렉산데르 6세[1]의 입에 담기에도 끔찍한 범죄행위는 이탈리아의 모든 선한 사람들을 낙심하게 만들었다. 사보나롤라는 이렇게 말했다. "옛 성인들과 박사들은 다 어디로 갔는가? 배움과 사랑과 순결함이 있던 옛 시절은 어디로 갔는가? 아, 우리를 지옥으로 인도하는 이 날개들을 부러뜨릴 수만 있다면!"

그 당시는 자유라곤 거의 찾아볼 수 없는 시대였다. 도시국가의 통치자들은 주로 독재자들로, 선조들의 정력과 명민함이 결여되어 있었다. 그들이 바라는 것은 오직 무제한적인 권력이었으며, 그런 그들의 행동은 아랫사람들의 반감을 불러일으켰다. 그래서 몇몇 통치자는 백주에 암살당하기도 했다. 갈레아초Galeazzo 공은 밀라노의 한 교회에서 암살당했고, 데스테D' Este 공은 페라라에서 살해당했으며, 줄리아노 데 메디치Giuliano de Medici 공은 피렌체의 성당에서 성체를 거양하는 도중에 암살당했다.

사보나롤라, 피렌체로 가다

사보나롤라가 살아가게 될 사회는 이토록 부패한 곳이었다. 볼로냐에 있는 도미니크회 수도원의 원장은 곧 사보나롤라의 뛰어난 자질을 발견하고 그에게 수련 수사를 지도하는 임무를 맡겼다. 장상에게 순명하는 것이 그의 의무였으므로 사보나롤라는 기꺼이 이 새로운 일을 맡았다. 그 후 능력을 인정받은 사보나롤라는 설교가의 직분을 맡게 되었다. 그는 30세의 나이에 고향인 페라라에 설교가로 파견되었으나, 그곳에서 그의 설교는 주목을 받지 못했다. 그곳 주민들에게 있어서 그는 같은 마을 사람의 하나였으므로, 주민들은 그에게 새로운 무언가를 기대하지 않았다. 사보나롤라는 고향에서는 대접을 받지 못하고 오히려 브레시아와 파비아Pavia, 제노바 등지에서 더 큰 호응을 얻었다.

사보나롤라는 볼로냐의 도미니크회 수도원에서 7년가량 머무른 뒤에 피렌체로 파견되었다. 피렌체는 그에게 낯선 도시였다. 남쪽으로 그렇게 멀리 여행을 하기는 그때가 처음이었다. 그는 맨발로 여행길에 올라 주변의 아름다운 경치를 감상하면서 남쪽을 향해 내려갔다. 꾸준히 걸어서 루가나Lugana의 언덕 위에 올라 볼로냐 쪽을 돌아본 것이 그가 마지막으로 바라본 북녘의 경치였다. 그는 험준하고 황량한 산길을 걸어 해발 3000피트의 라푸타La Futa 정상에 이르렀고, 세이베Seive 계곡을 지나 세이베 계곡과 아르노Arno 계곡을 경계짓는 아펜니노 산맥의 지맥을 넘었다. 그러자 발밑으로 피렌체의 장려한 모습이 펼쳐졌다. 그곳은 앞으로 그가 눈부신 활동을 하고 용감하게 살다 죽어갈 곳이었다.

사보나롤라는 피렌체에 도착한 즉시 산마르코 수도원으로 향했다. 당시의 피렌체는 로렌초 데 메디치Lorenzo de' Medici의 권세가 절정에 달해 있었다. 그는 유배와 투옥, 처형 등의 방법으로 정적을 제거하고 축제와 무도회, 마상시합 등으로 민심을 사로잡았다. 로렌초는 귀족과 평민 모두에게 환영받는 통치자였다. 그의 방탕한 생활은 문화예술의 후견인으로서의 그의 위상에 가려진 듯했다. 빌라리Villari는 그 당시의 시대상에 대해 이렇게 묘사하고 있다. "예술가와 문인, 정치가, 향반, 일반 대중 모두가 부패해 있었으며, 공적이고 사적인 모든 면에 있어서 윤리의식이 결여되어 있었다. 종교는 통치 수단이나 저급한 위선의 수단으로 활용되었다. 정치나 종교, 윤리, 철학 등의 제반 분야에서 신앙은 찾아볼 수 없었다. 회의주의에조차 진정성이 결여되어 있었다. 그리고 사회 전체에 원리원칙을 경시하는 풍조가 팽배해 있었다."[2]

사보나롤라는 이 모든 것에 염증을 느꼈다. 그는 산로렌초St. Lorenzo에서 처음으로 설교를 할 때 시대의 부패상을 통렬히 비난하였다. 그는 악을 강력히 비판하였으며, 주로 성경 구절을 인용하여 도박과 거짓말과 사기행위를 공격하였다. 청중은 처음에는 놀랐고, 곧이어 염증을 느꼈으며, 이윽고 분개하게 되었다. 산 너머에서 와서 피렌체의 부패상을 공격해대는 이 갈색 옷을 입은 수사는 대체 누구란 말인가? 그들은 사보나롤라를 비웃고 조롱했다. 아름다운 도시 피렌체에서 사보나롤라는 결코 아름답지 않은 존재였다. 그는 중키에 피부색이 어두웠으며, 코는 매부리코였고, 입술은 넓고 두툼했으며, 턱은 깊게 각이 져 있었다. 게다가 23세에 벌써 이마에 깊은 주름이 패여 있었다. 그런데 과연 이 사람이 장차 피렌체에 강한 영향력을 행사할 인물이란 말인가?

그런 가운데 또 다른 학식 있는 설교가가 나타나자 대중은 그에게 몰려갔다. 인간의 본성을 잘 알고 있던 그 설교가는 청중을 만족시켜주었다. 그는 '위대한 자 로렌초Lorenzo the Magnificent'의 친구였다. 누군가 그 설교가의 성공을 거론하며 사보나롤라를 비웃자 사보나롤라는, "말의 아름다움보다는 교리를 제대로 전달하는 간결함이 더 중요합니다."라고 대답했다. 사보나롤라는 신에게서 부여받은 자신의 사명을 확신했다. 그는 이것을 생애 최고의 의무로 여겼으며, 늘 어떻게 하면 이 의무를 가장 잘 수행할 수 있을까를 생각했다.

산마르코 수도원에서 사보나롤라는 다시 수련생들을 지도하기 시작했고, 가끔 소수의 진지한 청중 앞에서 강론을 하곤 했다. 그리고 강단에서 강론을 해달라는 요청이 있자 이를 받아들여 1490년 8월 1일, 아주 특별한 설교를 했다. 당시 그의 나이는 서른여덟이었다. 그 이듬해 사순절 기간 동안 사보나롤라는 두오모*1에서 설교를 했다. 수많은 사람들이 와서 그의 설교를 들었으며, 그는 자신의 열정을 그곳에 운집한 사람들에게 고스란히 전해주었다. 사보나롤라는 더 이상 산로렌초에서처럼 이름 없는 설교가가 아니었다. 그는 사람들이 무감각하게 저지르는 악을 맹렬히 비난하고 그들을 각성시키기 위해 애썼다. 그의 설교에 대한 사람들의 호응은 날이 갈수록 뜨거워졌다.

---

*1.두오모 : 정식 명칭은 산타 마리아 델 피오레 성당

이 모든 일은 로렌초를 몹시 불쾌하게 했다. 그는 피렌체 시민 5명을 사보나롤라에게 보내, 사보나롤라가 그 자신과 수도원에 얼마나 큰 위험을 초래하고 있는지를 경고하였다. 그러자 사보나롤라는, "여러분이 본인의 의사로 이곳에 온 것이 아니라 로렌초가 보내서 왔음을 잘 알고 있습니다. 그러니 그에게 가서 전해주십시오. 자신의 죄를 회개할 준비를 하라고. 주님은 누구에게도 예외를 두지 않으시며, 지상의 그 어떤 왕후도 두려워하지 않는 분이시니까요."라고 말했다.

같은 해에 사보나롤라는 산마르코 수도원의 원장으로 임명되었다. 그는 늘 성실하고 독립적이었다. 로렌초가 산마르코 수도원에 거액을 기부했음에도 불구하고 그는 로렌초에 대해 매우 비판적이었다. 로렌초가 일반대중의 윤리관에 어떤 해악을 끼쳤는지를 잘 알고 있었기 때문이다. 사보나롤라는 로렌초를 자유의 적이자 파괴자로 간주하였으며, 그로 인해 사람들이 생활습관을 개선하지 못하고 기독교인다운 삶을 살지 못한다고 생각했다. 그 당시 도박은 국고에 큰 보탬을 주고 있었지만 사보나롤라는 이런 사실에 아랑곳없이 도박을 비난하였으며, 부유층의 사치와 낭비가 서민의 타락을 부추긴다고 비판하였다.

사보나롤라는 늘 선한 일을 할 필요성과 인간의 자유의지를 강조하였다. 그는 "우리의 의지는 본질적으로 자유롭습니다. 의지는 자유가 각 개인 안에 구현된 것입니다."라고 말했으며, 하느님은 인간의 가장 좋은 조력자이지만 또한 인간의 조력을 받기를 좋아하신다고 여겼다. 그의 이러한 생각은 다음과 같은 말에서 잘 드러난다. "열심히 기도하십시오. 그러나 인간적인 수단을 소홀히 해서는 안 됩니다. 우리는 할 수 있는 모든 방법을 동원하여 스스로를 도와야 합니다. 그리고 그때

비로소 하느님도 우리와 함께 하실 것입니다. 형제들이여, 용기를 내십시오. 그리고 무엇보다 서로 연합하십시오." 그는 또 이렇게 말했다. "우리는 서로에게 진실함으로써 서로를 이해할 수 있습니다. 진실한 말과 행동은 더도 덜도 아닌 그 사람 본연의 모습을 드러내줍니다. 서로에 대해 진실할 것은 법적인 의무는 아니지만 도덕적 의무입니다. 그것은 모든 사람이 그 이웃에게 지고 있는 빚이며, 진실을 드러내는 것은 정의의 본질적 부분입니다."

로렌초의 죽음과 피에로 데 메디치

마침내 '위대한 자 로렌초'는 피렌체를 떠나 카레지Corregi에 있는 저택3에서 죽음을 맞이하게 되었다. 그가 카레지로 옮긴 것은 자연이 그 가장 아름다운 자태를 뽐내는 4월 초였다. 그의 저택은 피렌체에서 북서쪽으로 3마일가량 떨어진 아르노 계곡에 자리하고 있었다. 창 너머로 두오모와 종루 및 나무들 위로 솟은 교회의 첨탑들과 멀리 북쪽으로 피에솔레Fiesole의 언덕과 토스카나Tuscany의 구릉이 아슴푸레하게 보이는 곳이었다.

그러나 이 모든 아름다운 경치도 병마와 고통을 몰아내지는 못했다. 병석에 누운 로렌초에게는 백약이 무효했다. 보석을 달인 물도 효험이 없었으며, 그 무엇으로도 이 거인을 낫게 할 수는 없었다. 그러자 로렌초의 생각은 종교로 향했다. 죽음이 가까워올수록 그의 죄는 눈덩이처럼 불어나는 것 같았다. 그러나 종교의식은 그에게 아무런 위안이 되지 못했다. 모두들 그의 뜻에 순종하는 사람들뿐이었기에 그는 아무도 믿지 못했다. 고해신부에 대해서도 그 성실성을 믿을 수가 없었다. '내게 절대불가를 외친 사람은 아무도 없었다.' 그러자 사보나롤라가 떠올랐다. 사보나롤라만큼은 그의 협박과 회유에 굴복한 적이 없었다. 그는 고해를 하기 위해 사보나롤라를 부르러 보냈다. 로렌초가 위독하다는 소식을 들은 사보나롤라는 한걸음에 카레지로 달려왔다.

빌라리 교수는 로렌초와 사보나롤라의 마지막 대면을 이렇게 전하고 있다. 피코 델라 미란돌라Pico della Mirandola가 떠난 후 곧바로 사보나롤라가 들어왔다. 그가 죽어가는 로렌초의 침상에 다가가자 로렌초는 세 가지 죄를 고백하고 사죄赦罪를 받고 싶다고 말했다. 그 세 가지 죄란 볼테라Volterra를 약탈한 것과 많은 인명을 살상하면서 몬테 델 판치울라Monte delle Fanciulla의 돈을 빼앗은 것, 그리고 파치 가문의 음모*2 이후로 많은 사람들이 피를 흘린 것이다. 이야기를 하는 동안 로렌초가 몹시 동요하자 사보나롤라는 그를 진정시키기 위해 "하느님은 선하시고 자비로우십니다."라는 말을 거듭 되뇌었다.

로렌초의 말이 끝나자 사보나롤라는 곧바로 "당신이 해야 할 일이 세 가지가 있습니다."라고 말했다. 로렌초가 "그게 무엇입니까, 신부님?"라고 묻자 사보나롤라는 엄숙한 표정으로 말하기 시작했다. "우선 하느님의 자비하심을 전적으로 믿어야 합니다." "온전히 믿습니

---

*2. 파치 가문의 음모 : 피렌체의 은행가 가문인 파치 가문이 메디치 가문을 제거하려 한 음모. 그들은 부활절 미사에서 로렌초와 그의 동생인 줄리아노를 암살하기로 계획하였으나, 줄리아노만 살해하고 로렌초는 성물실로 달아나는 바람에 죽지 못했다.

다!" "둘째로, 당신이 부당하게 취한 재물을 모두 돌려주어야 합니다." 이 요구는 로렌초에게 놀람과 슬픔을 안겨준 듯했지만, 잠시 후 그는 고개를 끄덕였다.

그러자 사보나롤라는 몸을 일으켰다. 그리고 두려움으로 몸이 오그라든 듯한 로렌초를 굽어보며 이렇게 말했다. "마지막으로, 피렌체 사람들에게 자유를 돌려주어야 합니다." 그의 표정은 엄숙했고, 목소리는 무시무시했으며, 시선은 마치 로렌초의 대답을 읽기라도 하려는 듯이 그의 눈을 똑바로 응시하고 있었다. 로렌초는 마지막 힘을 쥐어짜서 등을 돌리고는 아무 말도 하지 않았다. 그리하여 사보나롤라는 사죄를 하지 않은 채 그냥 나와버렸고, 로렌초는 회한 속에 숨을 거뒀다.

로렌초가 죽자 그의 아들인 피에로Piero가 피렌체를 다스리게 되었다. 피에로는 모든 면에서 그의 아버지보다 더 나빴다. 그는 문화예술에는 관심이 없었으며, 사치와 낭비를 일삼았다. 사보나롤라는 예전처럼 설교를 계속했으며, 열정적인 설교로 널리 명성을 떨쳤다. 사보나롤라는 피에로로 인해 한때 피렌체를 떠나 있어야 했지만, 피사Pisa와 제노바 등지의 도시에서 설교를 한 후 다시 피렌체로 돌아왔다. 그는 자신의 수도원에 청빈의 계율을 강조하였으며, 수사들이 스스로의 노동에 의해 살아가기를 바랐다. 또한 성경 연구를 특히 장려하였고, 자신과 수도원의 수사들이 이방인들에게 복음을 전파할 수 있기를 희망했다. 그는 탄압이 계속되자 한때 피렌체를 떠나 선교사역에 헌신할 생각을 하기도 했다.

그러나 사보나롤라는 결국 피렌체에 남았다. 피렌체 사람들이 그를 떠나보내려 하지 않았기 때문이다. 그는 두오모에 운집한 청중들에게 설교를 계속하였다. 그는 당 시대의 부패한 사회상뿐 아니라 고위 성직자들에 대해서도 신랄한 비판을 가했다. 그는 이렇게 말했다. "그들은 보석이 박힌 황금 주교관을 쓰고 은으로 된 주교장主教杖을 짚고 아름다운 무늬가 들어간 가운을 걸치고 제단 앞에 서서 느릿느릿 만과晚課를 읊는다. 오르간 소리와 노랫소리가 울려 퍼지는 가운데 집전되는 장엄하고도 복잡한 미사 의식에 청중은 몸이 다 뻣뻣해질 지경이다. …… 분명 최초의 성직자들은 그렇게 많은 금관과 성작聖爵을 가지고 있지 않았을 것이며, 있었다고 해도 가난한 사람들에게 내주었을 것이다. 그러나 오늘날의 성직자들은 가난한 사람들의 돈으로 성작을 마련한다. 원시 기독교 교회에는 변변치 못한 성작과 매우 훌륭한 성직자들이 있었지만, 지금은 매우 훌륭한 성작과 변변치 못한 성직자들이 있을 뿐이다."

피에로 데 메디치는 피렌체에 대한 자신의 권한을 강화하기 위해 교황 및 나폴리 왕과 연합하였으나, 프랑스가 이탈리아를 침략한 사실을 알고 그들에게 등을 돌렸다. 밀라노 공국의 정권을 찬탈한 무어인 루도비코Ludovico는 프랑스 왕인 샤를 8세로 하여금 이탈리아를 침략하게 한 뒤 나폴리 왕국을 점령하였다. 프랑스군이 국경을 따라 남하하면서 각지의 성읍을 유린하고 약탈하자 피에로는 샤를 8세와 화친을 맺고 피사와 리보르노Leghorn, 피에트라 산타Pietra Santa 등의 성읍과 사르자나Sarzana의 중요한 요새를 손에 넣었다.

피렌체 시민은 피에로의 비열한 행위에 격분하여 그의 통치를 거부했으며, 신변에 위협을 느낀 피에로는 서둘러 베네치아로 피신했다. 피렌체는 그야말로 폭풍 전야였다.

피렌체 공화국

메디치 가의 추종자들은 왕정을 원하고 일반 대중은 공화정을 원했다. 양측이 서로 팽팽히 맞선 가운데 피렌체 시민에게 영향력을 행사할 수 있는 사람은 단 한 사람, 사보나롤라뿐이었다. 사보나롤라는 사람들을 두오모에 모아 그들을 진정시키려고 애쓰는 한편 그들에게 회개와 단결, 자비와 믿음을 촉구했다. 그리하여 금방이라도 폭동이 벌어질 것 같던 격앙된 분위기는 가라앉았다.

이윽고 프랑스 왕에게 파견할 사절단이 구성되었는데, 사보나롤라도 그 중 하나였다. 다른 사절들은 마차를 타고 갔지만 사보나롤라는 늘 그래 왔듯이 도보로 여행을 떠났다. 사절단은 프랑스 왕을 만났지만 아무 성과도 얻지 못하고 돌아와야 했다. 그들은 돌아오는 길에 걸어서 오는 사보나롤라를 만났다. 사보나롤라는 홀로 프랑스 진영에 들어가 왕을 대면했다. 그는 프랑스 왕에게 피렌체 시를 존중하고, 피렌체의 여인들과 시민들에게 경의를 표하며, 그들의 자유를 존중해줄 것을 요청했다. 그러나 그의 요청은 받아들여지지 않았다. 얼마 후 프랑스군은 아무런 저항 없이 피렌체에 입성하여 메디치가의 궁전을 마구 약탈하고 귀중한 예술작품들을 반출해갔다. 피렌체 사람들 역시 약탈에 적극 가담하여 가치 있다고 여겨지는 예술품들을 공공연하게 절취하였다. 그리하여 반세기에 걸쳐 수집된 수많은 예술작품이 하루아침에 모두 흩어지고 말았다.

프랑스군이 휩쓸고 지나간 피렌체에는 통치자가 없었다. 메디치가의 추종자들은 어디론가 사라져버리고, 이제 백성들을 이끌 사람은 사보나롤라밖에 없었다. 사보나롤라는 위원회를 소집하여 앞으로의 정부 형태에 대해 의논했다. 그는 베네치아식 정부 형태를 도입하자고 제안했는데, 그것은 베네치아만이 혼란의 소용돌이에서 살아남아 나날이 강성해지고 있기 때문이었다. 장시간의 토론 끝에 임시정부가 수립되었으며, 피렌체는 1년 안에 자유를 되찾았다.

사보나롤라는 설교가로서 활동을 계속했다. 그는 국가와 교회 및 풍속의 개혁을 촉구했으며, 진정한 자유를 누릴 것을 강조하였다. "참된 자유만이 자유라 할 수 있으며, 이는 선한 삶을 살아가기로 결심하는 데에서 시작됩니다. 우리를 감정의 노예로 만드는 자유를 어떻게 자유라 할 수 있겠습니까? 피렌체 시민 여러분, 여러분은 자유를 원하십니까? 그렇다면 무엇보다도 하느님을 사랑하고 이웃을 사랑하고 서로를 사랑하며, 공공의 행복을 사랑하십시오. 여러분들 사이에 이러한 사랑과 연합이 있을 때 여러분은 참된 자유를 누리게 될 것입니다."

새 공화국이 도입한 여러 가지 제도 중에 실제적인 가치를 지니는 것으로는 감세정책과 '몬테 데 피에타Monte de Pieta'의 설립을 통한 고리대금업의 철폐를 들 수 있다. 유대인 대부업자들은 그동안 근로자들에게 적은 돈을 빌려주고 32.5퍼센트라는 고율의 이자를 받아왔는데, 이제 공공 금융기관인 몬테 데 피에타가 설립됨으로써 가난한 사람들이 저리로 돈을 융자받을 수 있게 된 것이다. 이 기관의 설립은 순전히 사보나롤라 개인의 노력으로 이루어졌다. 피렌체 공화국은 또한 추방당한 단테의 자손들에게 피렌체로 돌아올 수 있는 길을 열어주기도 했다.

피렌체의 모습은 완전히 변화되었다. 여인들은 화려한 장신구를 멀리하고 간소한 복장을 하게 되었으며, 젊은이들은 겸손하고 신앙심이 두터워졌다. 또한 한가한 낮 시간에 가게 안에서 성경을 공부하거나 사보나롤라의 책을 읽는 상인들을 흔히 볼 수 있었다. 교회는 신자들로 가득 찼으며, 많은 연보가 걷혔다. 그러나 가장 놀라운 것은 부정직한 방법으로 돈을 번 상인과 은행가들이 양심의 가책을 느끼고 거액의 기부금을 내게 된 일로, 이들이 내는 헌금 액수는 때로 수천 플로린에 달했다. 그리고 이 모든 것은 한 개인의 영향으로 이루어졌던 것이다.

1495년의 사순절 미사 이후로 사보나롤라는 몹시 지쳐 있었다. 그는 식사량이 매우 적었던데다 금식을 철저히 이행하였다. 그의 침상은 다른 사람들의 침상보다 더 딱딱했으며, 그의 방에는 가구가 거의 없었다. 만약 사보나롤라가 다른 사람들에게 엄격했다면 그 자신에 대해서는 더욱 엄격했으리라. 그는 극도로 수척해졌으며 눈에 띄게 쇠약해져갔다. 빌라리는 이렇게 말한다. "그러나 사보나롤라에게는 불굴의 용기가 있었다. 그때까지만 해도 수그러들 조짐이 보이지 않던 정치적 소요는 그가 〈욥기〉에 대한 일련의 강론을 행하자 가라앉기 시작했다. 육체적 쇠약은 그에게 정신적 고양을 가져다주었다. 전신을 떨며 웅변을 토해내는 그의 눈에서는 불꽃이 튀었다. 그의 설교는 대단히 열정적이면서도 온화했다."

부를라막키Burlamacchi는 다음과 같은 이야기를 전한다. "사보나롤라는 설교를 통해 무시무시한 경고의 메시지를 전했는데, 이것을 그대로 옮겨 적은 것이 교황에게 전달되었다. 몹시 화가 난 교황은 같은 교단 소속의 학식이 뛰어난 주교를 불러 '이 설교에 대해 반박하시오. 나는 그대가 이 수사와 논쟁을 벌여주었으면 하오.' 하고 말했다. 그러자 그 주교는, '교황 성하, 그렇게 하겠습니다. 그러나 논쟁에서 이기려면 그의 주장을 반박할 수단이 필요합니다.'라고 대답했다. '무슨 수단 말이오?' 교황이 반문하자, 주교는 '그 수사는 우리가 축첩이나 성직매매를 해서는 안 된다고 말하고 있습니다. 그리고 그것은 옳은 말입니다.'라고 대답했다. 교황이 '대체 그런 것들이 그와 무슨 상관이란 말이오?'라고 묻자, 주교는 '그에게 상을 내리고, 그를 친구로 삼으십시오. 그에게 추기경의 빨간 모자를 주어 예언을 그만두고 그가 한 말을 철회하게 하십시오.' 하고 권했다."

사보나롤라, 시련을 당하다

1495년 사보나롤라는 메디치가를 지지하는 당파인 아라비아티 Arrabbiati 파로부터 암살 위협을 당했다. 그들은 사보나롤라를 살해함으로써 공화정에 종지부를 찍을 수 있으리라 믿었다. 그리하여 일군의 무장한 남자들이 그를 에워싸고 두오모에서 산마르코 수도원까지 동행했던 것이다. 교황 알렉산데르 6세는 사보나롤라에게 설교를 금하는 서한을 보내는 한편, 그가 잘못된 교의를 유포한다고 비난하였다. 교황의 명으로 사보나롤라가 침묵하는 동안 아라비아티 파는 방종을 조장하고 축제의 난잡한 유희를 되살리려 했다. 그러자 사보나롤라는 '어린이들의 개혁Children's Reform'으로 이를 저지했는데, 자신을 지지하는 사람들의 자녀들로 하여금 피렌체 거리를 행진하며 가난한 이들을 위한 성금을 걷어 산마르틴 수도원에 기탁하도록 하였다.

마침내 교황은 명령을 철회하고 사보나롤라로 하여금 다시 설교할 수 있게 하였다. 교황은 또한 앞으로 사보나롤라가 설교의 기조를 바꾼다는 전제하에 그에게 추기경직을 제안해왔다. 그러나 사보나롤라는 이를 거절하였으며, 그 이튿날 아침 두오모의 설교에서 이렇게 말했다. "나는 빨간 모자도 주교관도 원치 않습니다. 나는 성인들에게 주어지는 것, 즉 죽음 이외의 어떤 것도 바라지 않습니다. 만약 내가 지위를 원했다면 지금처럼 다 해진 가운을 걸치고 다니지 않으리라는 것을 여러분도 잘 알고 계실 겁니다. 나는 의무를 다하기 위해 죽을 각오가 돼 있습니다."

이윽고 피렌체에 큰 시련이 닥쳐왔다. 피사가 포위 공격을 당하는 동안 피렌체 사람들은 말할 수 없는 고통을 겪었다. 가난한 사람들은 거리를 헤맸고, 길가에는 굶어 죽은 사람들의 시체가 널브러져 있었다. 이윽고 흑사병이 발생하여 온 마을에 번졌다. 흑사병은 산마르코 수도원에도 침투했다. 사보나롤라는 몸이 약한 사람들을 시골로 내려보낸 후 그를 따르는 몇몇 사람들과 함께 수도원에 남았다. 피렌체에서 매일 100명가량이 흑사병으로 죽어갔다. 사보나롤라는 부름을 받으면 언제라도 위험을 무릅쓰고 흑사병 환자의 집으로 달려가 죽어가는 사람에게 병자성사를 해주었다. 한 달쯤 지나서 흑사병의 위세가 꺾이자 피렌체 공화국에 대한 음모가 다시 고개를 들었다.

사보나롤라는 대부분의 시간을 수도원 안에 머물면서 〈십자가의 승리 *Triumph of the Cross*〉를 집필하였는데, 이 논문에서 그는 기독교가 이성과 사랑과 양심에 기초하고 있음을 보여주었다. 이것은 교황의 서한에 대한 완벽한 답변이었으며, 학교와 신앙전파성에서 교재로 채택되었다. 그러나 그럼에도 교황은 1497년 5월 사보나롤라를 파문하기로 결정했다. 이단의 의심을 받고 파문을 당한 사보나롤라에게는 그 누구도 도움을 제공하거나 대화하지 못하도록 되어 있었다. 사보나롤라에 대한 파문 결정은 그 다음 달에 대성당에서 성직자들과 여러 수도원의 수사들, 주교 및 고위층 인사들이 참석한 가운데 엄숙하게 공표되었다.

사보나롤라의 파문이 발표된 이틀 후, 산마르코 수도원의 수사들은 바깥에서 소리 지르며 수도원 창문에 돌을 던지는 사람들 때문에 미사를 드릴 수가 없었다. 그러나 행정당국에서는 일체 개입하지 않았다. 그러자 방탕한 분위기가 다시 고개를 들기 시작했다. 교회는 텅비었고 술집은 가득 찼으며, 애국심과 자유에 대한 모든 생각들은 잊혀졌다. 알렉산데르 6세가 사보나롤라를 파문한 결과 나타난 처음의 반응이었다. 사보나롤라의 파문을 철회시키기 위한 시도가 여러 차례 있었으나, 모두 실패하고 말았다. 교황은 피렌체 시민 전원을 파문하는 동시에 로마에 거주하는 피렌체 상인들의 재산을 압류하겠다고 위협하였다. 그는 시뇨리아Signory*3에 사보나롤라를 로마로 보내라는 명령을 내렸다. 시뇨리아에서는 사보나롤라가 없이는 피렌체가 큰 위기 상황에 빠질 것이라는 답신을 보낸 후 사보나롤라에게 다시 설교해줄 것을 요청했으며, 사보나롤라는 이를 받아들였다. 1498년 3월 18일 사보나롤라는 마지막 설교를 하였다.

---

*3. 시뇨리아 : 시 정부 참사회

그 후 상황은 크게 달라졌다. 마치 바람의 방향에 따라 왼쪽으로 돌다가도 금세 오른쪽으로 방향을 바꿔 도는 바람개비처럼 여론은 급선회했다. 사보나롤라는 8년 동안 피렌체에서 활동하면서 사람들에게 회개하고 이웃과 사이좋게 지내며 자유를 위해 분투하고 방탕한 생활과 도박을 멀리하라고 가르치고 신의 도우심으로 즉각 교회를 개혁하자고 부르짖었는데, 이 마지막 제안이 안 좋게 작용했던 것이다. 전에 피렌체의 총아였던 사보나롤라는 이제 피렌체에서 가장 환영받지 못하는 사람이 되었다. 조수의 흐름이 갑자기 밀물에서 썰물로 바뀐 것이다. 사보나롤라의 추종자들은 어디론가 사라지거나 숨어버렸다. 온 피렌체가 사보나롤라에게 적의를 드러낸 탓이다.

프란체스코 수도회에서는 사보나롤라에게 중세의 이상한 시죄법試罪法인 불의 시련ordeal of fire을 받을 것을 제안했다. 사보나롤라는 이에 찬성하지 않았지만 그를 절대적으로 믿고 있던 도미니크회의 수사 도메니코Domenicho는 이 제안을 받아들이고자 했으며, 다른 많은 사람들도 도메니코의 의견에 동조했다. 그러나 그러한 시험의 어리석음을 알고 있었던 사보나롤라는 불 속에 들어가기를 거부하였다. 그 결과는 곧 나타났다. 산마르코 수도원이 폭도들에게 공격을 당한 것이다. 사보나롤라의 동료 수사 몇 명이 무장을 하고 수도원을 지키려 하였으나 사보나롤라는, "이 모든 소란이 나로 인한 것이니 나를 적에게 보내주게."라고 말했다. 그러나 수사들은 이를 허락지 않았다.

그러자 시뇨리아에서는 군대를 파견하였다. 철퇴를 든 자들이 와서 모두 무기를 버리라고 명령한 후 파문된 사보나롤라는 12시간 이내에 피렌체를 떠나야 한다고 통고했다. 수도원 안의 무장한 사람들이 수도원을 지키려고 했고, 양측 모두 많은 인명 피해를 냈다. 사보나롤라는 계속 기도를 드렸으나 마침내 수도원 안팎에서 많은 사람들이 사망한 것을 알고 동료들의 싸움을 중지시킨 뒤 그들을 수도원 뒤쪽에 위치한 도서관으로 이끌었다.

그는 도서관 홀의 한 가운데에 성체를 모셔놓고 동료들을 불러모아 잊지 못할 마지막 말을 남겼다. "적이 이미 수도원 안에 들어와 있는 지금, 나는 하느님의 임재 안에서 내가 믿는 바를 확인해두고자 합니다. 이제까지 내가 한 말은 하느님이 내게 주신 것으로, 이 점에 대해서는 하느님이 증인이 되어주실 것입니다. 온 피렌체가 이렇게 빨리 내게 등을 돌리리라고는 생각지 못했지만, 모든 것은 하느님의 뜻대로 이루어질 것입니다. 내가 여러분에게 들려주고자 하는 마지막 교훈은 믿음과 인내와 기도를 여러분의 무기로 삼으라는 것입니다. 나는 여러분을 고뇌와 고통 속에 남겨두게 될 것입니다. 저들이 내 생명을 앗아갈지 어떨지는 알지 못합니다. 그러나 한 가지 분명한 것은 내가 살아서 이 세상에 영향력을 행사할 때보다 죽어서 하늘나라에 있을 때 여러분을 위해 더 많은 일을 할 수 있으리라는 것입니다. 그러니 여러분은 편안한 마음으로 십자가를 껴안으십시오. 십자가에서 여러분은 구원의 피난처를 발견하게 될 것입니다."

사보나롤라, 체포되다

이윽고 군대가 들이닥쳐 사보나롤라를 체포했다. 사보나롤라는 손을 뒤로 묶인 채 포로가 되어 시뇨리아로 끌려갔다. 구경하는 군중이 얼마나 난폭하게 그에게 덤벼들었던지 그들을 제지하는 데 많은 어려움이 따랐다. 2명의 동료 수사가 사보나롤라와 함께 가기를 고집해서, 셋이서 시뇨리아 궁에 도착했다. 그들은 곧바로 독방에 수감되었다. 사보나롤라에게는 알베르게티노Alberghettino라고 불리는 방——시뇨리아 궁의 종탑에 있는 작은 방——이 배정되었는데, 이 방은 한때 코시모 데 메디치Cosmo de'Medici가 갇혀 있던 곳이다.

사보나롤라는 고문을 당했다. 그는 바르젤로*4의 위층으로 끌려가 정부 관리들 앞에서 신문을 받고 갖은 협박과 모욕을 당한 후 밧줄에 매달렸다. 밧줄은 높은 장대 끝에 부착된 도르래에 연결돼 있었는데, 그 한쪽 끝이 양손을 뒤로 묶인 사보나롤라의 손목에 칭칭 동여매져 있었다. 이런 고문의 경우, 고문을 당하는 사람은 이 자세 그대로 위로 끌어올려졌다가 갑자기 아래로 떨어지기를 반복하게 되는데, 위로 끌어올려질 때 팔이 반원형을 그리면서 근육이 심하게 뒤틀려 살이 찢기는 듯한 고통을 맛보게 된다. 그리고 이것이 거듭 반복되면 정신을 잃거나 사망에 이르는 수도 있다.

사보나롤라는 어릴 때부터 허약한 체질이었던데다 오랜 절식과 철야, 끊임없는 설교 활동 등으로 이미 몸이 약해질 대로 약해져서 의지력 하나만으로 간신히 지탱하고 있는 형편이었다. 게다가 마지막에는 숱한 위협과 조롱을 당하고 피렌체 시민들로부터 버림을 받는 비운을 겪지 않았던가. 그런 상황에서 그는 이 잔혹한 고문을 당하게 된 것이

---

*4. 바르젤로 : 1255년 시 참사회 대표의 궁으로 지어진 건물로 16세기 이후 경찰본부로 사용되다가 1865년 국립미술관으로 개관하였다.

다. 사보나롤라는 곧 정신을 잃고 조리에 닿지 않는 답변을 하다가 마침내 목석이라도 마음에 감동을 받지 않을 수 없는 목소리로, "아, 주님! 제 목숨을, 아, 제 목숨을 거둬가소서!"라고 외쳤다. 마침내 고문이 중단되고, 그는 온몸이 만신창이가 된 채 다시 독방에 감금되었다. 그날 밤 그가 얼마나 고통스러워했는지는 아무도 상상할 수 없으리라. 날이 밝자, 소위 심리라고 하는 것이 다시 시작되었다. 재판관들은 전원이 그의 적이었다. 정부 참사회원들이 사보나롤라의 죄를 찾아낼 수 없다고 한탄하자 피렌체의 변호사 체코메Ceccome는, "없으면 만들면 되지요."라고 말했다. 그리하여 그는 재판관들로부터 400두카트를 받고 사보나롤라의 유죄를 확정지을 수 있는 거짓 조서를 꾸미게 된다.

암울한 사순절에서 승리의 부활절에 이르는 기간 동안 매일매일이 고문의 연속이었다. 조사는 한 달 동안 계속되었다. 어느 날엔가는 밧줄에 매달려 높이 들어올려졌다가 갑자기 내동댕이쳐지기를 14번이나 했지만 사보나롤라의 용기는 꺾이지 않았다. 그의 몸은 고통에 떨었으나 그의 결심은 한결같았다. 사보나롤라의 발바닥은 숯불로 지져졌지만 그의 영혼은 조금도 움츠러들지 않았다. 사보나롤라는 다시 감방으로 보내져 한 달간 그 안에 머물렀다.

1498년 5월 15일 교황청에서 사람이 왔다. 사보나롤라는 세 번째로 조사를 받게 되었다. 로몰리노Romolino 추기경의 명에 의해 그들은 또다시 사보나롤라의 옷을 벗기고 잔혹한 고문을 가했다. 사보나롤라는 정신을 잃고 두서없는 대답을 했으며, 체코메는 이를 완전히 다른 내용으로 대치했다. 그는 사보나롤라에게서 고문자들이 원하는 답을 끌어냈으나, 고문자들은 뜻을 이루지 못했다. 사보나롤라는 조서에 서명하기를 거부했고, 따라서 이 조서는 공표되지 못했던 것이다.

사보나롤라의 죽음

5월 22일 교황청 대리인들은 시뇨리아의 동의를 얻어 3명의 수사를 사형에 처하기로 확정지었다. 사형선고를 전달받은 세 수사는 이미 각오하고 있었던 듯 매우 담담했다. 도메니코는 마치 축제에 초대받기라도 한 듯 즐거워했으며, 사보나롤라는 기도 중에 사형선고를 접하고는 아무런 동요 없이 계속 기도에 열중했다. 저녁때가 되어 식사가 제공되자 사보나롤라는 마음의 준비를 해야 한다며 식사를 거부했다.

잠시 후 수사인 자코포 니콜리니Jacopo Niccolini가 사보나롤라의 감방에 들어왔다. 검은 옷을 입고 검은 두건으로 얼굴을 가린 그는 죽음을 앞둔 죄수들의 마지막 순간을 함께 해주는 단체의 회원이었다. 니콜리니는 사보나롤라에게 그가 도울 수 있는 일이 없겠느냐고 물었다. 그러자 사보나롤라는, "있습니다. 시뇨리아에 요청하여 함께 갇힌 동료와 대화를 나눌 수 있게 해주십시오. 죽기 전에 그들에게 할 말이 있습니다."라고 말했다. 니콜리니가 그의 임무를 수행하러 나간 뒤 베네딕트 수도회의 수사가 들어왔다. 죄수들의 고백성사를 담당하는 수사였다. 그는 경건하게 무릎을 꿇고 열정적으로 의식을 행했다.

이윽고 3명의 수사는 다시 만났다. 40일간의 감금과 고문 끝에 처음 마주하는 순간이었다. 그들의 마음속에는 오직 용감하게 죽음을 맞이할 생각뿐이었다. 2명의 수사는 그들의 장상인 사보나롤라 앞에 무릎을 꿇고 그의 축복을 받았다. 그들은 밤이 이슥해진 후에야 각자의 감방으로 돌아갔다. 사보나롤라가 자신의 감방으로 돌아오자 자애로운 니콜리니가 기다리고 있었다. 사보나롤라는 감사와 애정의 표시로 그 수사의 무릎을 베고 잠이 들었다. 그는 꿈을 꾸는 듯 미소를 지었는데, 그토록 그의 마음은 평안했던 듯하다. 날이 밝자 잠에서 깨어난 사보나롤라는 니콜리니와 대화를 주고받았다. 사보나롤라는 그에게 장차 피렌체에 닥칠 재난을 경고하려 하였다.

아침에 세 수사는 다시 만나서 영성체를 했다. 사보나롤라가 직접 의식을 베풀고, 2명의 수사는 그에게서 건네받은 성체를 기쁘게 받았다. 그런 후에 그들은 광장으로 불려 내려갔다. 난간에 세워진 3개의 판사석에는 바소나Vasona의 주교와 교황청 대리인, 그리고 곤팔로니에레Gonfaloniere*5 등이 자리해 있었다. 교수대는 베키오 궁*6의 광장에까지 뻗어 있었으며, 그 한쪽 끝의 기둥에는 3개의 밧줄과 3개의 쇠사슬이 걸려 있었다. 밧줄은 3명의 수사를 처형하는 데 쓸 것이었고, 쇠사슬은 그들의 시신을 묶어 아래의 불구덩이에 넣는 데 필요한 것이었다.

죄수들은 성의 계단을 내려갔다. 맨발에 양손을 포승줄에 묶인 그들은 갈색 겉옷이 벗겨진 채로 바소나의 주교 앞으로 인도되었다. 주교는 죄수들을 나무란 뒤에 사보나롤라의 팔을 잡고, "하느님의 군대

*5. 곤팔로니에레 : 시뇨리아의 수장
*6. 베키오 궁 : 시뇨리아 궁의 별칭

와 영광스러운 승리를 상징하는 교회로부터 그대를 분리하노라."라고
말했다. 그러자 사보나롤라는, "군대는 맞지만 승리는 아니지요."라
고 고쳐주었다. 그 다음에는 교황청 대리인 앞으로 인도되었는데, 교
황청 대리인은 그들이 종파주의자들이며 이단이라고 선언했다. 마지
막으로 그들은 8명의 시 참사회원들 앞에 서게 되었다. 참사회원들은
당시의 관습에 따라 죄수들에게 내려진 사형선고의 찬반을 묻는 투표
를 실시하였는데, 반대하는 사람은 아무도 없었다.

이제 형을 집행할 만반의 준비가 갖추어진 셈이었다. 3명의 수사는
침착하게 교수대로 향했다. 네로티Nerotti라는 이름의 신부가 사보나롤
라에게 "어떻게 이런 고난을 감내하십니까?"라고 묻자, 그는 "주님도
나를 위해 고난을 당하셨습니다."라고 대답했다. 그것이 그의 마지막
말이 되었다. 먼저 살베스트로Salvestro 수사와 도메니코 수사가 차례대
로 처형되었으며, 그 후 사보나롤라는 그 가운데의 빈 자리에 서라는
지시를 받았다. 계단을 오른 사보나롤라는 군중을 둘러보았다. 전에
두오모에서 그의 설교에 목말라하던 사람들이 이제는 그의 죽음을 요
구하고 있었다. 그는 밧줄에 목을 집어넣었다. 사형집행인의 손이 움
직이자 그는 금세 숨이 끊어졌다. 사보나롤라의 시신은 쇠사슬에 묶
여 아래의 불구덩이 속으로 들어갔으며, 세 수사의 유해는 재가 되어
베키오 다리에서 아르노 강에 뿌려졌다. 사형이 집행된 날은 1498년
5월 23일로, 당시 사보나롤라의 나이는 45세였다.

루터가 사보나롤라를 개신교의 순교자로 추앙하기는 했지만,[4] 사보
나롤라가 죽음을 당한 것은 신교도여서가 아니라 자유에 대한 열망 때
문이었다. 사보나롤라는 가톨릭 교회를 떠나려 한 것이 아니라 자유와

종교의 기본 원리를 되살리고 이 둘 사이의 밀접한 관계를 보다 공고히 하려 했다. 그가 순교를 감수한 것은 이 때문이었으며, 하느님과 나라를 위해 목숨을 바친 것도 이 때문이었다. 사보나롤라가 촉구한 개혁이 실현되는 날에 기독교는 참되고 온전한 발전을 이루게 될 것이고, 이탈리아는 다시금 쇄신된 문명사회의 선봉에 서게 될 것이다.

피렌체는 가장 기념할 만한 도시의 하나이다. 그곳은 단테와 갈릴레오, 레오나르도 다빈치Leonardo da Vinci, 미켈란젤로, 라파엘로Raphael, 5 도나텔로Donatello, 루카 델라 로비아Lucca della Robbia, 마키아벨리Machiavelli 등 수많은 예술가와 시인, 사상가들을 배출한 곳이다. 피렌체에서 우리는 세상을 매혹시킨 조각작품과 이탈리아의 위대한 화가들의 작품을 볼 수 있으며, 갈릴레오의 천문대와 단테의 생가, 로렌초 데 메디치가 운명한 저택 및 미켈란젤로의 집과 무덤을 접할 수 있다.

그러나 피렌체에서 가장 흥미로운 장소는 사보나롤라가 열정적인 설교로 청중의 마음을 사로잡았던 두오모와 사보나롤라의 청빈하고 경건한 삶의 흔적이 남아 있는 산마르코 수도원, 그리고 그가 압제자들의 손에 넘겨져 순교한 곳인 시뇨리아 광장일 것이다. 산마르코 수도원에 가보면 사보나롤라가 거처하던 작은 방과 그가 강론할 때 사용하던 성경 및 휴대용 성경이 있는데, 이 휴대용 성경의 여백에는 현미경을 사용하지 않고는 알아볼 수 없을 만큼 깨알 같은 글씨로 빽빽이 메모가 적혀 있다. 산마르코 수도원에는 또한 그의 초상화와 육필원고를 비롯하여 그를 기념할 만한 여러 가지 흥미로운 물품이 보관되어 있다.

이탈리아는 오래전에 단테의 추방을 철회하였고, 모든 대도시에 동상을 세워 단테의 업적을 기리고 있다. 그런데 애국자이자 순교자인 사보나롤라에 대해서는 왜 합당한 조치가 취해지지 않는 것일까? 왜 그를 기념할 만한 무언가를 세움으로써 후세인들로 하여금 그를 본받도록 하지 않는 것일까? 그가 종교의 자유와 인간 해방을 위해 용감하게 순교한 장소——베키오 궁의 광장——가 저기 있는데.

영국은 사방이 출렁거리는 바다로 에워싸여 있지만
바위가 많은 영국의 해안은 호기심을 가지고 달려드는
넵튠의 거대한 파도를 밀어낸다.

— 팰코너Falconer

그러나 아, 그대 영광스럽고 아름다운 바다여,
그대 안에는 건강과 기쁨과 축복이 있다.
나는 엄숙하고도 상냥한 그대의 목소리를 듣는다.
내게 바다 속에 잠긴 사랑하는 이들을 위해 울고
죽음을 극복한 신과 함께 즐거워하라고 명하는 그대의 목소리를.

— 에우리디케에 대한 헤어 선장의 시

뱃머리에는 또 다른 세계라는 선물이 있다. 그것이 없다면 하얗게 부서지며 구슬프게 우는 바다보다 더한 감옥이 또 있을까? 그러나 뱃머리의 판자를 잇는 커다란 쇠못은 전 세계의 연대를 나타내준다. 그것은 하늘에서 번개를 끌어오는 것 이상의 역할을 해서, 온 지구상에 사랑을 전파한다.

— 러스킨

바다는 더없이 용감한 사람들을 길러낸다. 항해 생활의 위험은 인간에게 용기를 가르칠 뿐만 아니라 의무감을 불어넣어준다. 뱃사람의 삶은 인내와 활동과 주의 깊은 관찰로 이루어져 있으며, 또 많은 책임이 따르기 때문에 하루 일과를 마치고 편안한 마음으로 잠을 청할 수 있는 뭍사람들의 생활과는 다르다.

바다의 교훈

선원은 밤낮으로 사방을 경계해야 한다. 잔잔한 바다를 항해할 때에는 항해사도 조용히 선실 안에 앉아 있을 수 있겠지만, 폭풍우 일고 파도가 높을 때에는 뜬눈으로 밤을 지새우면서 항로를 바꾸고 돛을 줄이는 등 위험에 대비해야 한다. 그리하여 어떤 선원은 돛을 줄이러 축범부로 올라갈 것이다. 그는 위험을 무릅쓰고 홀로 올라간다. 어쩌면 강풍에 날아갈지도 모르고, 거친 파도가 배를 흔들어 떨어질지도 모른다. 그러나 폭풍이 이는 어두운 밤이라 그가 떨어진 사실을 아무도 알아차리지 못할 것이다. 그리고 아무 일 없었다는 듯이 배는 항해를 계속할 것이다.

최초로 배를 타고 육지가 보이지 않는 먼 바다로 나간 사람은 새로운 환경에 두려움을 느꼈을 것이다. 위로 하늘과 아래로 바다가 있을 뿐, 주위에 다른 아무것도 없으니 말이다. 그는 오직 널빤지 한 장을 사이에 두고 죽음과 대면하고 있는 셈이다. 그러니 최초의 뱃사람이 느낀 새로운 포부와 책임감이 어떠했을까? 뭍에 있는 사람들에게조차 바다는 훌륭한 스승이다. 아널드 박사는 처음 보는 바다의 모습만큼 총명한 아이의 마음을 틔워주는 것도 없다고 말했다. 그리고 어릴 때 뉴포트Newport의 바닷가에서 자란 채닝 박사는, "어릴 때의 그 바닷가보다 내 인격 형성에 더 큰 영향을 미친 장소는 없었다."라고 말했다.

어떤 사람들은 바다를 쓸모없는 거대한 물구덩이쯤으로 여긴다. 바닷가에 면한 언덕 위에 올라가서 보면 바다는 끝이 없는 듯이 보인다. 왼쪽에도 바다, 오른쪽에도 바다이다. 화창한 날에는 바다 물결이 부드럽게 밀려와 발등을 핥는다. 그러다가 바람이 거세지면 점점 물마루가 솟구치다가 마침내 큰 파도가 되어 해안을 때리며 물보라를 일으킨다. 어느 때에는 고양이처럼 조용하다가 다음 순간 표범처럼 포효한다. 그러나 바다는 아무것도 기억하지 못한다. 바다는 배를 울퉁불퉁한 바위에 밀어붙여 산산조각을 내고도 잠시 후엔 언제 그랬느냐는 듯이 몽롱한 잠 속에 빠져든다. 예레미야는, "바닷가에 슬픔이 있고 평안이 없도다."[*1]라고 말했다. 바다는 인간과 시간을 집어삼킨다. 바다는 영원에 속해 있으며, 끊임없이 구슬픈 노래를 부른다.

그러나 바다는 인류의 발전과 밀접한 관련이 있기도 하다. 영국이 다른 나라들보다 바다에 큰 애착을 갖는 것은 왜일까? 그것은 영국이 뱃사람들의 나라이고 상업국가이기 때문이다. 우리 국민에게 수산물을 공급하는 연안해의 어선들에서부터 미국과 중국, 인도 및 유럽의 항구들을 오가며 우리에게 필요한 물건들을 날라주는 거대한 증기선에 이르기까지 우리는 뱃사람들에게 많은 것을 빚지고 있다. 만약 우리를 둘러싸고 있는 바다가 없었더라면 영국은 위대한 국가가 될 수 없었을 것이며, 결코 자유롭고도 위대한 나라가 되지 못했을 것이다.

영국은 깊은 바다를 사이에 두고 유럽 대륙과 떨어져 있기에 유럽 각국의 신교도들이 박해를 피해 찾아오는 피난처가 되었다. 지금으로부터 200년 전, 프랑스의 루이 14세가 낭트 칙령을 철회했을 때 프랑스의 가장 유능한 상인들이 영국으로 망명을 왔으며, 현재 우리의 상업적 성공은 많은 부분 그들에게 배운 공업과 제조업에 힘입고 있다. 영국 해군을 지원한 것은 상업이며 영국의 해안 마을을 윤택하게 해준 것도 상업이다. 또한 상업은 세계를 문명화하는 데에도 크게 이바지하였다.

새무얼 베이커Samuel Baker 경은 리버풀에서의 강연을 통해, 상업만이 아프리카 각국에 가장 효과적인 선교 수단이 되리라고 선언했다. 상식이 풍부한 원주민들은 자신들에게 이익을 가져다줄 만한 이야기에 귀 기울일 것이고, 상업의 도입만큼 그들에게 도움이 되는 것도 없을 것이기 때문이다. 아프리카에 상업이 도입되면 원주민들은 부지런

---

*1. 〈예레미야서〉 49장 23절

히 곡식을 재배하여, 아직은 그들 사회에 알려져 있지 않지만 장차 그들의 생활필수품이 될 물건들과 교역을 하려고 할 것이다.[1]

위대한 항해가들

새로운 나라들의 발견은 콜럼버스로부터 쿡Cook 선장에 이르는 뱃사람들에 의해 이루어졌다. 처음 북아메리카를 발견한 사람은 아이슬란드인들로 추정되고 있으나 그들은 그곳에 정착하지는 않았다. 신대륙의 존재를 처음으로 세상에 알린 이는 콜럼버스와 아메리카누스Americanus였다. 콜럼버스 이후의 위대한 발견자들 중에는 포르투갈인과 네덜란드인이 많았다. 페르디난드 마젤란Fernando Magellan은 최초로 세계를 주항周航했다. 그는 콜럼버스가 아메리카를 발견했을 때 열두 살에 불과했다. 마젤란은 처음에 아프리카와 서인도 제도로 항해를 떠났으며, 그 다음에는 남아메리카로 향했다. 그는 기니와 브라질의 해안을 따라 나아가다가 리우데자네이루 만에 도착하였고, 계속 남쪽으로 내려가 마젤란 해협을 발견했으며, 그곳에서 다시 태평양으로 향했다.

네덜란드의 탐험가들도 많은 발견을 했다. 처음 노스 곶North Cape에 도달한 사람들도 네덜란드인들로, 그들은 바런츠Barentz의 인솔하에 중국으로 가는 항로를 찾으려다가 실패하고 노바야젬랴Novaya Zemlya 섬을 발견했다. 네덜란드 항해가들은 또한 남쪽으로 내려가 오스트레일리아(뉴홀랜드New Holland)와 반디멘즈랜드Van Diemen's Land 및 말레이 제도를 발견하였다.

바스코 다 가마Vasco de Gama는 희망봉을 거쳐 인도로 가는 항로를 발견함으로써 상업의 역사에 새로운 시대를 열었으며, 이로써 서방 국가들은 멀리 아시아에까지 진출할 수 있게 되었다. 네덜란드인들 중에도 이 항로를 발견한 사람들이 있었으니, 바로 하우트만Houtman 형제이다. 그들은 희망봉을 거쳐 인도에 도달한 최초의 사람들로, 그곳에 '네덜란드동인도회사Dutch India Comapny'를 세웠다. 네덜란드동인도회사는 작은 공화국 네덜란드가 많은 식민지를 거느린 강력한 상업 국가로 발전하는 데 큰 공헌을 했다.

프랜시스 드레이크 경

그 당시 영국은 아직 상업국가로 발돋움하지 못하고 있었다. 나라 간의 교역이 점차 서쪽으로 이동하고 있기는 했으나 아직 영국에는 미치지 못한 상태였던 것이다. 영국은 원료만을 생산하는 단계였으며, 영국산 양모는 벨기에에서 실과 직물이 되어 나왔다. 영국에 선원은 많았으나 교역이 발달하지 않은 탓에, 대양을 항해하는 상선에 고용된 사람은 거의 없었다. 그러나 영국의 선원들은 매우 호전적이어서, 외국과의 전쟁이 없을 때에는 자기들끼리 바다에 나가 싸움을 벌이곤 했다. 그리하여 서로 이웃한 로스토프트Lowestoft 항구와 야머스Yarmouth 항구 사이에도 전쟁이 벌어지곤 했다. 또한 영국 선원들은 약간의 해적질은 개의치 않았다. 그들은 바다에 나가 그 지역의 항구를 지나는 배들을 약탈했다.

영국에 위대한 뱃사람들이 대거 출현한 것은 엘리자베스 왕조 이후의 일이다. 드레이크Drake나 롤리Raleigh, 호킨스Hawkins 등을 비롯한 초기의 바다 영웅들에 대해서는 모르는 사람이 없을 것이다. 그들은 말하자면 아무것도 모르는 상태에서 작은 배를 타고 미지의 바다로 나아가 장차 후손들의 고향이 될 새로운 땅을 손에 넣었다. 당시 스페인과 영국은 전쟁 중이었으며, 영국인들은 바다와 육지에서 스페인인들과 치열한 싸움을 벌였다. 유럽 최고의 해양제국인 스페인은 무적함대로 영국을 위협했고, 이에 영국의 용감한 뱃사람들이 나서게 되었다. 스페인 함대와의 싸움은 나라와 종교와 명예와 독립을 위해 싸운, 역사상 가장 위대한 투쟁의 하나였다.

프랜시스 드레이크 경은 그 당시 가장 눈부신 활약을 보여준 바다의 영웅이다. 모틀리Motley는 그가 16세기의 전형적인 위인들 중 하나라고 말했다. 드레이크는 농부의 아들로 태어나 작은 범선에서 선장의 조수로 일을 배웠는데, 선장이 죽으면서 그에게 배를 물려주었다. 드레이크는 한동안 연안해에서 활동을 하다가 훗날 호킨스의 상선대에 합류하였다. 그는 스페인인들에게 붙들렸다가 가까스로 목숨을 건진 적도 있지만, 그 후로는 스페인 선박들을 자유자재로 요리하였다.

스페인 왕 펠리페 2세가 영국의 모든 선박과 선적화물 및 영국인들을 항구에 억류시키자, 드레이크는 6척의 무장한 배를 이끌고 스페인의 해외 식민지인 산도밍고San Domingo와 카르타헤나Carthagena, 세인트오거스틴St. Augustine 등지를 점령, 약탈하였다. 펠리페 2세는 스페인과 포르투갈, 나폴리, 시칠리아, 제노바, 베네치아의 연합함대를 구성하여 이단의 섬나라 영국을 공격할 태세를 갖추고 교황의 축복을 받았다. 1588년은 '가장 불길한 해'가 되리라는 예언이 유럽 여러 나라에 퍼져 있었는데, 바로 영국이 이 대규모 해전의 목표가 된 것이다. 그러나 영국은 조금도 위축되지 않았다. 위기를 타개하기 위해 전 국민이 한 마음이 되었으며, 신교도와 구교도가 연합하는 등 사회 각 분야에서 단결이 이루어졌다. 그 당시 셰익스피어는 영국의 자유를 지키고자 하는 용감한 시도에 대해 이렇게 노래했다.

온 세계가 무장을 하고 삼면에서 다가든다 해도
우리는 저들을 격파할 것입니다.
영국이 스스로에 대해 진실하기만 하다면
아무도 우리를 어찌하지 못할 것입니다.

드레이크는 스페인의 야욕을 분쇄하기로 결심했다. 그는 여왕의 배 4척과 런던 상인들이 마련한 배 24척을 이끌고 플리머스Plymouth를 출항했다. 1587년 4월 초, 영국 함대는 스페인의 카디스Cadiz항에서 영국으로 출정을 준비하던 스페인 군함들을 공격하였다. 그 중 몇 척은 당시로서는 최대 규모여서, 1척은 1500톤이었고, 또 1척은 1200톤이었으며, 1000톤과 800톤급의 배도 몇 척 있었다. 드레이크는 총 1만 톤에 달하는 배와 선적화물을 파괴하였다. 그는 이틀 밤과 하루 낮 동안 스페인 군함에 포격을 가하고 적재된 물자를 탈취하고 배에 불을 질렀다. 그리하여 그가 그곳을 떠날 때쯤에는 이미 150척의 군함이 불길에 휩싸여 카디스항을 훤히 밝히고 있었다.

드레이크는 영국으로 귀환하는 도중에도 100척의 스페인 선박을 추가로 파괴하고 적재된 화물을 탈취하였으며, 그 승무원들을 포로로

잡았다. 그리고 귀한 물건을 실은 스페인의 대형 무장 상선 1척을 나포하여 영국으로 끌고 왔다. 그는 스페인이 대규모로 영국을 침략할 준비를 하고 있음을 정부에 알렸다. "오래지 않아 군수물자와 보급품을 제대로 갖춘 4만 대군이 밀려올 것입니다."

무적함대, 영국을 침공하다

펠리페 2세는 무적함대를 최강의 함대로 만들기 위해 심혈을 기울였다. 그는 함대에 5만 두카트를 쏟아 부었다. 교황은 그에게 1000두카트를 빌려주었으며, 펠리페 2세는 이미 지출한 돈 이외에도 200만 두카트를 예비비로 책정해두고 있었다. 무적함대는 모두 136척으로 구성되었는데 그때까지 건조된 그 어떤 배보다 커서, 3000명의 스페인 보병과 수병 및 바람이 멎었을 때 노를 저을 노예 2000명, 그리고 종교재판소 관리들을 비롯한 290명의 사제와 수사를 태울 수 있었다. 그 외에도 스페인령 네덜란드에 3000명의 병력이 대기하고 있다가 신호를 받으면 무적함대를 도와 영국을 공격하기로 되어 있었다.

영국의 수병들과 전투를 벌일 스페인군의 위용은 그토록 대단했다. 무적함대의 출항에 앞서 교황 식스투스 5세는 영국을 비난하였다. 그는 엘리자베스 여왕이 서출이며 왕위찬탈자라고 매도한 후, 스페인의 펠리페 2세에게 기독교 신앙의 옹호자라는 명칭과 함께 영국을 통치할 권한을 부여하였다. 그리하여 영국 정복을 위한 만반의 준비가 갖추어졌으며, 마침내 무적함대는 영국으로 향했다.

무적함대는 1588년 7월 22일 리저드Lizard 인근에서 영국군에 의해 처음으로 목격되었다. 오래전부터 예고된 전쟁이었던 까닭에 영국군은 즉시 봉화를 올려 적의 침입을 알렸다. 곧 팰머스Falmouth와 도드먼 곶Dodman Point, 그리빈 곶Gribbin Head, 레임 곶Rame Head의 봉수대에 불길이 솟았다. 적이 나타났다는 소식이 플리머스에 전해졌을 때 드레이크는 동료들과 함께 공놀이를 하던 중이었지만, 날이 저물기 전에 60척의 날쌘 영국 전함을 이끌고 플리머스항을 출발하여 영국 해협으로 나아갔다. 그들은 하루가 지난 뒤 안개 속에 어렴풋이 모습을 드러낸 스페인 전함을 보았으며, 다시 하루가 경과한 뒤에야 스페인군과 맞닥뜨렸다.

영국군 사령관은 드레이크와 호킨스, 그리고 프로비셔Frobisher였다. 세 사람 모두 풍부한 경험과 기술을 지닌 용감하고 노련한 뱃사람들이었다. 온갖 형태의 위험을 겪어온 그들은 이제 조국을 위해 그 어떤 고난도 감내할 준비가 되어 있었다. 처음 적과 맞닥뜨린 순간 그들의 지휘력은 빛을 발했다. 그들은 유리한 지점을 선점하여 적에게 연속적으로 포격을 가한 후 재빠르게 달아나곤 했다. 가볍고 기동성이 있는 영국 배는 거대한 스페인 전함의 주위를 돌며 수시로 공격을 가했다. 스페인군은 전면전에 돌입하기를 원했지만, 영국군은 이에 응하지 않았다. 영국 전함은 스페인 전함의 뒤를 바짝 따르며 공격을 가했다. 영국군과 스페인군은 해안선을 따라 올라가며 계속 전투를 벌였고, 플리머스항을 지날 때 영국군은 병력을 보충하였다. 밤이 되면 봉수대에 불길이 치솟아, 어디서 전투가 벌어지고 있는지를 알 수 있었다. 거대한 스페인 전함은 자기들끼리 서로 충돌하였다. 스페인 함대의 후미에 있던 전함 한 척이 균형을 잃자 프로비셔와 호킨스가 밤이 이슥하도록 포격을 가했다. 그러나 다음날 아침 드레이크의 리벤지 Revenge호가 도착한 후에야 완전히 굴복시킬 수 있었다.

무적함대와 영국군은 데번Devon과 도싯Dorset의 해안을 따라 올라가며 전투를 벌였으며, 뭍에 있던 사람들은 강한 기대감을 안고 전투를 지켜보았다. 함대가 지나가는 매 항구——다트머스Dartmouth, 테인머스 Teignmouth, 라임Lyme, 웨이머스Weymouth——마다 영국군에 인력과 보급품을 실어 나르는 보트가 등장했으며, 주로 상인들을 태운 작은 선박이 전투에 참여하기 위해 바다로 뛰어들었다. 무적함대가 포틀랜드빌 Portland Bill과 세인트올번 곶St. Alban's Head 사이의 만에 도달했을 때 바람이 스페인군에 유리한 북동풍으로 바뀌었다. 영국군은 바다를 향해 나아가다가 금세 스페인군의 공격을 받게 되었다. 교전이 벌어졌으나 스페인 병사들은 재빨리 공격을 가하고 달아나는 영국 전함에 접근하거나 올라탈 수가 없었다. 그리하여 해안가에는 계속해서 포성이 울렸다. 전투는 계속되었지만 승패를 가름할 결정적인 계기는 없었다.

무적함대는 와이트 섬Isle of White을 지나 칼레Calais항으로 나아갔다. 해안에서 병력과 탄약을 보충한 영국군은 천천히 스페인군을 뒤쫓다가 던지니스Dungeness와 포크스톤Folkestone 사이에서 대기 중이던 헨리 시모어Henry Seymore 경 휘하의 전함 16척을 기다려서 그들과 합류한 뒤 다시 칼레로 향했다. 칼레에서 스페인의 무적함대는 반달 모양의 진을 치고 닻을 내린 채 네덜란드의 지원군 3000명이 도착하기를 기다리고 있었다. 스페인군이 영국 상륙에 성공하면 스페인의 명장 알레산드로 파르네세Alexander Farnese가 전체 스페인군을 이끌고 런던에 입성할 예정이었다. 그러나 무적함대를 도와줄 원군은 오지 않았다.

네덜란드와 젤란트 Zeeland 연합군이 네덜란드의 모든 항구를 봉쇄하여 작은 배 한 척도 빠져나갈 수 없었기 때문이다.

무적함대의 패배

영국 함대의 사령관 하워드 Howard 경은 지휘관들을 불러모아 회의를 열었다. 무적함대에 대한 공격이 결정되었다. 조용한 밤이었다. 바다는 어둠에 싸여 있었고 멀리서 간간이 천둥소리가 들려왔다. 6척의 화공선火攻船이 일시에 무적함대 사이로 파고들었다. 스페인군은 공황 상태에 빠졌으며, 곳곳에서 비명이 터져나왔다. 스페인 전함은 닻줄을 끊고 달아나기 시작했으나 거대한 선체 때문에 잘 빠져나가지 못하고 서로 부딪치기 일쑤였다. 무적함대의 전함 몇 척은 불길에 휩싸였고, 그 중 가장 크고 웅장한 카피타나 Capitana 호는 해안으로 떠내려가 프랑스의 포로가 되었다. 아침이 밝아오자 파손된 전함의 잔해가 보였으나, 그 이상으로 많은 수의 스페인 전함이 네덜란드의 항구로 달아나고 있었다. 영국군은 닻을 걷어 올리고 그 뒤를 쫓아 그라블린 Gravelines 인근에서 그들을 따라잡았다. 그들은 스페인 함대의 선봉을 격파한 후 스페인 기함을 공격하였다. 그리고 돛과 기타 장비가 모두 찢겨나갈 때까지 포탄 세례를 퍼부었다. 스페인 전함 4척이 서로 충돌했으며, 영국군은 충돌한 스페인 전함이 원래의 대형으로 돌아가려는 것을 방해하며 6시간 동안 전투를 계속했다. 이윽고 스페인 전함 3척이 가라앉고 그 외의 많은 스페인 전함이 손을 쓸 수 없을 정도로 파손된 채 네덜란드의 모래톱으로 떠내려가 좌초되었다. 그때는 이미

16척의 최신예 스페인 전함이 파괴되고 4, 5000명의 스페인 병사가 희생된 후였다. 그러나 영국군은 단 한 척의 전함도 잃지 않았고 전사자 수도 100명이 채 안 됐다.

바람이 거세게 불면서 배들이 해안 쪽으로 밀려 내려가자 스페인 함대의 총사령관 메디나 시도니아Medina Sidonia는 퇴각 명령을 내렸다. 무적함대는 북서쪽의 넓은 바다로 빠져나가기 시작했다. 하워드 경은 함대의 일부를 이끌고 그들을 추격하였으며, 그 나머지 전함들은 탄약이 떨어진 까닭에 템스 강 어귀로 향했다. 남쪽에서 불어오는 강풍은 스페인 전함을 춥고 무자비한 북쪽 바다로 몰고 갔다. 하워드 경은 포스 만Firth of Forth까지 그들을 추격하였으나, 그 이상 따라갈 필요는 없었다. 나머지는 바람이 알아서 처리해주었기 때문이다. 파손된 스페인 전함들은 차례로 물 속에 가라앉았으며, 몇 척은 바위로 둘러싸인 노르웨이의 해안가에 부딪쳐 산산조각이 나고 말았다. 남쪽에는 영국 해협이 가로막고 있었기에 스페인군은 남쪽으로 내려올 수도 없었으며, 스페인으로 돌아가기 위해서는 스코틀랜드와 아일랜드의 서해안을 돌아서 가는 수밖에 없었다. 그러나 서쪽 바다는 위험했다. 많은 스페인 전함이 셰틀랜드Shetland와 오크니 제도Orkney Islands, 스트론사Stronsa, 펜틀랜드퍼스Pentland Firths 등지의 암초에 부딪쳐 난파했다.[2]

헤브리디스Hebrides 제도와 스코틀랜드의 서해안 역시 바위가 많아 위험했다. 게다가 계절은 어느덧 가을로 접어들어 바다에는 풍랑이 심했다. 스코틀랜드와 아일랜드의 해안에는 난파선의 잔해들이 쌓였다. 살아서 돌아간 스페인 병사는 거의 없었고, 오직 해안가에 쌓인 스페인 전함의 잔해만이 스페인의 패전을 말해주었다. 오켄도Oquendo

제독의 거대한 전함을 포함한 38척의 스페인 전함이 아일랜드의 해안에서 난파당했으며, 무적함대의 남은 전함 몇 척은 다시 사용할 수 없을 만큼 심하게 파손된 채 스페인으로 귀환했다.[3]

펠리페 2세는 또다시 무적함대의 도발과 같은 일을 벌이지는 않았지만, 해외 식민지를 관리하고 그곳에서 금을 반출해오는 선박을 보호하기 위해서는 대규모 함대를 유지할 필요가 있었다. 영국과 네덜란드는 여전히 스페인과 전쟁 중이었기에 이들 국가의 함대 사이에는 빈번하게 싸움이 벌어졌다. 영국과 네덜란드의 함대는 스페인 상선을 나포하여 금을 탈취하고자 했다.

이때 영국의 바다 영웅들이 보여준 용기와 활약상은 대단했다. 엘리자베스 여왕 시절 부제독을 지낸 리처드 그렌빌Richard Grenville 경의 마지막 전투를 예로 들어보자. 그는 스페인의 라플라타La Plata 함대를 공격하기 위해 아조레스Azores 제도로 파견되었다. 그러자 이 소식을 들은 스페인의 펠리페 2세는 이를 저지하고 금을 실은 선박이 안전하게 항구에 들어올 수 있도록 53척으로 구성된 막강한 함대를 보냈다. 양국의 함대가 서로 맞닥뜨렸을 때 영국의 전함은 6척에 불과했다. 수적으로 너무나 열세였던 영국 함대는 하워드 경의 지휘하에 전함 5척이 후퇴했다. 그러나 리처드 그렌빌 경은 전에 영국이 무적함대와 맞서 싸울 때 프랜시스 드레이크 경이 사용하던 리벤지호를 타고 전체 스페인군을 상대로 끝까지 항전했다.

그렌빌 경에게는 겨우 100명의 병사가 있을 뿐이었지만, 각자가 모두 그렌빌 경만큼이나 용감했다. 스페인군은 12시간 동안 포격을 가하며 리벤지호에 오르려고 열다섯 차례나 시도하였으나 용감하게 저항하는 영국 병사들로 인해 뜻을 이루지 못했다. 그렌빌 경은 두 차례의 부상을 입고 선실로 옮겨졌는데 거기서 또다시 머리에 총탄을 맞았고, 그의 곁에서 상처를 돌보던 의사는 그 자리에서 즉사했다. 이러한 절망적인 상황에서 그는 적에게 항복하느니 스스로 침몰하는 편을 택하자고 하였으나 대부분의 병사들은 이에 반대하였다. 리벤지호는 기를 내리고 항복의 뜻을 알렸다. 스페인군에 붙들린 유일한 영국 전함이었다. 그러나 리벤지호는 너무나 많은 총탄 세례를 맞은 탓에 선체가 상처투성이여서 이틀 만에 바다 속으로 가라앉고 말았다.

그렌빌 경의 죽음은 그의 삶만큼이나 숭고했다. 그는 이렇게 말했다. "나 리처드 그렌빌은 진정한 군인으로서의 의무를 다하고 조국과 여왕 폐하와 신앙과 명예를 위해 싸우다가 기쁘고 평온한 마음으로 죽어간다. 모든 용감한 병사들처럼 소임을 다했다는 말을 들으며 내 영혼은 기쁘게 육체를 떠난다." 용감한 리처드 그렌빌 경은 그렇게 최후를 맞이했다.

제해권과 상업

일반적으로 국력과 상업의 발달은 비례한다. 상업이 발달하지 못한 나라는 국력이 약하며 국력이 강한 나라는 상업이 발달해 있다. 이 둘은 상호 의존적이다. 근대 최초의 위대한 상업국가는 베네치아였다. 지금은 비록 영락했지만 대운하를 따라 지어진 웅장한 궁전들은 베네치아의 옛 영화를 짐작케 한다. 레판토Lepanto 전투 이후로 상업 및 교역의 중심지는 서쪽으로 이동했다. 남으로는 제노바가, 북으로는 독일 한자동맹의 도시들이 새로운 상업의 중심지가 되었다. 또한 벨기에에는 네덜란드가 상업국가로 발돋움하기 이전부터 이미 유럽 최대의 산업국가가 되어 있었다.

그러나 펠리페 2세 치하에서 알바가 자행한 공포정치로 인해 벨기에의 상업은 파괴되었다. 스페인은 오랜 세월 신대륙과 독일, 이탈리아, 네덜란드 등지에서 군림해왔지만 이제는 유럽의 웃음거리가 되었다. 네덜란드는 스페인의 전함을 무찌르고 상업의 중심지로 부상한 반면 스페인은 점차 무역이 쇠퇴하여 지금과 같은 빈국이 되었다.

영국도 네덜란드에 뒤이어 상업이 발달하였다. 같은 민족에 기원한 두 해양국가, 영국과 네덜란드의 모토는 '배 · 식민지 · 상업'이었다. 영국과 네덜란드는 해외에 새로운 식민지를 개척하고 점차 이를 확대하였다. 프랑스와 스페인, 네덜란드, 영국이 모두 북아메리카에 식민지를 개척하여 지금도 그 흔적이 남아 있지만 수적인 면에 있어서는 영국이 가장 우세하다. 현재 캐나다와 북아메리카, 호주, 뉴질랜드, 희망봉, 인도 등지에서 영어가 사용되고 있으며, 영어는 다음 세기에 세계에서 가장 널리 사용되는 언어가 될 것이다. 이 모든 것이 배와 뱃사람들의 공로이다.

혁명전쟁 때 나폴레옹은 대륙봉쇄령을 내려 유럽의 모든 항구에 영국 선박의 입항을 금지시켰다. 이에 따라 이탈리아의 나폴리와 프랑스의 툴롱Toulon, 스페인의 카디스, 그리고 네덜란드와 덴마크, 독일 및 발트 해의 단치히Danzig에 이르는 해안이 봉쇄되었다. 나폴레옹은 영국 함대를 증오했다. 영국 함대는 나폴레옹을 추격하여 지중해를 누비다가 아부키르Aboukir에서 그를 사로잡았고, 볼로뉴Bologne에서 나폴레옹군의 전함을 파괴했으며, 나폴레옹군을 저지하기 위해 코루냐와 토레스베드라스Torres Vedras, 벨기에 등지로 군대를 수송했기 때문이다. 나폴레옹은 결코 영국 함대를 용서할 수 없었다.

넬슨

그러나 영국 함대는 만방에 세력을 떨쳤으며 많은 영웅들, 특히 넬슨Nelson과 같은 위대한 영웅의 지휘를 받았다. 넬슨은 천재적인 지휘관이었다. 그는 상황을 꿰뚫어보고 정력적으로 대처했다. 그는 영국의 안위를 지키는 것을 자신의 의무로 여겼다. 그가 바다를 지키는 동안 영국 국민은 조용하고 평화롭게 생업에 전념할 수 있었다. 넬슨은 유능하고 용감한 뱃사람이었을 뿐만 아니라 순수한 애국심에 불타는 영웅이었다. 그의 종교와도 같은 애국심은 호메로스의 다음과 같은 시구로 표현할 수 있을 것이다.

무엇보다 상서로운 조짐은 우리가 조국을 위해 싸운다는 점이다.

그는 모험적인 삶을 살았다. 뛰어난 자질과 재능, 그리고 그에 못지 않게 두드러진 결점을 지녔던 넬슨은 세계사에 가장 위대한 영웅의 한 사람으로 남아 있다. "나는 의무를 다했다. 그리고 이로 인해 신께 감사드린다." 이것이 그가 남긴 마지막 말이다.

영국의 선원은 해양민족의 전통이 빚어낸 영국 고유의 모습이다. 바다로 고립된 영국의 국민은 본능적으로 외국과의 교역을 원했고,

교역을 통해 영국인 특유의 성격을 형성해갔다. 플루타크 위인전에 등장하는 그 어떤 인물도 드레이크나 그렌빌, 콜링우드Collingwood, 넬슨 같지는 않았다. 영국의 선원은 영국 고유의 산물이다. 샌든Sandon 경이 리버풀Liverpool에서 영국 선원의 성품에 대해 묘사한 부분을 들어보자. 그는 상선의 승무원 교육을 받는 소년들에게 행한 연설에서 이렇게 말했다. "영국의 일급 선원이 되는 것보다 더 훌륭한 일이 어디 있겠습니까? 그리고 영국 선원의 가장 훌륭한 자질은 무엇입니까? 영국 선원은 무엇보다도 진실되고 용감하며, 친절하고 약자를 배려할 줄 알며, 신과 조국에 대한 의무를 다합니다. 가장 행복한 삶을 산 사람들은 자신보다 주변 사람들을 먼저 생각하고 모두를 위해 자신의 의무를 다하는 사람들입니다. 이러한 것들이 인생의 가장 좋은 보상인 동시에 영국의 가장 고결한 사람들의 성품 안에 깃든 자질입니다."

영국 여왕이 해양소년들에게 수여하는 상에는, "상관의 명령에 즐거이 복종하고 자긍심과 독립심이 있으며, 약자를 배려할 줄 알고, 자신의 기분을 상하게 한 상대방을 용서하며, 서로의 다른 점을 인정하고, 무엇보다도 용감하게 의무를 수행하고, 진실되어야 한다."는 자격 요건이 정해져 있다. 이러한 원칙들이 행동으로 옮겨질 때 삶의 모든 상황에서 완벽한 도덕성이 발휘될 것이다.

선원은 그가 탄 배에 충실해야 한다. 위험이 닥쳤을 때 선장은 배에서 내리는 마지막 사람이 되어야 한다. 화재나 폭풍 등의 재난이 발생했을 때 선장은 먼저 여자와 어린이를 대피시킨 후 나머지 승객들을 대피시키고, 그 다음에 선원들을 대피시키며, 자신은 가장 마지막으로 대피해야 한다. 이런 상황에서 용기는 미덕과 마찬가지로 그 자체가 곧 보상이다. 용기 있는 사람은 다른 사람들의 박수갈채를 바라지 않으며, 이는 바다에서나 육지에서나 마찬가지이다. "나는 의무를 다했을 뿐이다."라는 말은 뱃사람들이 스스로에게 주는 최고의 찬사이다. 위기는 인간에게서 그가 가진 최상의 자질을 끌어낸다. 많은 사람의 생명이 위험에 처했을 때 이들을 구하기 위해 최선의 노력을 기울이는 것은 명예로운 일이다. 용감한 사람은 그의 앞에 어떤 위험이 있는지 잘 알면서도 두려워하지 않고 씩씩하게 이에 맞서는 사람이다. 그는 죽음과 삶을 똑같이 의연한 태도로 맞는다.

끝까지 배를 지킨 사람들

류Riou 사령관은 마지막까지 배를 지킨 지휘관의 좋은 본보기이다. 그의 배 가디언Guardian호는 안개 낀 바다 한가운데에서 빙산에 충돌했다. 금방이라도 가라앉을 듯한 배 안에서 모든 선원은 쉬지 않고 물을 퍼냈다. 그리고 배의 무게를 가볍게 하기 위해 총과 탄약을 포함해서 버릴 수 있는 것은 모두 버렸다. 48시간 동안 쉬지 않고 물을 퍼내도 가망이 없자, 드디어 보트를 내리기로 했다. 류 사령관의 하인은 주인과 같은 보트에 타려고 그에게 어느 보트에 탈 생각인지를 물었다. 그러자, "배에 머물러 가능한 한 배를 구하고 피치 못할 경우 배와 운명을 같이 하겠다."고 대답했다.

보트가 승무원의 일부를 태우고 떠나기에 앞서 류는 제독에게 보내는 편지를 썼는데, 그 편지에서 그는 그들이 겪은 사고를 알리고 장교 및 병사들의 용감한 행위를 칭찬한 후, "제가 얼마 더 살지 못하리라는 것이 분명하므로" 부하들을 떠나보낸다고 쓰고 있다. 보트는 떠났고, 류는 나머지 절반가량의 승무원들과 함께 배에 남았다. 그들은 8주 동안 영웅적인 노력과 노련한 기술로 배가 침몰하는 것을 막아내고 네덜란드의 포경선이 지나다니는 항로로 들어섰다. 그리고 포경선의 도움을 받아 무사히 테이블Table 만에 도착했다. 류 선장은 훗날 코펜하겐Copenhagen 전투에서 장렬히 전사했다.

이제 일반 상선의 선장 중에 의무감과 진실성을 갖춘 선장의 예를 들어보자. 그는 다름 아닌 놀스Knowles 선장으로, 글래드스턴Gladstone 은 이타적인 삶을 산 그를 나폴레옹보다 "더 훌륭한 영웅"으로 여겼다. 그에 대한 자세한 이야기는 다음과 같다. 그가 선장으로 있던 노스플릿Northfleet호는 다수의 이민자들을 태우고 런던을 출발하여 호바트타운Hobart Town을 향해 가고 있었다. 때는 밤 11시라 칠흑같이 어두웠다. 노스플릿호는 지나가는 배들에 부딪치지 않도록 라이트를 켜고 나아갔다. 그런데 어느 순간 스페인 선박 무리요Murillo호가 노스플릿호에 부딪쳐 노스플릿호의 바닥에 커다란 구멍을 내고 말았다. 노스플릿호는 즉시 가라앉기 시작했다. 스페인인들은 도움을 주려고도 하지 않고 300명의 생명을 위험에 빠뜨린 채 멀어져갔다. 놀스 선장은 물을 퍼내라고 지시한 후 승객에게 위기 상황을 알렸다. 사람들은 크게 동요했으며, 특히 여자 승객들은 불안에 떨었다. 이윽고 보트가 내려졌다. 놀스 선장은 여자와 어린아이부터 보트에 타게 했다. 먼저 보트를 타려 하는 남자들이 생기자, 놀스는 권총을 꺼내 들고 보트에 뛰어드는 첫 번째 남자에게 발포하겠다고 엄포를 놓았다. 한 남자가 달려 나왔지만 곧 다리에 총을 맞고 주저앉았다. 그 후 여자와 아이들이 보트에 올랐고, 보트 두 대가 사람들을 가득 싣고 떠나갔다. 배는 빠르게 가라앉기 시작했으며, 배와 함께 용감한 선장도 바다 속으로 가라앉았다. 갓 결혼한 그의 신부는 85명의 생존자들과 함께 살아남았다.

> 갓 결혼한 사랑하는 신부를 남겨두고
> 그는 확고한 선택에 의해 바다 속으로 향했네,
> 그것이 그가 해야 할 일이었기에.
> 그와 같은 인물을 낳은 조국이여, 슬퍼하라, 또 기뻐하라!
> 영원토록 그러한 인물을 배출하며, 그대의 충실한 아들에게 영광의 관을 씌우라.

14년 전에 런던호가 비스케이Biscay 만에서 침몰하여 220명의 승객이 목숨을 잃는 사건이 발생해 온 영국이 충격에 휩싸인 적이 있다. 런던호는 화물을 과도하게 적재하여 바람이 조금만 불어도 바닷물이 뱃전을 넘어 들어오곤 했다. 그 당시는 아직 화물의 적재 한도가 정해져 있지 않을 때였다. 플림솔이 탐욕스런 선주들을 상대로 전쟁을 벌이기 전이었던 것이다. 그러나 작업을 거부한 21명의 네덜란드인을 제외한 승무원과 승객들은 최선을 다해 물을 퍼냈다. 그 중에서도 유명한 비극 배우 구스타버스 V. 브루크Gustavus V. Brooke의 활약은 눈부셨다. 그는 배가 가라앉지 않도록 하기 위해 온 힘을 기울였다. 밤낮으로 펌프질을 하고, 모자도 쓰지 않고 바지와 붉은 군용 셔츠만을 입은 채 맨발로 갑판 위를 돌아다녔다. 그는 이 펌프에서 저 펌프로 다니며 사력을 다해 물을 퍼냈다. 배가 가라앉기 4시간 전, 평온한 얼굴로 문에 기댄 그의 마지막 모습이 목격되었다. 그때 구조된 승객 중 하나는 나중에 그에 대해 이렇게 말했다. "그는 놀라운 힘을 발휘했으며, 그 배에 타고 있던 그 어떤 사람보다 용감했습니다."

플림솔이 선주들의 횡포에 시달리던 상선의 승무원들을 돕게 된 이야기는 다음과 같다. 플림솔은 폭풍 속에서 템스 강에서부터 레드카 Redcar까지 배로 여행한 적이 있었다. 마침 그 배는 정부의 공무수행용으로 사용되고 있었기에 그는 안전하게 목적지에 도착했다. 그러나 여행 도중에 그는 좌초되어 주돛대만 보이는 선박 3척을 보았는데, 그 배에 탄 사람들은 전원 사망했다. 플림솔의 아내는 그가 무사히 도착할 때까지 오랜 시간 마음을 졸여야 했다. 그러한 아내의 모습을 보며 플림솔은 익사한 사람들의 부인들을 떠올렸다. 그들은 결코 돌아오지 않을 남편을 얼마나 간절히 기다리고 있을 것인가! 그때부터 그는 탐욕스런 선주들이 화물을 너무 많이 적재하여 배가 파선하는 사태를 미연에 방지하는 데 전력을 기울이기로 결심했다. 지금은 승객 보호를 위한 법이 제정되어 있는 만큼 그와 같은 일을 하는 사람들이 많이 늘었지만, 그 일을 처음 시작하고 소기의 성과를 거둔 그의 공적은 결코 잊혀지지 않으리라.

선장과 승무원들의 용기

아마도 선장과 승무원들 사이에는 육군 대장과 병사들보다 끈끈한 유대가 존재할 것이다. 그들은 '한 배를 탄 사람들'이기 때문이다. 그들은 서로에게 보다 밀착되어 있으며, 서로를 더 잘 알고 서로에 대해

보다 헌신적이다. 그들은 언제라도 서로의 목숨을 위해 자기를 희생할 준비가 되어 있다. 이 글을 쓰는 동안 두 가지 사건이 내 주의를 끌었다.

1880년, 알렉산드리아를 출발하여 아부키르 만으로 향하던 여왕 폐하의 인빈서블호 안에서 "사람이 떨어졌다!" 하는 외침이 울려 퍼졌다. 즉시 구명 부이를 띄우고 보트를 내린 후 배는 오던 길을 되짚어가기 시작했다. 물에 빠진 사람이 측연줄을 붙잡고 있는 것이 보였으나, 잠시 후 줄을 놓친 그는 배 밑을 통과하여 배의 후미 쪽에 생명 없는 물체처럼 둥둥 떠 있었다.

인빈서블호의 선장 E. W. 프리맨틀Freemantle 경은 선교에 있다가 그 광경을 보고 한순간도 지체할 수 없음을 깨달았다. 그는 모자와 외투 및 구두를 모두 착용한 채로 곧바로 물 속으로 뛰어들었다. 물에 빠진 사람은 이미 아래로 가라앉는 중이었다. 프리맨틀 선장은 바다 속으로 잠수해 들어가 그를 건져냈다. 그러나 물에 젖은 옷 때문에 몸이 무거워진 그는 지친 나머지 물에 빠진 사람의 얼굴을 물 밖으로 들어올릴 수가 없었다. 그러자 무어Moor 중위와 대장장이의 동료인 커닝엄Cunningham이 두 사람을 구하기 위해 물 속으로 뛰어들었고, 곧이어 보트가 도착해서 네 사람을 건져 올렸다. 구조된 사람은 즉시 의무실로 옮겨져서 잠시 후에 의식을 회복하였고, 용감한 구조자들 또한 얼마간의 휴식을 취한 후 원기를 되찾았다.

1878년 11월 불길에 휩싸인 프랑스의 범선 멜라니Melanie호의 승무원들을 구조한 애너벨라 클라크Annabella Clark호의 샤프Sharp 선장과 존 매킨토시John McIntosh 또한 대단히 용감하고 헌신적이었다. 멜라니호와 애너벨라 클라크호는 바욘 인근의 아두르^{Adour} 강에 같이 있었는데, 멜라니호에 적재되어 있던 석유의 일부에 불이 붙었다. 그러자 그 열기로 인해 기름통이 폭발하면서 배는 삽시간에 불길에 휩싸였다. 불이 붙은 석유는 갑판의 배수구를 통해 바다로 흘러들었고, 멜라니호는 곧 넓은 불의 고리에 둘러싸이게 되었다. 몇몇 승무원들은 바다로 뛰어들기도 했지만 다른 사람들은 불과 물이라는 이중의 위험에 직면하여 감히 뛰어들 엄두를 내지 못했다.

폭발음과 함께 불길이 높이 치솟는 것을 본 애너벨라 클라크호의 승무원 두 사람이 위험을 무릅쓰고 불길에 휩싸인 프랑스인들을 구하기로 했다. 샤프 선장이 보트로 뛰어내리자 애너벨라 클라크호의 목수인 존 매킨토시가 그 뒤를 따랐다. 그들은 불의 바다를 뚫고 멜라니호에 접근했다. 옷이 불에 타고 손과 팔에 화상을 입으면서도 그들은 결국 멜라니호에 도달했으며, 프랑스 선원들을 안전하게 구출한 것 자체를 보상으로 여겼다. 그들은 돈이나 명예를 바라서 그런 일을 한 것이 아니라 그것을 자신들의 의무로 여겼을 뿐이다. 그러나 안타깝게도 그 중 한 사람은 그 숭고한 행위로 말미암아 큰 불행을 겪었다. 애너벨라 클라크호의 목수였던 존 매킨토시가 손과 팔의 화상이 심해서 목수일을 못하게 된 것이다. 그는 불구가 되어 고향인 애드로산^{Ardrossan}으로 돌아갔으며, 지금도 그곳에 살고 있다. 애너벨라 클라크호의 선장과 목수가 영국 여왕이 주는 제1급 동메달과 프랑스 정부에서 주는 금메달, 그리고 해상에서 인명을 구조한 공로로 로이드 사에서 주는 메달을 받은 것은 사실이다. 그러나 메달이 불구가 된 사람의 생계를 책임져주지는 못하지 않는가? 이런 영웅에게 생계비를 지원해줄 누군가가 없을까?

미국에서도 비슷한 예가 있었지만 다행히 그 배의 영웅은 그의 승리의 순간에 죽어갔기 때문에 다른 사람들에게 도움을 요청하지 않아도 되었다. 100명이 넘는 승객을 태우고 이리호Lake Erie를 지나던 어느 증기선에 화재가 발생했다. 항해사인 존 메이너드John Maynard는 그러한 위기상황 속에서도 끝까지 자리를 지켰다. 그는 승객의 생명을 구하기 위해 배를 뭍으로 댈 생각이었다. 불길은 그가 있는 곳에까지 번져서 그의 옷에도 불이 붙었지만 그는 끔찍한 화상을 입으면서도 타륜을 놓지 않았다. 마침내 배는 육지에 도달했다. 100명의 승객은 목숨을 건졌지만 항해사는 숨을 거뒀다. 그는 다른 사람들의 생명을 구하기 위해 스스로를 희생했던 것이다.

침몰하는 배나 불길에 휩싸인 배 안의 사람들은 때로 워털루 전투의 승리만큼이나 위대한 승리를 거둔다. 버컨헤드호 선원들과 병사들의 용감한 행위를 모르는 사람이 누가 있겠는가?4 사라 샌즈Sarah Sands호를 타고 대서양을 건너던 제54보병대 또한 버컨헤드호의 병사들 못지않게 용감했다. 사라 샌즈호에 화재가 발생하여 "불이야!" 하는 소리가 울려 퍼지자 전 승무원은 즉시 자신의 위치로 돌아갔다. 그들은 불길을 잡으려고 온갖 노력을 기울였지만 허사였다. 배를 구할 최선의 방법은 선미에 있는 화약고를 제거하는 것이었다. 그러나 제거 작업을 벌이던 중 두 통의 화약이 폭발하면서 좌현의 4분의 1이 날아갔고, 배 중앙의 불길은 선미로 번졌다. 다행히 방화벽이 제구실을 해줘서 선원들은 재빨리 물을 길어다 불길이 앞쪽으로 번지는 것을 막을 수 있었다. 잠시 후 뗏목과 보트가 내려지고, 여자와 어린아이들이 그

위에 올랐다. 병사들은 행진할 때처럼 질서정연하게 갑판에 집합했다. 그들에게는 불길을 잡아야 하는 특별 임무가 아직 남아 있었다.

그들은 불굴의 용기를 발휘하여 이틀 동안 불과 싸운 끝에 간신히 불길을 잡을 수 있었다. 그러나 그때쯤 이미 배의 절반이 파괴된 상태였다. 게다가 바람이 높게 일어, 용감한 승무원과 병사들을 집어삼킬 듯 파도가 몰려왔다. 그러나 그들은 각자의 자리를 지켰으며, 배의 파손된 부분이 떨어져나가지 않도록 동아줄을 배 밑으로 한 바퀴 둘러 감고, 좌현에 뚫린 구멍을 돛과 담요로 막았다. 생존을 위한 그들의 필사적인 싸움이 계속되는 가운데 마침내 바다는 잠잠해졌다. 캐슬 Castle 선장의 쉼 없는 지휘 하에 8일을 항해한 끝에 그들은 단 한 명의 희생자도 내지 않고 모리셔스 Mauritius 제도에 도달했다.

노리치 성당을 방문한 관광객들은 성상안치소에 걸려 있는 낡은 깃발이 무엇인지 궁금해하는데, 그럴 때면 성당 안내인은 자랑스럽게 사라 샌즈호에 승선한 제54보병대의 군기라고 말해준다. 제54보병대는 군사적으로도 뛰어난 공을 세웠지만 그 점에 대해서는 일체 언급되지 않는다. 그들의 가장 큰 영예는 해상에서의 용감한 행위에 있었으므로.

그 밖에도 언젠가 280명의 병사를 태운 군 수송선에 화재가 난 일이 있었다. 병사들은 제비뽑기를 해서 보트에 탈 사람과 배에 남을 사람을 가리기로 했는데, 보트에 자리를 얻은 미혼의 장교 한 사람이 처자식이 있는 다른 장교에게 자신의 자리를 양보했다. 그의 제안은 받아들여져서, 그는 잠시 후면 영원 속으로 사라져갈 사람들과 함께 하게 되었다. 보다 많은 책임을 짊어진 동료 장교를 위해 기꺼이 죽어간 한 장교의 이야기는 진정한 영웅주의가 무엇인지를 보여주고 있다.

등대

배에 가장 위협적인 존재는 거친 바다가 아니라 해안의 암초이다. 제대로 건조되어 충분한 인력이 배치되고 적재 한도 이내의 화물을 실은 배라면 바다 한가운데에 있을 때에도 부두에 있을 때나 마찬가지로 안전하다. 그러한 배는 오직 출항할 때와 도착할 때에만 난파의 위기를 맞는다. 그렇기 때문에 영국의 해안 곳곳에는 뱃사람들의 무사귀환을 돕기 위한 등대가 설치되어 있다. 겨울바람이 몰아치는 어두운 밤에 영국의 해안에 배를 대본 사람들, 유예된 희망과 갑작스런 파선의 두려움 속에서 배를 타고 들어오는 사람들만이 등대의 고마움을 안다. 해안을 지키는 등대의 불빛은 해안의 돌출부나 암초를 피해 배가 무사히 항구로 들어올 수 있도록 해주기 때문에 그 불빛을 보는 선원들은 기운이 난다.

바다에 등대를 설치하는 것은 대단히 위험한 일이다. 영국의 남해안에 건설된 최초의 등대는 목조건물이었다. 스몰스Smalls에 있는 등대와 에디스톤Eddystone에 처음 세워진 2개의 등대가 모두 나무로 지어진 것들이었다. 스몰스는 브리스틀Bristol 해협에 있는 작은 바위섬으로, 오랫동안 에이번Avon행이나 세번Severn행 선박의 난파의 원인이었다. 그리하여 이 위험을 제거하기 위한 대담한 시도가 일군의 콘월 광부들에 의해 이루어졌다. 그들은 이 스몰스 섬에서 20마일가량 떨어진 솔바Solva에 모여서 의논했다. 우선 커터cutter*2를 타고 스몰스 섬으로

---

*2. 커터 : 마스트가 하나인 범선의 일종

가서 바위에 구멍을 뚫고 쇠기둥을 박기로 했다. 그러나 바위에 긴 쇠 막대를 꽂았을 때 갑자기 폭풍우가 몰아쳤다. 커터는 파선을 피하기 위해 돌아가야 했다. 바위에 남은 사람들은 반쯤 용접이 된 쇠막대에 매달렸다. 인간의 의지와 세차게 몰아치는 바다 사이의 필사적인 싸움이 시작되었다. 그들은 밤새 내내, 그리고 밤이 아침이 되고 아침이 다시 밤으로 바뀌는 동안 줄곧 그 쇠막대에 매달려 있었다. 사흘째 되던 날 드디어 바람이 잔잔해져서 그들은 무사히 구조되었다. 작업은 재개되었고, 폭풍이 일 때 몸을 동여맬 수 있게끔 바위에 쇠고리와 지지대를 박아 넣었다. 그리하여 마침내 스몰스 섬 위에 목재로 된 등대가 세워졌다. 그 등대는 거의 100년가량 뱃사람들을 위해 불빛을 비추다가, 튼튼한 화강암 등대로 교체되었다. 이 새로운 등대는, 우리의 생각으로는 앞으로 영원히 남을 것 같다.

플리머스 해협 앞의 먼 바다에 에디스톤 등대를 세운 윈스턴리 Winstanley와 러디어드Rudyerd, 스미턴Smeaton 등의 용기도 그에 못지않았다. 윈스턴리와 러디어드가 세운 최초의 두 등대는 모두 파괴되었다. 하나는 1703년 11월 26일의 엄청난 폭우에 쓸려 내려갔고, 다른 하나는 화재로 소실되었다. 둘 다 목재로 지어진 탓이다. 그 후 스미턴이 등장했다. 그는 석재와 화강암을 사용하여 등대를 세우기로 결심했다.

스미턴은 먼저 플리머스로 내려가서, 등대를 세울 곳을 관찰하기 위해 바다로 나아갔다. 그러나 거센 파도 때문에 바위섬에 발을 디딜 수가 없었다. 그는 3일이 지난 후에야 에디스톤 섬에 오르는 데 성공했는데, 그곳에는 선배 건축가들이 박아놓은 철심만 남아 있었다. 그는 에디스톤 섬에 갔다가 파도에 밀려 그냥 돌아오기를 세 차례나 거

듭한 후 여섯 번째에야 겨우 바닷물의 수위가 낮은 때를 틈타 바위섬
에 오를 수 있었고, 이때 새로 지을 등대의 설계도를 그렸다. 그가 어
떠한 어려움을 겪었는지에 대해서는 이미 다른 책에서 소개한 적이
있으므로 여기서는 생략하기로 한다.⁵ 한 번은 스미턴과 인부들이 조
난을 당할 뻔한 적도 있었다. 플리머스로 돌아가는 길에 바람이 높게
일기 시작하더니 급기야 폭풍우가 몰아쳤다. 넵튠호는 파위Fowey를 향
해 나아가다가 파도에 휩쓸렸다. 배는 점점 멀어져서 보일 듯 말듯하
더니 파도가 완전히 그 위를 덮었다. 다음날 아침 그들은 비스케이 만
위를 떠가고 있었다. 그들은 나흘을 떠돌아다닌 끝에 랜즈엔드Land's
End에 도달했고, 결국 플리머스 해협에 닻을 내릴 수 있었다.

　스미턴은 등대의 전체 공사를 감독하였으며, 인부들이 꺼리는 위험
한 일이 있을 때에는 늘 앞장서서 시범을 보였다. 바위 사이로 떨어져
엄지손가락을 삐었을 때에도 그는 손가락을 세게 잡아당겨 탈구된 뼈
마디를 맞춘 뒤 아무 일도 없었다는 듯이 석재를 운반했다. 공사는 완
성 단계에 이르기까지 서서히 진행되었다. 스미턴은 오랜 세월을 견
뎌낼 튼튼한 등대를 짓고자 했다. 그는, "이 구조물의 유용성 및 그것
이 우리에게 주는 혜택을 고려할 때 이것은 어느 한 시대에만 존재할
것이 아니라 가능하면 영구히 존속되어야 하리라고 생각한다."라고
말했다. 그러나 인간적 소망의 덧없음이여! 에디스톤 등대는 120년
간 폭우를 견뎌내며 제 몫을 다했지만, 이제 새로운 등대로 교체될 예
정이다. 에디스톤 등대는 바위섬처럼 굳건하게, 아니 바위섬보다도
더 굳건하게──등대 밑의 바위섬은 조금씩이라도 파도에 깎여나가고
있으므로──서 있다가 이제 새 등대에 자리를 내주게 된 것이다. 스

미턴이 세운 등대는 비록 희미한 흔적으로 남겠지만, 스미턴이 이루어낸 위대한 업적만큼은 잊혀지지 않을 것이다. 그 이후에 만들어진 모든 등대는 스미턴의 등대를 개조한 것에 불과하다.

새로운 에디스톤 등대의 주춧돌이 놓인 것은 1879년 8월 19일의 일이다. 스미턴의 영예와 용기를 계승한 사람은 더글러스Douglas로, 그는 스미턴만큼이나 기술이 뛰어났고 스미턴만큼이나 용감했다. 더글러스는 등대의 기초를 놓는 동안 바다에서 위험한 일을 무수히 겪었으며, 비숍 바위에서는 파도에 휩쓸려 익사할 뻔하기도 했다. 그러나 스미턴처럼 그도 움츠러들지 않았다. 인부들은 모두 그를 본받고자 했다. 에디스톤 등대의 주춧돌이 놓이기 며칠 전에도 인부들은 거센 파도 속에서 작업을 하다가 높게 이는 물결에 휩쓸려 내려갈 뻔했다.

작고한 제임스 워커James Walker는 역시 위대한 등대 건축가였던 더글러스의 부친을 웰링턴 공작에게 소개하면서, "여기에 공작님처럼 많은 전투를 수행하면서도 단 한 명의 희생자도 내지 않은 사람이 있습니다."라고 말했다. 그러자 웰링턴은, "나도 그렇게 말할 수 있었으면 좋겠군요."라고 대답했다. 과연 등대를 건축하는 사람들이 매일매일 마주하는 위험에 비하면 전투에 임하는 군사령관이 오히려 위험에 덜 노출되어 있다고 하겠다. 수석 엔지니어는 모든 일에 솔선수범해야 하며, 가장 먼저 섬에 오르고 가장 나중에 섬에서 내려와야 한다. 인부들은 그의 행동을 통해 용기를 얻고 두려운 상황에도 익숙해진다.

근래에 시도된 가장 대담한 등대 건설 작업의 하나는 40년 전에 지어진 스케리보Skeryvore 등대이다. 스코틀랜드의 서해안에서 멀리 떨어진 티리Tyree 섬의 맞은편에 스케리보 모래톱이 있는데, 많은 배들이 이 모래톱의 암초에 부딪쳐 부서지는 바람에 그 부서진 조각들이 해안에 쌓이곤 했다. 그래서 북부등대위원회Northern Commission of Lights에서는 스케리보에 등대를 세우기로 하고, 앨런 스티븐슨Alan Stevenson에게 사전 조사를 맡겼다. 스티븐슨은 1835년에야 조사를 마칠 수 있었으며, 그로부터 3년 후에야 등대 건설이 시작되었다. 건설 작업에는 임시 바라크를 짓는 일도 포함되어 있었는데, 인부들이 이 바라크의 기초 공사를 끝내고 돌아간 다음날 아침에 파도가 밀려와 모든 것을 쓸어가고 말았다. 그 이듬해에 작업이 재개되었다. 건물의 기초를 튼튼히 하기 위해 42피트를 파 들어간 후 1840년 바라크를 재건하였고, 엔지니어와 인부들이 이곳을 숙소로 사용하게 되었다.

다음은 용감한 수석 엔지니어의 말이다. "이곳에 살면서 처음 한 달간은 침수 피해를 많이 입었습니다. 그리고 언젠가 한 번은 14일 동안이나 외부와 단절된 채 살아야 했지요. 사방이 온통 바다의 흰 포말뿐이고, 들리는 것이라곤 날카로운 바람 소리와 요란한 파도 소리뿐이었습니다. 때로는 파도 소리가 너무 커서 옆 사람의 말조차 알아듣지 못할 정도였지요. 예전에 짓다 만 바라크의 빈터가 불과 20야드 앞에 있어서 주변이 더욱 을씨년스럽게 느껴졌습니다. 우리는 이 황량한 풍경 속에서 몹시 의기소침해졌습니다. 어느 날 밤, 건물을 때리는 세찬 파도에 놀라 잠에서 깼는데, 그때의 그 형용할 수 없는 공포감은 지금도 잊혀지지 않습니다. 파도가 바라크를 강타하여 벽에 면해 있던 내 해먹이 방 한가운데로 튕겨나가고, 곧이어 위층에서 두려움에 찬 비명 소리가 들려왔어요. 요란한 소리와 건물의 진동에 놀란 우리는 즉시 침대에서 뛰어내렸습니다. 건물 전체가 파도에 휩쓸리는 것이 아닌가 싶었으니까요."

이윽고 폭풍이 잦아들었다. 인부들은 텅 빈 식량저장고를 다시 채운 후 예전처럼 작업을 계속했다. 그들은 계속해서 석재를 날라다 적당한 장소에 쌓았으며, 6년간의 수고 끝에 1844년 2월 1일 드디어 스케리보 등대가 첫선을 보였다.

구명정에 의한 인명구조

그러나 악천후 속에서 항구로 들어오는 뱃사람들에게 등대는 부분적인 도움을 줄 뿐이다. 대포 소리조차 집어삼킬 듯 노호하는 성난 파도가 해안가의 암초를 뒤덮는 상황에서 아무리 등대가 해안을 밝게 비춘들 배가 안전하게 항구에 들어올 수 있겠는가? 매년 발행되는 조난보고서를 보면 대부분의 조난사고가 동해안에서 발생하며, 특히 뉴캐슬을 출발하여 런던으로 향하는 석탄운반선의 항로를 따라 빈번하게 발생하고 있음을 알 수 있다. 조난사고가 가장 빈발하는 지역은 잉글랜드 북동쪽의 해안으로, 타인머스Tynemouth 인근 지역이 특히 심하다. 따라서 최초의 구명정이 타인머스 인근 지역의 주민에 의해 발명된 것도 놀라운 일은 아니다. 물에 가라앉지 않고 뒤집혀도 자동 복원이 되는 보트를 설계한 최초의 인물은 사우스실즈South Shields의 헨리 그레이트헤드Henry Greathead이며, 런던의 헨리 루킨Henry Lukin 또한 인명구조용의 가라앉지 않는 보트를 만들었다. 펀Fern 군도에서 조금 떨어진 뱀버러Bamborough 인근 해안에 가끔씩 난파선의 잔해가 목격되자 성 안에 살던 셰프Shairp 박사가 루킨에게 코블*3을 한 척 보내 물에 가라앉지 않게 만들어달라고 요청했다.

그리하여 가라앉지 않는 코블이 만들어져서 처음 1년 동안 몇 사람의 생명을 구했다. 그러나 아직까지는 구명정이 널리 사용되지 않던 때라, 그때까지 만들어진 구명정으로는 뱀버러의 코블이 유일했다.

1789년 뉴캐슬의 어드벤처호가 타인Tyne 강 어귀에서 침몰하는 일이 발생했다. 배가 사나운 파도에 떠밀려 타인 강 입구의 암초에 부딪치면서 어드벤처호의 승무원들은 하나씩 바다 속으로 사라져갔다. 사고 지점에서 불과 300야드가량 떨어진 해안에서는 수천 명의 사람들이 이 광경을 지켜보면서도 감히 그들을 구할 엄두를 내지 못했다. 그런 무시무시한 파도를 이길 만한 보트나 코블이 없었기 때문이다. 이 사고는 사람들에게 큰 충격을 주었다. 곧 재난방지위원회가 결성되고, "바다의 위험, 특히 거센 파도를 이겨낼 수 있게끔 고안된" 구명정의 설계 공모전이 열렸다. 위원회에서는 1차로 2개의 디자인을 선정했는데, 하나는 윌리엄 우드헤브William Wouldhave의 것이고 또 하나는 헨리 그레이트헤드의 것이었다. 위원회에서는 그레이트헤드가 설계한 배의 용골 형태를 높이 평가하여 그의 작품을 수상작으로 선정했으나, 코르크를 사용하여 부력을 높인 우드헤브의 모델도 좋은 점이 있었다. 따라서 구명정이라는 위대한 발명품의 출현에는 우드헤브의 공도 매우 컸다고 할 것이다. 우드헤브는 원래 화가였으나, 나중에 세인트힐다 교회의 서기가 되었다. 그의 묘소에는 그가 설계한 구명정의 모형으로 윗부분을 장식한 기념비가 세워져 있으며, 교회의 성상

---

*3. 코블 : 잉글랜드 북부와 스코틀랜드에서 사용되던 평저 어선의 일종

안치소에 걸린 램프에도 그 구명정의 모형이 펜던트처럼 달려 있다. 또한 그가 제작한 구명정 자체는 사우스실즈 도서관에 보관되어 있으며, 그의 기념비에는 "인류에게 큰 축복이 된 구명정의 발명가"라고 쓰여 있다.

우드헤드의 모형에서 힌트를 얻어 코르크로 제작한 그레이트헤드의 구명정은 타인 강 어귀에서 거의 200명에 달하는 사람들의 생명을 구했다. 노섬벌랜드Northumberland 공작은 또 1척의 구명정을 주문하며 마을 주민들이 사용하도록 하는 동시에 매년 일정액의 보수비를 지급하여 관리가 제대로 이루어질 수 있도록 했으며, 포르투Oporto에도 구명정을 만들어 보내도록 했다. 댐프스터Dempster는 구명정을 주문하여 세인트앤드루스로 보냈는데, 그곳에서도 이 구명정 덕에 많은 사람들이 목숨을 건졌다. 1803년까지 그레이트헤드가 제작하여 보급한 구명정은 모두 31척──스코틀랜드에 5척, 외국에 8척, 잉글랜드에 18척──이었다. 지금도 사용되고 있는 그레이트헤드의 구명정 중 가장 연대가 오래된 것은 1802년에 제작된 것으로, 레드카──위험한 바위들로 둘러싸인 지역이다──의 한 사공이 소유하고 있다. 이 구명정은 많은 사람의 생명을 구했는데, 이는 구명정의 부력 때문이기도 하지만 용감한 승무원들 덕분이기도 하다.[6]

구명정협회는 지금은 왕립 및 국립 협회가 되었는데 현재 300척의 보트와 2만 5000명의 인력을 갖추고 있으며, 창설 이래로 2만 7000명이 넘는 사람들의 생명을 구했다. 구조된 사람들의 가족이 얼마나 기뻐했겠는가!

희생정신을 발휘한 구조대원들

용감한 구조대원들의 활약상을 일일이 소개할 수는 없지만, 그 중 몇 가지 예를 들어보기로 한다. 구명정협회의 구명정 중에는 고故 에드워드 쿡Edward W. Cooke이 기증한 판 쿡Van Kook호가 있다. 배 이름이 판 쿡호가 된 것은 쿡이 독일계이기 때문이다. 1865년 판 쿡호는 딜Deal항에 정박해 있었는데 그때는 이미 161명의 생명을 구하고 선박 7척의 난파를 막아낸 뒤였다. 기증자인 노老화가가 병석에 누워 있는 동안 판 쿡호의 승무원들은 가장 대담한 구조활동을 벌이는 중이었다.

1879년 12월 28일 일요일 새벽 1시에 굿윈스Goodwins에 나가 있던 사우스실즈의 등대선이 공포를 쏘아 조난당한 배가 있음을 알렸다. 강한 남서풍이 불어와서, 비교적 안전한 다운스Downs에 정박해 있는 배들도 닻을 2개씩 내리고 있을 때였다. 교회에서 나오는 사람들은 우산이 뒤집힐 정도의 거센 바람 속에 서둘러 집으로 향했다. 그러나 해안에는 뱃사람들이 아직 남아 있었다. 구명정의 승무원들을 불러 모으는 종소리가 울리자 구조대원들은 씩씩하게 부름에 응했다. 정장 로버트 윌즈Robert Wilds를 비롯한 14명의 승무원은 파도가 몰아치는 해안가의 절벽 아래로 구명정을 내리고, 사람들의 배웅을 받으며 위험한 임무를 수행하러 떠났다.

굿윈스의 암초에 부딪친 배는 원래 3척이었으나, 그 중 1척은 선원들이 보트를 타고 마게이트Margate로 향한 후 산산조각이 났고, 덴마크 선박으로 추정되는 또 1척은 승무원들과 함께 어디론가 사라져버렸으며, 남은 것은 뉴욕에서 석유를 싣고 브레멘Bremen으로 향하던 독일

배 레다Leda호뿐이었다. 굿윈스에 도착한 구조대원들은 커다란 배가 파도와 싸우고 있는 것을 발견했다. 배는 최악의 지점인 사우스스피트South Spit에 좌초되어 있었다. 그곳은 바람이 잔잔한 날에도 끊임없이 파도가 치는 곳이다. 그렇지만 그 무엇도 그들을 막지는 못했다. 그들은 난파선에 접근하기로 했다. 가까이에서 보니 주돛대와 뒷돛대가 부러지고, 승무원들은 부서지는 파도 속에서 배의 현장舷牆에 매달려 있었다.

판 쿡호는 난파선의 바람받이 쪽으로 가서 닻을 내렸다. 만약 닻줄이 끊겨 구명정이 난파선에 세게 부딪치기라도 한다면 전원이 살아남지 못할 것이었다. 그러나 구조대원들은 "저 사람들을 구해야 한다."고 말했으며, 영국 민족의 침착성을 발휘하여 "인력으로 가능한 모든 일을 다하자."고 다짐했다. 그들은 난파선에 되도록 가까이 접근하여 밧줄을 거는 데 총력을 기울였다. 거대한 파도가 그들 위로 덮치면서 구명정의 가로장에까지 물이 찼다. 또 다른 파도가 밀려오는 것을 본 정장이 "조심해!"라고 외치자, 모두들 필사적으로 가로장에 매달렸다. 이윽고 구명정이 배에 부딪치면서 배에 구멍이 뚫리자 모두의 안전을 위해 잠시 물러날 수밖에 없었다.

그러나 구조대원들은 다시 돌아와 난파선에 밧줄을 거는 데 성공했다. 난파선의 승무원들은 차례로 구명정에 옮겨 탔다. 마지막 사람까지 옮겨 타자 용감한 정장은 "앞돛대에 올라가 밧줄을 끊어라!"라고 소리쳤다. 누군가 이 명령을 수행하였으며, 드디어 그들은 34명의 조난자를 태우고 돌아가게 되었다. 구조된 사람들 중에는 전에도 두 번이나 판 쿡호에 의해 구조된 사람이 있어서, 그가 그때의 이야기를 들려주며 판 쿡호의 승무원들을 격려하였다. 그리하여 마침내 판 쿡호는 감사의 마음으로 가득 찬 독일인들을 딜 해안에 내려놓았다. 그곳에는 악천후에도 불구하고 많은 사람들이 나와 기쁨을 함께 했다. 에드워드 W. 쿡은 살아서 그 소식을 들었으며, 그로부터 7일 후에 세상을 떴다. 비록 그는 가고 없지만 그의 선행은 오래도록 다른 사람들에게 좋은 본보기가 될 것이다.

영국의 해안에는 구명정의 용감한 승무원들이 매년 수백 건의 구조 작업을 펼치고 있다. 파도에 휩쓸린 배를 보면 구조대원들은 지체 없이 구명정을 내린다. 무자비한 폭풍이 구명정을 계속 해안으로 밀어붙일지라도 그들은 여러 번의 시도를 거듭하여 결국 바다로 나간다. 때로는 바위에 부딪힐 때도 있지만, 다시 균형을 잡고 구조 임무를 수행하러 전진한다. 몇 년 전에 레드카의 구명정은 해안에서 4마일이나 떨어진 바다로 나가 표류하는 어선의 어부들을 구해냈다.

그리고 같은 해에 그들은 프레이저버러Fraserburgh에서 암초에 부딪친 어거스타Augusta호의 승무원들을 구하기 위해 폭풍 속으로 배를 몰았다. 그들이 조난자들을 구한 후 어거스타호는 산산이 부서졌다. 그러나 아직 장애는 남아 있었다. 아무리 힘껏 노를 저어도 바람이 워낙 거세서 항구에 다가갈 수가 없었던 것이다. 닻을 내려도 보았지만 물리지가 않았다. 구명정은 바위에 부딪쳤고, 그 위로 파도가 달려들었다. 정장은 구명정이 가볍고 물에 잘 뜨는 만큼 거친 물살에 밀려 바위 위로 올라갈 수도 있으리라 믿고 닻줄을 끊으라고 명령했다. 구명정은 선체가 많이 파손된 상태였지만 그 안에 탄 17명 전원을 단단한 바위 위로 데려다주었고, 그들은 목숨을 건질 수 있었다.

감동적인 이야기가 또 하나 있다. 바람이 몹시 부는 3월의 어느 일요일 저녁이었다. 그레이트야머스 사람들은 교회에서 나오다가 조난을 알리는 총소리를 들었다. 배 한 척이 그로비샌드Groby Sand의 모래톱에 좌초된 것이다. 뱃사람들은 즉시 해안으로 달려가 보트를 띄울 차비를 했다. 그들이 바람이 잦아들기를 기다리고 있는데 한 젊은이가 달려와 그들 중 하나를 홱 잡아당기며 말했다. "안 돼, 잭, 이번에는 내 차례야. 너는 결혼한 나를 대신해서 이미 세 번이나 나갔다 왔잖아. 이번에는 내가 갈게." 이윽고 보트가 출발했다. 그러나 물살을 헤치고 나아가는가 싶더니 파도에 휩쓸려 곤두박질치고 말았다. 곧바로 또 다른 보트가 내려졌다. 보트는 좌초된 배를 향해 다가갔으나 이미 때는 늦어서, 배는 산산이 부서지고 승무원은 전원이 숨을 거둔 후였다.

8

군인의 삶

나도 남의 수하에 있는 사람이요 내 아래도 군사가 있으니, 이더러 가
라 하면 가고 저더러 오라 하면 오고 내 종더러 이것을 하라 하면 하나
이다.

— 〈마태복음〉에서 백부장이 한 말

그것은 나의 운명, 아니 의무이다. 우리 중 가장 높은 자라도 파수를 보
는 보초에 불과하다.

— 화이트멜빌Whyte-Melville

가족과 친구, 신, 조국, 인류를 위해 피를 흘리는 것은 고귀한 일이지만, 그 이외의 것들로 인해 피를 흘리는 것은 허영이자 죄악이다.

— 버크Burke

나는 의무를 수행하기 위해서 이곳에 왔습니다. 그리고 조국을 위한 의무 수행 이외에 어떤 일에 대해서도 만족하지 않을 것이며 만족을 느낄 수도 없을 것입니다.

— 포르투갈에서 웰링턴이 한 말

군인의 삶은 의무를 다하는 삶이다. 군인은 기강이 바로 서 있어야 하고, 매사에 준비되어 있어야 한다. 트럼펫 소리가 소집을 알리면 즉시 집합해야 하고, 명령이 떨어지면 아무리 위험한 임무일지라도 즉시 수행하러 가야 한다. 군인에게 있어서 명령에 이의를 제기하는 것은 있을 수 없는 일이다. 비록 총탄 세례 속에서 행진하는 일이라 할지라도 명령이 떨어지면 시행해야 하는 것이다.

의무를 다하는 삶

명령에의 복종과 상관에 대한 순종, 규율, 용기와 같은 것들은 남자를 남자답게 만들고, 또 진정한 군인으로 만들어주는 자질이다. 군인에게는 서로에 대한 신뢰와 상관에 대한 절대 복종이 요구된다. 러스킨은 이렇게 말했다. "이 격정적이고 거친 원재료들로부터 최대의 힘을 이끌어내는 것은 군대의 규율이다. 다른 상황에서라면 무기력하거나 방탕하게 지낼 사람들도 군대에서 생활하면 보다 나은 삶을 살게 된다."

군인은 어떠한 상황에서도 자기 자리를 지켜야 하며, 경계를 소홀히 해서는 안 된다. 밤에 보초를 서는 군인은 잠을 쫓아야 한다. 잠시라도 한눈을 팔면 부대 전체에 치명적인 위험을 불러올 수 있기 때문이다. 군인은 늘 국민의 안전을 위해 목숨을 바칠 각오가 되어 있어야 한다. 전방에서 보초를 서다가 잠이 든다는 것은 곧 죽음을 의미한다.

군인은 민첩하고 활동적이어야 하며, 늘 준비가 되어 있어야 한다. '준비되어 있으라.'라는 말은 로렌스 경의 모토였다. 앙리 4세의 용기와 활동성은 병력의 부족을 메워주었다. 그는 5000명의 병사를 이끌고 마옌 공작의 병사 2만 5000명과 맞서 싸웠으며, 수적인 열세에도 불구하고 아르그Argues 전투에서 승리하였다. 이 예상치 못한 결과는 아마도 두 장수의 개인적 특성 차이에 기인할 것이다. 마옌 공작은 느리고 활동성이 부족했다. 반면 앙리 4세의 수면 시간은 마옌 공작의 식사 시간보다 더 짧았다고 한다. 한 번은 누군가 앙리 4세 앞에서 마옌 공작의 용기와 노련함을 칭찬하자 앙리 4세는, "맞습니다. 그는 뛰어난 지휘관이지요. 그러나 나는 늘 그보다 5시간 앞서 있답니다."라고 대답했다. 앙리 4세는 새벽 4시에 일어났고 마옌 공작은 오전 10시쯤 일어났던 것이다. 그리고 이것은 두 사람에게 큰 차이를 가져다주었다.

튀렌Turenne 사령관은 병사들의 영웅이었다. 그는 병사들과 고난을 함께 하였고, 병사들은 그를 전적으로 신뢰했다. 1672년, 튀렌이 이끄는 군대는 브란덴부르크Brandenburg 선거후와의 전쟁 때문에 독일로 파병되었다. 겨울이라 눈이 녹은 진창길을 행군하는 것이 여간 고생스럽지 않았다. 한 번은 발이 푹푹 빠지는 늪지대를 지나게 되었는데, 젊은 병사가 불평을 하자, 고참 병사 하나가 이렇게 말했다. "튀렌 사령관은 우리보다 훨씬 고생하고 계시네. 지금도 어떻게 하면 우리의 고통을 줄여줄 수 있을지를 생각하고 계실 걸세. 그분은 우리가 잠을 자는 동안에도 적의 움직임을 주시하느라 뜬눈으로 밤을 보내신다네. 무언가 큰 뜻이 있지 않고서는 우리를 이렇게 고생스러운 길로 인도하실 분이 아니야. 비록 그 뜻이 무엇인지 지금 우리는 알 수 없지만 말일세." 우연히 이 대화를 들은 튀렌은 이 말보다 더 그를 기쁘게 한 것은 없다고 말했다. 튀렌은 적의 지휘관에 대해서도 그 장점을 금방 알아주었다. 프롱드의 난 때 국왕 편에 서서 전투를 지휘하던 튀렌은 적진에 콩데Conde 공이 자리를 비우고 없다는 보고를 받았으나, 적의 공격 방식을 보고 대번에 콩데가 돌아왔음을 알아차렸다. "그렇다. 저기에는 콩데가 있다!"라고 그는 말했다. 적의 기민한 움직임에 명장의 손길이 작용하고 있음을 간파한 것이다.

보불전쟁이 끝난 후 독일의 어느 시인이 폰 몰트케Von Moltke 원수를 찬양하는 시집을 써서, 몰트케에 비하면 한니발Hannibal이나 알렉산더, 나폴레옹, 말버러Malborough 등은 아무것도 아니라고 주장했다. 그 시집을 선물로 받은 몰트케는 매우 겸손한 태도로 답장을 써 보냈다. 그는 자신의 찬미자인 그 시인에게 진정 위대한 인물은 역경을 통해 알 수 있다고 한 뒤 이렇게 쓰고 있다. "우리는 큰 성공을 거두었지만 그것은 우연이나 운명, 행운, 또는 신의 섭리라고 해야 할 것입니다. 인간의 힘만으로 된 일이 아니니까요. 이렇게 큰 승리는 우리가 이끌어내거나 지배할 수 없는 상황이 만든 것입니다. 탁월하지만 불운했던 교황 하드리아누스는 자신의 묘비명으로 '아무리 뛰어난 사람일지라도 어떤 시대를 살아가느냐에 따라 그 행동이 얼마나 달라지는가!' 하는 문구를 새기게 했습니다. 아무리 유능한 사람도 어찌할 수 없는 상황에 이끌려 실패할 때가 있는 반면 다소 부족한 사람도 상황에 의해 승리를 거머쥘 때가 있는 것입니다."

군인에게는 스스로를 희생할 수 있는 용기가 있어야 한다. 1760년 가을, 루이 15세는 독일에 군대를 파병했다. 라인베르크Rheinberg로 보내진 카스트리에Castries 후작의 병사 2만 5000명은 클로스터캠프Klostercamp에서 유리한 지점을 선점하였다. 10월 15일 밤에 아사Assas의 기사인 한 젊은 장교가 정찰을 나갔다가 동료들로부터 조금 떨어진 곳에서 다수의 적병에게 에워싸이게 되었다. 적의 총검이 그의 가슴에 와 닿으면서 누군가 그의 귀에 대고 속삭였다. "쉿! 소리치면 죽는다!" 순간 그는 사태를 파악했다. 적은 프랑스군을 기습할 생각이었던 것이다. 그는 즉시 있는 힘껏 소리를 질렀다. "여기야, 오베르뉴! 여기 적병이 있다!" 그 말이 그의 운명을 결정지었다. 그는 그 자리에서 칼에 찔려 숨을 거뒀다. 그러나 그의 죽음으로 인해 프랑스군은 위기를 면했다. 적은 기습 공격에 실패하고 퇴각하였다.

군인이었던 위인들

어느 나라나 전시에 예술이 가장 발달하고 문학적 천재가 그 가장 찬란한 빛을 발한다는 말이 있다.[1] 언뜻 들으면 이해가 잘 안 되는 말이지만 그리스의 예를 보라. 소크라테스와 아이스킬로스, 소포클레스

Sophocles, 크세노폰 등은 모두 나라를 위해 싸웠으며, 후일 그리스 문학에 공헌하였다. 로마도 마찬가지이다. 카이사르는 로마의 가장 뛰어난 장군이자 훌륭한 작가였으며, 시인 호라티우스도 젊었을 때는 브루투스Brutus로부터 군단의 지휘권을 위임받은 군인이었다.

그토록 많은 위인—시인과 작가, 과학자 등—이 한때 군인으로서의 삶을 살며 나라 안팎에서 지상전과 해전을 치러낸 군인이었다는 사실은 놀라운 발견이다. 어쩌면 군 생활의 필수 요소인 복종과 훈련 및 규율이 사람의 인격 형성에 큰 영향을 미쳐, 천재에 필수적인 집중력을 개발한 것인지도 모르겠다.

단테는 캄팔디노Campaldino 전투에 참여하여 구엘프 당의 일선에서 용감하게 싸웠으며, 이것과 그 밖의 이유로 인해 훗날 피렌체에서 추방당했다. 십자군 지도자인 은자 베드로Peter the Hermit도 불로뉴Boulogne 백작 휘하에서 플랑드르인과 싸웠다. 그러나 군인으로서 두각을 나타내지 못했던 그는 퇴역하여 결혼하고 몇 명의 자녀를 두었으며, 아내가 사망한 후 수도원으로 들어가 은거하였다. 그는 예루살렘으로 성지순례를 다녀온 후 순례자들이 당하는 고난을 널리 알리는 데 애썼다. 그는 유럽 각지에서 설교를 하여 최초의 십자군 수를 10만 명까지 끌어올리는 데 공헌했다.

영국의 시인들 중에도 군 생활을 경험한 사람들이 있다. 초서는 1379년, 에드워드 3세의 프랑스 침략에 참가했다가 르탕Retten 인근에서 붙들려 한동안 포로 생활을 했다. 조지 뷰캐넌George Buchanan은 젊었을 때 스코틀랜드군에서 병졸로 복무하였으며 1523년의 워크 성공격에 참여하였다. 벤 존슨은 저지대 전투에 병졸로 참여하였고, 필립 시드니 경 역시 저지대 전투에서 생을 마감하였다. 시드니 경이 죽어가면서 보여준 숭고한 행위는 역사에 기록된 가장 아름다운 이야기 중 하나일 것이다.[2] 앨저넌 시드니Algernon Sydney는 아일랜드 반군의 기병대를 이끌었다. 데브넌트Davenant와 러블레이스Lovelace는 찰스 1세와 의회 사이의 싸움에서 왕당파의 지휘관이었던 반면 위더스Withers는 의회군의 소령이었다. 버니언Bunyan은 공화국 시절에 의회군의 병졸로 복무하였고, 오트웨이Otway는 플랑드르 지방에서 기병대의 기수 역할을 하였으며, 파커Farquhar는 오리리Orrery 백작의 연대에서 장교로 활동하였다.

스틸Steele은 근위 연대에 병졸로 입대하였으나, 곧 능력을 인정받아 기수로 승진했다. 그는 특히 나무르Namur와 벤루Venloo 공성전에서 크게 활약했다. 콜리지는 기병 연대의 병졸이었으나, 그의 상관은 그의 승진보다는 전역을 도왔다. 다음은 콜리지가 한 친구에게 한 말이다. "나는 이따금 나 자신을 스틸과 비교해본다네. (아, 그러나 얼마나 다른 두 사람인가!) 나 역시 한때나마 군 생활을 했고 이름 뒤에 '이등병'이라고 쓸 때가 있었기 때문일세. 하지만 나는 갑자기 이름을 불리면 당황해서 엉뚱한 대답을 하기 일쑤였고, 말을 다루는 데도 무척 서툴렀네. 내가 타던 말도 틀림없이 같은 생각이었을 걸세."

그 밖에도 후일 베르길리우스Virgil의 『농경시 Georgics』를 번역한 시인 소더비Sotheby는 제10기병대의 장교였으며, 윌리엄 코벳William Cobbett은 작가가 되기 전에 보병대의 특무상사로 복무했다. 풍경화가인 F. R. 리Lee는 한때 제56보병대의 장교였고, 지질학의 대가인 로더릭 머치슨Roderick Murchison 경은 기병대의 대장이었다.

스페인의 뛰어난 시인과 작가들 중에도 나라 안팎에서 지상전과 해전을 치러낸 군인과 탐험가들이 많이 있다. 로페 데 베가Lope de Vega는 무적함대를 타고 출정했다가 살아 돌아온 얼마 안 되는 병사들 중 하나로, 훗날 여러 편의 희곡을 쓴 후 사제가 되었다. 문호 세르반테스Cervantes 역시 수차례의 지상전과 해전에 참여한 군인이었다. 그는 레판토 전투에서 용감하게 싸우다가 세 군데 총상을 입었다. 가슴에 두 발, 손에 한 발을 맞고 평생 불구가 된 것이다. 그러나 그가 나중에 말했듯이, "창은 결코 펜을 무디게 하지 못한다." 그는 훗날 불후의 명작 『돈키호테Don Quixote』를 썼다.

스페인의 또 다른 군인 칼데론Calderon은 극작가가 되었다가 후일 사제가 되었으며, 뛰어난 군인이었던 멘도사 데 산티야나Mendoza de Santillana는 후안Juan 2세의 궁정에서 가장 언변이 뛰어난 학자였다. 그리고 보스칸Boscan과 몬테마요르Montemayor, 가르시야고Garcillago, 에르시야Erscilla 등도 뛰어난 군인인 동시에 훌륭한 작가였다.[3]

시인 카몽이스

스페인의 문호 세르반테스와 포르투갈의 국민시인 카몽이스Camoens 사이에는 분명 공통점이 있다. 두 사람 다 군인인 동시에 문인이었다. 세르반테스는 전쟁터에서 왼손을 잃었고, 카몽이스는 오른쪽 눈을 잃었다. 그리고 두 사람 다 세상을 떠나고 나서 한참 후에야 유명해졌다. 세르반테스가 어디에서 태어났는지는 알려지지 않고 있다. 마드리드Madrid와 세비야, 루세나Lucena 등지에서 서로 세르반테스의 출생지라고 주장하지만, 그런 것은 아무래도 좋을 것이다. 그는 매우 가난하게 살다 죽었으며, 그의 묘소는 잊혀졌다.

얼마 전에 포르투갈인들은 위대한 시인 카몽이스의 300주기를 기념하는 행사를 열었다. 브라스 밴드의 연주가 울려 퍼지고 깃발을 든 사람들의 행렬이 리스본 거리를 수놓았다. 그러나 300년 전, 카몽이스는 굶주림으로 죽어갔던 것이다. 어떻게 이런 일이 일어났을까? 카몽이스는 용감한 군인이자 훌륭한 시인이었다. 세우타Ceuta에서 군부대에 고용된 그는 용감하게 전투에 임했으며, 지브롤터Gibraltar 인근에서 벌어진 해전에서 실명을 하는 불운을 겪었지만 포상이나 승진의 대상이 되지는 못했다. 그 후 그는 곧 리스본으로 가서 인도로 가는 배를 탔다. 그는 여행의 지루함을 『루시아드Luciad』를 집필하는 것으로 달랬으며, 인도에서 다시 중국의 마카오Macao로 건너갔다. 그리고 인도의 고아Goa로 돌아오는 길에 메콩 강 어귀에서 난파를 당했다. 그는 한 손에는 원고를 들고 다른 한 손으로 헤엄쳐서 간신히 해안에 도달했다. 그렇게 해서 전 재산을 잃고 리스본에 돌아와 보니 흑사병이 창궐해 있었다. 늘 그랬듯이 그는 매우 가난했다. 2년 후 『루시아드』가 출판되어 큰 호응을 얻었다. 젊은 왕은 그에게 연금을 지급하기로 했으나 이 약속은 지켜지지 않았다. 건강이 악화돼 병석에 누운 카몽이스는 자선단체의 도움으로 연명했다. 충직한 하인이 그의 유일한 친구였다. 그는 밤에 몰래 나가서 빵을 구걸할 정도로 힘든 삶을 살다가 1580년에 어느 병원에서 숨을 거뒀다. 그의 시신은 산타안나 교회로 이송되어 그곳 묘지에 묻혔다.

산타안나 교회의 수사인 주세페 주디스Josefe Judis는 그가 소장하고 있던 『루시아드』의 여백에 이렇게 적고 있다. "이렇게 대단한 천재가 그토록 부당한 대우를 받다니! 나는 인도에서 혁혁한 전공을 세우고 배로 5500리그를 항해해 온 그가 수의를 살 돈조차 없이 리스본의 한 병원에서 죽어가는 것을 보았다. 그의 죽음은 거미줄을 짜는 거미처럼 밤낮으로 학문에 매진하는 사람들에게 경고가 되어준다." 그런데 이런 사람이 바로 1880년 6월 10일 리스본에서 열린 기념행사의 주인공이었던 것이다.

그 밖의 위인들

스페인 군인의 한 사람이었던 이그나티우스 로욜라Ignatius Loyola의 삶은 다른 사람들의 삶을 전부 합친 것보다 더 큰 영향을 세상에 미쳤다. 그는 팜펠루나Pampeluna 공성전 당시 다리에 심한 부상을 입고 오랫동안 누워 지내야 했는데, 그때 우연히 손에 들어온 『성인들의 생애 Lives of the Saints』라는 책으로 인해 새로운 삶에 눈뜨게 되었다. 몸이 회복된 후 그는 몬세라트Monserrat의 수도원을 찾아가 한동안 그곳에 머물렀다. 어느 날 밤, 그는 기사의 오랜 관습에 따라 수도원 예배당에서 그의 무기를 지키고 있다가 스스로를 동정녀의 기사로 임명했다. 그는 또한 예수회를 창시했는데, 이 수도회는 다른 사람들이 뭐라고 하든 게으르고 사치한 습관을 전적으로 배격하였다.

프랑스 군인들 중 가장 주목할 만한 사람은 르네 데카르트Rene Descartes이다. 그는 1596년 투렌Touraine에서 태어났으며, 라플레슈La Fleche의 집 근처에 있는 예수회 계통의 대학에서 수학했다. 데카르트는 저명한 수사 마르센^{Marsenne}과 친교를 맺게 되었으며, 그의 영향으로 수학과 철학을 공부했다. 귀족이었던 그는 무관의 길을 택했는데, 처음에는 네덜란드에 주둔해 있는 프랑스군에 장교로 지원 입대하였다가 훗날 바바리아^{Bavaria} 공작 휘하에 들어갔으며, 1620년의 프라하 전투에서 용맹을 떨쳤다. 데카르트는 군 생활을 하는 동안에도 짬이 날 때면 수학과 철학 연구에 몰두했다. 그의 연대가 브레다^{Breda}에 주둔해 있던 어느 날, 그는 사람들이 모여 공고문을 읽고 있는 것을 보았다. 그가 모르는 플랑드르 말로 씌어 있었기 때문에 다른 사람에게 물어보니 어려운 수학 문제의 답을 구한다는 내용이었다. 데카르트에게 이 내용을 설명해준 사람은 도르트 대학의 총장인 베크만^{Beckmann}이었는데, 그는 젊은 군인이 수학에 관심이 많은 것을 보고 의아해했다. 그러나 데카르트는 그 문제를 풀어 보이겠다고 말했으며, 그 다음날 아침 일찍 총장에게 해답을 적어 보냈다.

바바리아 전투가 끝난 후 그의 연대는 도나우 강 인근의 노이베르크^{Neuberg}에 있는 겨울 숙영지로 옮겼는데, 그곳에서 23세의 데카르트는 근대 철학에 일대 혁신을 불러일으킬 만한 생각을 떠올리게 되었다. 그는 곧 군대를 떠나 유럽 여행을 시작했으며, 네덜란드와 프랑스, 이탈리아, 스위스 등을 차례로 방문했다. 여행을 마친 후 데카르트는 철학과 수학의 탐구에 일생을 바치기로 결심했다. 할 수만 있다면 과학계 전반에 혁신을 일으킬 생각이었다. 그는 프랑스 왕들의 독재 치하에서 사는 것이 위험하다는 것을 깨닫고 프랑스에 있는 재산을 팔아 네덜란드로 이주했다. 그러나 네덜란드에서도 그의 저작은 많은 논란을 불러일으켰으며, 교회는 이단적인 그의 철학에 반대했다. 그리하여 그는 스웨덴의 크리스티나 여왕의 초청에 응해 스톡홀름으로 가서 연구에 몰두하다가 그곳에서 생을 마감하였다. 데카르트는 뜻한 바를 이루었다. 철학과 기하학, 광학에 혁신적인 업적을 남긴 것이다.

데카르트 이외에도 뛰어난 과학적 업적을 남긴 프랑스 군인들이 몇 명 더 있다. 모페르튀이Maupertuis는 기병대의 대장이면서도 수학 연구에 몰두하여 훗날 뛰어난 수학자가 되었으며, 말뤼스Malus는 군대의 엔지니어로 근무하면서 틈틈이 광학을 연구하였다. 니에프스Niepce는 프랑스 제1기병대의 중위로 근무할 때 화학, 특히 빛의 화학 작용을 공부하기 시작하여 훗날 사진술을 발명했고, 드로즈Droz는 몇 년간 병졸로 군대 생활을 한 후 학문의 길로 들어서서 나중에 프랑스 학술원의 정치윤리학 교수가 되었다. 생물학자인 라마르크Lamark 역시 여러 해 동안 군 생활을 하였으며, 브로글리Broglie 원수 휘하에서 큰 공을 세웠다. 라마르크는 전투에서 입은 부상과 건강 악화로 군 생활을 접고 과학 탐구에 전념하여 뛰어난 업적을 쌓았는데, 특히 그의 『무척추동물의 역사History of Invertebrate Animals』는 자연사에 관한 가장 완전하고 깊이 있는 저서로 평가되는 기념비적인 작품이다.

프랑스의 문인들 중 『금언집Maxims』을 쓴 라로슈푸코La Rochefoucauld는 젊었을 때 군인이었으며, 프롱드의 난 때 보르도Bordeaux 공성전과 생앙투안St. Antoine 전투에서 심한 부상을 입었다. 『담론집Simple Discours』의 저자인 폴 루이 쿠리에Paul Louis Courier는 공화국의 군인으로서 라인 강변의 한 부대에서 복무하다가 훗날 이탈리아에서 포병장교로 활약하였다. 그는 한 편지에서, 어느 날 그리스어 공부를 하다가 자신이 집을 비운 사이에 오스트리아 경기병들이 호메로스의 시집을 가져간 사실을 알게 되어 몹시 속이 상했다고 쓰고 있다.

기사 바야르

어느 시대에나 전쟁에는 잔인한 행동이 따른다. 도시에는 약탈이 자행되고 시골은 황폐화되며, 수많은 사람이 정복의 광풍 속에 목숨을 잃는다. 중세에는 전쟁의 참상을 완화시키기 위해 기사도가 발명되었다. 기사의 의무를 수행할 자격을 갖추려면 어려서부터 규율과 예의범절을 익히고 승마와 창술을 배우며 귀부인들 틈에서 친절과 겸양과 세련된 우아함을 습득해야 했다. 그렇게 자라서 어른이 되면 엄숙한 기사 임명식을 거친다. 기사 제도는 종교와도 연관이 있었기에 엄격한 금식과 철야, 세례, 고백성사와 성찬식도 수반되었고, 그리하여 고결함과 용기의 높은 기준이 정립되었다.

기사 바야르Bayard는 진정한 기사, 기사다운 기사로 알려져 있다. 그는 1476년 도피니Dauphiny의 바야르 성에서 태어났으며, 무인의 길을 택했다. 그는 국왕에게 봉사하기에 앞서 일반적으로 기사들이 받는 훈련을 받았다. 진정한 기사로서의 그의 행적에 대해서는 굳이 따로 언급할 필요가 없으리라. 국가에 대한 그의 봉사는 주로 프랑시스 1세 때 이탈리아——포르노바Fornova, 밀라노, 제노바, 파도바, 베로나, 라 바스티아La Bastia, 브레시아——에서 이루어졌다. 그는 브레시아 공성전을 진두에서 지휘했는데, 그때 성벽을 뛰어넘다가 허벅지에 끔찍한 부상을 입었다. 창끝이 살에 박힌 채 자루가 부러진 것이다. 그는, "성은 우리 손에 넘어왔지만, 나는 그 안에 들어갈 수 없을 것이다. 부상이 심해서 살지 못할 테니까."라고 말했다. 느무르Nemours 공작은 첫 번째 요새는 점령했으나, 바야르가 중상을 입었다는 소식을 접하고 마치 그 자신이 중상을 입은 것처럼 슬퍼했다. 그는, "가자, 동지들이여. 가서 훌륭한 기사의 죽음을 복수하자."라고 말했다. 프랑스군은 베네치아군을 몰아내고 브레시아를 접수했다.

프랑스군이 마을을 약탈하는 동안 바야르는 죽은 사람들 틈에서 가장 가까운 집의 나무 대문 앞으로 옮겨졌다. 그 집은 어떤 향반의 소유로, 그는 부인과 젊고 아름다운 두 딸을 신의 섭리에 맡긴 채 홀로 도망을 가버렸다. 그래서 안주인이 문을 열고 바야르를 맞았다. 바야르는 죽어가는 몸이었지만 병사들에게 집을 약탈하지 말라는 명령을 내릴 만큼의 힘은 남아 있었으며, 약탈한 것에 대해서는 모두 변상해주었다.

안주인은 바야르를 아름다운 방으로 옮긴 후 그의 앞에 무릎을 꿇고 말했다. "고귀하신 주인님, 이 집과 그 안에 있는 모든 것을 주인님께 드리겠습니다. 전시의 법에 의해 이 모든 것은 주인님의 것입니다. 다만 한 가지 청이 있습니다. 저와 제 두 딸의 목숨과 명예를 보존토록 해주십시오." 바야르는 말도 제대로 할 수 없는 상태였지만 간신히 목소리를 쥐어짜 이렇게 말했다. "내가 살아날지 어떨지는 모르겠지만 내가 살아 있는 동안에는 누구도 당신과 두 따님에게 위해를 가하는 일이 없을 것입니다. 내 힘닿는 데까지 세 분을 돌봐드릴 것을 약속드립니다. 그러나 지금 가장 시급한 것은 의사를 부르는 것입니다. 어서 좀 도와주십시오."

안주인은 병사 한 사람을 대동하고 나가서 의사를 불러왔다. 의사는 즉시 상처를 살펴보고는 넓고 깊게 찔리기는 했지만 다행히 치명적이지는 않다고 말했다. 느무르 공작도 의사를 보내어, 바야르는 세심한 치료와 간호를 받고 곧 회복기에 들어섰다. 그러는 동안 그는 안주인에게 남편의 행방을 물어보았다. 그녀는 슬피 울면서, "생사를 모른답니다. 어느 수도원에 피신해 있으리라고 믿고 있어요."라고 대답했다. 바야르는 집주인의 은신처를 알아낸 후 그 집의 집사와 궁수 2명을 보내 그를 데려오게 했으며, 그가 도착하자 자신이 그의 집에 머무는 동안 그의 안전을 보장해주겠다고 말했다.

이윽고 상처가 아물자 바야르는 의사에게 후히 사례하고 나서 이틀 후에 본대로 복귀하기로 했다. 집주인 내외는 그들을 보호해준 바야르에게 배상금을 주어야 하리라고 생각하고 가진 돈을 전부 모아 장식된 철제 상자에 담았다. 2500두카트였다. 안주인은 이 상자를 가지고 바야르의 방에 들어와 무릎을 꿇고 앉았다. 바야르는 일어서지 않으려는 그녀를 간신히 설득하여 의자에 앉게 했다.

안주인이 말했다. "주인님, 저는 마을에 약탈이 자행되는 가운데 주인님과 같은 관대한 기사를 우리 집에 보내주신 하느님께 평생 감사드릴 것입니다. 제 남편과 아이들도 항상 주인님을 우리의 수호천사로 존경할 것이며, 주인님 덕분에 우리의 목숨과 명예가 보존된 것을 평생 잊지 못할 것입니다. …… 우리는 주인님의 포로이고, 이 집과 안에 있는 모든 것은 정복자의 권리에 따라 당연히 주인님의 것입니다. 그런데도 주인님은 우리에게 대단히 친절하고 관대하게 대해주셨습니다. 그러니 우리에게 자비를 베푸사 부디 제가 드리는 이 작은 선물을 받아주시기 바랍니다."

그녀는 돈이 든 상자를 들어 그 안의 내용물을 바야르에게 보여주었다. 바야르가 "이 안에 얼마나 들었지요?"라고 묻자, 그녀는 "2500두카트밖에 안 됩니다. 부족하면 원하시는 금액을 말씀해주십시오. 어떻게든 마련해보겠습니다."라고 대답했다. 돈에 욕심이 없는 바야르는, "당신이 내게 10만 두카트를 준다 해도 당신과 당신 가족이 내게 보여준 친절에는 미치지 못할 것입니다."라고 말했다.

안주인은 다시 무릎을 꿇고 그녀의 선물을 받아줄 것을 눈물로 간청했다. "만약 이것을 거절하신다면 저는 이 세상에서 가장 불행한 여자가 될 것입니다." 그러자 바야르는, "그렇다면 받겠습니다. 하지만 따님들께 작별인사를 할 수 있도록 이곳으로 좀 보내주시지 않겠습니까?"라고 말했다. 바야르는 그 돈을 셋으로 나눴다. 곧이어 부인의 딸들이 방에 들어와 무릎을 꿇었지만 바야르는 그들을 일으켜 세웠다.

큰딸이 말했다. "주인님, 여기 주인님 덕분에 목숨과 명예를 보존한 두 처녀가 있습니다. 어떻게 감사를 드려야 할지 모르겠군요. 가진 것이 없는 저희는 다만 평생 주인님을 위해 기도할 뿐입니다. 하느님이 현생과 내생에 주인님께 보상해주시기를 간절히 기도드리겠습니다."

바야르는 눈물이 날 만큼 감동했다. 그는 그들이 매일 말벗이 되어주고 그를 위해 노래를 부르거나 류트를 연주해준 것에 감사를 표한 후 이렇게 말했다. "군인들은 보통 젊은 아가씨들에게 선물할 보석 같은 것들을 지니고 다니지 않습니다. 그러나 방금 전에 아가씨들의 어머니가 내게 2500두카트를 주셨습니다. 그래서 나는 두 분에게 결혼자금으로 각각 1000두카트를 드리고, 나머지 500두카트는 약탈의 피해가 심한 가난한 수도원에 기증하기로 했습니다."

그리하여 온 가족의 눈물과 감사 속에 일은 그렇게 매듭이 지어지고, 바야르는 기쁨과 선과 희생정신을 지닌 진정한 그리스도인 기사로서 그곳을 떠났다.

그 무렵 교황 율리우스가 바야르를 교회의 총사령관으로 삼겠다고 제안해왔다. 그러자 바야르는 이렇게 대답했다. "하늘의 주인은 오직 하느님이시고 지상의 주인은 오직 프랑스 왕입니다. 그 이외의 다른 주인은 결코 섬기지 않을 것입니다."

바야르는 여러 전투에서 용감하게 싸운 후 밀라노 인근의 레베크 Rebec에서 치명상을 입었다. 프랑시스 1세의 총신인 보니베Bonivet 제독이, 아마 질투심에서 그랬겠지만 그를 가장 위험한 곳에 배치했던 것이다. 바야르는 그곳에서 스페인군의 화승총에 맞았다. 돌은 그의 허리께로 날아들어 척추에 골절상을 입혔다. 그는, "오, 하느님, 저는 죽습니다!"라고 부르짖었다. 그리고 칼의 손잡이를 십자가 삼아 그곳에 입을 맞췄다.

그의 동료들이 전투 현장에서 그를 피신시키려 했으나, 그는 "안 돼, 마지막 순간에 내 생애 처음으로 적에게 등을 보일 수는 없네."라고 말한 후 자신을 나무 밑으로 데려다 달라고 명령했다. 그는 마지막 힘을 쥐어짜 "공격!"이라고 외친 후 옆에 있던 사람들에게 "내가 얼굴을 적에게 향한 채 죽게 해주게."라고 말했다. 사람들이 눈물을 흘리자 그는 다시 이렇게 말했다. "하느님이 나를 부르시는 것은 그분의 뜻일세. 하느님은 나를 이 세상에 충분히 오래 머물도록 해주셨으며 내게 과분한 은총을 베푸셨네. …… 나는 제군이 나를 따라오지 않기를 바라네. 제군이 포로로 잡힌다면 그것은 내게 또 하나의 슬픔을 안 겨줄 테니까. 어차피 나는 죽을 목숨이고, 그것은 제군도 어찌할 수 없는 일일세."

곧이어 스페인인들이 다가와 그를 사로잡았다. 페스카라Pescara 후 작은 "바야르 경, 당신은 포로지만 당신을 살리기 위해서라면 내 피를 생명 유지에 필요한 만큼만 제외하고 전부 드리고 싶은 심정이오. 내 손에 무기를 잡은 이래로 당신 같은 기사는 처음 보았소."라고 말했 다. 후작은 죽어가는 영웅에게 최대한의 예의를 갖췄다. 그러나 부르 봉Bourbon 원수——국왕과 조국을 배반하고 스페인 황제의 휘하로 들 어간——는 와서 "아, 바야르! 참 안됐군그래!"라고 말했다. 그러자 바 야르는 침상에서 일어나 차분하게 말했다. "감사합니다. 하지만 저는 제 자신이 안됐다고 생각지 않습니다. 저는 정직하게 살다 가니까요. 저는 국왕께 봉사하다 죽습니다. 안된 사람은 제가 아니고 당신입니 다. 당신은 국왕에게 칼을 겨누고 조국과 당신이 한 맹세를 저버렸으 니까요." 그리고 나서 그는 숨을 거뒀다.

프랑시스 1세는 바야르가 죽고 난 후에야 참으로 훌륭한 기사를 잃 었음을 알았다. 프랑시스 1세는 그동안 정직하고 고결한 인품을 지닌 사람들보다는 총신들에게 군대의 지휘를 맡겨온 데 대해 뒤늦은 후회 를 했다. "우리는 그의 이름만으로도 적에게 두려움과 존경심을 불러 일으키는 위대한 장수를 잃었다. 그는 그가 누린 것보다 더 많은 혜택 을 누리고 더 높은 직책을 맡을 자격이 있었다." '명예를 제외한 모든 것을 잃은' 파비아 전투가 끝난 후 프랑시스 1세는 바야르가 얼마나 훌륭한 장수였는지를 더욱 뼈저리게 느꼈다. "용감하고 노련한 기사 바야르가 살아 있었다면 혼자서 대장 100명의 몫을 해냈을 것이다. 아, 바야르, 그대가 그립구나! 그대만 살아 있었던들 내가 이렇게까지는 되지 않았을 텐데!" 그는 후회를 했지만 이미 때는 늦었다. 바야르는 죽고 왕 자신은 포로가 된 것이다!

바야르는 용감하고 고결하고 순결했다. 그는 흠이 없고 두려움이 없었으며, 공정하고 관대하고 자비롭고 진실했다. 난관에 부딪치면 한층 더 용기를 냈던 바야르는 선을 행하지 않는 부자들을 경멸했으며, 자신이 받은 모든 돈을 다른 사람들에게 나눠주었다. 그는 도움을 청하는 이웃의 부탁을 거절해본 적이 없으며, 사람들에게 친절을 베풀되 남이 알지 못하도록 했다. 그는 또한 100명이 넘는 고아 소녀에게 지참금을 주어 결혼을 시켰다고 하며, 과부들의 청은 반드시 들어주었다. 그리고 부하들에게 특히 친절해서, 한 사람에게는 말을 주고, 또 한 사람에게는 옷을 주고, 다른 한 사람에게는 빚을 갚아줄 정도였다. 그는 점령군으로서 민가에 묵을 경우 부하들이 가져간 물건에 대해 반드시 배상을 해주었으며, 아첨꾼과 남을 비방하는 사람들을 무척 싫어했다. 그에게는 어릴 때부터 여러 가지 미덕이 엿보였는데, 나이 들면서 이러한 자질이 더욱 발달했다. 그의 이름은 먼 후세에까지 존경과 찬탄의 대상이 될 것이다.[4]

조지 워싱턴 장군

나라를 지키기 위한 전쟁은 늘 명예로운 일로 생각되어왔다. 정복 전쟁은 대부분 불명예스러운 일로 여겨지지만 때로 문명의 전파라는 미명하에 옹호되기도 하며, 그런 경우 탐욕이 기승을 부린다. 애국심은 고상한 충동과 고결한 생각으로 빚어진 원리이며, 조국에 대한 사심 없는 사랑에서 비롯된다. 쳄파흐의 아르놀트 폰 빙켈리트나 배넉번의 브루스, 인스브루크Insbruck의 호퍼Hofer 등에 공감하지 않을 사람이 누가 있겠는가? 그들의 숭고한 행위는 동족의 마음에 애국심을 불러일으켰으며, 그들이 남긴 의무관은 결코 잊혀지지 않을 것이다.

애국심은 전 세계를 대상으로 하는 박애정신과 모순되는 것이 아니다. 조국을 사랑하는 사람은 쾌락을 추구하며 방탕하게 사는 자기중심적인 사람보다 더 순수한 감정의 소유자이기가 쉽다. 우리 모두는 스스로에 대해 이 세상을 창조해나가는 하나의 연결고리라고 생각해야 할 것이다. 우리의 애국심에도 불구하고 우리 앞에는 우리의 헌신과 자선의 손길을 필요로 하는 전 세계가 펼쳐져 있다.

애국심과 숭고함, 군인정신 등은 미국의 지도자이자 구원자인 워싱턴Washington의 생애에 최대로 구현되어 있다. 워싱턴은 그의 천재성뿐 아니라 순수성과 진실성에 있어서도 18세기가 낳은 가장 위대한 인물이라 할 수 있다. 그는 영국 앵글족의 후예로, 그의 조상은 영국의 더럼Durham에 정착해서 살다가 1657년 미국의 버지니아로 이민을 갔다.

조지 워싱턴은 인품이 훌륭했으므로, 꽤 이른 나이에 책임 있는 지위에 올랐다. 그는 19세 때 소령 계급장을 단 채 버지니아 주 군무국장에 임명되어 주위의 기대를 저버리지 않고 근면성실한 자세로 임무를 수행했으며, 23세 때에는 대령으로 승진하여 버지니아 주의 총사령관으로서 영국 군대와 협력하여 미국 서부 지역 방어를 위한 대對프랑스전을 치렀다. 그는 성공뿐 아니라 실패를 통해서도 많은 것을 배웠다. 실패는 그에게 불굴의 정신을 길러주었다.

워싱턴의 생애에 대해서는 이미 많은 저서가 나와 있으므로 여기서는 다만 그가 대단히 양심적이고 희생정신이 강했으며, 동기가 순수했다는 점만을 언급해두기로 하자. 그는 사심 없는 마음으로 조국의 자유와 독립을 완수했다. 누구도 그보다 더 순수하고 헌신적일 수는 없었을 것이다. 그는 전쟁에 이겼을 때에도 자제심을 잃지 않았으며, 패했을 때에도 동요하지 않았다. 그는 늘 한결같이 도량이 넓었고 마음이 순결했다. 워싱턴 장군 안에는 여러 가지 미덕이 자리하고 있어서 특별히 어느 한 가지를 꼬집어 얘기하기가 힘들다. 그는 고결한 인격과 강한 애국심을 지니고 있었으며, 그의 행동은 늘 순수한 동기에서 비롯되었다.

미국 몇몇 주의 주지사들 앞에서 총사령관직을 사퇴할 의사를 밝히는 연설의 말미에 워싱턴은 이렇게 말했다. "나는 끊임없이 다음과 같은 기도를 드리고 있습니다. 하느님이 여러분과 여러분이 통치하는 주를 보호해주시고, 시민들로 하여금 정부에서 하는 일에 기꺼이 협조하고 서로에게, 그리고 미국의 전 국민과 특히 전장에서 나라를 위해 싸우는 우리 형제들에게 형제애와 사랑으로 대할 수 있게 해주시기를, 또한 우리 모두로 하여금 정의를 행하고 자비를 사모하게 하시며 복되신 주님을 닮아 겸손하고 온유한 사람들이 되게 해주시기를 말입니다. 주님의 모범을 따르지 않고는 우리는 결코 바람직한 국가를 이룰 수 없을 것입니다." 이 얼마나 소박하고 진실하며 아름다운 기도인가!

웰링턴 공작

군인의 삶을 말하면서 웰링턴 공작을 언급하지 않고 끝을 맺기란 불가능하다. 웰링턴 공작은 영국의 바야르였다. 그는 시종일관 의무를 이야기했으며, 의무는 그의 삶을 이끄는 주된 원리였다. 그는 공적인 생활에 있어서나 개인 생활에 있어서나 언제나 진실된 모습을 보여주었다. 공인으로서 그는 최선을 다해 나라에 봉사한다는 한 가지 목적밖에 없었다. 그에게는 명예욕이나 권력욕 따위는 없었던 듯하며, 개인적인 야심도 없었다. 그는 단순히 자신의 의무를 다하는 데 만족했다.

웰링턴 공의 첫 번째 과제는 연대에 배속된 장교로서 자신이 할 일을 파악하는 것이었다. 그가 지휘를 맡은 부대는 금세 규율이 잡혔으며, 그는 무슨 일이든 정력적으로, 정확하게 수행했다. 그는 시간이란 무언가를 하기 위해, 그것도 진지하고 적극적으로 행하기 위해 주어진 것이라고 생각했다. 웰링턴의 뛰어난 자질 중 또 한 가지는 명령에 대한 복종이었다. 인도에서 대부대를 지휘하고 유럽의 여러 왕국들에 맞먹는 지역을 통치하고 돌아온 그에게 서식스Sussex의 보병 여단을 지휘하는 임무가 주어졌을 때 그는 조금도 불평하지 않았다. 누군가 그의 처지에 대해 놀리듯이 말하면, "나는 국왕 폐하의 녹을 먹고 있습니다. 그러므로 폐하가 내게 바라시는 것이 곧 나의 의무입니다."라고 대답했다.

제국의 정부는 그에게 있어 국왕의 정부였다. 그에게 있어서 왕권은 영예로운 것일 뿐만 아니라 백성이 누리는 모든 권리와 특권의 근원이었던 것이다. 그러나 왕권은 법과 관습, 그리고 신하들에 의해 구속받고 있었다. 찰스 1세 시대의 기사당원이 그러했듯 웰링턴 역시 나라의 가장 위대한 제도인 왕권을 수호하기 위해 그 어떤 어려움도 감내할 준비가 되어 있었다.

웰링턴의 용기에 대해서는 굳이 언급할 필요가 없을 것이다. 포병과 보병이 활약하던 그 시대에 장군은 직접 전투에 뛰어들기보다는 지휘만 하면 되었으므로 위험에 노출될 일이 거의 없었지만 종종 위험한 상황에서 직접 나서거나 공격의 선봉에 서야 할 때가 있었는데, 그럴 때면 웰링턴은 대단히 용감한 모습을 보여주었다. 아사예 전투에서는 그가 타고 있던 말이 두 필이나 희생되었고, 도우루Douro 강을 건널 때는 한 손에 칼을 들고 사방에서 몰려든 프랑스군의 말들 사이를 뚫고 나아갔다. 살라망카에서는 총알이 그의 모자를 관통했으며, 허벅지에 타박상을 입었다. 웰링턴에 대해 네이피어는 이렇게 말했다. "살라망카에서의 어느 날 저녁, 그를 가까이에서 볼 기회가 있었다. 포탄과 총탄에서 뿜어져 나오는 빛 속에 그가 얻은 모든 것이 선명하게 드러났다. 그는 혼자였다. 승리의 빛이 그의 이마에서 빛나고 있었다. 그의 시선은 빠르면서도 상대방을 꿰뚫는 듯했지만 그의 목소리는 차분하고 다정하기까지 했다."

웰링턴의 인내심은 대단했다. 1810년 토레스베드라스에서 마세나Massena 원수의 군대에 에워싸였을 때 웰링턴의 휘하에 있던 장교들이 반란을 일으킬 뻔한 적이 있다. 그들은 고국에 돌아갈 생각으로 끊임없이 휴가를 요구했지만 웰링턴이 들어주지 않았기 때문이다. 웰링턴은 그들을 이렇게 설득했다. "현재 7명의 장교가 본국으로 돌아갔거나 가는 도중에 있습니다. 따라서 나와 캠벨Campbell 장군을 제외하면 이곳에는 군대를 이끌 사람이 아무도 없습니다. 그 결과 최근의 몇몇 전투에서는 나 혼자서 기병대와 척후병들을 지휘하고 두세 차례의 공격을 이끌어야 했으며, 때로는 하루에 이 모든 일을 다 해내야 했던 것입니다."

본국에서는 웰링턴이 적극적으로 전쟁을 수행하지 않는다는 비난이 일었다. 언론에서 그렇게 떠들어대자 런던 시장과 시의회에서는 왕에게 웰링턴의 행적을 조사할 것을 건의했고, 하원에서도 이 문제가 거론되었으며, 내각은 동요했다. 그렇지만 웰링턴은 토레스베드라스 요새선을 굳게 지켰다. 포르투갈군이 별 도움이 되지 않았으므로 그는 영국군만으로 이 일을 수행해야 했다. 영국 언론에 실린 비난에 대해서 그는, "영국 국민이 신문 기사에 영향 받지 않기를 바라며, 또한 이러한 기사들에 여론이나 일반인의 감정이 반영되어 있지 않기를 바란다. 따라서 (이런 중상모략에 어느 누구보다 분개해야 할) 나는 이러한 기사들에 조금도 신경 쓰지 않을 것이며, 나에 관한 이런 터무니없는 거짓 기사들에 반론을 제기하지 않을 것이다."라고 말했다. 그리고 런던 시장과 시의회의 위협에 대해서는, "그들이 원하는 대로 하게 내버려두라. 나는 이곳에서의 임무를 포기하지 않겠다."라고 말했을 뿐이다.

스페인과 포르투갈에서의 웰링턴 공작

프랑스군은 영국군에 의해 토레스베드라스 요새선 뒤로 밀려났고,

결국 퇴각하기 시작했다. 웰링턴은 그들을 뒤쫓았다. 프랑스군은 후퇴하는 데 방해가 되지 않도록 상당량의 총과 탄약을 못쓰게 만들었으며, 재미삼아 농민들을 죽이고 농가를 약탈했다. 길가에는 단지 프랑스군에 협조적이지 않았다는 이유만으로 살해당한 농민들의 시체가 즐비했다. 프랑스군은 퇴각하면서 마을에 불을 질렀기 때문에 그들이 지나는 곳에는 연기가 피어올랐다. 웰링턴은 푸엔테스데오뇨로Fuentes d'Onoro에서 마세나군을 크게 이긴 후 알메디아Almedia와 시우다드로드리고Ciudad Rodrigo 및 바다호스Badajoz를 점령했으며, 살라망카에서 마르몽Marmont 장군이 이끄는 프랑스군을 무찌르고 마드리드에 입성했다. 스페인의 여단장 미란다Miranda에게는 43명이 넘는 부관이 있었지만, 마드리드에 입성할 당시의 웰링턴에게는 부관이 피츠로이 서머싯Fitzroy Somerset 경 한 사람뿐이었다.

웰링턴은 그의 군대가 지나가는 지역의 농민들에게 매우 친절했으므로 스페인인들은 영국군보다 스페인군을 더 두려워했다. 스페인군은 가는 곳마다 약탈을 일삼았지만 영국군은 약탈을 금했다. 그러나 영국군은 돈과 운송 수단의 부족으로 고통을 겪었다. 웰링턴의 군대가 마세나의 군대를 뒤쫓을 때 웰링턴의 병사들이 도스테요 멜로르Dostello Melhor 백작 영지에서 나무를 가져다 불을 피우자, 웰링턴은 군대의 지휘관으로서는 드물게 자기 돈으로 그 값을 물어주었다. 그는, "군의 이익을 생각하고 주민들의 불행을 생각한다면 함부로 약탈과 파괴를 자행해서는 안 될 것이다."라고 말했다.

영국과 스페인 연합군이 탈라베라Talavera에서 승리를 거둔 후 스페인 병사들이 다양한 방식으로 영국군에 대한 적대감을 드러낼 당시에도, 웰링턴은 "주민들에게 최대한 친절하게 대하라"고 주문하였다. 스페인군은 프랑스로 진격하자마자 주민들을 살해하고 약탈하기 시작했다. 그러자 이를 알게 된 웰링턴은 즉시 스페인군을 본국으로 돌려보내고 스페인군 없이 오르테즈Orthez 전투를 치렀다. 그는 돈 프레이레Don Freyre에게, "나는 약탈을 허용할 만큼 비열하지 않습니다. 스페인군의 약탈을 허용하고자 한다면 나 이외의 다른 지휘관을 찾아보십시오."라고 말했다.

웰링턴은 본국으로부터 별로 지지를 받지 못했기에 전공을 세운 부하들에게 해줄 수 있는 것이 별로 없었다. 프랑스의 지휘관들은 부하들을 승진시킬 수 있었지만, 웰링턴은 혁혁한 무훈을 세운 부하들을 승진시킬 힘이 없었다. 모든 승진의 기회는 본국에 있는 근위기병들에게 주어지고, 국외에서 싸워본 적이 없는 사람들이 반도전쟁의 영웅들보다 더 높은 지위를 차지했다. 토레스베드라스 요새선에서 참호를 파고 시우다드로드리고와 바다호스, 부르고스Burgos, 살라망카 등지에서 포위 공격을 지휘한 플레처Fletcher 중령은 3년 후 산세바스티안San Sebastian의 참호에 포탄이 터져 사망할 때에도 중령이었으며, 용맹스런 워터스Waters 중령은 1809년의 도우루 강 전투에서 중령 계급을 달았으나 1815년의 워털루 전투에서도 여전히 중령이었다. 그러나 웰링턴은 영국 정부에 보내는 보고서에 끊임없이 부하들의 전공을 써보냈다.

웰링턴 공작의 인정과 진실함

병사들은 자신들에게 보다 좋은 여건을 마련해주기 위한 웰링턴의 지속적인 노력에 감사했으며, 그들의 생명을 구하려는 그의 노고에 감동하였다. 그들은 웰링턴의 공평무사하고 진실하고 정의로운 점을 존경했다. 웰링턴은 병사들뿐 아니라 장교들에게도 무한한 신뢰를 얻었다. 그의 부하들 중에는 벌을 받은 사람보다 용서받은 사람의 수가 훨씬 많았다. 군대의 기강을 바로잡는 것은 물론 필요한 일이지만 웰링턴은 늘 실수를 범한 사람들의 좋은 점을 보았다. 어떤 장교가 적 앞에서 그릇된 행동을 했을 때 웰링턴은 그를 군법재판에 회부하는 대신 그가 군대를 떠날 수 있도록 도와주었다. "나는 그가 세상에 알려지기보다는 조용히 퇴직할 수 있게 해주고 싶다."라고 웰링턴은 말했다. 또 한 번은 하사관 한 사람이 중대의 돈을 가지고 달아난 사건이 있었다. 그는 어떤 여인의 꼬임에 넘어가 죄를 범하게 되었지만, 그 전에는 나무랄 데 없던 사람이었다. 웰링턴은 그를 용서했다. 그는 다시 하사관으로 복무하였으며, 나중에 반도군의 유능한 참모가 되었다.

웰링턴은 아랫사람들에게도 매우 정중했다. 그는 고귀한 태생과 인품에서 우러나오는 침착하고 세련된 태도와 예절이 몸에 배어 있었다. 그는 상관으로서 명령할 때에도 함부로 말하지 않고 부탁하거나 요청했으며, 장교들에게도 아랫사람들에게 험한 말을 사용하지 말 것을 당부했다. 그는, "이런 식의 표현은 상처를 줄 수는 있어도 상대방을 설득할 수는 없습니다."라고 말했다.

전쟁이 한창일 때에도 그는 부하들에게 몹시 마음을 썼다. 네이피

어느 바다호스 공격이 있던 날 2000명의 사망 소식을 접하고 눈물을 쏟는 웰링턴을 보았다고 한다. 흄Hume 박사는 워털루 전투 때의 사상자 명단을 보고하러 웰링턴의 방에 들어갔다가 씻지도 않고 면도도 하지 않은 채 잠들어 있는 그를 발견했다. 잠시 후 웰링턴은 잠에서 깨어 사상자 명단을 보고받았다. 명단은 꽤 길었는데, 중간에 박사가 고개를 들어 보니 웰링턴이 맞잡은 손을 떨면서 눈물을 흘리고 있었다.

그날 웰링턴은 베리스퍼드Beresford 원수에게 편지를 써서 이렇게 말했다. "전사자들만 생각하면 마음이 괴롭고, 우리가 얻은 승리 따위는 아무것도 아닌 것처럼 느껴집니다. 저는 다시는 이런 전투를 치르는 일이 없기를 하느님께 기도드리고 있습니다. 그토록 많은 동지들과 오랜 친구들을 잃는다는 것은 너무나 가슴 아픈 일이니까요." 그는 애버딘Aberdeen 경에게도 "이 같은 전투에서 승리의 영광은 제게 아무런 위로도 되지 않습니다."라고 말했다. 그러나 그는 큰 전투에서 이겼으며, 연합군은 승리의 빛에 싸여 있지 않았던가! 그럼에도 웰링턴은 들판을 달릴 때 부상자들의 신음소리가 들려오자 그의 비통한 심경을 다음과 같은 말로 표현했다. "패전을 제외한다면 승리보다 더 끔찍한 것도 없을 것입니다."

웰링턴은 훗날 상원에서 이렇게 말했다. "나는 대부분의 사람들보다 더 많은 시간을 전장에서, 그것도 주로 내전이 벌어진 곳에서 보낸 사람으로서 이것만큼은 말해두어야 하겠습니다. 어떤 희생을 치르고라도 전쟁을 피할 수만 있다면, 비록 그것이 한 달간의 내전에 불과할지라도 나는 그것을 막기 위해 기꺼이 목숨을 바칠 것입니다."

웰링턴은 인정이 많은 사람이었다. 그는 스페인 병사들의 가혹행위로부터 스페인인들을 보호해주었으며, 적병 또한 보호해주었다. 탈라베라 전투 이후로 영국군은 쿠에스타Cuesta의 병사들이 프랑스인들을 살상하는 것을 막기 위해 그들과 싸우게 되었는데, 이에 대해 샤토브리앙Chateaubriand은 이렇게 말했다. "우리는 웰링턴 경에 대해 찬탄을 금할 수 없습니다. 그 위대한 인물이 포르투갈에서 퇴각하는 프랑스 포로를 살려주는 대가로 포로 한 사람당 2기니씩 주기로 약속하는 것을 보았을 때, 사실 우리는 눈물이 날 정도로 감동했습니다."

이런 일은 한두 번이 아니었다. 웰링턴은 인도에 있을 때 둔디아Doondiah의 아들이 부상자들 틈에 누워 있는 것을 발견하고 그를 데려다 상처를 돌봐주었다. 그는 또한 스페인인들이 토굴 속에 버려두어 전염병으로 죽어가는 프란체시Franceshi 장군의 회복에 마음을 썼으며, 스페인 정부의 잔혹행위로부터 젊은 마스카레나스Mascarhenas와 그 밖의 희생자들을 구해냈다. 그리고 그의 포로가 된 적병과 부상당한 프랑스인들이 포르투갈 병사들에게 괴롭힘을 당하지 않도록 보호해주었다. 그는 "전시의 법에 따라 그들은 내 보호하에 있으며, 나는 그들을 보호해줄 생각이다."라고 말했으며, 프랑스인 의사들이 프랑스인 환자들을 돌보는 것을 허락하고 프랑스인 의사들에게 통행증을 주어 동맹군 캠프를 자유로이 오갈 수 있게 했다.

적을 존중한 웰링턴 공작

웰링턴은 적에 대해서도 정중했다. 그는 인도에 있을 때 둔디아 워Doondiah Waugh를 암살함으로써 전쟁을 끝내자는 제안을 받고 단호히 거절하였으며, 스페인에 주둔한 술트Soult 군 내부에 반란의 조짐이 있으니 이를 지원해달라는 요청을 받았을 때에도 이를 거절하였다. 웰링턴은 능력과 용기로서 쟁취하여야 할 승리를 군 내부의 반란으로 얻는 것을 수치스럽게 여겼다.

한 번은 에슬링Essling 공이 토레스베드라스에서 영국군 진지를 살펴보고자 한 적이 있었다. 에슬링 공은 영국 포병중대 아래로 나아가 정원의 낮은 담장에 망원경을 올려놓고 영국군 진지를 살폈다. 그 모습을 본 영국군 장교들은 일제사격을 퍼부을 수도 있었지만 경고용으로 딱 한 발만 쏘았다. 그 한 발은 정확하게 날아가 망원경 바로 밑의 담장을 무너뜨렸다. 마세나는 그들의 정중한 경고 의도를 알아차리고 그들에게 경례를 붙인 뒤 말 위에 올라 멀어져갔다.

워털루 전투에서도 마찬가지였다. 웰링턴이 프랑스 진영을 살펴보고 있는데, 한 포병장교가 다가와 나폴레옹이 참모들과 함께 서 있는 지점을 가리키며 그들에게 포탄을 쏠 수 있도록 허락을 구했다. 그러자 웰링턴은, "아니, 안 되네. 큰 전투에서 군대를 지휘하는 장군들은 서로에게 총을 겨누는 것 말고도 할 일이 있다네."라고 말했다.

나폴레옹의 제국이 무너진 후 웰링턴은 나폴레옹을 처단하자는 제안에 반대했다. "그런 행위는 훗날 우리에게 불명예를 안겨줄 것입니다. 후세 사람들은 우리가 나폴레옹을 이긴 승자로서의 자격이 없다고 말할 것입니다." 그는 이렇게 말하고, 찰스 스튜어트Charles Stewart 경에게 다음과 같은 편지를 써 보냈다. "블뤼허Blucher는 나폴레옹을 죽였으면 하지만 나는 국제 협약에 의해 처리해야 한다고 주장했습니다. 나는 친구로서 그에게 그런 야비한 일에 연루되지 말라고 충고한 후 우리는 처형자가 되기에는 너무 큰일을 해냈으며, 만약 각국의 군주들이 그를 처형하기를 원한다면 그들은 나를 제외한 다른 사람을 처형자로 지명해야 할 것이라고 말해주었습니다."

웰링턴이 나폴레옹을 죽이지 않으려고 마음을 쓴 데 반해 나폴레옹은 웰링턴의 암살을 기도한 자에게 1만 프랑을 건넸음은 흥미로운 일이다.

웰링턴 공은 진실한 사람으로, 부하들 역시 자신과 마찬가지로 진실하기를 바랐다. 1809년, 그는 켈레르만Kellermann 장군에게 보내는 편지에서 이렇게 쓰고 있다. "영국군 장교가 도주하지 않기로 맹세했다면 그들이 그 맹세를 지키리라 믿으셔도 좋습니다. 그렇지 않은 사람이 있다면 내가 곧바로 그를 붙잡아 당신께 되돌려 보낼 것입니다."

웰링턴은 도량이 넓은 사람이었다. 그에게는 뇌물이 통하지 않았으며, 그 어떤 위협도 그를 막지는 못했다. 그에게 낮은 지위가 주어졌을 때 그는, "명령만 내려주십시오. 즉시 시행하겠습니다."라고 말했다. 그의 상관에 대한 복종과 정직성과 충성심은 완벽했다. 그는 자신은 생각지 않고 남을 먼저 배려했으며, 시기심이 전혀 없었다. 그는 또한 자신을 돋보이게 하기 위해 다른 사람을 깎아내리는 일 따위는 해본 적이 없으며, 부하 장교들의 평판에 대해 마치 자신의 일인 양 신경을 썼다. 그리고 무언가 잘못되었을 경우에는 모든 것을 자신의 책임으로 돌렸다. 그는 부하장교인 그레이엄Graham과 힐Hill, 크로퍼드Crawford 등에 대해 본국에서 안 좋은 얘기가 들려왔을 때에도 그들을 믿어주었다. 확고한 믿음과 위대한 영혼을 지닌 그는 부당한 중상모략을 경멸하였다. 그는 마드리드 시 당국으로부터 찬사를 들었을 때 자신에게 공을 돌리지 않고, "전쟁의 결과는 신의 섭리에 달려 있습니다."라고 말했다.

그러나 웰링턴의 성격적 특질 중에서도 가장 주된 특성은 넘치는 의무감이었다. 자신의 의무로 생각되는 일을 충실히 이행하는 것, 이 것이 그가 늘 바라던 바이자 하기로 굳게 마음먹은 일이다. 그는 한 가지를 위해 살았다. 바로 군인으로서의 의무를 온 힘을 다해, 어떤 위험에도 굴하지 않고, 가능한 최선의 방법으로, 최대한의 능력을 발 휘하여 행함으로써 궁극적인 성공에 이르는 것이다. 사람이 어떤 한 가지 원칙을 분명히 이해하고 꾸준히 지킴으로써 얼만큼 일관성과 순 수성을 지키고 힘을 얻는지를 지켜보는 것은 고무적이다.[5] 브리알몽 Brialmont은 생을 마감하면서 웰링턴에 대해, "그는 이 시대가 낳은 가장 위대한 사람이었다. 누구보다도 진실했기 때문이다. 그는 영국 왕을 보필한 가장 현명하고 충성스러운 신하였다."라고 말했다.

프로이센의 폰 슈타인

이제 국가의 기틀을 공고히 다진 한 사람의 예를 살펴보자. 프로이 센이 나폴레옹의 말발굽에 짓밟혀 프랑스의 속국이 되었을 때 폰 슈 타인Von Stein은 나라를 구하는 일에 앞장섰다. 1807년 10월 슈타인은 백성에게 자유를 줌으로써 나라를 해방시킨다는 계획을 구상하였다. 그의 계획의 요지는 "국가가 화려한 외형 속에 잃어버린 것을 내적인 힘으로 만회해야 한다."는 놀라운 말에 잘 나타나 있다. 그에 의하면, 국가의 진정한 힘은 귀족에게서가 아니라 국민에게서 나온다. 그는 이렇게 말했다. "국민을 고무시키기 위해서는 억눌린 계급에게 자유와 독립과 재산을 보장해야 하며, 법의 보호를 전 국민에게 확대해야 한다. 농민을 해방하자. 어디에도 얽매이지 않는 자유로운 노동만이 국가를 효과적으로 지탱할 수 있다. 농민에게 자신이 경작하는 밭을 소유할 수 있게 하자. 독립적으로 일하는 사람만이 자신의 소유를 지키는 데 용감하다. 독과점과 관료집단의 간섭으로부터 시민을 자유롭게 하자. 자유가 보장되는 작업장과 마을회관은 옛 독일의 시민에게 긍지를 심어주지 않았던가. 지주와 귀족으로 하여금 합법적인 귀족사회는 국가에 대한 사심 없는 봉사에 의해 유지되며, 세금의 면제와 기타 부당한 특권에 의해 잠식된다는 사실을 알게 하자. 또한 관료집단은 책에서 익힌 지식에만 의존하고 관료적 형식주의와 봉급에 우선적인 관심을 갖는 대신 백성에 대해 연구하고 그들과 함께 생활하며 그들의 방식을 현실정책에 반영할 수 있어야 한다."

슈타인이 추진한 정책은 이 같은 내용으로 이루어져 있었다. 귀족들에게 배상을 해주는 조건으로 농노제가 폐지되었고, 계급 차별이 적어도 법적으로는 철폐되었으며, 지방자치제가 도입되었다. 그러나 그에 대한 이야기가 나폴레옹의 귀에 들어가는 바람에 1808년 슈타인은 공직을 떠나 오스트리아로 망명을 가야 했다.[6] 하지만 슈타인의 정책은 후임자인 폰 하르덴베르크Von Hardenberg 백작에 의해 꾸준히 추진되었다. 그 후 라이프치히 전투가 벌어져서 나폴레옹군이 프랑스로 쫓겨가면서 슈타인의 개혁안 중 몇 가지는 달성되고 국민대표제는 미래의 과제로 남겨지게 된다. 그러나 농노제는 폐지되었으며, 프로이센에 번영의 기틀이 마련되었다. 슈타인은 1831년에 사망하였다. 그는 확고한 의지를 가지고 개혁을 추진한, 프로이센의 가장 뛰어난 정치가로 평가받고 있다.

3년 전에 베를린에서 열린 슈타인의 기념비 제막식에서 법학 교수인 그나이스트Gneist 박사는 슈타인이 프로이센을 위해 행한 여러 업적들을 회고했다. 그는 슈타인이 신앙을 윤리적 삶의 유일하게 참된 기초로 옹호했다고 말한 후, 감각적 쾌락과 게으름과 물욕은 애국심과 이웃에 대한 사랑을 제외한 그 무엇으로도 완화시킬 수 없으며, 자유가 존재하는 한 국가 형태는 그다지 중요한 문제가 아니라고 말했다. "우리에게 이러한 가르침을 준 사람은 말만 앞서는 사람이 아니라 애국심과 활력과 진실함과 신념으로 가득 찬 실천가였습니다. 그는 하느님을 깊이 경외하였기에 세상에 대한 두려움 없이 원대한 목표를 추구할 수 있었고 모든 장애를 이겨낼 수 있었습니다. 그리고 빈번히 자신은 계획을 수립하는 데 만족하고 이를 실행하는 것은 다른 사람들의 몫으로 남겨두었습니다. 두려움과 소심함, 이기심 및 허영을 싫어하고 필요할 때에는 오만하고 무뚝뚝하기까지 했던 그는 편견과 구습을 타파하기 위해 과감히 싸웠습니다. 자비로운 신의 섭리는 이 고결한 인물, 민족의 단결을 이뤄낸 이 보석과 같은 존재를 다듬어지지 않은 금강석으로 만드시어 그 안에 개혁가로서 갖추어야 할 엄정함과 열정을 허락하셨습니다. 현대 독일의 모든 제도에는 슈타인의 영향이 뚜렷하기 때문에 우리는 그의 기념비를 세웠다고 해서 특별히 기뻐할 것도 없고 이 기념비를 영광의 상징으로 자랑할 것도 없습니다. 영광이라는 개념만큼 그의 순결한 영혼 및 그의 모든 글과 행동에 혐오스럽게 느껴지는 것도 없을 테니까요. 기념비에 새겨진 소박한 문구 그대로 이것은 영광의 기념비가 아니라 감사의 기념비이며, 승리의 기념비가 아니라 보은의 기념비입니다."

카를로 알베르트와 비토리오 엠마누엘

현재 우리는 약동하는 한 나라를 목전에 두고 있다. 40년 전 이탈리아의 앞날은 이탈리아의 가장 호의적인 찬미자들에게조차 매우 암담해 보였다. 과거에 이탈리아의 공화국들에게 영광을 안겨준 자치 능력은 한때 소멸한 것처럼 보였고, 이탈리아인들은 예로부터 이어져 내려오던 정치적 자질을 상실한 것으로 여겨졌다. 나폴레옹의 몰락 이후 이탈리아는 철권정치를 휘두르는 몇몇 전제주의자들에 의해 분할되었으며, 1848년에야 사르데냐Sardinia의 왕 카를로 알베르트Charles Alert가 헌법을 승인하였다. 같은 해에 혁명 전쟁이 유럽 전역으로 번져서 파리에 바리케이드가 세워지고 루이 필리프Louis Philippe는 영국으로 달아났으며, 베를린에서는 시민과 군부대 사이에 시가전이 벌어졌다. 폴란드에서의 봉기는 수많은 사람이 죽고 난 후에야 진압되었으며, 프라하 시민은 오스트리아에 대항하여 반란을 일으켰다. 나폴리 왕은 메시나를 공격하였고, 교황은 가에타Gaeta로 피신하였으며, 로마 공화국이 수립되었다. 밀라노인들은 오스트리아에 대항하여 들고일어나 오스트리아인들을 몰아냈으며, 베네치아 역시 오스트리아인들을 몰아내고 다니엘레 마닌Daniel Manin의 주도 하에 임시정부를 구성하였다.

카를로 알베르트는 밀라노의 반란 세력을 지원하였으나 오스트리아군은 노바라Novara 전투에서 그를 이기고 반란 지역을 되찾았다. 이에 카를로 알베르트는 아들 비토리오 엠마누엘Victor Emmanuel 2세에게 왕위를 물려주었다. 젊은 왕은 대관식 때 칼끝을 오스트리아 진영 쪽으로 향하고 "이탈리아는 계속되리라!"라고 말했다. 그 당시에는 헛된 자부심의 발로로 여겨졌던 그의 이 예언은 나중에 그대로 실현되었다. 라데츠키Radetzky 사령관은 엠마누엘 2세에게 부왕이 승인한 헌법을 폐지하고 오스트리아의 억압정책을 따르라고 했으나, 젊은 왕은 그런 제안에 응하느니 왕위를 한 번이 아니라 천 번이라도 버릴 마음의 준비가 되어 있다고 말하며 이를 거부했다. 그는, "사보이 왕가는 망명의 길은 알아도 불명예의 길은 알지 못한다."라고 말했다. 라데츠키는 비록 점령군의 사령관이었지만 젊은 왕의 위대성을 인정하고, "그는 훌륭한 인물이며, 앞으로 우리는 그로 인해 할 일이 많아질 것이다."라고 말했다.

엠마누엘 2세는 유능한 정치가들의 보좌를 받았다. 노바라 전투의 패배 이후로 힘겨운 나날이 지속되는 기간에 카부르Cavour 백작은, "하루를 살아내면 그만큼 득을 보는 것이다."라고 말했다. 러시아와의 전쟁이 발발하자 사르데냐 왕의 입장에서는 1만 5000명의 병력을 크림반도에 보낸다는 것이 무리한 일로 여겨졌지만, 수상인 카부르는 전쟁에 참여하기를 원했다. 그는 사르데냐 보병이 진흙탕 속에서 참호를 파느라 고생한다는 소식을 듣고, "괜찮네. 그 진흙탕 속에서 이탈리아가 형성될 테니까!"라고 외쳤다. 사르데냐 왕의 세력이 커지는 듯하자 오스트리아는 사르데냐에 무장해제를 요구하고, 이 요구를 수용하지 않을 경우 즉각 공격을 가하겠다고 위협했다. 이에 비토리오 엠마누엘 2세는 다음과 같이 선전포고를 했다. "오스트리아는 우리 국경에 병력을 배치하고 우리 영토를 침략하겠다고 위협하고 있다. 그 것은 이 땅에 자유와 질서가 존재하기 때문이며, 무력이 아니라 군주 와 백성간의 애정과 화합이 이 나라를 다스리기 때문이며, 전 이탈리 아의 신음소리가 이곳에 메아리치기 때문이다. 오스트리아는 스스로 의 방어를 위해 무장한 우리에게 무기를 내려놓고 그들의 자비에 기 대라고 요구한다. 그런 굴욕적인 요구에는 그에 합당한 답이 주어질 뿐이다. 짐은 그들의 요구를 거부한다. …… 병사들이여, 무기를 잡으 라!"

나폴레옹 3세는 사르데냐 왕과 연합하여 오스트리아에 전쟁을 선 포했다. 전쟁이 시작되었고 오스트리아인들은 몬테벨로Montebello와 팔 레스트로Palestro, 마젠타Magenta, 말리냐노Malignano, 솔페리노Solferino 등 지에서 패했으며, 빌라프란카Villafranca 조약에 따라 롬바르디아Lombardy 와 토스카나, 파르마Parma, 모데나Modena, 볼로냐 등이 북부 이탈리아 에 통합되었다. 그 후 가리발디Garibaldi가 이탈리아의 통일을 주도하게 되었다. 그는 시칠리아를 정복하였으며, 가는 곳마다 승리에 승리를 거듭한 후 남부에서 출발한 열차의 1등칸 승객으로 홀로 나폴리에 입 성하였다. 일찍이 이렇게 정복된 나라가 없었으나 때는 무르익어서 이탈리아인들은 이탈리아의 통일을 염원하게 되었다. 그리하여 베네 치아와 로마가 마지막으로 합병됨으로써 통일작업은 일단락되었다.

통일 이탈리아는 하나로 잘 융화되어 새로운 국가로 거듭났으며, 지금은 유럽 열강의 하나이다. 이탈리아는 불과 몇 년 사이에 세계무 대로 진출하여 미래의 가능성을 보여주었는데, 이는 19세기의 가장 위대한 도덕적 승리라 하겠다. 국가는 하루아침에 형성되지 않는다.

그러나 여기에 오랜 투쟁과 부침을 거쳐 통일국가를 이루어낸 국민이 있으며, 그들은 이제 그런 위업을 달성한 국민으로서의 존엄한 권리를 주장해도 좋을 것이다.

전쟁의 참상

지금까지 군인과 애국자의 생애를 살펴보았지만, 그로 인해 전쟁의 참상을 잊어서는 안 될 것이다. 최근에는 과학의 발달로 포신의 내부를 강철로 만든 대포와 개틀링 기관총, 마티니헨리 라이플, 어뢰 등 다양한 무기가 개발되었다. 그리하여 각국은 서로를 경계하며 아주 작은 도발에도 즉각 보복 전쟁에 돌입하여 주권을 지키고 상대국을 정복할 준비가 되어 있다. 프랑스와 독일, 러시아 역시 마찬가지이다.

가장 최근의 유럽 전쟁은 동부에서 발생하였다. 러시아인들이 터키를 침략하여 수차례의 격전 끝에 터키인들을 콘스탄티노플로 패주시킨 것이다. 배진配陣과 공격, 극도의 흥분, 용맹스런 행위, 승리의 영광. 이런 것들이 휩쓸고 지나간 전장을 한번 생각해보자. 1879년 5월 로즈는 스코벨로프Scobeloff 장군을 따라 십카 고개Shipka Pass를 방문했는데, 그때의 일을 다음과 같이 기록하고 있다.[7] "십카 인근에서 우리는 스코벨로프 장군의 인도로 예전의 그의 진지를 살펴보았다. 몇 발짝을 가자 네 그루의 너도밤나무에 둘러싸인 나무 십자가가 나왔다. 장군은 모자를 벗었고, 우리도 따라서 모자를 벗었다. 그는 묵념을 한 후 발걸음을 옮기면서 이렇게 말했다. '저것은 영웅의 무덤입니다. 전투가 있던 날, 나는 그의 무덤을 표시하기 위해 특별히 십자가를 세우게 했지요. 그는 겨우 열대여섯 살쯤 되는 소년으로, 러시아 양가의 자제였습니다. 전쟁이 발발하자 그는 대의를 위한 전쟁에 대한 소년다운 열정에 이끌려 집을 나와 군에 입대했습니다. 플레브나^{Plevna}에서 그를 자원병으로 받아들였는데, 그는 오스만 파샤의 요새를 함락할 당시 매우 용감하게 싸웠지요. 세노바^{Senova}에서 그는 제32연대의 1개 중대를 이끌고 중앙의 보루를 공격하게 되었습니다. 그는 용감하게 달려나가 부하들과 꽤 거리가 벌어진 상태에서 빗발치듯 날아오는 총탄을 피해 보루에 도달했으나, 그 안에서 적의 총검에 찔려 최후를 맞았습니다. 짧지만 영웅적인 생애였지요.'"

영웅다움이란 바로 이런 것이다. 로즈의 이야기는 다음과 같이 이어진다. "시내를 건너 그 중앙 보루에 들어가보니 처참한 광경이 펼쳐져 있었다. 입구에는 대포의 산탄과 총알의 탄피, 군복의 찢어진 조각들이 널려 있었고, 보루 안에는 서둘러 매장한 수백 구의 시체를 덮고 있던 흙이 눈비에 씻겨 내려간 뒤 근처의 개와 늑대들이 달려들어 속을 파헤쳐놓은 인골이 여기저기 나뒹굴고 있었다. 비에 씻기고 햇볕에 바랜 척추와 팔다리의 뼈가 두개골과 섞여 기묘한 형태를 이루고 있었다. '생명 없는 입들이 씩 웃는 모습이란! 그들이 여러분 모두를 향해 어떤 조소를 보내고 있는지! 그러나 그들도 한때는 여러분과 같았던 것을!' 나도 전투가 끝난 뒤 전장을 돌며 아군과 적군 할 것 없이 사람과 말의 시체가 쌓여 있는 광경을 목격한 적이 있지만, 그것은 전쟁이 끝나고 16개월이 지난 후에 와서 보는 이 소름 끼치는 광경에 비하면 처참하기가 그 반에도 미치지 못했다. 우리가 물끄러미 이 납골당을 바라보고 있으려니까 스코벨로프 장군이 '이것이 바로 영광스러

운 승리라는 것이지요.' 하고 말했다. 나는 그의 말을 받아, '그렇군
요. 결국

　　한 방울의 눈물을 닦아주는 것은
　　바다 같은 피를 흘리는 것보다 더 명예로운 일

이니까요.' 하고 말했다. 그러자 그는 '맞습니다. 하지만 나는 그저 한
사람의 군인일 뿐입니다.'라고 대답했다."

9

일상생활 속의 영웅

| 새무얼 스마일즈의 의무론 |

여인의 손이지만 무쇠로 된 손이다.

— 프랑스 속담

수고 없이는 결실도 없다.

— 이탈리아 속담

참는 사람이 이긴다.

— 스코틀랜드 속담

현세에서의 의무의 길은 내세에서의 구원의 길이다.

—유대의 현자

누구든지 자기를 위하여 사는 자가 없고 자기를 위하여 죽는 자도 없다.

— 성 바오로

옛날에는 미덕과 용기가 동의어였다. 고대
로마식의 용기는 정신적 가치인 동시에 고상한 목적을 추구할 수 있
게 해주는 힘이었다. 다른 사람들을 위해 가장 많이 봉사하는——그들
의 생명을 구하고 정신을 고양시키는——이들은 대개 가장 용감한 사
람들이었다.

용기라는 미덕

용기에는 내적인 용기도 있다. 양심의 용기, 정직의 용기, 극기의
용기, 희생의 용기, 세상의 편견에 맞서 옳은 일을 할 용기 등이 그것
이다. 이러한 용기의 가장 큰 특질은 넓은 마음이다. 인내와 에너지는
정신적 가치 또는 진정한 용기의 두 가지 본질이다.

전장에서 보는 영웅주의가 용기의 지고한 형태는 아니다. 총검이
맞부딪치고 포성이 울려 퍼지는 전쟁터에서 병사들은 용기를 내기가
좀더 쉽고, 기꺼이 조국을 위해 목숨을 내놓으려 하게 된다. 그들 모

두에게 영광 있으라!

여인들 중에도 남자들 못지않게 인내심을 발휘하는 사람들이 있다. 피비린내 나는 전쟁과 관련한 이야기 중에서, 남장을 하고 연인의 뒤를 따라 전쟁터에 뛰어들어 끝까지 그의 곁을 지키는 여인의 이야기만큼 감동적인 이야기도 없다. 또한 생활전선에 뛰어들어 생존경쟁을 벌이고 승진을 위해 노력하며, 수많은 좌절을 겪으면서도 다시 일어나 전진하는 사람들이 얼마나 많은가!

기독교인 영웅들은 전쟁 영웅들처럼 눈부신 용맹을 떨치지는 않는다. 기독교인의 격전장은 공격과 싸움의 장이 아니라 고통과 희생의 장이다. 그들의 경우에는 가슴에 별이 달리지도 않고 머리 위로 깃발이 펄럭이지도 않는다. 임무를 수행하다 쓰러져도 월계관이나 성대한 장례식 따위는 기대할 수 없으며, 다만 몇몇 사람들이 그들의 무덤을 찾아와 조용히 눈물을 흘릴 뿐이다.

인간은 명성이나 영예, 성공 같은 것을 추구하기보다는 세상이 줄 수 없는 보다 높고 위대한 무언가를 추구하도록 만들어졌다. 제러미 테일러는, "하느님은 우리 인간에게 이 지상에서의 짧은 생을 허락하셨지만, 이 짧은 시간에 영원이 달려 있습니다."라고 말했다. 우리는 정복해야 할 많은 적과 예방해야 할 많은 악, 겪어야 할 많은 위험, 극복해야 할 많은 장애, 도와야 할 많은 이웃, 그리고 해야 할 많은 선이 있음을 기억해야 한다.

자기희생은 기독교의 핵심이다. 역사상 가장 훌륭한 사람들은 자신의 이익을 구하지 않는 사람들이었다. 그들은 영예와 명성 따위는 고려치 않고, 스스로를 다른 사람들에게 내주며, 의무를 다했다는 사실 자체를 가장 큰 보상으로 여겨왔다. 그들 중 많은 사람들이 제대로 감사 인사를 받지도 못하고 세상을 떠났다. "무엇이든지 남에게 대접을 받고자 하는 대로 너희도 남을 대접하라."는 말은 영구한 효력을 갖는 행동지침이다. 그러나 이 지침을 실행에 옮기기란——적어도 풍족하게 살면서 소외된 이웃에게 무관심한 사람들에게는——쉽지 않은 일이다.

우리가 잘 모를 뿐, 존재하는 모든 것에는 그 나름의 존재 의의가 있으며, 우리의 모든 경험은 의미로 가득 차 있다. 때로는 불행조차도 인간의 탁월함을 시험하는 시금석이 된다. 독일의 어느 유명한 시인은, "눈물에 젖은 빵을 먹고 눈물로 침상을 적셔보지 않은 사람은 아직 천상의 힘을 알지 못한다."라고 말했다. 고통스러운 일이 생겼다면 어쩌면 그것은 우리를 시험하고 우리의 능력을 입증하기 위해 주어진 것일지도 모른다. 우리가 시련기를 의연히 견뎌낼 수 있다면 이런 의연함이 마음에 평안을 가져다주어, 편안한 마음으로 의무를 수행할 수 있을 것이다.

선을 행할 기회

선을 행할 의지가 있는 모든 사람에게는 선을 행할 기회가 주어진다. 진심은 통하는 법이다. 참을성과 인내심은 모든 것을 극복한다. 얼마나 많은 사람들이 세상의 박수갈채와는 상관없이 선을 행하다 죽기를 자원하는가! 그들은 가난한 사람들을 방문하고 병자를 돌보며, 병자들로 인해 고통 받고 병에 전염되기까지 한다. 수많은 사람들이 의무와 자선을 행하다가 사랑 이외의 다른 보상을 받지 못한 채 죽어갔다. 자신 이외의 다른 사람을 위해 스스로를 희생하는 것은 고귀한 일이다.

크레타Crete의 철학자이자 시인인 에피메니데스Epimenedes1는 전염병이 도는 아테네로 와달라는 부름을 받았을 때, 그리로 가서 전염병의 확산을 막는 데 성공했지만 자신의 거주지인 크노소스Gnossus에 대한 아테네인의 호의 이외에는 그 어떤 보상도 거절했다.

옛날에는 흑사병이 무서운 질병이었기 때문에, 흑사병에 걸린 사람들은 다른 사람들로부터 격리된 채 홀로 죽어가곤 했다. 그러나 전염의 위험을 무릅쓰고 흑사병 환자들을 도운 고결한 사람도 많았다. 지금으로부터 약 300년 전 밀라노에 흑사병이 돌자, 당시(1576년) 로디Lodi에 머물던 카를로 보로메오Charles Borromeo 추기경은 즉시 밀라노 교구를 자원했다. 동료 성직자들이 전염병이 수그러들기를 기다렸다가 옮기라고 말렸지만 그는, "안 됩니다! 양 떼를 위해 자신의 목숨까지도 내주어야 할 주교로서 위험에 처한 사람들을 그냥 내버려둘 수 없습니다."라고 말했다. 동료들이 다시 "그러나 그들을 돕는 것은 보다 높은 차원에서 이루어져야 할 일입니다."라고 말하자, 그는 "그렇습니다. 주교의 임무가 곧 높은 차원의 일을 수행하는 것이 아니던가요?"라고 대답하고는 밀라노로 떠났다.

흑사병은 넉 달 동안 지속되었다. 그동안 보로메오 추기경은 환자의 가정과 병원을 돌며 환자를 만나고 그들에게 식료품과 약을 가져다주고, 죽어가는 사람들에게 병자성사를 해주었다. 그러자 동료 성직자들 역시 그를 본받아 병자들을 위해 헌신하게 되었다. 보로메오 추기경은 전염병 환자가 완전히 사라진 후에야 다시 일상으로 돌아와 성무를 보기 시작했다.

보로메오 추기경은 또한 빈곤층 어린이들을 위한 주일학교 제도를 처음 실시한 사람들 중 하나이다. "안식일은 사람을 위하여 있는 것이요, 사람이 안식일을 위하여 있는 것이 아니니."*1

따라서 안식일에도 다른 날들과 마찬가지로 선한 일을 행할 수 있어야 한다. 보로메오 추기경은 일요일 오후에 거리의 아이들을 밀라노 성당으로 불러 모아 읽기와 쓰기를 가르쳤고, 아이들은 교본과 석판을 가지고 와서 그의 가르침을 받았다. 성당의 사제들이 추기경을 도왔고, 주일학교는 많은 호응을 얻게 되었다. 그로부터 300년이 지난 지금도 보로메오 추기경이 시작한 주일학교의 전통은 계속 이어져 오고 있다. 1879년 봄, 나는 밀라노 성당에서 석판과 교재를 가지고 주일학교 수업을 받으러 모여드는 아이들을 보았다.

보로메오 추기경은 자신의 수입을 전부 학교와 대학을 세우고 자선 사업을 하는 데 썼으며, 많은 부정과 악이 행해지던 당시의 사회를 개선하기 위해 애썼다. 그는 아이들을 가르치는 데서부터 시작하여 성직자들, 특히 수도회의 개혁을 위해 노력했다. 그는 문란한 생활태도로 물의를 빚은 우밀리타티 수도회에 보다 건전한 생활방식을 도입하려 했지만, 수도회 측에서는 대성당에 빈곤층 아이들을 모아놓고 읽기를 가르치는 보로메오 추기경 역시 문제가 많다고 보았다. 보로메오 추기경은 안식일과 교회와 사제직을 모독한 자로 간주되었고,2 우

---

*1. 〈마가복음〉 2장 27절

밀리타티 수도회에서는 암살자를 고용하여 보로메오 추기경을 살해하도록 했다. 성가대의 합창이 장엄하게 울려퍼질 때 암살범은 보로메오 추기경에게 화승총을 발사했다. 총알이 추기경의 등으로 날아들었으나 자수가 놓인 비단 사제복이 총알을 막아주었다. 추기경은 용감하고 꿋꿋했다. 주위 사람들이 모두 혼란에 빠진 가운데 추기경은 조용히 기도를 계속했다.

다시 흑사병 이야기로 돌아가보자. 영국에는 흑사병이 여러 번 발생했는데, 사람들의 영양상태가 좋지 않고 공중위생이 전적으로 무시되었을 때 주로 나타났다. 특히 런던은 골목이 비좁고 지저분하며 환기가 잘 안 되고 물이 부족해서 질병에 더욱 취약했다. 흑사병이 마지막으로 발생한 것은 1665년의 일로, 그때 흑사병으로 사망한 사람의 수는 10만 명에 이른다. 당시 런던의 인구가 지금의 6분의 1도 채 안 됐음을 감안하면 엄청난 숫자이다. 런던에서 시작한 흑사병은 곧 시골로 번졌다. 대부분의 사람들은 흑사병의 세력이 미치지 않는 지역으로 피신했지만, 개중에는 흑사병 환자들을 위해 헌신한 사람들도 많았다. 요크York의 모튼Morton 주교도 그런 사람들 중 하나이다. 그는 자기 자신은 잊고 그가 돌보는 양 떼만을 생각했다. 극빈자를 위한 흑사병 치료소와 병원이 세워지고 가난한 환자들이 그곳에 수용되자, 모튼 주교는 돕는 이 하나 없이 홀로 그곳에 머물면서 환자들을 돌봤다. 군인처럼 그도 자신의 자리를 지켰던 것이다. 식량이 떨어지면 그는 시골에 있는 그의 농장으로 가서 식량을 실어오곤 했다. 그는 다른 사람들이 흑사병에 전염되는 것을 막기 위해 하인의 손을 빌리지 않고 직접 마구를 챙겼으며, 농장에 드나들 때에도 그 혼자만 사용하는 출입구를 따로 내어 농장 사람들과의 접촉을 피했다. 모든 주교는 자기희생적이고 도량이 넓은, 대단히 선한 사람이었다. 수입이 늘었을 때에도 그는 그 돈을 자선사업과 여러 가지 선한 일에 사용하였다. 그는 경건하고도 기독교적 자비로 가득한 삶을 살았다.

런던과 시드넘Sydenham의 의사들은 대부분 피신했지만, 몇몇 헌신적인 사람들은 남아서 환자들을 돌봤다. 끝까지 자기 자리를 지킨 호지스Hodges 박사도 그 중 한 사람이었다. 그는 쉴 틈 없이 환자들을 돌보면서도 스스로 인정받는 것 이외에는 어떤 보상도 받지 못했다. 그는 궁핍한 생활 속에서 빚을 지게 되었고, 이로 인해 루드게이트 감옥에 수감되어 1688년 감옥 안에서 생을 마감했다.

흑사병

앞에서도 말했듯이 런던에서 발생한 흑사병은 시골로 퍼져나갔다. 시골 마을에는 곳곳에 '흑사병 발생지'라는 표지가 눈에 띈다. 더비셔의 에얌Eyam이라는 궁벽한 시골 마을에서는 어떤 재단사가 런던에서 부쳐온 옷상자에 든 옷을 불에 말리다가 발병하여 나흘 만에 숨졌다. 흑사병이 퍼지자 그곳 주민 350명은 모두 마을을 떠나려 했지만 윌리엄 멈프슨William Mompesson 목사의 제지로 그곳에 남기로 했다. 멈프슨 목사는 흑사병이 널리 확산될 수도 있다고 그들을 만류했던 것이다. 그는 자녀들을 멀리 보낸 후에 몸이 약한 부인도 보내려 했으나, 그녀는 남편 곁에 남았다.

멈프슨 목사는 흑사병이 다른 마을로 번지는 것을 막기 위해 마을을 고립시키기로 했다. 데번셔Devonshire 백작이 식량과 의약품 및 기타 필요한 물품 일체를 조달했다. 멈프슨 목사는 교회 안에 사람들이 모이는 일이 없도록 야외에서 예배를 보았다. 계곡 아래의 바위를 설교대로 삼고, 설교가 잘 들리게끔 맞은편의 푸른 언덕에 신도들을 앉게 했다.

흑사병은 7주 동안 맹위를 떨쳤다. 예배에 참석하는 회중의 수도 점차 줄어갔다. 멈프슨 목사와 그의 아내는 늘 환자들 곁에서 그들을 돌보았으나 결국 멈프슨 부인은 흑사병에 감염되었고, 원래 몸이 약했던 탓에 병이 급속히 진전되었다. 그녀의 장례식에서 멈프슨 목사는 다른 많은 교구민들의 장례식에서 그랬듯이, "주 안에서 잠든 사람은 행복합니다. 성령께서도 그렇게 말씀하고 계십니다. 이제 무거운 짐을 벗고 안식을 취할 수 있게 되었기 때문입니다."라고 말했다. 목사 자신도 죽을 각오가 돼 있었으나 그는 죽지 않고 살아남았다. 주민의 5분의 4가 죽어서 히스가 무성한 마을 뒷동산에 묻혔다. 멈프슨 목사가 쓴 한 편지에는 "정말이지 우리 마을은 골고다가 되어가는 듯합니다. …… 교구 내의 76가구에서 295명이 죽어 나갔습니다." 하는 구절이 보인다. 멈프슨 목사는 장수하였으며, 링컨 교구의 부감독직을 제의 받았으나 거절하였다. 그는 자신의 교구민들 속에서, 그리고 사랑하는 아내의 무덤 옆에서 살다가 1708년에 영면하였다.

이상하게도 그로부터 50년 후, 몇 명의 인부가 그 마을 인근에서 '흑사병 발생지'라는 팻말이 꽂힌 곳을 파 내려가다가 내의류의 일부를 발견한 즉시 발진티푸스에 걸렸다. 3명의 인부가 사망한 후 티푸스는 마을 전체에 번졌으며, 결국 70명의 마을 주민들을 죽음으로 몰고 갔다. 흑사병의 잔재로 여겨지는 이 티푸스로 인해 영국의 여러 마을에서 해마다 수천 명이 목숨을 잃었다.

리즈에서의 발진티푸스

30년쯤 전에 내가 살던 리즈에도 발진티푸스가 발생한 적이 있었다. 티푸스는 도시의 가난한 지역에서 시작하여 점차 부유한 지역으로 확산되었다. 어떤 구역에서는 7가구에서 28명이 발병했는데, 그중 3명이 침대 없이 생활했다. 다른 구역에서도 사정은 마찬가지였다. 어떤 집에는 12명의 티푸스 환자가 발생했는데 침대라곤 전혀 없었다. 병원마다 만원이었기 때문에 목재로 임시 병원을 만들고 별도의 사무실에서 환자를 받아야 했다.

리즈의 교구 목사였던 훅Hook 박사와 후일 콜롬비아의 주교가 된 G. 힐스Hills 신부가 매일 병원을 돌면서 힘닿는 데까지 환자들을 도왔다. 가톨릭 사제들이 가장 헌신적이었다. 티푸스가 발생하자 그들은 즉시 가난한 이들 속으로 들어갔다. 오염된 공기를 들이마시는 것만으로도 사망에 이를 수 있는 위험 지역을 신앙심 깊은 사제들은 두려움 없이 들어가, 죽어가는 사람들의 임종을 지켰다. 어떤 위험도 그들의 굳은 신념을 꺾지는 못했으며, 그들은 죽어가는 사람들을 바로 앞에서 보면서도 죽음을 두려워하지 않았다. 사제들은 티푸스에 감염되어 차례로 죽어갔다. 최초의 사망자는 헨리 웜즐리Henry Walmsley 신부였다. 그리고 그 이튿날 리즈에 부임한 지 3주밖에 안 된 보좌신부가 숨을 거뒀다. 그들의 빈자리에는 많은 사제가 자원하였다. 웜즐리 신부의 후임자가 그 다음 희생자가 되었고, 그 후로도 2명의 신부가 더 숨져서 모두 5명의 가톨릭 신부가 사망하였다. 그들을 기리기 위해 세운 간소한 기념비에는 그들이 "1847년 신성한 의무를 수행하다가 희생되었다."고 씌어 있다.

그 밖에도 교구 교회의 목사보가 같은 이유로 사망하였고, 금주운동으로 널리 알려진 한 신사가 숨을 거뒀다. 또한 의사 2명이 티푸스에 감염되어 그 중 1명이 사망하였다. 그리하여 리즈에서 총 400명이 티푸스에 희생되었다. 의사들은 늘 감염의 위험에 노출되어 있었다. 그들은 죽음의 위협을 무릅쓰고 환자들을 돌보았으며, 부름을 받으면 어디든 달려갔다. 때로는 감사 인사조차 받지 못한 채 말이다. 그들은 기력이 다할 때까지 환자들을 돌보다가 결국 티푸스에 감염되어 세상을 떠났다. 그들이야말로 이름 없이 살다 간 영웅들이다. 세상에서 가장 위대한 영웅들은 이렇게 세상에 알려지지 않은 사람들이다.

군의관들

의사들은 가난한 이들이 사는 지역뿐 아니라 전장에서도 자신의 의무를 다해왔다. 그들은 총알이 빗발치는 속에서 부상자들을 날라다 상처를 치료한다. 이런 점에서 프랑스 군의관 라레Larrey는 영웅이라 할 만하다. 모스크바에서 퇴각할 때 그는 말 그대로 포화 속에서 부상자를 수술했다. 환자를 가릴 만한 것이라곤 군용 외투밖에 없었기에 그는 흩날리는 눈발 속에서 외투를 차일처럼 치고 수술을 했다. 라레는 이집트의 타는 듯한 사막에서도 최선을 다해 의무를 수행했다. 영국군과의 교전으로 발생한 부상자들 가운데 무릎에 총을 맞은 실리 Silly 장군이 있었는데, 라레는 즉시 그의 다리를 절단하지 않으면 목숨이 위태롭다는 것을 알고 장군의 승낙을 얻어 적의 포화 속에서 3분만에 수술을 마쳤다. 그런데 그 사이에 영국 기병대가 다가오고 있는 것이 아닌가! 이제 라레와 그의 환자의 운명은 어찌될 것인가? 다음은 그의 말이다. "나는 즉시 부상당한 장교를 들쳐 업고 퇴각하는 우리 군대 쪽으로 뛰었습니다. 마침 곳곳에 관목으로 덮인 도랑이 있어서 그 사이로 뛰었지요. 그리하여 우회로로 돌아서 오는 영국군 기병대보다 먼저 우리 부대의 후진에 도달할 수 있었습니다. 결국 명예로운 부상을 입은 그 장교와 나는 알렉산드리아에 도착했고, 그곳에서 나는 그의 상처를 마저 치료했습니다."

여기 또 한 사람의 영웅이 있다. 크리스티안Christian 공의 시의인 작센의 잘츠도르프Salsdorf 박사는 바그람Wagram 전투가 시작된 초기에 다리에 포탄을 맞고 누워 있다가 열다섯 발짝쯤 떨어진 곳에서 참모 장교인 케르부르크Kerbourg가 총을 맞고 쓰러져 피를 토하는 것을 보았다. 잘츠도르프 박사는 즉시 상처를 치료하지 않으면 그 장교의 생명이 위험하다는 것을 깨닫고 온 힘을 다해 그의 곁으로 기어가 그의 목숨을 구했다. 그러나 케르부르크는 생명의 은인에게 감사를 표할 기회가 없었다. 다리를 다친 잘츠도르프 박사는 빈으로 옮겨졌으나, 체력 소모가 심해 다리를 절단한 지 나흘 만에 사망했던 것이다.

보통 진격하는 군대의 후미에는 부상자를 수송할 마차가 따라다닌다. 그리고 부상자가 발생했을 경우 이 마차로 옮겨져 군의관의 치료를 받는다. 군대가 퇴각할 경우 군의관과 부상병들은 재빨리 달아나야지, 그렇지 않으면 포로 신세가 되기 쉽다. 앨마Alma 전투에서 영국 군과 프랑스군이 달아나는 러시아군을 추격할 때 무수히 많은 부상병이 뒤쳐지게 되었다. 수백 명의 러시아 부상병이 들판의 동편으로 옮겨져 강가의 그늘진 곳에 줄지어 뉘어졌다.

다행히 그곳의 영국군 본부에는 명예와 의무를 알고 강한 의지와 체력, 분별력 및 자제력을 지닌 군의관이 있었다. 제44연대의 톰프슨Thompson 박사였다. 그는 주민들이 모두 떠나고 없는 마을에서 400파운드의 비스킷과 그를 도와줄 인력을 확보하는 데 성공하여, 28시간 동안 아무것도 먹지 못한 부상병들에게 비스킷을 제공하고 그들의 상처를 돌보기 시작했다. 환자의 치료는 저녁 7시부터 밤 11시 반까지 계속되었다.

11시 반이 되자 영국군 병사들은 부상병들을 유파토리아Eupatoria에 있는 배로 이송하기 위해 출발했다. 그러자 톰프슨 박사와 그의 하인 존 맥그레스John McGrath는 그곳에 남아 사흘 낮과 사흘 밤을 러시아 부상병들의 치료에 매달렸다. 낮의 이글거리는 태양과 밤의 강철처럼 차가운 별빛 속에서 적군 병사들을 돌보았던 것이다. 그 후 마침내 러시아 병사들을 배에 실어 보낼 기회가 생기자, 그는 백기를 내걸고 그들을 러시아군에 인도했다. 킹레이크Kinglake는 이렇게 말했다. "26일 아침에 앨비언Albion의 러싱턴Lushington 대장이 들판으로 와서 그 황량한 곳을 지키고 있는 2명의 동포를 보았을 때, 그의 마음은 그들의 용기에 대한 찬탄과 그들이 이제까지 감내해온 것들에 대한 연민으로 가득 찼다."[3]

베나레스Benares에 있는 한 병원의 의사 케이Kay 박사 또한 인도 반란이 발생했을 당시 생명이 위험함에도 불구하고 임지를 지켰다. 여자와 어린아이를 가리지 않고 전원이 살해당한 칸포르Cawnpore에서의 유혈사태를 기억할 것이다. 그때 영국군은 반란을 일으킨 세포이*2들에게 끝까지 저항했다. 뉴욕의 콜리어Collier는 이렇게 말했다. "보통은 일반 병사들처럼 종교를 믿지 않는 사람도 없을 것이라고 생각한다. 병사들은 대개 어려운 환경 속에서 생활하기 때문에 신앙생활을 하기가 힘들다. 그러나 인도 반란 때 많은 영국군이 기독교 신앙을 버리고 반란군의 신앙을 받아들이느냐 아니면 이교도의 손에 끔찍한 죽음을 맞이하느냐의 기로에서 후자를 택했다. 그들은 마지막 한 사람까지 죽음을 택한 것으로 보이며, 전자를 택한 병사의 예는 아직 발견되지 않았다. …… 그는 기독교 세계에 속한 사람으로, 그의 안에 있는 용기는 집게로도 집어내지 못하고 불로도 태워 없애지 못했다. 그러므로 은혜가 충만한 곳에 용기가 있으며, 은혜를 물질적 풍요의 의미로 받아들일 경우 은혜가 적은 곳에 순결하고 거룩한 생활과 깨어 있는 신앙이 있다."

물탄과 카디스의 사례

이제 최근에 물탄Moultan에서 콜레라가 발생했을 당시 헌신적으로 환자들을 돌본 2명의 하사관에 대한 이야기로 넘어가자. 여자들이 없는 그곳에서 그들은 병자와 죽어가는 사람들을 돌보았으며 밤낮으로

---

*2. 세포이 : 인도인 군인

콜레라 병동에서 일을 했다. 더비셔Derbyshire 상등병은 마침내 과로로 쓰러져 다른 사람에게 임무를 인계하였고, 호퍼Hopper 상등병은 토파 Topah에서 병원 근무를 자원하여 열심히 봉사함으로써 의료진과 군관계자들을 감동시켰다. 이들은 죽음의 위협을 무릅쓰고 임무를 수행했으며, 얼마 후 물탄을 방문한 총사령관은 많은 동료들이 지켜보는 가운데 더비셔와 호퍼에게 감사를 표했다.

때로는 포화 속에서도 비슷한 용기가 발휘된다. 1812년 프랑스군이 카디스를 포위했을 당시 거리와 창가 및 골방에서 많은 스페인인이 프랑스군의 총에 맞아 숨졌다. 카디스 주민들은 적이 포격을 가하기 시작하면 마을의 종을 울려 이를 알리기로 했다. 어느 날 엄숙한 종소리가 울려 퍼지는 순간 포탄이 날아와 그 종을 산산조각 냈다. 종치는 소임을 맡은 신부는 그러나 매우 침착하게 다른 종을 울렸다. 그는 죽음의 위협에 굴하지 않았던 것이다.

같은 공성전에서 용감한 행위로 눈길을 끈 한 여인이 있다. 마타고르다Matagorda는 해자도 없고 방공호도 없는, 변경의 작은 요새이다. 이곳에는 프랑스군의 침략을 저지하기 위한 목적에서 140명의 영국군 병력이 주둔해 있었다. 요새 바깥에서는 스페인의 소함대가 합동작전을 폈지만, 프랑스군의 차폐포대가 포격을 가하는 바람에 카디스항으로 쫓겨가고 말았다. 최대 크기의 대포와 박격포 48대가 이 작은 요새에 집중포화를 퍼부었다. 날아드는 총탄과 포탄 앞에서 성채의 흉벽은 금세 무너져 내리고 누벽만 남았다. 포격이 30시간 동안 이어지는 가운데 드디어 마타고르다의 용감한 여인의 이야기가 시작된다.

하사관의 부인인 레트손Retson은 포대에서 부상병을 간호하고 있었다. 갈증을 느낀 환자가 물을 찾자 그녀는 북 치는 소년을 불러 우물에서 물을 길어오라고 시켰다. 우물가에 적의 총탄이 빗발치는 것을 잘 아는 소년은 주저했다. 그러자 레트손은 소년의 손에서 양동이를 뺏어 들고 직접 물을 길으러 갔다. 그녀는 총탄세례를 뚫고 우물가로 내려가 양동이에 물을 채웠으며, 총탄이 양동이의 줄을 끊어놓자 그 자리에서 다시 줄을 매어 환자에게 줄 물을 가지고 돌아왔다.

마타고르다 요새에는 적의 집중포화가 계속되어 스페인 깃발이 한 시간에 여섯 차례나 쓰러질 정도였다. 마침내 토머스 그레이엄Thomas Graham은 방어가 무용하다는 것을 깨닫고 보트로 생존자를 실어 나르기로 했다. 르페브르Lefebre 소령의 지휘하에 능보稜堡가 폭파되었으나, 이때 소령 역시 목숨을 잃고 말았다. 그는 마타고르다 요새를 피로 적신 마지막 사람이었다. 그 후 사람들을 가득 실은 보트가 카디스항으로 향했으며, 그 안에는 마타고르다의 용감한 여인도 타고 있었다.

전시의 간호사들

전시에 여인이 병사를 간호한다고 하면 믿어지는가? 그러나 이것은 사실이다. 여자들은 용감하고도 숭고하게 이 일을 수행했다. 예전에는 간호사들이 대부분 하인과 같은 계급에서 배출되었기 때문에, 나이팅게일이 병자와 부상병들의 간호에 헌신함으로써 세상의 존경을 받게 되기까지는 대부분의 사람들이 간호가 배워야 하는 것이며, 사랑과 연민뿐 아니라 지성과 의지와 자질을 필요로 하는 일임을 알지 못했다. 나이팅게일은 말했다. "흔히들 여자라면 누구나 좋은 간호사가 될 수 있다고 여기지만, 나는 그와 달리 간호의 제반 요소가 전혀 알려져 있지 않다고 생각합니다."

그러나 그녀는 어떻게 간호사의 직업을 택하게 되었던 것일까? 그것은 순전히 사랑과 의무감에 의해서였다. 부유한 집안의 교양 있는 아가씨였던 나이팅게일은 간호사처럼 힘들고 불유쾌한 직업을 택하지 않아도 되었다. 그녀는 많은 사람의 사랑을 받으며 행복하게 자랐고, 가정생활과 사회생활이 가져다주는 온갖 즐거움을 누릴 수 있었다. 그런데도 그녀는 이 모든 것을 버리고 그녀를 고통과 슬픔으로 인도하는 길을 걷기로 했다. 그녀는 학생들을 가르치고 가난한 이웃을 방문했으며, 병자를 간호하고 그들의 식사 시중을 들었다. 그녀가 살고 일한 곳은 잉글랜드의 한 구석진 마을, 햄프셔Hampshire의 엠블리 Embley였다. 하지만 사람은 남들에게 알리지 않고도 좋은 일을 할 수 있다.

나이팅게일의 앞에는 즐거운 세계가 펼쳐져 있었다. 그녀는 마을의 다른 젊은 아가씨들처럼 생활할 수도 있었다.⁴ 그러나 그녀의 마음은 그와는 다른 방향으로 향했다. 억눌리고 고통 받는 사람들에게 관심이 많았던 그녀는 병원이나 감옥, 소년원 등을 방문했다. 그리고 다른 사람들이 스위스나 스코틀랜드, 또는 바닷가에서 휴가를 즐기고 있을 때 독일의 간호학교와 병원에서 간호일을 배웠다. 그녀는 빨래나 청소 같은 아주 기초적인 것에서부터 시작하여 점차 간호에 대한 제반 사항을 배웠고, 3개월 동안 밤낮으로 환자를 돌보면서 경험을 쌓았다.

나이팅게일은 영국으로 돌아온 후에도 간호와 관련된 일을 계속했다. 여자 가정교사를 위한 병원이 경영난으로 문을 닫을 위기에 처하자 그녀는 이 병원의 운영을 맡기로 하고, 가족과 떨어져 지내면서 상쾌한 시골 공기 대신 할리 거리의 우울한 병원 공기 속에서 환자 간호를 위해 정열과 시간과 재산을 쏟았다. 그 결과 병원은 정상화되었으나 나이팅게일은 건강을 해쳐 잠시 햄프셔의 맑은 공기 속에서 휴식을 취해야 했다.

그러나 그녀의 도움을 필요로 하는 일이 생겼다. 크림전쟁이 발발한 것이다. 훈련된 간호사의 수가 절대적으로 부족해서 부상병들은 보스포루스Bosporus 해협 인근의 병원에 그냥 방치되어 있었다. 나이팅게일은 그들을 도우려는 고상한 충동에 이끌려 스쿠타리Scutari행 배를 탔다. 그것은 온갖 고난을 무릅쓰고 생명의 위협까지 겪어야 하는 극히 위험한 일이었다. 그러나 용감한 영혼에 의무감이 더해질 때 그 누가 일신상의 위험을 생각하겠는가? 나이팅게일은 그녀에게 요구되는 모든 일을 성실히 해냈다. 그녀는 고통 받는 사람들 속으로 들어가 부상당한 군인들과 수병들을 간호하고 간호 체계를 정비했다.

부상병들은 그녀의 정성 어린 보살핌에 크게 안도하였으며, 밤에 그들의 머리맡을 스치는 그녀의 그림자를 보고 그녀를 축복했다. 그녀의 이름을 알지 못하는 그들은 그녀를 '등불의 여인'이라 불렀다.

그는 자고 있다! 편안히 잠든 그를 굽어보는 이는 누구인가?
적은 모두 물러갔고, 그의 친구들은 이곳에 없는데.
그에게 은혜를 부어줄 천사인가?
아니다! 그이는 이 지상의 유한한 존재로, 인간의 얼굴을 하고 있다.

병사들은 나이팅게일을 숭배했으며, 그녀 앞에서는 거친 말투를 삼
갔다. 수술을 받을 때에도 이를 꽉 물고 고통을 참았으며, 그녀의 충
고와 모범을 따르려고 최선을 다했다. 나이팅게일 역시 병사들을 사
랑했다. 그녀는 병사들이 불편하지 않도록 돌봐주었을 뿐만 아니라
잉글랜드와 아일랜드, 멀리 스코틀랜드에 있는 친지들에게 보낼 편지
도 대필해주었다. 그리고 매주 한 번씩 병사들을 대신하여 그들의 돈
을 고국에 있는 친지들에게 부쳐주기도 했다. 병사들이 얼마나 고마
워했겠는가! 나이팅게일의 병사들을 생각하는 마음이 참으로 극진하
지 않은가!

그녀는 이렇게 말했다. "단순한 용기와 인내, 분별력, 조용히 고통
을 감내하는 힘. 이러한 것들은 전시의 일반 병사들에게서 가장 잘 드
러난다. …… 자신 이외의 것—그것이 군주이든 조국이든 아니면 군
기이든 간에—에 시간과 힘과 생명을 바치는 사람에게는 그 모든 금
욕과 단식과 겸손과 고해보다도 더 기독교적인 무언가가 있다. 자신
의 생명을 내어주고도 이를 희생으로 여기지 않는 이러한 정신이 영
국에서처럼 진실되게 구현되기도 힘들 것이다." 이렇듯 일반 병사들
의 삶에서도 배울 점이 많다!

스탠리와 플로렌스 리스

스탠리Stanley는 나이팅게일을 따라 크림반도로 가서 제2기 간호사
50명의 감독을 맡았다. 스탠리는 그들을 인솔하여 콘스탄티노플로 갔
으며, 넉 달 동안 터키에 머물면서 테라피아Therapeia의 해군병원을 지

원하고 쿨랄리Koulalee의 육군병원 설립을 도왔다. 그녀는 인키르만 Inkerman에서 이송되어온 부상병들을 보고 고국에 있는 친구에게 편지를 써서 이렇게 말했다. "한창 때의 훌륭한 청년들이 끔찍한 부상을 입고 지쳐 쓰러지다니, 이보다 더 가슴 아픈 광경은 없을 겁니다. 어제 우리는 매트리스를 꿰매고 부상병들의 상처를 씻고 붕대를 감아주며, 여건이 허락하는 한 그들에게 편안한 환경을 마련해주느라 하루 종일 바빴습니다. 그들은 배 안에 머무는 닷새 동안 상처를 돌보지 못했던 것입니다. 간밤에 내가 책임을 맡은 11개 병동에서 11명의 병사가 순전히 피로로 인해 사망했습니다. 인간적인 생각일지 모르지만 그들에게 필요한 영양분을 제대로 공급해줄 수만 있었어도 그런 일은 없었을 겁니다."

스탠리는 영국에 돌아온 후 병사들의 아내와 미망인들을 위해 헌신하였다. 그녀는 웨스트민스터의 요크 거리에 있는 집을 사들여 대형 세탁소로 개조한 후 정부로부터 군복을 세탁하는 계약을 따내 이 불우한 여인들에게 일거리를 제공하였으며, 런던의 빈곤 여성들을 돕는 데 힘썼다. 그녀 혼자서 1만 명의 몫을 감당해야 했지만 이 진실한 여인은 가까운 곳에서부터 하나씩 일을 찾아서 해나갔다. 그녀의 하루하루는 다른 사람들에 대한 봉사로 이루어져 있었다. 사람들에게 인정을 받느냐 받지 못하느냐는 별로 중요하지 않았다. 그녀와 같은 길을 걷기를 원하는 사람들에게 그녀는 이렇게 말했다. "아널드 박사를 잊지 마세요. 나는 매일 두 번씩 나 자신에게 아널드 박사의 마지막 일기에 나오는 구절을 들려줍니다. '하느님이 뜻하신 대로 행할 수 있기를. 그러나 다른 사람 아닌 내가 꼭 그 일을 해야 한다고는 생각지 말기를. 다른 사람이 그 일을 하는 것이 하느님의 뜻이라면 그대로 이루어지기를.'"

좋은 선례는 늘 좋은 결실을 맺는다. 곧 다른 부인들도 나이팅게일이나 스탠리와 같은 길을 걷게 되었다. 그 중에서도 간호사로 활약했을 뿐만 아니라 다른 사람들에게 과학적인 간호법을 가르친 플로렌스 리스Florence Lees에 대해 이야기하고자 한다. 그녀가 처음 이 일에 헌신하기로 마음먹은 데에는 중국에 있던 오빠의 죽음이 큰 영향을 미쳤다. 그녀의 오빠는 상하이의 해군 병원에서 숨을 거뒀는데, 그녀는 병상에 누워 다른 사람들의 간호를 받았을 오빠를 생각하며 자신도 그들이 오빠에게 해주었듯 다른 사람들을 간호해주고 싶다는 소망을 갖게 되었다.

이것은 리스가 아직 소녀였을 때의 일이다. 그녀가 지금은 작고한 윈체스터Winchester의 주교에게 이 일을 상의했을 때, 그는 그녀가 그런 일을 감당하기에는 아직 너무 어리다며 "슬픔이 사라지고 네 마음이 보다 성숙해질 때까지 기다려라."라고 말했다. 그러나 리스의 마음은 결의와 소망으로 가득했다. 나이팅게일은 그녀의 영웅이었다. 리스는 나이팅게일로부터 간호사 훈련에 대한 최상의 조언과 조력을 받았다. 그리고 3년을 기다린 끝에 드디어 성 토머스 병원에 들어가 간호사 훈련을 받기 시작했다. 나중에 그녀는 킹스컬리지 병원으로 옮겨서 실무 경험을 쌓았으며, 간호의 제반 업무에 통달하기 위해 네덜란드와 덴마크, 독일, 프랑스 등지에서 수년을 보냈다. 그녀는 독일의 카이저보르트Kaiserworth에서 실무를 거친 후 숙달된 간호사로서의 자격증을 땄으며, 프랑스의 병원협회 회장인 아송Hasson의 도움으로 가톨릭 수녀들이 운영하는 파리의 한 병원에서 일하게 되었다. 리스는 아우구스티누스 교단의 수녀들과 생 토마 드 비야뇌브 교단의 부인회 수녀들 및 생 뱅상 드 폴 교단의 자선 수녀회 수녀들과 함께 일했다. 서로 종교와 사고방식이 다른데도 아주 조화롭게 일할 수 있어서 수녀들로서는 매우 만족스러웠고 리스 또한 몹시 행복했다.

수녀들은 리스에게 매우 친절하게 대해주어서, 신조와 국적과 생활방식이 다른데도 자매나 친구같이 지낼 수 있었다. 리스는 그들에게서 실제적인 지식을 배웠을 뿐만 아니라 어려운 상황에서 쾌활함을 유지하고, 모든 것이 잘못된 것처럼 보일 때조차도 신의 섭리를 기대하고 믿으며, 그들 자신과 그들이 가진 모든 것을 그들의 주인인 신에게 전적으로 내맡기는 확고한 자기부인의 정신을 배웠다. 또한 이곳에서 그녀는 병자들을 간호하는 모든 사람들에게 있어서 쾌활함이 얼마나 큰 미덕인지를 배웠다.

야전병원에서의 간호

리스의 마지막이자 가장 귀중한 훈련은 당시 프랑스의 전쟁장관이던 르뵈프Leboeuf 장군의 호의로 이루어졌다. 그는 리스가 프랑스의 육군병원에서 일할 수 있도록 해주었는데, 이 병원의 고故 미셸 레비Michel Levy 원장은 그녀의 발전에 많은 관심을 쏟았기에 그녀로서는 더욱 귀한 경험이 되었다. 스스로를 나이팅게일의 '동지'라 일컬을 만큼 나이팅게일과 친분이 두터웠던 레비 원장은 나이팅게일 때문에라도 리스에게 고된 훈련을 시켰으며, 그것은 그도 인정했듯 프랑스의 간호 수녀들이나 대부분의 영국인 간호사들이 거치는 훈련보다 훨씬 혹독한 것이었다. 그러나 레비 원장의 호의로 발드그라스Val-de Grace에서 실무 경험을 쌓은 것은 리스에게 평생 잊지 못할 귀중한 체험이 되었다.

리스가 영국으로 돌아온 후 얼마 안 되어 프랑스와 독일 사이에 전쟁이 시작되었다. 신문에는 온통 전쟁의 참상을 알리는 기사로 가득했다. 전쟁이 휩쓸고 지나간 전장에는 부상자가 즐비했다. 수천 명의 부상병이 돌보는 이 하나 없이 노천에 누워 있음을 알게 된 리스의 마음에는 연민과 동정이 솟아올랐다. 그녀는 즉시 대륙을 향해 출발했다. 떠날 때에는 3명의 독일 부인과 함께였지만, 곧 뿔뿔이 흩어지게 되었다. 리스는 벨기에를 가로질러 쾰른Cologne으로 갔다. 쾰른 역의 플랫폼에는 부상병들이 열을 지어 누워 있었다. 그녀는 쾰른에서 다시 코블렌츠Coblentz와 트레브를 거쳐 최종 목적지인 메스Metz로 향했다. 몹시 힘든 여행이었다. 그녀는 혼란 틈에 짐을 잃어버리고 말았다.

바젠Bazaine 원수는 프랑스의 대부대를 이끌고 메스로 퇴각해 있었는데, 프리드리히Frederick 왕자는 독일군과 바바리아군으로 하여금 이곳을 포위 공격하게 했다. 리스는 포위한 군대의 뒤편, 마랑그Marangue에 있는 한 병원으로 발령을 받았는데, 가서 보니 낡은 농가의 헛간이 병원이었다. 병원 환경은 매우 열악했다. 간호사들은 짚으로 속을 채운 자루 위에서 잠을 청해야 했다. 의약품은 거의 없었고 식료품은 더욱 부족했다. 게다가 참호의 습기 때문에 발진티푸스가 발생해서 병원에 있는 22개의 침상은 잠시도 비어 있을 때가 없었다.

야전병원에서 간호를 한다는 것은 결코 쉬운 일이 아니었다. 티푸스 환자가 들어오면 우선 그들을 씻겨야 했는데, 참호에 있던 환자들의 경우 씻기기에 앞서 발에 붙은 흙먼지를 먼저 긁어내야 했다. 몸을 씻긴 후에는 침대에 눕히고 투약을 했다. 또한 환자들의 개인위생에 신경을 쓰고 밤에는 열이 내리도록 찬 물수건을 해주며, 손과 얼굴을 닦아주고, 욕창을 예방하기 위해 자주 몸을 돌려 눕혀야 했다. 게다가 이 모든 것은 몹시 기분을 울적하게 하는 환경 속에서 이루어졌던 것이다.

환자들은 때로 열에 들떠 극도의 정신착란에 시달렸다. 리스는 언젠가 이때의 이야기를 들려준 적이 있다.[5] 어느 날 밤 그녀 혼자 병원에 있는데 위층에서 소리가 들려왔다. 올라가서 보니 고열에 시달리는 병사가 문을 열려고 애쓰고 있었다. 사랑하는 어머니에게 가고 싶다는 것이었다. 그녀는 내일이면 고향으로 돌아가게 될 거라고 그를 달랜 후 다른 환자의 도움을 받아 그를 다시 침상에 뉘였다. 그때 아래층에서는 또 다른 열병 환자가 옆 사람의 베개 밑을 뒤지며 칼을 찾고 있었다. 리스는 칼을 찾아내—정말로 베개 밑에 있었다—보이지 않는 곳에 감춰두었다. 하지만 의사가 회진을 시작했을 때, 그녀는 다시는 밤에 그녀 혼자 병원에 남겨지는 일이 없도록 해달라고 부탁했다.

리스는 여러 주 동안 그곳에서 일했다. 많은 사람들이 죽었고, 몇몇 사람들은 불구의 몸이 되어 고향으로 돌아갔으며, 또 몇몇은 본대로 복귀했다. 마침내 바젠은 항복하고 말았다. 그가 붙잡은 포로들은 독일로 보내졌으며, 프리드리히 왕자와 그의 군대는 파리로 진격했다. 메스에서의 일은 끝났지만, 리스에게는 여전히 스스로가 부과한 과제가 남아 있었다. 그녀는 홈부르크Homburg로 가서 프로이센의 왕세자비 감독하에 있는 부상병 치료소의 관리를 맡게 되었다. 그곳에서 그녀가 만난 가장 큰 어려움은 환기 문제였다. 독일의 의사들은 통풍을 시키는 것을 싫어했다. 그래서 리스가 창문을 열면 그녀가 나가자마자 창문을 닫곤 했다. 리스는 결국 왕세자비에게 호소하여 환기 문제를 해결하였다.

리스의 생애를 일일이 이야기할 필요는 없으리라. 그녀는 독일에서 돌아온 후 캐나다와 미국의 병원을 둘러볼 계획을 세웠다. 이런 그녀의 계획은 1873년 겨울에 이루어져서, 그녀는 핼리팩스Halifax와 퀘벡Quebec, 몬트리올Montreal, 토론토Toronto, 클리블랜드Cleveland, 뉴욕, 보스턴Boston, 필라델피아Philadelphia, 워싱턴, 아나폴리스Annapolis 등지를 돌며 그녀가 보아야 할 모든 것을 보았다. 그리고 최근에는 웨스트민스터간호협회Westminster Nursing Association의 이사로서 선행을 계속 베풀고 있다.

많은 여성이 노소의 구분 없이 이 같은 일에 헌신했다. 그들은 도시와 마을의 구석진 골목에 들어가 그들의 도움 없이는 죽을 수밖에 없는 사람들을 간호해주었다. 그들은 고통 받는 사람들을 위해 가장 낮고 지저분한 일을 해야 했지만 그들의 손과 마음은 깨끗했다. 포플러Poplar의 가난한 소녀들을 돌본 워커Walker와 웨스트엔드West End의 옥타비아 힐, 브라이튼Brighton의 타락한 여인들을 돌본 빅카스Vickars, 포츠머스에서 병사들을 돌본 로빈슨Robinson 등에 대해 무슨 말이 더 필요하겠는가? 이들이 훌륭한 일꾼이었으며, 세상에는 아직 사람들의 도움을 필요로 하는 무기력하고 가난하고 절망에 빠진 이들이 가득하다고 고백하는 것으로 족할 것이다.

세상에 알려지지 않은 보통 사람들 중에도 영웅적인 행동을 한 사람들이 많이 있다. 아마 부자들보다는 가난한 사람들 중에 더 많을 것이다. 가난한 이들은 이웃에 대한 연민의 정이 부자들보다 많다. 어느 걸인의 말에 의하면, 적선을 가장 많이 하는 사람은 가난한 소녀들이라고 한다. 비록 차림새는 초라할지라도 그 사람의 내부에 있는 미덕은 존경심을 불러일으킨다.

비니Binney는 이렇게 말했다. "사람들은 영웅과 영웅적인 자질에 대해 말한다. 도시의 구석구석에는 영웅적인 자질을 발휘할 만한 곳이 많으며, 또 많은 영웅이 보이지 않는 곳에서 선행을 하며 살아왔다. 가장 훌륭한 사람들에 대한 전기는 대개 씌어지지 않는다. 세상에는 매일의 의무를 다하고 타인의 불행으로 인해 고통 받고 스스로를 희생하며 성실하게 살아가는 사람들과, 하느님을 섬기고 이웃을 도우며 열심히 살아가는 사람들이 많다. 이들은 이 모든 것들을 통해 주교나 장군, 판사에 비견될 만한 인품과 용기와 선의를 보여주었다."

카펜터와 치점

최근에 우리는 진정한 자비의 사도라 할 수 있는 메리 카펜터Mary Carpenter를 잃었다. 카펜터는 일생을 통해 많은 자선활동을 펼쳤으며, 소외된 빈곤층의 교화에 헌신했다. 그녀는 브리스틀에 소년원을 설립하고 이를 성공적으로 관리하여 전 국민에게 새로운 깨달음을 주었다. 순결한 의도로 무장한 그녀는 경찰관도 들어가기를 꺼려하는 뒷골목을 아무렇지도 않게 돌아다녔다. 빈민촌의 끔찍한 참상이 그녀의 눈앞에 펼쳐졌지만, 그녀는 그 어떤 것에도 움츠러들지 않았고 그 무엇도 불쾌하게 여기지 않았다. 카펜터는 이 비참한 환경에 사는 주민들로부터 학생들을 모집하였고, 존 하워드John Howard처럼 용감하게 일을 추진해나갔다. 그녀는 자신이 하고 있는 일을 늘 글로 써서 널리 알렸으며, 마침내 정부로 하여금 그녀의 계획을 받아들여 소외 계층을 위한 학교를 설립하도록 하는 데 성공했다. 영국의 육·해군과 산업계 전반에는 메리 카펜터라는 이름을 축복할 이유가 충분한 사람들이 수천 명에 달한다. 노화도 그녀의 선행을 막지는 못했다. 그녀는 예순의 나이에 인도로 가서 동양세계에 자신이 개발한 교육제도의 씨를 뿌렸다. 그녀는 인도를 총 4번 방문했는데, 마지막 방문은 그녀의 나이가 일흔이 다 돼가는 1876년에 이루어졌다. 그녀는 살아서 그녀의 수고가 결실을 맺는 것을 보았다. 그녀의 수고가 없었다면 많은 남녀가 범죄와 악이 들끓는 환경에 남겨졌을 것이다. 카펜터와 같이 고상한 목표를 위해 헌신한 여인들에 대해 그들이 인류의 영광이자 희망이라는 말 이외에 달리 무슨 말을 할 수 있겠는가?

고故 치점Chisholm 부인은 새로운 분야를 개척했다. 그녀는 젊은 여성들의 이민과 정착을 도왔다. 많은 이민자들과 함께 사우샘프턴을 출발할 무렵 그녀와 그녀의 남편은 연회에 초대받았는데, 그 자리에서 치점 부인은 그녀가 그 일에 헌신하게 된 계기를 이야기하였다. "저는 어릴 때 리 리치먼드Legh Richmond의 무릎에서 인생은 과제의 연속이며, 이 과제를 잘 수행하면 천국의 행복을 맛볼 수 있다는 것을 배웠습니다. 저는 호두껍질로 만든 배를 가지고 놀았는데, 주로 바다를 사이에 두고 서로 떨어져 있는 가족이 외국에서 다시 만나는 놀이었어요. 그때의 그 호두껍질 안에 감리교 목사와 가톨릭 사제가 함께 타고 있었던 것을 지금도 분명히 기억합니다. 놀이에 목사와 사제가 등장한 것은 우리 집을 방문한 손님들에게서 선교에 대한 이야기를 들었기 때문일 거예요. 어머니는 손님이 오시면 저도 함께 있게 해주었는데, 그때 들은 이야기들이 성장기에까지 계속 저를 따라다녔던 것 같습니다. 그리고 제게는 어머니가 물려주신 강인한 성품이라는 장점이 있었습니다. 어머니는 늘 제게 눈물을 흘려서는 안 되며, 두려움 때문에 하던 일을 포기해서는 안 된다고 가르치셨지요."

치점 부인은 성장하여 인도에서 근무하는 한 장교와 사랑에 빠졌다. 그러나 약혼식 전에 그녀는 그에게 자신의 소명을 들려주었다. 그녀는 위로부터 인간 세상의 고통을 경감시키는 데 헌신하라는 명령을 받은 듯하며, 그것은 그가 해외로 파견근무를 나갔을 때에도 마찬가지일 것이라고 말해주었다. 그는 그녀의 고백에 더욱 그녀를 사랑하게 되었고, 그녀가 하는 모든 제안을 받아들였다. 그 후 두 사람은 곧 결혼식을 올렸고, 그는 그녀가 내건 조건을 성실히 지켰을 뿐만 아니라 그녀의 일을 돕기까지 했다. 1850년 이민자들의 이민 준비를 도와야 할 때가 되자 치점 대장은 즉시 자비를 들여 오스트레일리아로 떠났으며, 그가 떠나기에 앞서 부부는 얼마 안 되는 수입을 반으로 나눴다.

치점 부인은 후에 인도로 건너가 유럽인 병사의 딸들을 위한 학교를 세웠는데, 여자 공업학교Female School of Industry라 불리는 이 학교는 아직까지도 그 명맥을 유지하고 있다. 1838년 치점 부인과 그녀의 남편은 오스트레일리아로 여행을 떠났는데, 다음은 그때 그녀가 남긴 글이다.

그곳에서 나는 수백 명의 미혼 여성이 직업도 없고 보호처도 없이 지내고 있는 것을 보았다. 이들을 실은 배는 계속 들어와 그 숫자가 날로 늘어갔고, 오갈 데 없는 그들은 자연히 타락의 길로 빠질 수밖에 없었다. 나는 이들을 안전한 길로 인도해주고 일자리를 알아봐주기로 마음먹었다. 많은 난관에 부딪쳤지만 나는 꾸준히 일을 진행하여 마침내 목적을 달성하였다. 결국 총독이 내게 이민자 수용소의 소녀들과 한 방을 쓰도록 허락한 것이다. 그곳에는 쥐가 들끓었으나 나는 곧 쥐약을 놓아 이 문제를 해결하고 그곳에 머물렀으며, 이 일로 소녀들의 신뢰를 얻게 되었다. 나는 소녀들에게 일을 가르치기 위해 대학을 세웠으며, 수백 명의 소녀들에게 일자리를 알선해주었다. 나는 보호처가 없는 이 소녀들에게 일자리를 얻어주기 위해서는 내가 직접 그들을 인솔하여 오지로 들어가야 한다는 사실을 알고 수년간 그 일을 담당했다. 인솔 그룹의 수는 100명일 때도 있었고 150명일 때도 있었으며, 그때마다 조금씩 달랐다. 그렇게 해서 나는 여러 해 동안 오스트레일리아에서 일하게 되었다. 이민자들의 수송 경비로 많은 돈을 대출 받아야 했지만 꼬박꼬박 갚아나갔기 때문에 이 기간 동안의 총 손해액은 20파운드에 불과했다. 하느님이 축복해주신 덕분에 나는 오스트레일리아를 떠나기 전까지 1000명이 넘는 소녀들에게 일자리를 마련해줄 수 있었다. 많은 젊은 여성들이 유혹에 이끌려 타락의 길로 빠지지 않고 건전한 삶을 찾게 된 것이다. 나는 지금도 내게 보여준 그들의 따스한 마음씨를 잊지 못하며, 남편과 아이들이 건강하게 지낼 수 있었던 데 대해 감사한다. 아이들에게는 늘 스스로를 믿고 최선을 다하며, 엄마를 생각해서라도 정부의 보조를 받는 일은 없도록 하라고 가르쳐왔다.

그레이스 버넌 버셀과 헬런 페트리

이런 이야기들은 진정한 영웅주의의 예가 아니라고 생각하는 사람들이 있을지도 모르겠다. 그렇다면 조난자들의 생명을 구하는 데 헌신한 사람들의 보다 놀라운 예를 들어보기로 한다. 먼저 오스트레일리아 서부에 사는 그레이스 버넌 버셀Grace Vernon Bussell이라는 아가씨의 이야기이다. 퍼스 인근의 바닷가에 증기선 조젯Georgette호가 좌초되었다. 즉시 보트가 내려지고 여자와 아이들이 그 안에 탔으나, 물결이 높이 일어 보트는 금방이라도 물에 잠길 듯했다. 사람들이 보트에 매달려 파도와 사투를 벌이고 있을 때, 해안의 절벽 위로 말을 탄 한 젊은 아가씨가 모습을 나타냈다.

그녀의 머릿속에 가장 먼저 떠오른 생각은 어떻게 하면 물에 빠진 사람들을 구해내느냐 하는 것이었다. 그녀는 말을 달려 절벽을 내려와—참으로 불가해한 일이지만—바다 속으로 말을 몰아 파도의 두 번째 띠 저편에 있는 보트에 도착했으며, 여자와 아이들을 해안으로 데려오는 데 성공했다. 그리고 다시 바다에 뛰어들어 아직 남아 있던 남자를 구조했다. 풍랑이 심해서 50명을 구하는 데 4시간이 걸렸다. 조난자들을 모두 해안에 내려놓은 후 이 용감한 아가씨는 거의 탈진 상태였지만, 바닷물이 뚝뚝 듣는 채로 즉시 20마일 거리에 있는 그녀의 집으로 가서 가족에게 도움을 요청했다. 그러자 이번에는 그녀의 언니가 나서서 차와 우유, 설탕, 밀가루 등의 식료품을 가지고 숲을 지나 해안으로 갔으며, 그 이튿날에는 구조된 사람들을 집으로 데려와 원기를 회복할 때까지 돌봐주었다. 용감한 아가씨의 언니인 브룩면Brookman 부인이 이들을 위해 수고하다가 감기에 걸려 뇌막염으로 사망한 것은 참으로 안타까운 일이다.

어부들의 생명을 구하기 위해 바다로 뛰어든 셰틀랜즈Shetlands의 젊은 아가씨 또한 그 못지않게 용감했다. 어선 몇 척이 바다에 나가 있을 때 거센 폭우가 쏟아지기 시작했다. 어선은 하나 둘 항구로 돌아왔지만 마지막 한 척이 아직 돌아오지 못하고 있었다. 배가 전복되어 그 안에 타고 있던 어부들이 물 속에서 허우적대는 모습이 해안에서도 보였다. 가냘픈 아가씨 헬런 페트리Helen Petrie가 나서서 무슨 일이 있어도 그들을 구해야 한다고 호소했지만 남자들은 이런 폭우에 배를 띄우는 것은 곧 죽음을 의미한다고 말했다.

그러나 헬런 페트리는 죽음을 무릅쓰기로 했다. 그녀는 서둘러 작은 배에 올랐고, 그녀의 올케가 이에 동참했다. 그리고 한 손을 못 쓰는 그녀의 아버지가 방향타를 잡기 위해 역시 배에 올랐다. 어선의 어부들 중 2명은 이미 보이지 않았지만, 나머지 2명은 전복된 배의 용골에 매달려 있었다. 헬런 등이 구하려 한 것은 이들 두 사람이었다. 그들이 간신히 어선에 도착했을 때 어부 한 사람이 파도에 휩쓸렸다. 헬런이 그의 머리칼을 잡고 배 안으로 끌어올리지 않았다면 그는 아마 익사하고 말았을 것이다. 그들은 다른 어부 한 사람도 구조하여 무사히 항구로 돌아왔다. 헬런 페트리는 나중에 생계를 위해 어떤 가정의 하녀로 들어갔으며, 사람들은 그녀가 죽어갈 때에야 그녀의 존재를 기억해냈다.⁶ 이런 영웅적인 행위가 가능한 나라에는 분명 용감한 여성들이 많이 있으리라.

그레이스 달링

아, 그리고 그레이스 달링Grace Darling이 있다! 롱스톤Longstone 등대의 이 용감한 여인을 누가 잊을 수 있겠는가? 노섬벌랜드의 해안에서 북동쪽으로 조금 떨어진 바다에 검은 현무암들로 이루어진 펀 군도가 있는데, 폭풍이 몰아치면 이 펀 군도 때문에 몇 날 몇 주 동안 항구에 배가 들어오지 못했다. 바위 주변에는 바다 갈매기와 섬새들만 날아다닐 뿐. 그러나 해안에서 가장 멀리 떨어진 롱스톤 바위에는 등대가 있어서 잉글랜드와 스코틀랜드를 오가는 배들의 안전을 지켜주었다. 1838년 9월의 폭풍우 몰아치는 어느 날 밤, 등대지기 노부부와 그들의 딸이 등대를 지키고 있었다.

증기선 포퍼셔Forfashire호는 헐항을 출발하여 던디Dundee로 가는 중이었는데, 상태가 매우 좋지 않았다. 출항한 지 얼마 안 돼서부터 보일러에 문제가 생겼던 것이다. 포퍼셔호는 가까스로 세인트에브 곶St. Abb's Head에 도달했지만 엄청난 폭풍우에 떠밀려 다시 바다로 떠내려 갔으며, 밤새 표류하다가 동틀녘에 호커스Hawkers 바위섬에 부딪쳐 두 동강이 나고 말았다. 9명의 승무원은 보트를 타고 표류하다가 실즈 Shields에 도착했지만, 그 밖의 승객과 승무원은 대부분 바다에 빠져 익사했으며, 바위에 걸쳐져 있던 선체의 앞부분에서 생존자 9명이 도와 달라고 소리쳤다.

그곳에서 반 마일가량 떨어진 등대에 있던 그레이스 달링이 그 소리를 들었다. 그녀는 아침이 되어 소등하려 했던 등대의 불빛을 그대로 둔 채 바다를 내다보았다. 아직 안개가 완전히 걷히지 않았고 풍랑이 심했지만, 선체 앞부분의 윈치에 매달려 있는 조난자들이 보였다. 그녀는 아버지에게 보트를 내려서 그들을 구하러 가자고 말했다. 윌리엄 달링William Darling은 그러면 죽을 게 틀림없다고 대답하면서도 보트를 내렸다. 그레이스 달링이 먼저 보트에 오르고 노인이 그 뒤를 따랐다. 조난자를 구조하거나 스스로의 생명을 보존할 가능성은 거의 희박했다. 그러나 신은 그레이스의 마음속에 찾아와주었던 것처럼 그녀의 팔에 힘을 불어넣어주었다. 두 사람은 놀랍고 두려운 마음으로 배를 몰았다.

노인은 조심스럽게 바위에 내려 난파선으로 다가갔으며, 그레이스는 보트를 조금 뒤로 물려서 바위에 부딪치지 않게 했다. 생존자들은 차례로 보트에 올라 무사히 등대에 도착했다. 등대에서는 그레이스의 어머니가 대기하고 있다가 그들의 상처를 돌보고 식사를 제공했다. 그들은 폭풍이 잠잠해질 때까지 사흘간 그곳에 머물면서 원기를 회복한 후 본토로 돌아갔다.

이 영웅적인 행동은 온 국민을 열광시켰다. 그레이스 달링에게 무수히 많은 선물이 날아왔다. 멀리서부터 화가들이 찾아와 그녀의 초상화를 그리는 한편 워즈워스는 그녀에 대한 시를 썼다. 아델피 극장에서는 연극의 조난 장면을 연출할 때 그녀가 보트에 앉아 있어주면 회당 20파운드씩의 사례를 하겠다고 제안해왔지만 그녀는 거절하였다. 그녀는 등대를 떠나려 하지 않았던 것이다. 그녀가 왜 등대를 떠날 것인가? 이 여왕에게 등대보다 더 잘 어울리는 곳이 또 어디 있겠는가? 그녀를 방문한 사람들은 그녀의 소박한 생활과 차분한 태도 그리고 참된 선의에 대해 이야기하곤 했다.

그로부터 3년 후, 그레이스는 그때의 후유증으로 결핵 증상을 보이다가 조용하고 행복하고 경건하게 숨을 거뒀다. 필립스^{Phillips}에 의하면 그녀가 죽기 얼마 전에 노섬벌랜드 공작부인이 그녀를 만나러 왔다고 한다. 공작부인은 수수한 복장으로 그레이스의 마지막 가는 길에 복을 빌어주러 온 것이다. 이 다정하고 여자다운 작별인사로 인해 공작부인의 보관寶冠은 더욱 빛을 발하리라. 잔 다르크의 경우에는 그녀를 기리는 기념비가 세워져 있다. 그러나 노섬브리아의 그레이스에게는 기념비가 없어도 좋을 것이다.

하늘의 장부에 기록되어,
지상의 인간들은 금세 잊어버리고 마는
고결한 영혼의 미덕을 천사들이 칭송할 때
찬미의 주제가 될 것이기에.

펀 군도 맞은편의 노섬벌랜드 본토에는 높다란 삼각 바위 위에 뱀버러 성이 우뚝 서 있다. 이 성은 옛날에 스코틀랜드인의 침략을 방어해주었을 뿐만 아니라 잉글랜드 내전 당시에도 중요한 역할을 했는데, 최근에는 크루^{Crewe} 경과 더럼의 주교 및 샤프^{Sharpe} 대주교의 노력으로 조난당한 선원들을 위한 시설로 사용되고 있다. 크루 경이 기증한 이 성은 영국 안의 개인적인 희사물 중 가장 큰 도움이 되었다. 해안선을 따라 난파 사고가 빈발하고 있기는 하지만, 이 성에서는 30명을 수용할 수 있는 시설을 갖추고 조난자들에게 가능한 한 모든 도움을 베풀고 있다. 폭풍이 이는 밤이면 순찰대가 8마일 구간의 해안선을 돌며 위험에 처한 선박이 있는지를 살피며, 그런 선박을 발견했을 경우 즉시 구명정을 띄운다. 안개가 낀 날에는 배들의 해안 접근을 막기 위해 종을 울리고, 곤경에 처한 배를 발견하면 총을 쏘아서 이를 알리며, 그 배가 좌초해 있거나 난파한 것을 알게 되면 총을 한 발 더 쏜다. 그리고 한편으로는 조난자들에게 그들이 처한 상황을 육지에서 파악하고 있음을 알리기 위해 커다란 깃발을 내건다. 또한 파도가 높아 본토에서 보트를 내보낼 수 없는 경우, 홀리Holy 군도의 어부들에게 신호를 보내 그들로 하여금 조난자들을 돕게 한다. 해안의 절벽 위에 서 있는 이 선한 사마리아인의 성에서는 뱃사람들뿐만 아니라 뭍사람들에게도 최대한의 도움을 제공한다.

윌리엄 호윗William Howitt은 이렇게 말했다. "그리하여 이 훌륭한 성은 거대한 수호천사처럼 높은 곳에 우뚝 서서 폭풍우 이는 위험한 바다를 지켜보고 있으며, 사람이 사후에도 어떻게 계속해서 선한 일을 행할 수 있는지를 잘 보여주고 있다. 누구라도 이 신성한 구조물, 매일같이 뭍사람들과 뱃사람들을 위해 선을 베풀기에 더욱 장엄한 이 성을 보게 되면 크루 경을 기억하고 그를 축복하라. 그로 인해 수천 수만 명이 빈곤과 한밤중의 공포 속에서도 잠들 수 있었고, 지금도 그러하므로."

육신과 영혼 안에서
은 사슬과 비단 띠가 되어
마음과 마음을 묶고 정신과 정신을 연결해주는 것은
드러나지 않은 연민이다.

— 월터 스콧Walter Scott

당신께 나는 늘 지켜봐주는
사려 깊은 사랑과
상대를 측은히 여기고 그에게 위안을 주는
여유로운 마음을 원합니다.

— 웨어링Waring

인간은 인간에게 매우 소중한 존재이다. 가장 가난한 사람들조차도
고달픈 삶 속에서 가끔은 그런 순간들이 있기를 고대한다.
그들 자신이 다른 이들의 삶에 축복이 되고
우리 모두가 같은 인간이라는 한 가지 이유만으로,
온정을 필요로 하는 사람들에게 친절을 베풀어왔음을
알고 또 느낄 수 있는 그런 순간이.

— 워즈워스

연민은 인생의 커다란 비밀 중 하나이다. 연민은 악을 이기고 선을 북돋으며, 완고한 마음을 녹이고 인간 본성의 보다 좋은 부분을 개발한다. 연민은 기독교의 기초를 이루는 진리의 하나이다. '서로 사랑하라'는 말에는 이 세상을 변화시킬 만한 진리가 담겨 있다.

성 요한과 관련하여 다음과 같은 이야기가 전해온다. 그가 나이 들어 제대로 걷지도 못하고 말도 잘 못할 때 친구들의 부축을 받아 기독교인 어린이들의 모임에 참석했다. 그는 일어서서, "어린이 여러분, 서로 사랑하세요."라고 말했다. "또 하실 말씀은 없나요?"라고 묻자 그는, "나는 이 말을 몇 번이고 되풀이할 겁니다. 서로 사랑하면 더 이상 필요한 것이 없기 때문입니다."라고 대답했다.

연민과 박애

이것은 보편적인 진리이다. 연민은 사랑에 기초하며, 사심 없는 애정의 또 다른 표현이다. 우리는 다른 사람들의 마음을 추측해보고, 그 사람의 입장에서 생각해본다. 그리하여 우리는 그에게 연민을 느끼고 그를 도우려 하게 된다. 연민이 없이는 사랑도 불가능하고 우정도 불가능하다. 자비와 마찬가지로 연민과 박애도 주는 사람과 받는 사람 모두에게 기쁨을 안겨줌으로써 이중의 축복이 된다. 연민은 주는 사람의 마음에 행복의 풍성한 열매를 맺게 하고 받는 사람의 마음에 친절과 박애로 자라난다.

성당 참사회원인 퍼라르Farrar는 이렇게 말했다. "때로 우리는 수고보다는 연민으로 더 좋은 일을 할 수 있고, 개인적 야망을 위해 애쓰기보다는 다른 사람들을 시기하지 않고 그들의 장점을 인정해주는 것으로 세상에 더 공헌할 수 있습니다. …… 사람은 직위나 영향력, 부, 심지어 건강을 잃고도 체념을 하면 마음 편히 지낼 수 있지만, 연민이 없으면 인생은 무거운 짐이 되고 맙니다."

친절한 행위가 늘 감사히 받아들여지는 것은 아니지만, 그 때문에 친절을 베푸는 일을 중단해서는 안 될 것이다. 이것은 우리가 인생을 살아가면서 극복해야 할 여러 어려움 중의 하나이다. 가장 타락한 사람들조차도 서로에게 도움 받을 자격이 있다. 벤담Bentham이 갈파했듯이, 전 인류의 행복을 위해서는 잔인한 사람들의 행복 또한 가장 훌륭하고 고결한 사람들의 행복 못지않게 중요하다. (모든 사람의 행불행은 서로 연관되어 있기에) 인간은 스스로에게 선이나 악을 행하지 않고 다른 사람들에게 선이나 악을 행할 수는 없는 것이다.

사람의 마음에 사랑을 일깨우는 데에는 연민만큼 강력한 힘을 발휘하는 것도 없다. 아무리 완고한 사람일지라도 연민에 마음이 녹지 않기는 힘들다. 연민은 완력보다 더 큰 힘을 발휘해서, 강제적인 명령에는 응하지 않던 사람도 친절한 말이나 태도 앞에서는 기꺼이 따른다. 연민은 사랑과 순종을 이끌어내지만, 엄격함은 반감과 저항을 낳는다. 어떤 시인은 "완력은 부드러운 태도에 비해 절반도 그 힘을 발휘하지 못한다."고 했는데, 과연 옳은 말이다.

연민은 그 대상이 넓어질 때 박애가 되며, 박애는 사람들로 하여금 빈곤층을 돕고 일반 대중의 생활 여건을 향상시키며 문명의 소산을 널리 전파하고 인류를 평화와 형제애 안에서 하나 되게 하는 데 힘쓰게 한다. 상대적으로 더 많은 부와 지식과 사회적 영향력을 지닌, 혜택 받은 사람들은 자신의 시간과 돈의 일정 부분을 사회복지를 위해 사용할 수 있어야 한다.

인류의 복지 증진을 위해 반드시 대단한 금력이나 대단한 지력이 필요한 것은 아니다. 금력은 과대평가된 면이 없지 않다. 성 바오로와 그의 제자들은 성황리에 마친 바자회의 수익금 정도밖에 안 되는 돈으로 로마의 절반이 넘는 지역에 기독교를 전파했다. 기독교의 위대한 사회적 교의는 형제애의 개념에 기초한다. "무엇이든지 남에게 대접을 받고자 하는 대로 너희도 남을 대접하라." 사람은 서로 도와야 한다. 부자는 가난한 사람을 도와야 하고 배운 사람은 무지한 사람을 도와야 하며, 그 역으로도 마찬가지이다. 가장 적게 가진 사람도 가장 많이 가진 사람을 도울 수 있다. 모든 것은 각자가 지닌 능력의 정도에 달려 있다. 제자가 스승이 될 수 없고 무지하고 무기력한 사람이 스스로를 가르치거나 도울 수 없기 때문이다.

인간은 각자 뜻한 바대로의 인생을 살아갈 수 있으며, 자신과 남들을 위해 가치 있는 삶을 살 수 있다. 사람에게는 그런 능력이 주어졌기 때문이다. 어쩔 수 없는 상황에 직면한 경우가 아니라면 사람은 자신의 도덕성과 영성을 온전히 컨트롤할 수가 있다. 사람은 많은 것을 할 수 있으며, 우리는 신이 주신 모든 능력을 최대한 발휘할 수 있어야 한다.

연민과 거짓 연민

우리는 인생에서 많은 즐거운 일들을 고대할 수 있겠지만 참된 행복은 사랑에서 나온다. 사랑에는 자기희생의 정신이 깃들어 있으며, 미덕은 자녀만큼이나 소중하다. 그러하기에 우리는 자녀를 위해 스스로를 희생하듯, 미덕을 위해서도 스스로를 희생한다. 플레처Fletcher 부인은 자서전에서 이렇게 쓰고 있다. "우리 어머니가 많은 사람들에게 영향을 미친 비결은 어머니의 어릴 적 친구인 리폰Ripon의 켈빙턴 Kelvington 박사에 의해 잘 표현되었는데, 그것은 어머니의 생애를 통해 일관되게 유지된 주요 덕목이라 할 만하다. 켈빙턴 박사는 열일곱 살 때 우리 어머니에게 편지를 보내 '너처럼 상냥하고 진실되고 많은 사람들로부터 사랑받는 사람은 본 적이 없어. 그건 아마도 네 안에 있는 사랑의 능력 때문이라고 생각해.'라고 말했다."

가장 불쌍한 사람은 스스로를 컨트롤하지 못하고 다른 사람들에 대한 의무감을 느끼지 못하며, 선행을 하더라도 정신적 만족이나 양심의 가책과 같은 얄팍한 동기에서 하는 사람들이다. 스스로 사랑이 많다고 자부하는 사람들 중에는 그 자신은 끔찍이 위하면서도 주위 사람들은 배려하지 않는 사람들이 있다. 그들은 사회에 나가서는 매우 예의 바르게 행동하지만 가정 안에서는 전혀 그렇지 못하다. 작고한 램지Ramsey 부주교는 한 어린 소년에 대한 매우 슬픈 이야기를 들려주었다. 한 소년이 사람은 죽어서 천국에서 다시 만난다는 이야기를 듣고 "우리 아버지도 천국에 가실까요?"라고 물었다. "물론 가시고말고." 하는 대답이 돌아오자, 소년은 즉시 "그렇다면 나는 천국에 가지 않겠어요."라고 말했다.

거짓 연민은 매우 흔하다. 샤프는 감상적인 소설의 가장 큰 문제점은 독자로 하여금 실제로 다른 사람의 고통을 덜어주거나 억압에 저항하는 일 없이 습관적으로 연민과 분노의 감정을 느끼게 하는 것이라고 말했다. 그렇기 때문에 스턴Sterne은 부인이 굶주리는 것에 대해서는 무관심하면서도 죽은 당나귀에게 연민을 느낄 수 있었던 것이다. 몽테뉴Montaigne는 인간에 대해 "지상의 도덕은 결여하고 있으면서도 천상의 것을 생각하는" 특이한 존재라 말했으며, 버틀러는 그의 심오한 대담집을 통해 이러한 거짓 박애를 잘 지적해내고 있다.

베인Bain 교수에 의하면, "괴테는 마음이 괴롭고 언짢아진다는 이유로 사람들의 비참한 상황을 보면 고개를 돌렸는데, 이는 그가 다른 사람들의 불행을 느끼는 감수성이 풍부하면서도 이런 능력이 요구되는 상황이 되면 이를 거부하였음을 잘 보여준다."[1]

종교적 진리와 연민

성 아우구스티누스와 백스터Baxter, 조나단 에드워즈Jonathan Edwards, 알렉산더 녹스Alexander Knox 등의 저작을 보면 그들이 인간의 의무뿐만 아니라 종교적 진리에 대해서도 얼마나 큰 열정을 가지고 있는지를 알 수 있다. 알렉산더 녹스는, "감정은 다른 어떤 것보다 연민에 의해 가장 잘 유발된다. 마음은 마음으로 통하며, 모든 마음의 대화에 필수적인 것은 살아 있는 사람이다."라고 말했다. 진정한 용기는, 선 자체를 순수한 의무로 여겨서든 아니면 선이라는 미덕의 아름다움을 느끼기 위해서든 선이 그 자체를 위해 추구될 때에만 존재한다. 이것만이 인간의 인격에 반응한다.

인간은 추상적인 진리뿐 아니라 선의와 연민에서 우러난 신성한 영감에 의해서도 새롭게 태어난다. 그것은 온 세상 사람들을 가깝게 만드는 자연의 손길이다. 다른 사람의 현존에 스스로를 내던져 사회·윤리·종교를 포함한 모든 면에서 최선을 다해 그를 돕는 사람들은 신성한 영향력을 발휘한다. 그런 사람들의 주위에는 튼튼한 방어벽이 둘러쳐져 있다. 그런 사람들은 이기주의에 저항하며, 겸손하고 훌륭하게 시련을 헤치고 나온다. 성당 참사회원인 모즐리Mozley는 연민과 상호 협력의 기독교 원리가 새로운 과학 원리의 발견처럼 사회에 헤아릴 수 없는 유익——세상의 고통과 비참함을 덜어주는——을 가져다 주었음을 잘 보여주었다. 가장 선하고 고결한 사람들은 상대방을 이해하고 그에게 연민을 품는 사람들이다. 윌버포스 주교에게는 이런 능력이 매우 뛰어났다. 그의 한 친구는 윌버포스 주교의 성공 비결이 무엇이냐는 질문에, "그것은 상대방에 대한 연민입니다."라고 대답했다. 윌버포스는 도량이 넓고 관대하며, 자유로운 사고의 소유자였다. 그는 선을 목표로 하는 모든 일에 전심전력하였으며, 가치 있다고 여겨지는 모든 일에 앞장섰다. 성공은 그에 따른 자연적인 결과였을 뿐이다.

연민은 고통을 겪고 실의에 빠진 사람들을 가엾게 여기는 마음이다. 노먼 매클라우드의 인격에서 가장 두드러진 것은 연민이라는 말이 있다. 그는 인류에 대한 관심이 지대했으며, 가장 평범한 사람들조차 인류에 공헌하는 바가 있다고 생각했다. 한 대장장이는 그에 대해, "매클라우드 씨는 마치 자신도 대장장이인 것처럼 나와 대화를 나누지만 내 마음속에 그리스도를 심어놓지 않고 떠난 적이 없었습니다."라고 말했다. 모든 인간 활동의 중심점은 바로 인간이며, 그렇기 때문에 사람의 안에 있는 것과 그에게서 나오는 것만이 중요하다. 인간은 이 세상을 살아가면서 여러 가지 활동을 하고 다른 사람들과 어울리며 서로 감정을 교류하지만, 존재의 유한성을 뛰어넘게 하는 보다 중요한 길은 홀로 걸어야 한다.

진정한 자선

노먼 매클라우드는 글래스고에서 자선사업을 시작하면서 이렇게 말했다. "우리는 살아 있는 사람들을 원합니다. 그들이 가진 책이나 돈뿐만 아니라 그들 자신을 원합니다. …… 가난한 사람들과 헐벗고 버림받은 사람들, 돌아온 탕자들, 실의에 빠진 사람들은 봉사자들의 눈에서 고요히 빛나는 사랑이 그들에게 내적인 빛과 평화, 그리고 지친 영혼이 쉬어갈 수 있는 안식처를 제공하는 것을 느낄 수 있습니다. 우아하고 편안한 집을 두고 불결하고 지저분한 집을 방문하여 그들을 돕고 또 친절하고 다정하게 대해주는 봉사자들에게서 그들은 이제껏 꿈에도 생각지 못한 철저한 이타심을 접하고 고마워합니다." 이 말은 글래스고에서의 그의 자선사업의 성격을 규정하고 있다.

그는 다시 이렇게 말했다. "나는 그들로 하여금 꾸준히 일하고 건강을 유지하며 술을 절제하고 친절하고 사려 깊고 단정하게 생활하는 등의 개인적 의무와 부모로서의 가족에 대한 의무를 이행하며, 사회 구성원으로서 예의 바르고 정직하고 약속을 지키며 회사의 방침에 순응하면서도 독립성을 가지고 일하는 근로자가 되도록, 그리고 영국의 역사와 정부에 대한 지식을 가지고 군주에 대해서든 행정부에 대해서든 나라에 대한 의무를 다할 수 있도록 주의 깊게 훈련시켜야 한다고 생각합니다. 이러한 교육은 이제까지 너무나 등한시되어왔으며, 기독교의 원칙에 입각하여 크게 개선되어야 합니다."

이 같은 매클라우드 박사의 말은 세계에서 가장 부유하면서도 가장 가난한 런던에도 똑같이 적용될 것이다. 런던 동부에 비참한 생활을 하는 가난한 사람들이 살고 있음을 아는 사람은 많지 않으며, 이들의 생활환경을 개선하기 위해 성금을 내는 사람들은 있어도 시간과 아이디어를 제공하는 사람은 거의 없다. 그러나 고故 에드워드 데니슨 Edward Denison은 예외였다. 그는 런던 동부의 빈민들을 위해 전심전력하였다. 그는 사람들을 교화하는 첫 단계가 가족과 미래를 위해 저축하게 하는 것임을 알고, 저축은행을 설립하였다. 그리고 학교와 독서실 및 교회를 세웠으며, 어느 정도까지는 이들을 빈곤에서 벗어나게 해주었다. 그러나 그 많은 사람들을 그 혼자서 어떻게 감당할 수 있었 겠는가? 그는 이렇게 말했다. "세계에서 가장 부유한 나라에서 해마 다 많은 사람들이 굶주림으로 죽어가다니 이 얼마나 끔찍한 일인가! …… 사실 우리는 지난 20년 동안 놀라운 물질적 축복을 누려왔으면 서도 여기에 따르는 수고와 희생에 대해서는 미처 생각지 못했다." 데 니슨은 빈민구제 사업의 첫발을 내디뎠을 뿐, 그 결실은 보지 못하고 운명하였다. 그러나 그의 뒤를 잇는 사람들이 속속 나온다고 해도 그 의 공적은 잊혀지지 않으리라.

가난한 사람들을 돕느라 평생을 수고한 조제프 드 메스트르Joseph de Maistre가 말년에 한 말을 들어보라. "나는 부랑자의 삶이 어떤 것인지 알지 못합니다. 부랑자가 되어본 적이 없으니까요. 그러나 정직한 사 람의 생애는 끔찍합니다. 이 어리석은 세상에 왔다 간 사람 중에 진실 로 선하고 유익한 일을 한 사람은 얼마나 적은지요. '선을 퍼뜨리고 다 닌다Pertransivit benefaciendo'고 이야기되는 사람들과 다른 사람들을 교화하 고 위로하고 안도시키는 데 성공한 사람들, 선을 행하느라 스스로를 희생한 사람들, 남모르게 선을 행하며 세상으로부터 아무것도 기대하 지 않는 진정한 영웅들 앞에 깊이 머리를 숙입니다. 그러나 대부분의 사람들은 어떤지요? 두려움 없이 '내가 이 세상에서 한 일이 무엇인 가? 나는 인류의 발전에 기여했는가? 이제 내가 할 일은 무엇인가?'라 고 자문할 수 있는 사람이 1000명 중에 몇 명이나 되겠습니까?"

탤퍼드Talfourd 판사가 남긴 마지막 말은 다음과 같다. "영국 사회에 계층간의 융화를 위해 가장 부족한 것이 무엇이냐고 묻는다면 나는 한 마디로 연민이라 대답하겠습니다." 계층 간의 갈등은 우리 시대의 으뜸가는 병폐이다. 사회의 여러 계층 간에 점점 더 골이 깊어지고 있다. 부자들은 가난한 사람들을 외면하고 가난한 사람들은 부자들을 외면한다. 한쪽에서는 연민과 지도를 유보하고 다른 한쪽에서는 순응과 존경을 유보한다.

고용주와 고용인

예전에는 세상은 친절하고 성실한 지도자에 의해 통치되어야 하며 부의 불균형은 더 나은 환경에서 태어난 사람들의 자발적인 자선행위에 의해 부분적이나마 개선되어야 한다는 생각이 지배적이었는데, 요즘 세상을 지배하는 원칙은 다른 사람들에 대한 배려는 없이 자신의 이익만을 추구하는 것이다. 이익 추구에 방해가 되는 것은 무엇이든 탐욕의 발길 아래 짓밟히고 만다.

요즘의 고용주와 고용인 사이에는 연민이 사라진 듯하다. 대규모 공업도시의 내부를 들여다보면 사업주와 근로자가 거주하는 지역이 서로 다른 것을 알 수 있다. 그들은 서로를 알지 못하며, 서로에 대해 연민이 없다. 임금 인상을 원하는 근로자들은 파업을 벌이고, 저임금을 고집하는 사업주는 공장 폐쇄를 단행한다. 곧이어 노사협상이 벌어지지만, 이는 좋은 결과를 가져올 때도 있고 나쁜 결과를 초래할 때도 있다. 소요가 계속되고 심한 말이 오가며 때로는 사업주의 집에 방화를 하거나 마차를 불태우는 일도 발생한다. 그러면 경찰력이 개입되고 사태는 잠시 진정 국면에 접어든다. 그러나 양측 모두 얼마나 큰 상처를 입을 것인가!

가정 안에서는 또 어떤가? 대도시에서는 주인과 하인 사이에 연민이 존재하지 않는다. 하인들은 끊임없이 들어오고 나간다. 그러나 가정생활이라고 하는 것은 일정한 보수에 일정한 노동력을 제공하는 식의 교환 원칙에 입각하여 이루어지지는 않는다. 우리의 가정에 새로 하녀가 들어오면 그는 가족의 한 사람으로 받아들여져야 하지만, 실제로는 전혀 그렇지 못하다. 하녀는 우리의 생활을 편안하게 해주는데 꼭 필요한 존재이지만, 우리는 그들을 단지 돈을 받고 일하는 사람으로 여긴다. 하녀는 부엌에서 살고 다락에서 잠을 자며 그 밖의 공간에는 자유롭게 드나들기 어렵다. 고용주와 고용인 사이에는 전혀 연민이 존재하지 않는데, 서로 언어와 국적이 다른 사람들끼리도 그렇게까지 심하지는 않을 것이다.

어떤 부인이 우리에게 보내온 편지에는 로버트 딕Robert Dick의 집에서 아무런 보수나 보상 없이 일을 하는, 그러나 주인의 사후에 적지 않은 유산을 물려받을 것이 분명한 하녀 애니 매케이Annie Mackay에 대한 이야기가 씌어 있다. 그 부인은 이렇게 적고 있다. "애니에게는 요즘 사람들에게서는 찾아보기 힘든 독립심이 있습니다. 아직도 그런 자질을 지닌 하녀를 곁에 두고 있다는 것은 특권입니다. 세상은 끊임없이 변하고 있으며 옛날식 가치관은 모두 무너져버렸기 때문입니다. 그녀가 주인에 대해 지니고 있는 것과 같은 애정은 그녀의 세대와 함께 사라져가고 있기에 지금 자라나는 세대는 접할 수 없을 것입니다. 나는 하인들에 대한 연민을 결여한 주인의 이야기를 접하면 참을 수 없이 화가 납니다. 그런 사람들은 마치 우리가 철도나 증기선, 또는 약간의 학식이 주인에 대한 하인의 감정에 영향을 줌으로써 변화된 관계를 받아들일 수 있다는 듯한 태도입니다. 그들은 변화를 갈망하며, 변화가 없는 한 결코 만족하지 않을 것입니다."

무관심한 사람들

사회 전반에 연민이 많이 줄어들었다. 우리는 서로를 알지 못하고, 서로에 대해 배려하지 않는다. 이기주의가 매우 깊이 뿌리내리고 있다. 우리는 부와 쾌락을 추구하면서 냉정하고 자기 일 이외의 것에는 무관심한 사람이 되어버렸다. 다른 사람들의 기분에는 상관하지 않고 각자의 일에만 몰두하는 것이다. 그리고 우리보다 무거운 짐을 진 사람들을 도울 생각을 하지 않는다. 탤퍼드 판사의 마지막 말은 이런 서글픈 상황을 지적한 것이다. 이러한 풍조는 우리를 사기나 범죄에 대해서도 무신경하게 만든다. 그리하여 우리는 인류애 같은 것은 생각지 않고 이기적으로 자기 자신의 이익만 추구하며, 자신의 이익을 다른 사람들의 생활이나 재산보다 우위에 두게 된다.

게으르고 이기적인 사람은 다른 사람들에 대해 거의 신경을 쓰지 않는다. 그는 소외된 계층을 돕는 일 따위는 하지 않는다. 아마도 그는 이렇게 말할 것이다. "그 사람들이 나와 무슨 상관이람? 각자 알아서들 살아가라고 해. 왜 내가 그들을 도와야 하는 거지? 그들이 내게 해준 것도 아무것도 없는데 말이야. 그들이 고통 받고 있다고? 세상에는 늘 고통 받는 사람들이 있기 마련이야. 치유될 수 없는 것은 견뎌야 해. 그건 지금으로부터 100년이 지나도 마찬가지라고!"

무관심한 사람은 옆에서 사람이 죽어나가도 눈도 꿈쩍 않는다. 그는 자신의 즐거움과 자기 일에 빠져서 다른 사람들의 절박한 상황에 주의를 기울이지 못한다. 빈곤과 무지와 고통에 대한 이야기들은 그를 언짢게 할 뿐이다. "그들에게 일하라고 하시오. 왜 내가 그들을 돌봐야 합니까? 스스로의 힘으로 일어서라고 하시오."라고 그는 말한다. 무관심한 사람에 비하면 나무늘보가 차라리 더 활동적이라고 할 것이다.

그러나 무관심한 사람들은 그들이 생각한 것처럼 쉽게 다른 사람들로부터 자유로워지지는 못한다. 다른 사람들을 돌보지 않고 또 그들에게 연민을 느끼지 못하는 사람은 종종 그에 상응하는 대가를 치르게 된다. 그는 몇 블록 떨어진 곳에서 발생한 흑사병에 아무런 관심이 없지만 공기 중에 떠도는 병원균이 그의 집에 유입되어 그의 가족이 흑사병에 걸릴 수도 있다. 그는 옆 동네의 범죄와 빈곤에 전혀 관심이 없지만 어느 날 그의 집에 강도와 도둑이 들 수도 있다. 그는 가난한 이웃에 관심이 없지만, 6개월에 한 번씩 꽤 많은 빈민세를 부담해야 한다. 그는 정치에 관심이 없지만 소득세를 내야 하고, 이것은 전쟁 비용으로 사용된다. 결국 그는 무관심의 대가가 매우 크다는 것을 깨닫게 될 것이다.

경제학자들은 주인과 하인의 관계를 돈과 서비스의 교환이라는 관점에서 본다. 계산에 밝은 경제학자들에게는 물론 이러한 계약 관계가 중요할 것이다. 그러나 도덕주의자와 철학자, 정치가 및 보통 사람들은 주인과 하인의 관계를 양자에게 특정 의무를 부과하고 같은 인간으로서 서로에게 연민과 애정을 느끼게 하는 사회적 유대의 관점에서 본다. 양자는 영혼을 지닌 인간 존재에 대한 존경심과 함께 서로에 대한 친절한 마음을 지녀야 한다. 인간의 존엄성을 단지 머리로 생각할 뿐만 아니라 감정적으로도 깊이 느낄 때에만 가능한 이런 종류의 존경심이 없다면, 사회 여건의 향상은 기대할 수 없을 것이다.

시드니 스미스는 이렇게 말했다. "그렇다! 그자는 공리주의자이다. 그자는 너무나 냉정해서 그의 위로 마차를 몰아도 몸에 바퀴자국조차 남지 않을 것이다. 송곳으로 그의 몸에 구멍을 내면 분명 그 안에서 톱밥이 쏟아져 나올 것이다. 공리주의자들은 인간을 기계 취급한다. 인간의 감정에 대해서는 전혀 고려하지 않는 것이다."

서로에 대한 신의와 충성심과 사심 없는 배려는 다 어디로 간 것일까? 충성심의 미덕은 사라진 듯하다. 지금은 모든 것이 돈의 문제일 뿐이다. 존경 역시 사라져버렸다. 허버트는 "상대를 존경하지 않는 사람은 그 자신도 존경받지 못한다."라고 말했다. 우리는 행동지침을 찾아 다시 옛날로 돌아가야 한다. 요즘에는 근로자가 사업주를 존경하지 않고 사업주도 근로자를 존경하지 않는다. 영국의 근로자들은 여러 해 동안 다른 유럽 국가들의 근로자에 비해 더 많은 임금을 받아왔다. 그러나 이제 그런 시기도 끝났다. 철도와 증기선이 등장하면서 모든 나라의 임금이 비슷해진 탓이다. 모든 계급이 새로운 삶을 살아가게 되었다.

우리에게 부족한 것은 학문적 전통이 아니라 성찰과 사고와 행동의 습관이다. 물질로는 가장 고차원적인 즐거움을 살 수 없다. 인간의 행복을 결정하고 그를 고상한 존재로 만들어주는 것은 감정과 취향과 판단이다. 번스는 이렇게 노래했다.

평화와 휴식은

지위나 신분으로도 살 수 없고

런던 은행에 가득한 돈으로도 살 수 없네.

진정한 축복은

돈을 많이 버는 데에 있지 않고

책이나 학식에도 있지 않네.

가슴 한가운데에 행복이 자리하지 않는다면

우리는 현명하고 부유하고 훌륭한 사람일 수는 있어도

축복받은 사람은 될 수 없네.

　한 예리한 관찰자는 부유한 사람들에게도 그렇지 못한 사람들과 마찬가지로 비참한 면이 있다고 말했다. 부유한 사람은 이미 부를 획득했기 때문에, 부를 얻기 위해 온갖 어려움을 이겨내는 정신력이 부족하다. 그러나 이미 획득한 부를 가지고 그가 무엇을 할 것인가? 돈을 버는 것 이외에 달리 할 줄 아는 것이 없는 사람은 불쌍한 사람이다. 어느 부유한 양초 상인이 무더운 여름날 자신의 가게에서 수지獸脂 양초가 녹아 내리는 것을 보며 즐거워했듯이, 그의 유일한 낙은 돈을 쓰는 데 있다. 그는 책에서 즐거움을 느끼거나 과학의 발전에 흥미를 갖거나 인류의 고통을 줄이는 데 공헌하도록 교육받지는 않았다. 그럼에도 그의 손에는 마법의 지팡이, 즉 굶주리는 사람들에게 먹을 것을 공급하고 궁핍한 사람들의 고통을 덜어줄 수 있는 부가 쥐어져 있는 것이다. 그는 굶주리는 사람들의 비명을 잠재울 수 있고, 과부와 고아의 마음을 기쁘게 해줄 수 있다. 그러나 불행히도 그는 무력하고 비참

한 사람들의 상황을 개선하는 것보다는 자신이 가진 돈에 더 관심이
많다.

사랑으로 대하라

우리는 적게 가질수록 더 소박한 삶과 더 큰 행복을 누릴 수 있다.
이기적이지 않은 삶은 악과 탐욕을 없애고 영혼을 강건하게 하며 마음
을 고양시키기 때문이다. 소크라테스는 "사람은 원하는 것이 적을수록
신에게 더 가까워진다."라고 말했다. 미켈란젤로의 하인인 우르비노
Urbino가 병상에 누웠을 때 미켈란젤로는 자신의 건강도 안 좋았음에도
불구하고 밤낮으로 그를 돌보았다. 미켈란젤로는 바사리Vasari에게 보
낸 편지에서 이렇게 쓰고 있다. "친구여, 내가 글씨를 제대로 쓸 수 있
을는지 모르겠지만 자네 편지에 답장을 해줘야 할 것 같아서 펜을 들
었네. 우르비노가 죽었다네. 그의 죽음은 크나큰 슬픔인 동시에 하느
님이 내게 주신 축복이기도 하다네. 평생 내 시중을 들던 그가 죽어가
면서 내게 후회 없이 죽을 뿐만 아니라 죽음을 소망하도록 가르쳐주었
기 때문일세. 그는 26년을 나와 함께 지내면서 늘 선하고 지혜롭고 성
실했었지. 말년을 그에게 의지하려고 생각하고 있을 때 그가 내 곁을
떠나고 말았네. 천국에서 다시 만나리라는 희망만을 남긴 채."

카르투지오 수도회의 디오니시우스는 결혼한 사람들에게 이렇게
말했다. "하인들을 대할 때에는 자신이 하인일 경우 다른 사람들이 이
렇게 대해주었으면 좋겠다고 생각되는 대로 말하고 행동하십시오. 주
인과 안주인은 하인들 모두에게 정의로우면서도 다정하고 겸손하고

온유하며 인내심이 있어야 합니다. 하인들을 함부로 대해서는 안 되며, 그들이 잘못한 일이 있을 때에는 그것을 참아 견디거나 사랑으로 그 잘못을 고쳐주어야 합니다. 하인들이 수없이 잘못을 저질러도 하느님이 그들에게 자비를 베푸시는 것을 기억하면서 말이지요."

우리가 일하고 수고하는 것은 우리 자신만을 위해서가 아니다. 우리는 자신뿐만 아니라 다른 사람들을 위해서도 열심히 살아간다. 도덕법칙과 가족의 유대, 가족 간의 사랑 및 가정 관리는 이기적인 즐거움이나 비용의 지불 같은 것들보다 더 높은 차원에서 이루어진다. 그러므로 우리의 생각이 우리 마음의 중심을 차지하지 않도록 주의하자. 에픽테토스Epictetus는 "부나 쾌락, 또는 영예를 사랑하면서 동시에 인간을 사랑할 수는 없다."고 말했으며, 성 안토니우스St. Anthony는 "사람을 사랑한다는 것은 곧 살아가는 것을 의미한다."고 말했다. 이렇게 해서 사랑은 보편적 원리가 된다. 사랑은 인류의 고통 앞에 주어지는 유일한 치료약으로, 모든 인간 행동——배움과 철학, 예절, 입법 및 행정——을 원활하게 해준다.

탁월함에 대한 사랑은 모든 천박하고 범죄적인 것에 대한 혐오와 불가분의 관계에 있다. 프루아사르Froissart는 가스통 드 푸아Gaston de Foix에 대해, "매사에 대단히 완벽하여 아무리 칭찬을 해도 모자랄 지경이다. 그는 사랑해야 할 것들을 사랑하고 미워해야 할 것들을 미워했다."고 말했다. 성 아우구스티누스도 이와 흡사하게, "미덕은 우리로 하여금 사랑해야 할 것들을 사랑하게 하고 미워할 만한 것들을 미워하게 하는, 잘 인도된 사랑이다."라고 말했다.

그리고 또 다른 성인 한 사람은 이렇게 말했다. "절제란 어떤 쾌락의 유혹에도 이끌리지 않는 사랑이 아니고 무엇이겠는가? 신중함이란 어떤 실수도 낳지 않는 사랑이 아니고 무엇이겠는가? 용기란 씩씩하게 역경을 견뎌내는 사랑이 아니고 무엇이겠는가? 정의란 이 세상의 불평등을 완화시키는 사랑이 아니고 무엇이겠는가?" 금욕주의자들은 이 놀라운 사랑의 힘을 알고 있었다. 소크라테스는, "사랑이 탄생하기 전에는 필요의 왕국에 의해 많은 무서운 것들이 생겨났지만, 사랑이라는 신이 태어나자 모든 것은 인간답게 변했다."라고 말했다.

다른 사람들에 대한 배려와 친절에는 늘 보답이 따른다. 우리가 친절을 베풀면 상대방은 돈으로는 살 수 없는 자발적이고 기민한 섬김을 베푼다. 연민은 남편과 아내, 부모와 자녀, 주인과 하인을 하나로 묶어줌으로써 가정 안에 온기와 빛을 제공한다. 가족 구성원 모두에게 애정과 화합을 가져다주는 이 연민이 없다면 행복한 가정은 불가능하다.

고故 아서 헬프스Arthur Helps 경의 수필에는 이런 대목이 있다. "사람들은 날이 갈수록 더 부유해지고 승진에 승진을 거듭하며 자신의 분야에서 명성을 떨치는 이를 보고 성공한 사람으로 여길 것이다. 그러나 그의 가정이 무질서하고 가족 구성원 간에 애정이 없으며 전에 그의 집에서 일하던 하인들(아마도 그가 기억하는 하인들보다는 기억하지 못하는 하인들이 더 많겠지만)이 그와 함께 했던 시간을 불행한 시간으로 기억한다면 그 사람은 성공한 것이 아니다. 그런 사람은 이 세상에서 어떤 영화를 누리든 한 가지 중요한 것을 놓치고 있기 때문이다. 가정에 사랑이 없으면 결코 잘살았다고 할 수 없다. 그런 사람의 삶은 다양한 분야에 빛을 비출지는 몰라도, 그 중심에는 사랑과 선한 사람의 주변에 형성되는 따스한 둥지가 결여되어 있다."

가정

14세기의 한 이름 없는 화가가 평화로운 가정생활의 한 장면을 화폭에 담은 아름다운 그림을 보면, 가풍이 훌륭한 집안에서는 아버지가 친구들에게 식사 대접을 할 때 자녀들이 그 곁에서 시중을 들었음을 알 수 있다.

카르단Cardan은 베네치아의 귀족들을 칭찬하면서, 특히 하인들에 대한 그들의 관대하고 자유로운 태도를 언급했다. 귀족들이 하인들에게 매우 친절하고 인간적으로 대우해주었다는 것이다. 또 인품이 뛰어난 전사 벡티우스Vectius에 대해서는, "그는 아랫사람들을 권위가 아니라 이성으로 다스렸다. 모르는 사람들이 보면, 그가 집주인이 아니라 집사라고 생각했을 것이다."라는 말이 전해온다.

가정 안에서 연민이 얼마나 중요한지는 굳이 말할 필요도 없으리라. 키케로는, "최초의 사회는 결혼에서 출발하고, 그 다음은 가족에서, 그 다음은 국가에서 출발한다."라고 말했다. 아버지는 집안을 다스리지만, 그의 힘은 가족 구성원에 대한 연민에서 비롯되어야 한다. 인류의 모든 진보는 가정에서 시작한다. 가정에서 습득한 원리원칙은 그것이 옳은 것이든 그른 것이든 사회 전체를 지배하기 마련이다. 부모를 움직이는 동력은 자녀에 대한 연민과 사랑이다. 장 폴 리히터Jean Paul Richter는 이렇게 말했다. "자연이 자녀 양육을 위해 여성에게 준 가장 고귀하고 아름다운 자질은 자신 이외의 대상에 대한 무조건적이고 열정적인 사랑이다. 자식은 사랑을 받고 키스를 받지만 처음에는 부모에게 함부로 대할 뿐이다. 가장 많은 보살핌을 필요로 하는 가장 연약한 존재가 가장 적게 보답한다. 그럼에도 어머니는 끊임없이 사랑을 쏟으며, 더 많은 것을 필요로 하면서도 감사할 줄 모르는 자식에게 더 큰 사랑을 베푼다. 아버지는 가장 강한 자식을 가장 사랑하지만 어머니는 가장 약한 자식을 가장 사랑한다."

아버지가 가정을 다스린다면 어머니는 가정을 관리한다. 그렇다면 과연 아버지는 친절과 자기규제로써 가정을 다스리는 법을 배웠는가? 또 어머니는 가정을 평안하게 하는 기술을 터득했는가? 만약 그렇지 못하다면 결혼생활은 끊임없는 긴장의 연속이 되고 말 것이다. 아서 헬프스 경은, "불공정한 가장보다 연민이 결여된 가장이 더 나쁘다"고 말했다. 다음은 어떤 하녀의 아름다운 마음이 엿보이는 이야기이다. 그 하녀는 해고를 당하자 주인에게, "그러면 제가 가져온 것을 돌려주세요."라고 말했다. 주인이 "그러지, 돈을 주겠네."라고 대답하자, 그녀는 "돈 얘기가 아닙니다. 제가 가진 진정한 부, 즉 저의 젊음과 아름다움, 순결한 영혼, 쾌활한 마음, 그리고 결코 실망하는 일이 없는 굳센 정신을 말씀드린 겁니다."라고 말했다.

남자는 행복해지기 위해서 돕는 배필뿐 아니라 영혼의 동반자를 필요로 하며, 이 두 경우 모두 진실하고 순결하며 사랑이 많은 사람이어야 한다. 남편과 아내는 자녀에게 사랑을 베풀어야 하며 가정생활에 따르는 많은 시련을 자기규제와 자기희생으로 극복해나가야 한다. 테르툴리아누스Tertullian는, "인내는 여인을 돋보이게 하고 남자의 씩씩함을 증명한다. 소년의 인내는 사랑받고 젊은이의 인내는 칭찬받는다.

모든 연령층에 있어서 인내는 아름답다."라고 말했다. 돈 안토니오 데 게바라Don Antonio de Guevarra는 발렌치아Valentia의 한 신사에게 남편으로서의 의무를 가르치면서, 화난 사람의 말에 대꾸하는 것은 삼손의 힘이나 솔로몬의 지혜로도 불가능한 일이니 참고 또 참으라고 말했다. 과연 1그램의 쾌활함은 1톤의 우울에 값한다.

여인의 삶은 외형상으로는 짐작할 수 없으며 내면적으로는 더욱 그러하다. 그러나 내적 또는 외적인 삶에 대한 최상의 준비는 자연적으로 타고난 여성스러움을 주의 깊게 개발하는 것이다. 여성스러움이라는 단어는 무어라 정의를 내릴 수가 없다. 그것은 누군가에게 기댈 필요를 느끼는 연약함과 상대에 대한 신뢰와 존경 및 봉사의 행위로 나타나지만, 어려움을 견뎌내며 상대를 보호하고 지지하는 힘으로도 나타난다. 여성스러움은 놀라운 적응력을 보이는 유연성으로 나타나기도 하고, 의무를 수행하는 단호함으로 나타나기도 한다. 그것은 온유함 속에서 승리를 거두고 자기헌신을 통해 장애를 극복한다. 진정한 아내라면 남편이 하는 일을 깊이 이해하며, 남편을 격려하고 돕는다. 그리고 남편의 성공에 기뻐하고 그가 즐거워할 때 같이 즐거워하며, 되도록 그를 언짢게 하지 않으려고 애쓴다. 길고 행복한 결혼생활을 한 패러데이는 92세에 아내에게 쓴 편지에서 다음과 같이 말하고 있다. "여보, 당신이 그립구려. 당신을 만나 여러 가지를 의논하고 내게 주어진 모든 행복을 되새기고 싶소. 생각과 감정은 가득한데 기억력은 급속히 감퇴하고 있어서 같은 방에 있는 친구들에 대한 일조차 잘 떠오르질 않는구려. 당신이 와서 다시금 내 마음을 떠받치는 쿠션이 되어주고 내게 안식을 주는 행복한 아내가 되어주어야 할 것 같소."

연민의 힘

찰스 램Charles Lamb처럼 연민이 많은 사람도 없었다. 그의 생애에 큰 영향을 끼친 끔찍한 사건에 대해서는 모르는 사람이 거의 없으리라. 그가 겨우 스물한 살이었을 때 누이인 메리가 정신이상을 일으켜 조각칼로 어머니를 찔러 죽였다. 찰스는 그때부터 "가엾고 불쌍한, 더없이 소중한 누나"를 돌보기 위해 자신의 삶을 희생하기로 결심했다. 그는 사랑과 결혼에 대한 모든 생각을 단념하고, 그가 유일하게 연정을 느꼈던 단 한 사람과의 관계도 단절했다. 그리고 1년에 100파운드도 안 되는 수입을 가지고 혼자 살면서 누이를 돌봤다. 그 어떤 즐거움이나 고생도 그로 하여금 누이를 돌보는 일을 포기하게 하지는 못했다.

메리는 정신병원에서 나와 『셰익스피어 이야기 *Tales from Shakespeare*』와 그 밖의 작품을 쓰기도 했다. 해즐릿Hazlitt은 메리에 대해 그가 아는 그 어떤 여성보다 분별이 있다고 말했으나 그녀는 평생 정신병 발작에 시달렸고, 정상적으로 생활할 때에도 언제 다시 발작을 일으킬지 모르는 두려움을 안고 살았다. 메리가 정신병의 재발 조짐을 느끼면 찰스는 그녀를 데리고 혹스턴Hoxton 정신병원으로 향했다. 동생과 누나가 눈물을 흘리며 함께 그 고통스런 발걸음을 내딛는 것은 너무도 가슴 아픈 광경이었다. 찰스는 메리를 정신병원에 데려다 줄 때 한 손에는 구속복을 들고 가야 했다. 메리는 제정신이 돌아오면 다시 동생에게 돌아왔고, 그러면 찰스는 그녀를 반갑게 맞아 매우 상냥하게 대해 주었다. "하느님은 누나를 사랑하신다. 우리가 늘 지금처럼만 서로 사랑할 수 있기를!"라고 그는 말했다. 그들의 우애는 메리의 증상이 악화될 때를 제외하고는 흐려지는 일 없이 40년간 지속되었다. 찰스는 용감하게 자신의 의무를 다했으며, 그에 합당한 보상을 받았다.

　다른 사람들에 대한 연민은 때로 위험에 처한 사람들의 생명을 구하고자 하는 마음으로 나타나기도 한다. 이런 종류의 이야기는 이미 앞에서 여러 차례 언급했지만 아직 한 가지가 더 남아 있다. 어느 날 왓슨Watson 부인은 그녀의 박물관에 전시할 조개껍질을 줍느라 해안을 거닐다가, 바다로 둘러싸인 바위의 툭 튀어나온 부분에 어떤 남자가 있는 것을 보았다. 누구인지는 몰랐지만 그녀는 위험에 처한 남자를 구하기로 결심했다. 그러나 급속도로 조수가 밀려와서 그를 구하는 것은 불가능해 보였다. 그럼에도 그녀는 뱃사람들에게 그를 구하자고 호소했으며, 그를 구해오는 사람에게 큰 상금을 주기로 했다. 뱃사람들은 처음에는 주저했으나, 마침내 보트를 띄우고 바위 위의 남자가 기력이 다하기 직전에 그 바위에 도착했다. 그들은 그를 안전하게 뭍으로 데리고 왔는데, 와서 보니 놀랍게도 그 남자는 왓슨 부인의 남편인 윌리엄 왓슨 경이었다.

　시기적절한 충고 한 마디도 오래도록 고맙게 기억되는 법이다. 유명한 의사 시드넘Sydenham 박사는 누구나 선한 사람과의 대화를 통해 더 선해질 때도 있고 악한 사람과의 대화를 통해 더 악해질 때도 있다고 말했다. 쿠퍼Cowper의 친구 올니Olney 목사보와 대화를 나눈 사람들은 대부분 자신들이 더 선해지는 것을 느꼈다. 올니는 스스로에 대해, "사랑하지 않고 살아갈 수는 없다."고 말했다.

　다음은 황야에서 생활하는 어떤 사람이 쓴 글이다. "한 여인에 대한 기억이 나를 많은 유혹에서 건져냈다. 그 여인은 내가 고향을 떠나기 전에 사망했으므로 지금 나와 함께 지내는 사람들 중에는 그녀를 아는 사람이 없다. 그러나 나로서는 그녀가 아니었으면 견디기 힘들었을, 순전히 그녀에 대한 사랑으로 버텨낸 일들이 더러 있었다. 나는 그녀의 사랑을 잃었다고 느껴본 적이 없으며, 그렇기 때문에 그녀를 데려갈 수 없을 만한 장소에는 아예 발을 들여놓지 않았다. 옛 동료들과 함께 어울릴 수 없어서 우울할 때면 나는 '그녀를 위해서'라고 생각하며 마음을 다잡았다."[2]

콜리어 목사의 예화

여기에 연민이 전적으로 결여된 사람의 이야기가 있다. 이것은 로버트 콜리어Robert Collyer 목사가 시카고의 유니언 교회에서 목회를 할 때 설교를 통해 들려준 이야기이다. 콜리어 목사는 요크셔의 케일리Keighley에서 태어나 어린 시절의 대부분을 지금은 온천으로 유명한 일클리Ilkley에서 보냈다. 그는 재키 버치Jackey Birch라는 대장장이의 조수로 일하다가 결혼을 했고, 후에 감리교 목사가 되었다. 그는 훗날 미국으로 건너가 목회를 했는데, 그의 설교는 풍부한 인생경험을 토대로 한 것인 만큼 깊이가 있고 감동적이었다. 이제 그의 이야기를 들어보자.

"나는 지금으로부터 30년쯤 전에 영국의 감리교회에서 있었던 애찬love feast*1에서 한 남자가 일어나, 그가 어떻게 열병에 아내와 자식

---

*1. 애찬 : 초기 기독교의 회식을 본뜬 기독교 의식

을 차례로 잃고도 아무 일도 일어나지 않은 것처럼 평온한 마음을 유지했으며 하느님의 은혜로 말미암아 전혀 고통을 느끼지 못했고 우리에게 말하는 그 순간에도 마음에 슬픔이 없는지를 이야기하던 것을 기억합니다.

그가 말을 마치자마자 그 모임을 주재하던 현명하고 의지가 굳은 노목사님이 벌떡 일어나 이렇게 말씀하셨습니다. '형제여, 이제 집에 돌아가 골방에서 무릎 꿇고 기도하되, 새사람이 되기 전에는 결코 일어날 생각을 말게. 자네가 들려준 이야기는 은혜의 표시가 아니라 자네의 냉정함을 말해주고 있네. 자네는 이제껏 내가 만나본 기독교인 중에 가장 냉정한 사람일세. 성자는커녕 보통의 평범한 죄인이 되기에도 부족해! 종교는 사람에게서 인간성을 없애는 것이 아니라 사람을 더욱 인간답게 만들어주는 것일세. 자네가 인간이라면 그런 일을 겪고 매우 상심했어야 마땅하네. 나라면 분명 그랬을 거야. 다른 사람들 역시 마찬가지일 테고. 그러니 다시는 애찬 때 그런 이야기를 입에 담지 말아주게.'"

콜리어의 설교집에는 이와는 달리 올바른 방향으로 인도된 연민의 힘을 보여주는 감동적인 일화도 있다. 다음의 이야기를 살펴보자.

아마 에든버러에서의 일이었을 겁니다. 아주 추운 날이었지요. 어느 호텔 앞에 서 있는 두 명의 신사 앞으로 맨발에 누더기를 걸친 작고 여윈 소년이 다가와 말했습니다. "선생님, 성냥 좀 사주세요." "안 산다. 필요 없어." 하고 한 신사가 대답했습니다. "하지만 한 갑에 1페니밖에 안 하는걸요." 하고 소년이 다시 말했습니다. 신사가 "그렇지만 나는 성냥이 필요 없단다."라고 말하자, 소년은 결국 "그러면 1페니에 두 갑을 드릴게요." 하고 말했지요. 그 신사는 한 신문에 이 이야기를 소개했는데, 그 내용은 다음과 같습니다.

"나는 귀찮은 생각에 성냥을 한 갑 사주려고 했는데 잔돈이 없었다. 그래서 '내일 사마.'라고 했더니 그 애는 다시 '오늘 사세요. 제가 달려가서 거스름돈을 구해올게요.'라고 말했다. 그래서 나는 그 소년에게 1실링을 주고 그가 돌아오기를 기다렸다. 그러나 소년은 돌아오지 않았다. 나는 돈을 잃은 셈 치기로 했다. 하지만 그 소년의 얼굴에는 그를 믿게 하는 무언가가 있었기에 나는 그를 나쁘게 생각하고 싶지 않았다.

저녁 늦게 한 어린 소년이 나를 찾아왔다. 그 소년은 내게 성냥을 판 소년의 동생으로, 형보다 더 여위었으며 더 초라한 옷을 입고 있었다. 그는 잠시 호주머니에서 무언가를 찾는 듯하더니, '선생님이 샌디에게서 성냥을 산 분 맞나요?'라고 물었다. '그래!'라고 대답하자, 그 아이는 '그렇다면 여기 4펜스가 있습니다. 샌디는 몸이 안 좋아서 올 수 없었어요. 짐마차에 치였거든요. 그래서 모자랑 성냥도 잃어버리고 선생님에게 드릴 11펜스도 잃어버렸답니다. 샌디는 다리가 부러졌어요. 어쨌든 몸 상태가 몹시 안 좋아요. 의사 선생님이 그러는데 죽을 거래요. 4펜스가 선생님께 드릴 수 있는 전부예요.'라고 말하며 4펜스를 탁자 위에 꺼내놓더니 울음을 터뜨렸다. 나는 그 소년에게 음식을 먹이고 그와 함께 샌디를 보러 갔다.

두 아이는 술주정뱅이 의붓어머니와 함께 살고 있었다. 친어머니와 아버지는 모두 이 세상 사람이 아니었던 것이다. 나는 불쌍한 샌디가 톱밥 자루 위에 누워 있는 것을 보았다. 내가 들어가자 샌디는 즉시 나를 알아보았다. '저는 거스름돈을 가지고 돌아오는 길이었어요, 선생님. 그런데 말에 밟혀서 그만 두 다리가 부러지고 말았어요. 아, 불쌍한 로비! 나는 분명히 죽을 거야. 내가 죽으면 너는 누가 돌봐주지? 로비야, 널 어떡하면 좋으니?'라고 그가 말했다. 그래서 나는 그의 손을 잡고 내가 로비를 돌봐주겠다고 말해주었다. 그는 내 말뜻을 이해했고, 고맙다고 말하려는 듯 눈에 힘을 주어 나를 바라보았으나 이윽고 그의 푸른 눈에서 빛이 사라졌다. 그리고 이내,

> 그는 하느님의 빛 속에 누워 있었다
> 엄마 가슴에 누운 아기처럼
> 악인이 더 이상 악을 행하지 않고
> 피곤에 지친 사람이 안식을 누리는 그곳에서."[3]

기독교와 연민

연민은 인류를 영광스럽게 한다. 연민의 동의어는 사랑이다. 연민은 억압받고 고통 받는 사람들의 필요를 채워주고자 하는 마음이다. 연민은 잔인과 무지와 비참이 있는 곳이면 어디나 위로의 손길을 내민다. 연민으로 가득한 사람들은 비통한 정경과 고통 받는 사람들의 신음소리를 그냥 지나치지 못한다. 이 시대의 가장 위대한 사건의 일부는 연민과 정의에서 비롯되었다. 영국·미국·프랑스에서의 노예제 폐지가 그러하고, 못 배운 사람들에 대한 교육과 주일학교의 보급, 절주 운동 및 억눌린 계층의 사회적 지위 향상을 위한 노력 등이 그러

하다.

모든 사람에게는 곤경에 처한 사람들을 돕고자 하는 연민의 정이 있다. 하느님을 사랑하는 사람은 부유하든 그렇지 못하든 이웃을 돕고, 그들에게 정의롭고 진실하고 자비롭게 대하지 않을 수 없다. 마실런Massillon은, "정의로운 사람은 세상 사람들 위에 있으며 모든 사건들보다 우위에 있다. 모든 피조물은 그의 아래에 있으며, 그의 위에 계시는 이는 오직 하느님뿐이다."라고 말했다. 병자를 간호하고 과부와 고아를 돌보고 빈곤층의 상황을 개선하는 일. 이 모든 것을 위해서는 근면과 자비와 사랑이 필요하다.

마티노Martineau 박사는 이렇게 말했다. "기독교 신앙은 많은 실패와 실수를 범했을지도 모른다. 그러나 보다 합리적인 그 어떤 신념도 인류의 고통을 덜어주는 데 있어 기독교 신앙의 절반도 공헌하지 못했다. 기독교적 열정은 비록 그 목표하는 바에 도달하지 못했을지라도 보다 이성적인 다른 신념이 가 닿지 못한 사람들의 마음에 파고들었다. 교회가 아니었다면 기독교계 학교는 어떻게 되었을 것인가? 선교사들이 아니었다면 이 세상의 도처에서 야만을 몰아내는 문명의 전초기지는 어떻게 되었을 것인가? 인간의 영혼에 대한 존경심이 없었다면 우리는 얼마나 더 오래 다양한 형태의 연민과 치유를 기다려야 했을까? 기독교인들은 많은 어리석음을 범했을지 모른다. 그러나 누가 과연 그들보다 현명하게 행동할 수 있었을까? 그들은 세상을 멸시하는 발언을 너무 많이 했는지도 모른다. 그러나 누가 과연 그들보다 더 세상을 살 만한 것으로 만들 수 있을까? …… 가난한 사람들의 마음에 신앙이 싹트고 그들의 가족이 하느님을 경외하게 되면 그 가정 안에는 변화가 생겨난다. 누더기는 사라지고, 가구가 다시 들어오고, 병자의 증상이 가라앉고, 아이들의 얼굴이 밝아지고, 부부싸움이 줄어들고, 어려움을 보다 잘 극복하게 되며, 슬픔 속에서도 희망과 믿음이 자란다."

워즈워스는, "가장 가난한 사람들조차도 작은 선을 행한다."라고 말했다. 한 구두수선공은 포츠머스에 빈민학교를 시작했는데 그에 대해 거스리Guthrie 박사는, "존 파운드John Pound는 인류를 영예롭게 한 사람으로, 그를 위해서는 영국에서 가장 큰 기념비를 세워도 좋을 것입니다."라고 말했다. 글로스터Gloucester의 한 인쇄공은 주일학교를 시작했으며, 뉴캐슬Newcastle의 한 제화공은 인도 선교에 뛰어들었고, 한 여공은 글래스고에 '주물공장 근로소년 신앙 모임Foundry Boys' Religious Society'을 태동시켰다.

가난한 사람들은 가난한 이웃이 무엇을 필요로 하는지를 부자들보다 훨씬 더 잘 안다. 대도시에서 마주치는 것들 중 근심걱정으로 이마에 깊게 골이 팬 사람들의 초조한 얼굴만큼 우리를 슬프게 하는 것도 없다. 가난한 사람들의 집은 집이라고 할 수 없는 경우가 많다. 부자와 빈자는 서로 다른 지역에 떨어져 살며, 그들 사이에는 사회적 교류를 가로막는 많은 장벽이 존재한다. 가난한 사람들은 그들과 같은 계층이 아닌 사람들과는 어울릴 기회가 없으며, 거칠고 무지한 사람들과의 교류에서 벗어날 방법이 없다. 극빈층의 자녀는 일찍부터 생활전선에 뛰어든다. 상류층에게 있어서 가난한 이들은 전혀 다른 세계에 속한 사람들일 뿐이다.

가난한 사람들만이 가난한 사람들을 진정으로 이해할 수 있다. 가난한 이들만이 서로의 어려운 사정을 알고, 따뜻한 배려를 필요로 하는 서로의 처지를 이해한다. 사람들은 흔히 부자의 자선을 이야기하지만, 이는 가난한 사람의 자선에 비하면 아무것도 아니다. 빈곤과 질병과 근심으로 시달리는 가난한 사람들은 다른 계층의 사람들은 꿈에도 생각지 못할 정도로 서로에게 위안이 되어주고 후원자가 되어준다. 그들은 얼마 안 되는 수입으로 근근이 살아가면서도 곤경에 처한 이웃이 있으면 기꺼이 부조금을 낸다. 그리고 늘 서로에게 작은 친절을 베풂으로써 고통스러운 상황을 견딜 만한 것으로 만들려고 애쓰는데, 이 점에 있어 빈곤층 여성들은 매우 헌신적이다. 그들이 다른 사람들을 돕기 위해 얼마나 자신을 희생하고 위험을 무릅쓰며 내핍하고 인내하고 친절을 베푸는지 세상 사람들은 다 알지 못하며, 알게 되더라도 믿기 어려울 것이다.

로버트 레이크스와 주일학교

로버트 레이크스Robert Raikes에 대한 이야기는 최근에 많이 알려졌으므로, 여기서는 간략하게 다루기로 한다. 주일학교는 그가 시작하기 이전부터도 이미 존재했었다. 보로메오 추기경의 주일학교가 400년 이상 지속되어 왔음을 여러분은 기억할 것이다. 영국에 주일학교가 생긴 것은 그로부터 한참 뒤의 일이다. 레이크스에게 주일학교에 대한 생각을 불어넣어준 사람은 더슬리Dursley의 양모직조공인 윌리엄 킹William King이었다. 킹은 더슬리에 주일학교를 세웠다가 운영진 간에 협조가 잘 안 되는 바람에 실패했지만, 주일학교에 대한 신념만은 확고했다. 킹은 글로스터에 머물던 어느 일요일에 레이크스를 찾아갔다. 두 사람은 글로스터의 빈민가를 걷다가 초라한 옷을 걸친 아이들이 여러 가지 놀이를 하는 것을 보았다. 킹이 말했다. "안식일을 이렇게 보내다니 안타까운 일입니다." 레이크스가 "하지만 이 상황을 어떻게 바꿀 수 있겠소?"라고 말을 받자, 킹은 "주일학교를 여십시오. 제가 더슬리에서 한 것처럼 몇몇 신실한 사람들의 도움을 받아서 말입니다. 저는 다른 일을 너무 많이 벌여놔서 생각했던 만큼 시간을 낼 수 없었습니다만."이라고 대답했다.

레이크스는 글로스터 감옥을 방문했으며, 그곳에서 주거침입죄로 사형선고를 받은 한 젊은이를 알게 되었는데, 그는 "전혀 교육받지 못했으며 창조주에게 기도를 드려본 적도 없었다." 그는 신의 이름은 오직 법정에서 선서를 할 때에나 사용하는 것으로 알고 있었고, 미래에 대한 아무런 소망도 가지고 있지 않았다. 그와의 만남은 레이크스의 마음에 깊은 인상을 남겼다. 글로스터 시의 젊은이들 중에는 교육을 받은 사람이 거의 없었다. 아이들은 조금 자라면 곧바로 생활전선에 뛰어들었고, 여가 시간이나 일요일 같은 때에는 방치되었다.

그리하여 레이크스는 주일학교를 세웠다. 그는 아이들에게 연민을 느꼈고, 아이들은 그를 사랑했다. 레이크스는 주일학교 어린이들에게 교리문답집을 읽고 공부하게 하였으며, 그들 사이에 질서를 불어넣었다. 1783년에 그는 4개 학교의 교사校舍를 빌려 주일학교를 열고, 주일학교에서 가르치는 교사들에게 1실링씩 지급하기로 했다. 그리고 일요일 오후에는 교구의 목사보가 이 학교들을 돌며 아이들의 발달 상황을 점검하도록 했다. 레이크스가 설립한 주일학교에는 교육에 있어서 가장 귀중한 요소가 있었으니, 그것은 다름 아닌 아이들에 대한 교사의 진실한 사랑이었다.

레이크스가 주일학교를 설립한 지 30년쯤 되던 해에, 훗날 '내외국인 학교협회British and Foreign School Society'의 창설에 크게 공헌한 젊은 퀘이커교도 조지프 랭커스터Joseph Lancaster가 찾아와 평일에 빈민층 자녀를 가르쳤다. 주일학교의 설립자인 레이크스는 당시 72세의 고령으로 은퇴해 있었지만 여전히 주일학교에 애정과 관심을 쏟고 있었다. 랭커스터는 레이크스에게 주일학교에 대한 여러 가지 질문을 했는데, 그 질문들에 대한 레이크스의 답변 한 가지가 다음과 같은 일화와 함께 전해져온다.

연로한 레이크스는 랭커스터의 부축을 받으며 글로스터의 거리를 지나 최초의 주일학교가 설립된 뒷골목으로 그를 인도했다. 그는 "여기서 잠시 쉬었다 가지."라고 말한 뒤 모자를 벗어들고 눈을 감더니 조용히 기도를 드렸다. 그리고는 눈물이 글썽한 눈으로 돌아서서 이렇게 말했다. "이곳에서 나는 가난한 아이들이 안식일도 지키지 못한 채 방치되어 있는 것을 보았네. '이들을 위해 할 수 있는 일이 없을까요?' 하고 마음속으로 묻자, '일단 해보거라.' 하는 음성이 들려왔네. 그래서 주일학교를 시작했지. 하느님이 얼마나 많은 것을 이루어주셨던지! 나는 그 말이 그토록 강하게 내 마음속에 파고든 이곳을 지금도 그냥 지나칠 수가 없다네. 그런 생각을 내 마음에 심어준 하느님께 두 손과 마음을 들어올려 감사하지 않을 수 없네."

레이크스가 여러 해 동안 그 일대의 감옥을 꾸준히 방문해온 사실을 아는 랭커스터는 레이크스의 주일학교 학생 3000명 중에 감옥에

간 사람이 있느냐고 물었다. 그러자 고령임에도 불구하고 매우 정정하고 기억력이 뛰어난 레이크스는 "한 사람도 없네."라고 대답했다.[4]

매리 앤 클러프와 글래스고 주물공장 근로소년 신앙모임

글래스고의 여공 매리 앤 클러프Mary Anne Clough는 신문편집인이었던 로버트 레이크스에 비해 사회적 지위가 훨씬 낮았음에도 불구하고 다른 많은 사람들과 마찬가지로 고통 받는 사람들의 상처를 어루만져줄 기회를 발견했다. 그녀를 움직인 것은 '교양'이 아니라 여성의 연민이었다. 그녀는 노동을 통해 생계를 이어가야 했지만 가장 위대한 교육자인 사랑은 그녀를 들어올려 보다 훌륭한 일을 할 수 있게 했다. 클러프는 공장 일을 마치고 난 후에야 사랑의 수고를 시작할 수 있었다. 그녀는 많은 가난한 소년들이 공장에서 일하는 것을 보면서, 그들이 돌보는 이 없이 방치되어 일찍부터 악에 물드는 것을 안타까이 여겼다. 그녀는, '이 아이들을 하느님께 인도하자. 이들로 하여금 선한 일을 하게 하자.' 하고 다짐했다.

이렇게 결심이 서자 그녀는 곧바로 실천에 들어갔다. 그녀는 자신이 근무하는 공장의 아래층에 있는 방을 사용할 허가를 받아서 1862년 6월의 어느 일요일, 공장의 소년들에게 그 방을 개방했다. 그녀는 꾀죄죄한 얼굴에 허름한 옷을 걸치고 뒷골목에서 담배를 피우는 소년들을 불러 모아 읽기와 쓰기를 가르쳤으며, 청결을 유지하고 선하고 경건한 생활을 하도록 지도했다. 그녀는 이 가난하고 버림받은 소년들을 사랑했으며 성심을 다해 그들을 도왔다.

이 소년들을 돕기 위한 그녀의 노력은 일요일에만 국한되지 않았다. 평일에도 그녀는 여가 시간을 모두 그들을 위해 할애했다. 이 고결한 소녀는 평일에도 공장 근무를 마치면 소년들의 가정——가정이라고 할 수 있다면 말이지만——을 방문했다. 그녀는 그들 모두를 알고 있고, 그들의 슬픈 과거와 딱한 처지를 알고 있었다. 그리고 기독교 원리에 입각한 굳은 신념과 넘치는 애정으로 그들에게 좋은 영향을 미쳤다. 그녀가 돌본 소년들은 같은 직업을 가진 비슷한 처지의 소년들에 비해 훨씬 부지런하고 행실이 바르며 거친 말투를 사용하지 않아서, 주물공장 일대에서는 '매리 앤의 아이들'에 대한 칭찬이 자자했다.

거스리 박사는 이렇게 말한다. "이 소녀보다 10배나 더 많은 시간과 돈을 가지고 있으며 10배나 더 교육을 받고 10배나 더 영향력을 미칠 수 있는 수많은 기독교인들이 그녀의 10분의 1도 안 되는 선행을 한다는 것은 슬픈 일입니다. 떳떳하게 '내가 내 아우를 지키는 자이니까?' 하고 물을 수 있는 사람이 있다면, 그는 아마 매일 아침 공장의 벨소리에 잠에서 깨어 세상의 절반이 아직 잠들어 있는 동안 벌써 몇 시간째 작업을 하고 있는, 자기 몸 하나 건사하기에도 벅찬 이 소녀일 것입니다. …… 이 소녀는 잃어버린 영혼을 찾고 넘어진 자를 일으켜 세우며 고통받는 사람들의 상처를 어루만지느라 여러 날 밤을 보냈습니다."

매리 앤 클러프는 3년 동안 이렇게 봉사하다가 건강을 해쳐 소년들을 돌보는 일을 다른 사람에게 맡겨야 했다. 그러나 그녀가 뿌린 씨앗은 단단히 뿌리를 내려 좋은 결실을 맺었다. 1865년에 '글래스고 주물공장 근로소년 신앙모임'이 형성된 것이다. 이 모임에는 6년 동안 1만

4000명의 소년소녀가 가입했고, 1500명의 모니터 요원과 200명이 넘는 신사가 모임을 관리했다. 이 모임을 통해 300명 이상의 신사가 글래스고의 곳곳에서 젊은이들에게 강연을 했으며, 그들의 사회적 지위 향상을 위한 다양한 노력이 이루어졌다. 주일학교 및 교회와 연계한 이 모임에서는 종교 교육과 세속 교육이 병행되었고, 근검절약이 중시되어 저축은행의 설립으로까지 이어졌다. 또한 밴드와 합창단이 중요한 역할을 해서, 매주 토요일에는 음악회가 열렸다. 그리하여 이곳에서는 젊은이들을 방종과 무지와 도시생활의 악으로부터 구하려는 모든 노력이 이루어졌다. 이곳에서 일하는 사람들은 몇 명의 교사를 제외하고는 모두 자원봉사자들이었다. 그들의 노력은 모두 사랑의 수고였던 것이다.

여름에는 모임의 운영진이 소년소녀들을 인솔하여 시골로 휴가를 떠났다. 행선지는 주로 인버러리Inverary에 있는 공원으로, 이곳은 모임의 명예총재인 아길Argyll 공작의 사유지이다. 우리가 이 모임을 알게 된 것도 그들의 여름휴가를 통해서였다. 이 모임은 아직도 주물공장 근로소년들의 모임이라는 이름으로 불리고 있지만, 지금은 그 대상이 모든 계층의 근로청소년으로 확대되었다. 이 모임이 사회에 끼친 유익은 말로 다 표현할 수 없으리라. 부디 영국의 모든 도시에 이런 단체가 생겨나기를! 아직은 스코틀랜드——그리녹Greenock, 에든버러, 던디, 애버딘——에만 이와 비슷한 단체가 형성되어 있지만, 맨체스터와 리즈, 브래드퍼드 및 잉글랜드 북부의 공업지대에도 이 같은 단체가 생겨나면 매우 유익할 것이다.

11

박애

아, 고단한 인생길에 지친 형제여,
의인들에게 외면을 당하는 자매여!
그대들의 힘과 생명이 다하기 전에
그대들의 짐을 대신 져줄 팔이 나타나리니.

— 『인생 예찬』

그대는 믿음과 희망, 그리고 행실로 하느님의 벗이 되시오.

— 마이클 스콧Michael Scott

자비는 고결한 성품의 참된 표지이다.

— 셰익스피어

우리는 죽어가는 무수한 사람들의 신음 소리를 듣지 못한다. 수많은 과
부와 고아의 비명이 우리의 귀에는 들리지 않는다. 많은 사람이 눈물로
뺨을 적시고 이루 말할 수 없는 슬픔에 사로잡혀 있음을 우리는 보지 못
한다. 잔인함이 장려되는 세상이다. 강도의 손은 더욱 강해지고, 우리를
해친 적이 없는 수천 명의 사람들이 무력한 노예로 붙들려 있다.

— 존 울먼John Woolman

인간은 다른 사람들을 지도하고 교화하고 훈련시키는 데 있어 오랜 세월 물리적인 힘에 의존해왔다. 물리적인 힘은 효과가 뚜렷하며, 원인과 결과에 대한 모든 의문을 배제한다. 그것은 문제를 해결하는 가장 손쉬운 방법으로, 논의를 허락지 않는다. 물리력은 상대에게 가장 강한 타격을 입히거나 목표물을 가장 정확히 겨냥하는 사람이 대우받는 야만인들 사회의 논리이다.

물리력과 온화함

문명화된 나라들 역시 물리력에 의존하지 않게 되기까지는 오랜 시간이 걸렸다. 최근까지만 해도 명예를 중히 여기는 사람들은 분쟁을 결투로 해결하였고, 각국 정부는 거의 예외 없이 영토 문제나 국제 분규를 무력으로 해결해왔다. 사실 우리는 오래도록 물리력의 효과를 중시하는 교육을 받아왔기 때문에——오랜 역사를 통해 전쟁은 명예와 영광과 그 밖의 온갖 고상한 이름으로 수식되어왔다——물리력 대신 사랑과 자비와 정의가 지배하는 사회를 상상하기란 거의 불가능하다.

그럼에도 불구하고 물리력의 효과에 대한 의구심이 광범위하게 퍼져 있다. 물리력은 심한 저항을 유발하고, 폭압에 짓눌린 사람들 안에 싹튼 반항심은 폭력과 증오, 죄악과 범죄 등으로 나타난다. 이러한 현상은 물리력에 의존해온 모든 나라와 시대에 공통적인 문제가 되어왔으며, 세계사의 대부분은 물리력의 실패를 보여주고 있다.

우리는 점점 더 현명해져가고 있는가? 인류를 보다 선하고 행복하게 만들기 위해서는 보다 위대하고 유익한 힘, 즉 온유함에 의지해야 함을 우리는 깨닫기 시작했는가? 온유함은 저항이나 반항을 유발하지 않으며 인류를 악하게 하지 않고 오히려 모든 경우에 있어서 인류를 더 선하게 만든다. 사랑은 구속력이 커서, 사랑의 영향력 안에 들어가 있는 모든 사람들을 더욱 고상하게 만든다. 사랑은 인간에 대한 신뢰를 나타낸다. 인간의 훌륭한 품성에 대한 믿음이 없다면 어떤 방법으로도 인간의 고상한 성품을 개발할 수 없을 것이다. 친절은 저항과 분노를 없애고 완고한 마음을 녹인다. 그리고 모든 사람에게서 가장 좋은 성품을 끌어내며, 악을 이기고 선을 북돋운다. 이러한 원리는 국가 간에도 똑같이 적용된다. 친절은 반목과 지역갈등을 해소해왔으며, 더욱 확대 적용될 경우 국가 간의 전쟁도 불식시킬 것이다. 지금은 이상적인 생각에 불과하다고 여겨지겠지만, 장차 전쟁을 끔찍한 범죄로 간주하는 날이 올 것이다.

에머슨Emerson은 이렇게 말했다. "사랑은 오랜 세월 종교의 갈등과 전쟁으로 피폐해진 이 세계를 새롭게 해줄 것이다. 정치인의 헛된 외교와 무기력한 육·해군 및 방어선이 이 무장하지 않은 어린아이 같은 사랑으로 대체되는 것은 얼마나 가슴 따뜻해지는 일인가! 사랑은 들어갈 수 없는 곳은 틈새로 기어 들어가고, 물리력으로 얻을 수 없는 것은 좀처럼 감지되지 않는 미묘한 방법으로 이루어낸다. 가을이 깊어갈 무렵 이른 아침에 숲에 들어가보면 어린 버섯이 굳은 땅을 뚫고 올라오는 것을 볼 수 있다. 젤리처럼 부드럽고 연약한 버섯의 어린 싹이 부드럽고도 과감하게 끊임없이 흙을 밀쳐내고 마침내 서리가 내려 얼어붙은 땅 위로 고개를 내미는 것이다. 이것은 온유한 힘의 상징이다. 인간 사회에서 이런 원리는 잊혀진 지 오래이지만, 역사상 한두 번은 시도되어 크게 성공한 적이 있다. 이 거대하고 과잉 성장한 기독교 세계의 죽은 문명에는 적어도 인류를 사랑한 이의 이름이 아직 남아 있다. 그러나 언젠가는 누구나 인류를 사랑하고 모든 불행이 영원한 햇빛 속에 녹아드는 날이 올 것이다."

과거에는 미치광이와 문둥병자, 노예선의 노예 및 범죄자를 다루는 데 있어 힘의 원리가 작용했다. 미치광이는 쇠사슬에 묶여 들짐승처럼 우리에 갇혔고, 나병 환자는 마을에서 쫓겨나 다른 사람들과 격리되어 살아야 했다.[1] 노예선의 노예들은 생명이 다할 때까지 노를 젓다가 비참한 최후를 맞이했으며, 범죄자들은 연령과 성별의 구분 없이 모두 한데 섞여 수감된 탓에 유럽의 감옥은 악의 소굴이 되고 말았다. 400년쯤 전에는 피렌체와 피사의 의사들이 범죄자들로 생체해부를 했으나, 지금은 그 대상이 말 못하는 짐승으로 바뀌었다.

성 뱅상 드 폴

성 뱅상 드 폴St. Vincent de Paul은 대단히 훌륭한 박애주의자였다. 그
는 랑그도크Languedoc에서 농부의 아들로 태어났다. 그의 아버지는 그
를 성직자로 만들려고 소를 팔아 대학 공부를 시켰다. 뱅상은 마르세
유의 한 친구가 남긴 유산을 받으러 갔다가 배를 타고 돌아오는 길에
아프리카의 해적선 3척을 만났다. 격전이 벌어진 끝에 뱅상은 어깨에
화살을 맞았고, 승무원과 승객 모두가 쇠사슬에 묶인 포로 신세가 되
고 말았다. 뱅상은 튀니스로 보내져 노예선의 노예가 되었지만, 바다
생활에 적응하지 못하고 계속 병치레를 하자 무어인 의사에게 팔려갔
다. 1년 후 주인이 죽자 그는 다시 니스의 원주민 농부에게 팔려갔는
데, 이때 뱅상은 주인을 기독교로 개종시킨 후 그와 함께 그곳을 벗어
나 작은 배를 타고 프랑스 남부의 에그모르트Aigues Mortes로 갔다.

그 후 뱅상은 로마의 수도회에 몸담고 병원의 환자들을 돌보았으
며, 나중에 파리로 옮긴 후에도 같은 일을 했다. 그는 감옥선監獄船의
감독관인 주아니Joigni 백작 집안의 가정교사로 일하게 되었는데, 이때
죄수들이 노예처럼 쇠사슬에 묶인 채 노를 젓는 비참한 광경을 보고
그들을 돕기로 했다. 그가 헌신적으로 죄수들을 돕고 있다는 소식을
접한 루이 13세는 그를 감옥선 구휼관으로 임명했다. 한번은 그가 죄
수와 자리를 바꿔 일을 한 적도 있었다. 죄수는 자유의 몸이 되고 그는
쇠사슬에 묶여 죄수의 일을 하면서 죄수들의 사회에서 죄수들에게 지
급되는 임금으로 살아갔던 것이다. 뱅상은 곧 신원이 밝혀져서 풀려
났지만, 쇠사슬에 묶였을 때 입은 상처는 평생 사라지지 않았다. 그 후

구휼관직을 그만두게 된 그는 성직에 전념하여 많은 죄수들로 하여금 죄를 뉘우치게 하고, 감옥과 노예선의 죄수들을 감화시켰다.

뱅상의 여생에 대해서는 알려진 바가 거의 없다. 그는 파리로 돌아가 자선 수녀회를 설립했는데, 이 자선 수녀회는 국내외에서 행해지는 모든 자선사업을 적극 지원하였으며 병자를 간호하고 젊은이들을 가르치며 소외된 아이들을 돌보았다. 뱅상은 노예선에서 노를 젓던 기억을 떠올리며 흑인 노예들을 위한 기금을 모금했고, 그 돈으로 1200명이 넘는 노예에게 자유를 찾아주었다. 해적선의 노예매매 행위는 1816년 프랑스와 영국의 연합 함대가 알제Algiers에 있는 해적의 본거지를 소탕함으로써 근절되었다.

존 하워드

우리는 중세의 성과 지하감옥에 대해서는 익히 들어서 잘 알고 있지만, 현 시대의 사법제도하에서 행해지는 온갖 잔인하고 비참한 참상에 대해서는 잘 알지 못한다. 오늘날 영국 대도시의 빈민에 관한 기록을 살펴보면, "이것은 야만인의 잔혹행위에 버금가는 일로, 예수님의 자비로부터 무한히 멀어져 있습니다."라는 제러미 테일러의 말에 공감하지 않을 수 없을 것이다.

존 하워드John Howard는 우연한 기회에 감옥생활을 경험한 후 교도소를 개혁하기로 마음먹었다. 그는 리스본에 엄청난 규모의 지진이 발생했을 당시 포르투갈행 배를 탔는데, 얼마 못 가서 그 배가 프랑스의 사략선私掠船*1에 붙들리고 말았다. 프랑스인들은 포로들에게 매우 잔인하게 대했다. 하워드는 48시간 동안 아무것도 먹거나 마실 수가 없었고, 브레스트Brest에 도착한 후 다른 포로들과 함께 성의 지하감옥에 갇혔다. 그들은 불결한 감옥에 투옥된 후에도 꽤 오랫동안 음식을 먹지 못했다. 마침내 간수가 양고기 한 덩어리를 던져주자 포로들은 서로 먹겠다고 아귀다툼을 벌였다. 포로들은 일주일간 이런 대우를 받으며 역병이 돌 것만 같은 습기 찬 지하감옥에서 짚더미를 깔고 잠을 자야 했다.

하워드는 풀려나서 영국으로 돌아갔으나 휴식을 취할 새도 없이 다른 포로들을 구하고자 애썼다. 그는 영국과 유럽의 다른 교도소에 갇힌 죄수들과의 서신 교환을 통해 대부분의 죄수들이 그가 경험한 것보다 훨씬 큰 고통을 받고 있음을 알게 되었다.

오래지 않아 그는 베드퍼드Bedford의 주장관직을 맡게 되었으며, 이에 따라 자연히 잉글랜드의 교도소 환경에 대해 관심을 갖게 되었다. 주장관직은 보통 명예직으로 여겨졌으나 하워드의 경우에는 달랐다. 그에게 있어서 어떤 직위에 임명된다는 것은 곧 그에 따르는 의무를 수행하는 것을 의미했다. 그는 법정에 앉아 재판 과정을 주의 깊게 지켜보았고, 재판이 끝나면 교도소를 방문하여 죄수들을 만나보았다. 교도소에서 그는 죄수들에 대한 수치스러울 정도로 잔인한 처우를 목격하였고, 그로 인해 앞으로의 자신의 사명을 깨닫게 되었다.

다른 나라의 경우도 마찬가지이지만 잉글랜드 교도소의 환경은 열악하기가 이루 말할 수 없었다. 죄수들은 아무런 구분 없이 한 방에

---

*1. 사략선 : 전시에 적의 상선을 나포할 수 있는 허가를 받은 민간 무장선

몰아넣어져 있었다. 비교적 가벼운 죄를 지은 사람이 끔찍한 범죄를 저지른 사람들과 함께 지냈고, 그 결과 교도소는 범죄의 온상이 되었다. 배가 고파 빵 한 덩이를 훔친 사람이 강도나 살인범과 함께 수감되었고, 채무자와 지폐 위조범이, 좀도둑과 흉악범이, 부정직한 소녀와 매춘부가 함께 섞여 있었다. 교도소에는 욕설이 난무했으며, 종교의식은 전무했다.

하워드는 죄수들의 처우에 대해 이렇게 말했다. "무죄 평결이 난 사람들과 대배심에서 재판을 받을 정도의 죄가 성립되지 않는다고 간주된 사람들, 그리고 검사가 기소를 중지한 사람들의 일부가 수개월 동안 유치장에 갇혀 있다가 다시 감옥으로 끌려와 교도관 및 그 부하 직원들에게 상납금을 낼 때까지 감옥에 갇혀 있었다." 그는 또 '냉혹한 채권자들'이 채무자들에게 '감옥에서 썩게 해주겠다.'고 위협하는데 이 말은 문자 그대로 사실이며, 실제로 죄수들은 감옥의 오염된 환경에서 말라리아 같은 질병에 걸려 죽기도 한다고 말했다.

그 당시 교도관들은 나라에서 봉급을 받지 않고 출감하는 죄수들로부터 돈을 받아 생활하고 있었다. 이를 알게 된 하워드는 교도관들에게 봉급을 지급해야 한다고 건의했지만 치안판사는 선례를 요구했다. 하워드는 선례를 찾기 위해 말을 타고 전국의 감옥을 순례했다. 비록 선례는 찾지 못했지만 그는 이 여행을 통해 죄수들에 대한 처우가 너무나 가혹한 것을 알게 되었고, 잉글랜드 및 세계 각지의 감옥 개혁에 평생을 바치기로 결심했다.

감옥으로 사용되고 있는 글로스터 성에서는 남녀 구분 없이 모든 죄수가 같은 건물을 사용하였고, 채무자들이 수감된 방에는 창문이 없었으며, 교도소 안에 전염병이 발생하여 많은 죄수가 목숨을 잃었다. 기독교의 중심지인 일리Ely에서도 사정은 마찬가지였다. 죄수들은 탈옥하지 못하도록 쇠사슬로 마루바닥에 묶여 있었고, 목에 칼을 쓴 채 쇠창살 안에 갇혀 있었다. 노리치Norwich에서는 감옥이 지하에 지어졌고, 그곳의 죄수들은 깔고 잘 짚더미를 지급받는 대가로 1년에 1기니씩 내야 했다. 또한 교도관들은 봉급을 받지 못했을 뿐만 아니라, 그 직위를 유지하는 대가로 주장관 대리에게 1년에 40파운드씩 상납해야 했기 때문에 필요한 돈을 모두 죄수들에게서 착취했다.

하워드는 사명감을 가지고 전국의 감옥을 순례했으며, 죄수들의 처우를 개선할 생각에 골몰하였다. 그는 숱한 위험과 고생에도 불구하고 이 위대한 목표를 포기하지 않았다. 그는 감옥의 실상을 알리기 위해 잉글랜드의 이쪽 끝에서 저쪽 끝까지 여행하며 전국 각지의 감옥을 순례하였고, 자비를 들여 죄가 없는 수많은 사람들과 약간의 빚을 지고 감옥에 들어온 사람들에게 자유를 찾아주었다. 그의 보고서를 받아본 하원에서는 감옥의 실태를 파악하기 위한 위원회를 발족시켰고, 하워드는 그 위원회에 출두하여 의원들의 질문에 답했다. 질의응답 과정에서 하워드의 정보의 세밀함에 놀란 한 의원은 누가 여행경비를 댔느냐고 물어 하워드를 어이없게 하기도 했다.

하워드의 증언이 끝난 후 의원들은 그에게 감사를 표했고, 그가 바라던 방향으로 일을 추진하기 시작했다. 하워드가 이 일을 시작한 지 1년이 지난 1774년에 죄수들의 모든 상납금을 폐지하고 교도관에게 봉급을 지급하며, 모든 죄수들이 방면되는 즉시 출감할 수 있도록 하는 법안이 통과됐다. 이 법안에는 감옥의 청소와 환기에 대한 사항과 부속진료소 건립 및 제대로 된 감옥의 건설 등에 대한 사항이 규정되어 있었다. 법안이 통과될 당시 하워드는 병석에 누워 있었으나, 건강을 회복하자 이 법령이 제대로 시행되고 있는지를 살피기 위해 곧바로 감옥 순례에 나섰다.

하워드는 잉글랜드의 감옥 순례를 마친 뒤 스코틀랜드와 아일랜드의 감옥을 돌아보았는데, 그곳에서도 죄수들은 비참한 생활을 하고 있었다. 하워드는 조사 결과를 출판하여 큰 호응을 얻었다. 그 후 그는 대륙으로 건너가 유럽의 죄수들이 처한 상황을 살펴보았다. 바스티유에서는 그의 방문을 허락하지 않았으나, 프랑스의 다른 감옥들은 모두 둘러볼 수 있었다. 프랑스의 감옥 역시 죄수들에 대한 처우가 형편없었지만 잉글랜드의 경우보다는 훨씬 나았다. 하워드가 계속해서 바스티유에 대한 조사를 벌이고 있다는 사실이 알려지자 그에 대한 체포 명령이 떨어졌다. 그러나 그는 가까스로 도망치는 데 성공하여 프랑스 감옥에 관한 책을 번역하였다.

하워드는 벨기에와 네덜란드, 독일 등지의 감옥도 둘러보았으며, 가는 곳마다 조사한 것들을 기록으로 남겼고, 많은 노력을 기울여 방대한 분량의 자료를 확보했다. 그는 잉글랜드로 돌아와 감옥 개혁이 뿌리내린 것을 보고 다시 스위스로 떠났다. 스위스에서 그는 합리적인 감옥 경영이 이루어지고 있는 것을 보았다. 그곳에서는 죄수들이 수입을 얻고 또 감옥을 유지하기 위해 부과되는 세금을 줄이기 위해 일을 하고 있었다.

『감옥의 실태』

3년 동안 1만 3000마일을 여행하며 지칠 줄 모르고 일해서 얻은 자료를 정리하여 하워드는 그의 역작 『감옥의 실태 The State of Prisons』를 펴냈다. 이 책은 영국 사회에 큰 반향을 불러일으켰고, 하워드는 또다시 하원에 출두하여 감옥 개혁에 필요한 추가적인 사항들을 보고하였다. 그는 감화원 설립을 건의했는데, 언젠가 암스테르담에서 본 감화원을 모델로 삼을 수 있으리라고 생각한 듯하다.

하워드는 다시 감화원을 시찰하러 암스테르담으로 갔다가 네덜란드를 출발하여 프로이센으로 갔으며, 서로 대치하고 있는 오스트리아군과 프로이센군을 뚫고 슐레지엔으로 향했다. 그는 빈에서 얼마간 머물다가 이탈리아의 로마로 가서 종교재판소의 감옥을 둘러보고자 했으나, 프랑스의 바스티유에서처럼 출입을 금지당했다. 그는 종교재판소의 감옥을 제외한 다른 감옥들을 시찰하고 프랑스를 거쳐 영국으로 돌아왔는데, 이때 그가 여행한 거리는 총 4600마일에 이른다. 그는 가는 곳마다 많은 사람들의 환영을 받았으며, 수감자들의 축복을 받았다. 그는 큰 자선을 베풀었을 뿐만 아니라 유럽 각국의 사려 깊은 박애주의자들로 하여금 감옥 개혁의 중요성에 눈뜨게 했다.

하워드는 영국에 돌아온 이후에도 잠시도 쉬지 않고 다시 영국의 감옥을 순례하느라 7000마일을 여행하였다. 그리고 이 여행을 통해 그간의 자신의 노력이 헛되지 않았음을 알게 되었다. 극심한 죄수 학대는 사라졌고 옥사獄舍는 한결 깨끗하고 질서가 갖추어져 있었다. 그는 보다 많은 것을 알기 위해 또다시 외국으로 여행을 떠났다. 전에는 주로 남부 유럽의 감옥을 둘러보았으므로, 이번에는 러시아로 가기로 했다. 그는 혼자서 도보로 페테르부르크에 들어갔다가 경찰에 발견되어 예카테리나Catherine 여제를 알현하게 되었다. 그는 여제에게 공손한 태도로 자신은 왕궁이 아니라 죄수들이 갇혀 있는 감옥을 보러 왔다고 말했다.

그리하여 그는 군대의 호위를 받으며 죄수들의 태형 장면을 보러 갔다. 남녀 죄수 한 쌍이 끌려나와 남자는 60대, 여자는 25대를 맞았다. 그로부터 며칠 후 하워드는 몹시 수척해진 그 여자 죄수를 보았지만 남자 죄수는 더 이상 볼 수 없었다. 하워드는 그가 어떻게 되었는지 알아보려고 형리를 만났다. "태형을 가할 때 죄수가 금방 사망하게끔 할 수도 있습니까?"라고 하워드가 묻자, 형리는 "물론입니다!"라고 대답했다. 그들의 대화는 다음과 같이 이어진다. "얼마나 빨리 죽게 할 수 있습니까?" "하루나 이틀쯤 될 겁니다." "직접 그런 식의 매질을 가한 적이 있나요?" "네, 있습니다." "최근에 그런 일이 있었습니까?" "네, 최근에 제가 형을 집행한 죄수가 죽었습니다." "어떻게 하면 죄수가 죽나요?" "옆구리를 한두 대 치면 살점이 떨어져나갑니다." "그런 식으로 매질을 하라는 명령을 받았나요?" "네, 그렇습니다." 결국 러시아 전역에서 사형제도가 폐지되었다는 말은 허구임이 드러난 셈이다.

모스크바에서 하워드는, "한 해에 러시아 병원에서 죽어가는 병사들의 수는 7만 명을 상회한다."고 쓰고 있다. 정확하고 거짓을 말할 줄 모르는 하워드가 한 말이기에 이 소식은 전쟁과 압제에 대해 더 큰 혐오감을 불러일으킨다. 하워드는 러시아에서 폴란드와 프로이센, 하노

버 및 오스트리아령 네덜란드를 거쳐 영국으로 돌아왔으며, 1783년
에 다시 스페인과 포르투갈의 감옥을 둘러보았다. 그리고 이러한 여
행의 결과를 『감옥의 실태』의 두 번째 부록으로 펴냈다.

하워드는 감옥 개혁이라는 평생의 사명을 이루기 위해 12년간 4만
2000마일을 여행하며 유럽의 주요 도시에 있는 감옥을 순례하였고,
죄수와 병자들을 위해 3만 파운드에 이르는 돈을 썼지만, 그의 일은
아직 끝나지 않았다. 그는 흑사병의 치유법을 알기 위해 흑사병이 발
생한 나라를 방문하기로 했다. 첫 번째 목적지는 프랑스의 마르세유
였다.

1785년 4월 그는 파리를 향해 출발했다. 바스티유에 대한 그의 팸
플릿을 기억하는 프랑스 행정 당국은 그의 프랑스 상륙을 금지했지
만, 그는 변장을 하고 파리로 들어갔다. 그날 밤 그는 경찰에 붙들릴
뻔했으나 가까스로 도망쳐 마르세유로 갔으며, 그곳에서 흑사병 환자
들이 거처하는 곳에 출입할 수 있는 허가를 받아 필요한 자료를 수집
하였다.

그 후 하워드는 흑사병 발생지인 스미르나Smyrna로 가서 검역소의
실태를 파악하기 위해 일부러 흑사병에 오염된 선박을 탔다. 그는 흑
사병에 걸려 검역소에서 40일 동안 누워지내면서 돌봐주는 이 하나 없
이 끔찍한 고통을 겪었다. 이윽고 건강을 회복한 하워드는 영국으로
돌아와 자신의 시골 영지에서 가난한 이웃에게 도움의 손길을 베푼 뒤
마치 아버지가 자녀들과 헤어지는 심정으로 그들과 작별하였다.

하워드는 흑사병에 대해 더 자세히 알아보기 위해 다시 여행을 떠
났는데, 이것이 그의 마지막 여행이 되었다. 1789년 그는 네덜란드와

독일, 러시아를 거쳐 터키, 이집트 및 북아프리카 일대를 둘러볼 목적으로 영국을 출발했으나, 러시아의 헤르손Kherson까지밖에 가지 못했다. 늘 그렇듯 죄수들을 방문한 후 발진티푸스에 감염된 것이다. 그는 이국의 낯선 사람들 속에서 병을 앓다가 64세를 일기로 세상을 떠났다. 임종할 때 그는 옆에 있는 사람에게 자신이 묻힐 교회 묘지를 일러주며, "나를 조용히 묻어주게. 무덤 위에는 해시계를 놓아서 내가 잊혀지도록 해주었으면 하네."라고 말했다.

그러나 인류의 기억이 지속되는 한 그는 잊혀지지 않을 것이다. 하워드는 가장 비참한 생을 사는 사람들을 위해 일생을 바쳤다. 그는 자기 자신은 돌보지 않았고, 그가 아니었다면 그 누구의 도움도 받지 못했을 사람들만을 생각했다. 당대에 큰 성공을 거둔 그의 업적은 그의 죽음과 더불어 사라지지 않고, 현재까지도 영국과 그 밖의 문명국들의 법 제정에 영향을 미치고 있다.

버크는 하워드에 대해 이렇게 말했다. "그는 온 유럽의 불결한 감옥과 병원균이 가득한 병원을 돌아다니며 고통 받는 사람들의 슬픔과 비참한 상황 및 그들이 받는 억압과 멸시가 어떠한지를 알아보고자 하였으며, 잊혀진 자를 기억하고 소외된 자를 돌보며 버림받은 자를 방문하였다. 그리고 모든 나라의 모든 사람들이 처한 불행에 대해 자료를 수집하고 비교하고자 했다. 이러한 그의 계획은 인도주의 못지않게 천재성으로 가득 찬 독창적인 것이다. 이는 발견의 항해이자 자비의 세계일주로, 그의 수고의 결실은 이미 대부분의 나라에 나타나고 있다."

프라이 부인

하워드의 시대 이후로 죄수들에 대한 처우는 크게 개선되었다. 처음에 죄수들의 처우 개선을 위해 노력한 사람은 사라 마틴Sarah Martin과 프라이 부인Mrs. Fry 및 그 밖의 몇몇 뜻이 맞는 자선가들에 불과했다. 시드니 스미스는 언젠가 프라이 부인을 따라 뉴게이트 감옥을 방문하고는 그곳에서 목격한 광경에 어린아이처럼 눈물을 흘리고 말았다. 그때의 일을 그는 나중에 설교를 통해 이렇게 회상했다. "그것은 가장 엄숙하고 가장 기독교인다운, 대단히 감동적인 광경이었습니다. 불행한 죄수들은 그 경건한 여인을 둘러싸고 전심으로 하느님을 찾았습니다. 그들은 그녀의 음성에 위로 받고 그녀의 표정에서 원기를 회복했으며 그녀의 옷자락에 매달렸습니다. 그리고 그들을 사랑하고 그들에게 하느님을 알게 해준 유일한 사람인 그녀를 우러렀습니다. 그 광경은 마치 온 세상을 향해 짧은 인생이 덧없이 지나가니 좋은 일을 함으로써 하느님을 만날 준비를 해야 한다고 말하는 듯했습니다. 서로 나누고 기도하며 위로해야 한다고, 이 축복받은 여인처럼 죄인과 병자와 실의에 빠진 사람들 속에서 하늘나라에 계신 구세주 예수의 일을 실천해야 한다고, 인생의 가장 밑바닥에 있는 불행한 사람들을 위해 수고해야 한다고 말하는 듯했습니다."

프라이 부인은 지속적인 노력을 통해 감옥의 환경과 여죄수들의 행동을 개선하였다. 1818년 뉴게이트 감옥을 방문한 대배심의 보고서에는 이렇게 씌어 있다. "그녀의 원칙을 여자들뿐만 아니라 남자들에게도 적용한다면 감옥은 변화될 것입니다. 죄수들은 갖은 악과 비행에 노출되어 더 나빠진 상태로 세상에 돌아가는 대신 죄를 뉘우치고 쓸모있는 사회구성원이 될 것입니다."

프라이 부인보다는 덜 알려져 있지만 태트널Tatnall 부인도 그녀의 남편이 소장으로 있는 워릭 감옥의 죄수들을 위해 헌신했다. 워릭 감옥의 많은 죄수들이 태트널 부인 덕분에 악에서 돌이켜 선과 근면의 길로 나아갔다. 그녀는 범죄에 물들기에는 아직 이른 나이의 아이들을 특히 세심하게 돌보았으며, 그들을 사회로 복귀시키는 데 있어 거의 예외 없이 성공을 거두었다.

그러나 개인의 노력만으로 수많은 죄수들을 교화시키는 데에는 한계가 있기에 이런 문제는 입법부 차원에서 다뤄져야 한다. 법을 제정하는 주된 목적의 하나는 범죄를 유발하는 원인을 제거함으로써 범죄를 사전에 예방하는 것이고, 죄수를 교도소에 보내는 주된 목적은 그들을 교화하여 다시 사회에 돌려보내는 것이며, 이것의 성공 여부는 죄수들 자신에게 달려 있다. 죄수들 중에는 환경에 의해 범죄자가 되거나 교육을 받지 못해서, 또는 불공평한 법 적용으로 인해 범죄자가 된 사람들이 너무나 많다.

에드먼즈의 보고서

전에는 사회에서 죄수들을 짐승 다루듯 했지만, 지금은 교화의 측면에서 죄수들에게 보다 나은 대우를 해주고 있다. 뉴욕 주의 싱싱 교도소에 부임한 소장들은 에드먼즈Edmonds의 보고서에 관심을 갖고 죄수들을 교화시키는 방식을 택했는데, 에드먼즈는 보고서에서 이렇게 말하고 있다. "나는 그토록 오랫동안 이 세상을 지배해온 폭력의 시스템을 믿지 않습니다. 그것은 죄수들을 고문하여 겁에 질리게 함으로써 질서를 유지하는 것 이외의 그 어떤 효과도 거둘 수 없습니다. 비록 타락한 죄수들이라 할지라도 그들에게는 여전히 타인의 배려에 감사하는 마음과 이성적인 호소에 반응하는 양심, 보다 나은 삶에 대한 갈망이 있습니다. 우리가 사랑으로 격려하고 희망을 불어넣어주면 그들은 완전히 다른 사람으로 변화될 수 있음을 나는 경험을 통해 확신합니다." 싱싱 교도소에서는 에드먼즈가 권하는 방식대로 죄수들을 다루기 시작했고 좋은 결과를 얻었다. 이제 처벌은 최소한으로 줄이고 개선의 의지를 북돋아주는 방식으로 죄수들을 다루게 되었으며, 그리하여 전에는 교화가 불가능하다고 여겨졌던 많은 죄수들이 훌륭한 일꾼으로 사회에 복귀하였고, 그들 중 과거의 나쁜 습관으로 돌아간 사람은 소수에 불과했다.

이러한 방식은 여죄수들에게 특히 좋은 결과를 낳았다. 여자 교도관 한 사람이 예배시간에 자제심에 대해 이야기하면서 현생이나 내생에 있어 비참한 생활을 면하고자 한다면 성품을 변화시킬 필요가 있다고 말했는데, 이 말이 죄수들에게 깊은 인상을 준 것이다. 나중에 그 여자 교도관은 이렇게 말했다. "이 작은 실험의 효과는 죄수들의 행동 변화로 나타났습니다. 죄수들은 거친 행동을 자제하고 한결 조용하고 차분한 생활을 하였고, 목소리도 부드러워졌으며, 지시에 기쁘게 응했습니다. 이 일로 인해 나는 아무리 죄를 지었거나 분노로 마음이 닫힌 사람일지라도 그 마음에 이성이 깃들어 있는 한 연민과 친절이 가 닿지 않을 만큼 무감각하고 완고하거나 기독교적 사랑에 응답하지 않을 만큼 타락한 사람은 없다는 것을 확신하게 되었습니다."

필즈베리 소장

코네티컷 주의 웨스트베리 교도소에 새로 부임한 필즈베리 소장 또한 인도주의적 방법으로 죄수들을 교화하는 데 크게 성공하였다. 그는 도덕적 용기가 대단한 사람이었다. 그가 부임하기 전에는 죄수들을 가혹하게 다룸으로써 그들에게 '뿌리 깊은 원한'을 심어주어 범죄율이 증가했고, 해마다 교도소 유지비용 때문에 주 재정이 적자였다. 그러나 필즈베리 소장은 전혀 다른 방식으로 죄수들을 다뤘다. 그는 죄수들에게 친절하게 대함으로써 그들을 교화시키고, 품행이 단정해진 죄수들을 격려하였다. 그는 가장 끔찍한 범죄를 저지른 사람들조차 즉시 수갑을 풀고 그들을 믿는다고 말해주었다. 이러한 방식은 마법과 같은 효력을 발휘했다. 죄수들은 소장을 신뢰하고 그의 교도소 운영방식에 존경심을 품게 되었다. 교도소 안에 질서가 잡혔고, 곧 자체적인 노동을 통해 교도소 유지비용을 충당하게 되었다.

필즈베리 소장이 한 죄수를 다룬 방식은 주목할 만하다. 그 죄수는 헤라클레스 같은 체격의 탈옥수로, 17년에 걸쳐 범죄의 세계에 깊숙이 발을 담근 흉악범이었다. 그가 웨스트베리Westbury 교도소에 왔을 때 필즈베리 소장은 그에게 다른 교도소에서처럼 탈옥을 시도하지 않았으면 한다고 말했다. "나는 자네가 편안하게 생활할 수 있도록 최선을 다할 것이고, 자네의 친구가 되도록 노력하겠네. 그러니 자네가 나를 곤경에 빠뜨리는 일은 없었으면 하네. 이곳에서는 독방을 사용하지 않는다네. 누군가를 독방에 가둬야 하는 일이 생긴다면 몹시 마음이 아플 걸세. 내가 자네를 믿듯 자네도 나를 믿는다면 나처럼 자네도 이 안에서 자유롭게 돌아다닐 수 있을 걸세." 그 죄수는 부루퉁해 있었으며, 몇 주간 아주 서서히 나아지는 기미를 보일 뿐이었다. 그러던 어느 날 그가 탈옥을 시도하려 한다는 정보가 입수되었고, 소장은 그를 불러 나무랐다. 그는 우울한 얼굴로 침묵을 지켰고, 결국 독방행을 통보받았다. 키가 작고 여윈 체구의 소장이 앞장서고 거구의 죄수가 그 뒤를 따랐다. 복도의 가장 좁다란 곳에 이르자 소장은 뒤로 돌아서서 램프 빛 아래로 죄수의 얼굴을 들여다보며 이렇게 말했다. "자, 이제 자네가 내게 어떻게 대했는지 묻겠네. 나는 자네를 편안하게 해주기 위해서 생각할 수 있는 모든 것을 했네. 나는 자네를 믿었지만 자네는 그 보답으로 내게 최소한의 신뢰도 보여주지 않았고 나를 곤경에 빠뜨리기까지 했네. 이게 올바른 처사인가? 하지만 그래도 자네를 독방에 가두자니 견딜 수가 없군. 자네가 나에게 대한 아주 적은 믿음이라도 보여주었더라면……." 그러자 죄수는 울음을 터뜨리면서, "소장님, 저는 지난 17년 동안 어찌할 수 없는 악인이었습니다. 하지만 소장님은 저를 인간답게 대우해주셨지요."라고 말했다. 소장은, "자, 돌아가세나."라고 그를 다시 데리고 나왔다. 그 죄수는 다시 감옥 안에서 자유롭게 생활할 수 있게 되었고, 소장에게 마음을 열기 시작했다. 그는 믿음을 저버리고 싶은 충동이 일 때마다 이를 소장에게 털어놓았으며, 즐거운 마음으로 복역한 후 형기를 모두 마치고 출소하였다.

필즈베리 소장은 자포자기에 빠진 어떤 죄수가 자신을 살해하려 한다는 소식을 접하고 그를 불러 면도를 시킨 사람이었다. 소장이 면도기를 가리키면서 면도를 해달라고 하자, 그 죄수는 떨리는 손으로 면도를 시작했다. 면도가 다 끝난 후 소장은, "자네가 나를 죽이려 한다는 얘기를 들었지만 나는 자네를 믿었네."라고 말했다. 그러자 죄수는, "하느님의 가호가 있으시기를!"라고 대답했다. 사람에 대한 믿음은 이러한 힘을 발휘한다.[2]

뉴욕 주 오번Auburn 소재의 주州 교도소 소장인 구들Goodell 소령과 또 다른 교도소의 조사관인 아이작 T. 호퍼Isaac T. Hopper 역시 인도주의적인 방법으로 죄수들을 감화시키는 데 성공했다. 호퍼가 교화시킨 50명의 죄수 중에 단 두 사람만이 과거의 나쁜 습관으로 돌아간 사실은 친절과 배려의 힘이 어떠한지를 말해주고 있다.[3]

토머스 라이트

죄수들이 부딪치는 가장 큰 어려움 중의 하나는 형기를 마치고 출감한 후 사회에 나가서 일자리를 구하는 것이다. 아무리 일할 의지가 있고 올바르게 살기로 결심했어도, 그를 감시하고 있는 경찰이 고용주에게 그의 전과 사실을 알리기 때문이다. 그러면 직장에서 쫓겨나 다시 옛날처럼 살아갈 수밖에 없게 된다. 따라서 전과가 있는 사람들은 올바른 생활로 돌아가기가 불가능하다. 맨체스터의 박애주의자 토머스 라이트Thomas Wright는 죄수들의 진정한 친구였다. 그는 사회적 지위도 낮았고 부자도 아니었지만, 마음만은 부유했다.

제대로 된 교육은 못 받았지만 그는 어릴 때 신앙심 깊은 어머니 밑에서 자라났다. 세월이 흘러 어머니 치마폭에서 벗어나 세상과, 그 안의 수고와 쾌락과 악을 마주할 시기가 되자 그는 곧 맨체스터에서 가장 난폭한 사람들과 어울리기 시작했다. 한동안 그러고 다니다가 그는 마침내 동료들의 신성모독적인 언행에 거부감을 느끼게 되었다. 어머니가 늘 들려주시던 성경 말씀이 효력을 발휘했던 것이다. 그는 신앙심 깊은 젊은이를 알게 되어 정기적으로 예배에 참석하기 시작했다.

라이트는 열다섯 살에 맨체스터의 주물공 밑에서 일을 배웠다. 최초의 주급은 5실링이었으나 부지런한 그는 열심히 일을 배워 스물세 살의 나이에 주물공들의 감독으로서 주급 3파운드 10실링을 받게 되었다. 이것은 그가 받은 최고의 임금이었지만, 나중에 그가 한 선행에 비하면 아무것도 아니다.

그는 실의에 빠진 죄수들에게 관심을 가졌다. 감옥에서 출감한 죄수들은 예전 직장으로 돌아가는 것이 거의 불가능했고, 새로 일자리를 구하려고 해도 고용주가 요구하는 추천서를 제출할 수가 없었다. 게다가 수감 생활은 죄수들에게 나쁜 영향을 끼쳤다. 감옥에서 자신보다 더 악한 자들을 알게 되기 때문이다. 그리하여 죄수들은 예전의 동료들과 다시 어울리고 전처럼 죄를 짓게 되는 것이다.

하루는 어떤 사람이 주물공장을 찾아와 공원으로 취직을 하였다. 그는 꾸준하고 부지런한 일꾼이었다. 그러나 그가 교도소에서 나왔다는 소문이 돌기 시작했다. 고용주는 라이트에게 그 사실을 알고 있었느냐고 물었고, 그는 알아보겠다고 대답했다. 그날 라이트는 일을 하다가 그 새로 온 일꾼에게 전에 어디서 일을 했느냐고 물어보았다. 일꾼은 외국에 가 있었다고 대답했다. 그러나 라이트가 좀더 자세히 묻자, 그 불쌍한 일꾼은 눈물을 흘리며 자신이 전과자임을 밝힌 후 예전의 잘못을 씻고 새사람이 되어 열심히 일하고 싶다고 말했다.

라이트는 그 일꾼이 진심이라는 것을 확신했다. 그는 고용주에게 그 일꾼의 전력을 알린 후 앞으로 그가 성실하게 일하리라는 것을 보장하는 의미에서 자기 돈 20파운드를 보증금으로 내겠다고 했다. 고용주는 그 죄수를 계속 그곳에서 일할 수 있게 해주기로 약속했다. 그러나 다음날 아침에 보니 그 죄수는 사라지고 없었다. 미처 해고통지서가 철회되지 않았기 때문이다. 즉시 그의 숙소로 사람을 보냈지만, 그는 이미 짐을 꾸려서 떠난 뒤였다.

그가 베리Bury를 향해 떠났으리라고 확신한 라이트는 즉시 도보로 그 뒤를 쫓았고, 맨체스터에서 몇 마일 떨어진 곳에서 그 낙담한 죄수가 앉아 있는 것을 발견했다. 라이트는 그를 일으켜 세운 후 그가 해고당하지 않았으며, 앞으로 모든 것이 그에게 달려 있다고 말해주었다. 그들은 함께 맨체스터의 주물공장으로 돌아왔다. 그날 이후의 그 죄수의 행동은 라이트의 판단이 옳았음을 증명해주었다.

이 일은 라이트 자신에게 큰 영향을 미쳤다. 그는 연민과 인간적 애정이 죄수들을 어떻게 불행의 구렁텅이에서 구해낼 수 있는지를 알게 되었다. 그는 그들에 대한 희망을 버려서는 안 되며, 그들이 다시 사회로 복귀할 수 있도록 돕는 것이 모든 기독교인의 의무라고 생각했다. 이 문제는 그의 영혼 깊숙이 파고들었으며, 그가 이루어야 할 평생의 사명이 되었다. 아직 그를 돕는 사람은 없었지만 그는 믿음과 인내를 가지고 이 일을 실천해나갔다.

죄수들을 교화시키다

샐퍼드Salford 교도소 부근에 살던 라이트는 죄수들과 접촉할 수 있기를 바랐으며, 그래서 교도소측에 죄수들을 만날 수 있게 해달라고 요청했다. 그는 오랫동안 희망을 이루지 못하다가 어느 교도관의 아들을 통해 교도소 소장을 만나게 되었고, 일요일 오후의 예배에 참석해도 좋다는 허락을 받았다. 그러나 아직 죄수들을 개별적으로 만나볼 수는 없었다. 그는 인내심을 가지고 기다렸다.

마침내 어느 일요일 오후에 교도소 예배당을 나서는 라이트를 교회사敎誨師가 불러 형기가 끝나가는 죄수 한 사람의 일자리를 알아봐줄 수 있겠느냐고 물었다. 라이트는 최선을 다하겠다고 대답했고, 죄수의 일자리를 구하는 데 성공했다.

그 후로 라이트는 교도소를 자유롭게 드나들며 죄수들을 개인적으로 만나볼 수 있게 되었다. 라이트는 죄수들에게 조언과 상담을 해주고 그들의 갱생 의지를 북돋아주었다. 그는 또한 가족에게 보내는 편지를 대신 부쳐주는 등 여러모로 죄수들을 도왔고, 출감하는 죄수가 있으면 그들을 집에 데려다주고 자신의 봉급을 털어 그들의 생계를 돌봐주었으며 그들에게 일자리를 구해주었다.

고용주들은 라이트를 신뢰했다. 그가 선하고 자비로운 사람이며, 자신들에게 해를 입히지 않으리라는 것을 믿게 되었기 때문이다. 그리하여 그들은 라이트가 추천해주는 죄수들을 대부분 고용했다. 그리고 고용주들이 주저하는 경우에는 라이트가 1주일에 7실링에 불과한 자신의 급료의 일부를 보증금으로 맡겨 출감한 죄수들이 성실하게 근무하리라는 것을 보장했다.

라이트는 조용히 이 일을 수행하여——이름이 알려지면 이 일을 하는 데 지장이 있을 것이라고 생각했다——몇 년 사이에 300명에 가까운 출소자들에게 일자리를 구해주었다. 그리고 알코올중독에 빠진 여자들의 음주벽을 고치는 데——이것은 그가 한 여러 가지 일 중에서도 가장 어려운 일이었다——성공하였고, 때로는 수마일 떨어진 시골로 그들의 남편을 찾아가 부인을 다시 받아줄 것을 간청하였다.

그의 친구 한 사람[4]은 다음과 같은 놀라운 일화를 들려주었다. 포틀랜드Portland의 한 죄수가 가출옥 허가증과 교회사의 편지 한 통을 들고 맨체스터로 라이트를 찾아왔다. 라이트는 그에게 청소부 일자리를 구해주었다. 그는 근면성실해서 도로 공사를 하는 인부로 승진하였는데 여기서도 성실성을 인정받았으며, 지금은 고인이 된 스토웰Stowell의 주일학교 및 야간학교에서 공부하다가 그곳의 교사가 되기에 이르렀다. 그가 뛰어난 학습능력을 보이자 스토웰은 그에게 큰 관심을 보여주었고, 그의 전과 사실을 알고 난 후에도 그와 함께 '독서'를 계속했다. 그로부터 얼마 후 그 포틀랜드의 죄수는 목사 안수를 받았다.

또 한번은 어느 회사의 책임 있는 자리에 있던 한 젊은이가 나쁜 친구들의 꾐에 넘어가 회사 돈을 유용한 적이 있었다. 이 사실은 곧 발각되어 고용주는 그를 고소하였다. 그러자 그 젊은이의 아버지는 라이트에게 중재를 요청했다. 라이트는 즉시 고용주를 찾아가 고소를 취하하고 다시 한번 그 젊은이에게 기회를 주겠다는 약속을 받아냈다. 젊은이는 다시 회사 일을 보게 되었으며, 모두가 만족할 만큼 열심히 일했다. 그는 그 후로도 더욱 회사 일에 매진하여 동업자로 승진했으며, 후일 사장의 지위에까지 올랐다. 그가 늘 라이트에게 고마워했음은 두말 할 필요도 없으리라.

이런 봉사활동이 수년에 걸쳐 계속되자 라이트의 선행이 널리 알려지기 시작했다. 윌리엄스 소장은 교도소 실태에 대한 연례 보고서에서 이렇게 쓰고 있다. "이 겸손하고 선한 사람이 행한 자선의 정도를 알리기 위해서는 그가 돌봐준 96명의 전과자들 중에 다시 감옥으로 돌아간 사람이 4명에 불과하다는 사실을 말하지 않을 수 없다. 비참한 상황에 처한 전과자들이 그를 믿고 의지하는 것은 흐뭇한 광경이다. 이것은 전적으로 그의 소박하고 겸허하며 참으로 아버지다운 태도에 기인한 것이었다."

라이트가 출소한 전과자들에게 일자리를 구해주지 못한 경우도 많았는데, 그런 경우 라이트는 그들에게 돈을 빌려주든지 아니면 친지들에게 성금을 걷어 그들의 이민 자금을 마련해주었다. 이렇게 해서 그는 941명의 전과자를 외국으로 보내 새로운 터전에서 새 삶을 시작할 수 있게 해주었다. 성금을 내는 사람들 중에는 그 자신 전과자인 경우가 많았다. 그들은 자신과 같은 처지의 사람들을 위해 일자리를 알아봐주거나 성금을 걷어 이민 비용을 마련해주었던 것이다. 이렇게 자선은 자선을 낳았다.

북아메리카로 이민을 떠난 사람 하나는 1864년 '사랑하는 양부' 라이트에게 편지를 보내 동봉한 2파운드를 런던 소년원에 기부해달라고 부탁했다. 지금은 성공하여 잘살고 있는 그 이민자의 편지에는 이렇게 씌어 있다. "당신이 아버지처럼 돌봐주신 은혜는 결코 잊지 못할 것입니다. 그 덕분에 저는 성공했습니다. 당신은 가장 친절하고 좋은 친구이자, 제게 조언을 해준 이 세상에서 유일한 사람이었습니다. 당신은 저를 악에서 구해주셨고, 다른 모든 사람들이 저를 외면할 때 성경에 나오는 탕자의 아버지처럼 저를 따뜻하게 맞아주셨고 성실한 삶으로 인도해주셨습니다. 제 가슴에 희망을 불어넣어주셨고 아버지다운 충고를 해주셨습니다. 아버지, 당신께 하느님의 축복이 있으시기를! 당신이 베풀어주신 모든 은혜에 대해 하느님이 보상해주시기를! 딱한 처지의 이웃을 돕기 위한 당신의 그 모든 수고를 생각하니 눈물이 뺨을 적십니다."

라이트는 주물공장에서 새벽 5시부터 저녁 6시까지 일했으며, 때로 더 늦게까지 일하기도 했다. 그러면서도 퇴근 이후의 시간과 일요일에는 교도소나 감화원, 빈민학교 및 죄수들의 가정을 방문했다. 63세에 접어들자 건강이 나빠지기 시작했지만, 저축해둔 돈은 없었다. 여윳돈을 모두 출소자들을 돕는 데 써버렸기 때문이다. 그는 최저생계비로 생활하였으며, 돈이 있는데도 어려운 이웃을 돌보지 않는 것은 옳지 못하다고 생각했다.

정부당국에서는 라이트의 공로를 인정하여 그에게 교도소 순회조사관직을 맡기려 했다. 순회조사관에게는 800파운드의 연봉이 주어졌기에, 이것은 봉사활동을 계속하면서도 얼마간의 생활비를 벌 수 있는 좋은 방법이었다. 그러나 그는 망설임 없이 이 제의를 거절하였다. 정부 관리가 되면 더 이상 죄수들의 친구로 받아들여지지 않을 것이고, 그만큼 선행을 행하기도 어려워질 것이라는 생각에서였다.

그리하여 맨체스터의 시민들은 라이트를 위한 모금운동을 벌이게 되었다. 먼저 정부 보조 기금에서 100파운드를 충당하고 나머지는 맨체스터 시민들이 십시일반으로 성금을 걷은 결과 전에 라이트가 받던 연봉과 똑같은 액수인 182파운드가 모였다.

화가인 G. F. 와트Watt는 "고결한 박애주의자 토머스 라이트에 대한 찬탄과 존경의 표시"로 〈선한 사마리아인 *The Good Samaritan*〉을 그려 시 의회에 기증하였다. 맨체스터 시의회 의사당의 눈에 잘 띄는 곳에 걸려 있는 이 그림은 화가의 친절하고 너그러운 마음씨와 그림 속 인물의 고귀한 인품을 잘 나타내주고 있다.

라이트는 자선활동을 계속하였다. 그는 하워드처럼 전국의 교도소를 순례하였다. 필드레인 수용소Field Lane Night Refuge와 레드힐Redhill의 공업학교들, 그리고 밀뱅크Billbank와 펜턴빌Pentonville, 포틀랜드, 포츠머스, 파크허스트Pakrhurst 등지의 감옥선監獄船 및 재소자를 위한 시설을 살펴보았으며, 빈민학교 설립을 위해 애썼다. 그는 가난한 집안의 아이들이 범법자가 되지 않고 정직한 방법으로 생계를 유지해나갈 수 있도록 그들에게 교육을 베풀고자 하였으며, 무지와 나쁜 선례를 모든 악의 근원으로 여겨 교육을 통해 이를 뿌리 뽑고자 하였다. 그는 그 당시 국민교육제도를 옹호하던 코브던Cobden에게 국민교육제도는 범죄와 빈곤을 줄이기 위한 1차적인 수단으로서 의무화되어야 한다고 촉구하는 한편 빈민학교와 감화원, 저축은행 등을 설립하고 구두닦이 소년단을 조직했다. 그는 모든 자선 활동에 도움을 아끼지 않았으며, 봉사활동을 하는 매 순간을 사랑했다. 그의 모토는, "오늘이라 불리는 날에 일하고 또 일하라. 곧 밤이 오리니."였다.

이렇게 라이트는 평생 봉사활동을 계속하다가 85세가 되자 건강이 급격히 악화되었다. 그러나 그는 자신을 만나고자 하는 사람들, 특히 가난한 사람들과 형기를 마치고 출소한 죄수들은 언제나 반갑게 맞아 주었다. 그의 생명의 불꽃은 점점 사그라지고 있었다. 그의 입가에는 늘 〈시편〉 23편이 맴돌았으며, 병을 앓는 하루하루가 저물 때마다 그는 "하루만큼 더 본향에 다가가고 있는" 자신을 느꼈다. 그는 선한 싸움을 싸웠고, 이제 경주를 마칠 때가 된 것이다. 1875년 4월 14일 그는 평화롭고 고요하게 눈을 감았다. 그의 삶은 분명 "살 만한 가치가 있는 생애"였다.

라이트는 믿음으로 범죄자들을 교화시켰다. 믿음은 신뢰를 낳는다. 사람을 신뢰함으로써 우리는 그들 안에 있는 가장 좋은 자질들을 이끌어낼 수가 있다. 사람들의 마음은 신뢰에 반응하기 때문이다. 젊은 이들이 부정직하고 제멋대로 자라난 최악의 경우를 제외하면 신뢰는 늘 보답을 받는다. 그러므로 늘 사람의 가장 좋은 면을 생각하자. 볼링브로크Bolingbroke 경은, "가장 나쁜 것을 생각하는 것은 천박한 영혼의 표시이다."라고 말했다. 물론 우리는 사람들에게 속임을 당할 수도 있다. 그러나 불공정한 사람이 되느니 속임을 당하는 편이 더 나을 것이다.

인간에 대한 신뢰

불과 얼마 전까지만 해도 영국의 모든 공공장소에는 일반 대중의 출입이 제한되었다. 평일날 주요 전시회장에는 허가증을 손에 넣었거나 기꺼이 문지기에게 입장료를 지불하고자 하는 사람들 이외의 관람객은 받아들여지지 않았다. 대영박물관이나 미술관, 성 바오로 대성

당, 웨스트민스터 대성당이 그러했고, 윈저 궁전이나 런던탑, 국회의
사당 및 기타 공공건물들과 예술품 전시회장 등이 모두 그러했다. 마
치 일반 대중이 드나들면 이 훌륭한 건물들이 파손되기라도 하는 것
처럼 말이다.

고故 조지프 흄Joseph Hume은 이런 개탄할 만한 상황을 개선하고자
노력한 최초의 공인으로, 그가 일반 대중에게 공개하는 데 성공한 최
초의 전시회장은 대영박물관이었다. 물론 그는 이 일을 하면서 적지
않은 반대에 부딪쳤다. 전시품이 훼손되거나 귀중한 유물을 도난당하
리라는 의견이 예전부터 있어왔던데다 일반 대중에게 개방을 한다는
것 자체가 너무나 새로운 시도였기 때문이다. 그럼에도 흄은 끈질긴
노력 끝에 대영박물관을 대중에게 공개하는 데 성공했다. 대영박물관
이 일반에 공개되는 날에는 당연히 많은 인파가 몰려들 것으로 예상
되었다. 전에는 전시품의 훼손을 막기 위해 한 번에 5~6명씩만 사복
경관의 안내를 받아 작품을 관람할 수 있었던 곳이 아닌가.

그러나 이제 대영박물관을 푸줏간 주인과 제빵사, 일반 병사와 재
봉사, 점원 및 하인들에게도 공개하기로 한 안건이 의회를 통과했다.
대영박물관에 인파가 몰아닥친 후에 스탠리 경(작고한 더비 백작)이 뭐
라고 했던가? 그는 대영박물관을 일반에게 공개한 첫날, 하원(그는 대
영박물관장이자 하원의원이었다) 의석에서 벌떡 일어나 열정적인 목소
리로 이렇게 말했다. "나는 두렵고 떨리는 마음이었지만 지금은 이렇
게 말씀드릴 수 있습니다. 공휴일인 어제 하루 동안 3만 1500명의 관
람객이 대영박물관을 다녀갔지만 전시품의 훼손은 조금도 없었다고
말입니다." 그리하여 걱정했던 일은 일어나지 않았고, 천지가 뒤바뀌

지 않더라도 일반 대중이 자유롭게 전시장을 오가며 고대 유물과 예술품을 감상할 수 있음이 입증되었다. 그리고 그 비결은 바로 일반 대중에 대한 신뢰에 있었다.

흄은 끊임없이 공직자들을 향해 대중을 보다 신뢰해야 하며 그들에게 국가 소장품을 개방해야 한다고, 그리하여 그들이 예술을 즐기고 교양을 쌓을 수 있게 해야 한다고 주장했다. 그는 매년 이러한 주장을 되풀이한 끝에 런던탑과 햄프턴코트 궁전, 웨스트민스터 대성당, 성 바오로 대성당 등을 일반에 공개하는 데 성공했다. 그 후 이러한 움직임은 점차 확산되어 런던뿐 아니라 다른 대부분의 도시에서도 일반 대중을 위한 공원이 조성되었다.

1851년의 대박람회 때에도 의회에서 치안 유지를 위해 런던 주위에 군병력을 배치하는 안건이 논의되었지만, 이 안건은 부결되었으며, 크리스털 궁전은 군대로 에워싸이지 않았다. 그 결과가 어떠했던가? 전시품은 단 한 점도 훼손되거나 도난당하지 않았다. 시경국장인 로원Rowan 대령은 하원의 한 위원회에서 "일반 대중의 관람 태도가 훌륭해서" 박람회를 성공적으로 마칠 수 있었다고 말했으며, 최근에 시민정신이 많이 향상된 것은 대중을 믿고 공공장소를 개방한 때문이라고 덧붙였다.

관람객에 대한 신뢰야말로 전시품의 훼손을 예방할 수 있는 가장 좋은 방법이다. 일반 대중으로 하여금 신이 인간에게 주신 재능이 잘 구현된 예술 작품을 자유롭게 감상하게 하라. 진실한 감정과 숭고한 사상이 담겨 있거나 역사에 길이 남을 고결한 행위를 떠올리게 하는 예술품들을 감상하다 보면, 관람객은 자신도 모르는 사이에 더욱 고상하고 인간적이며 세련된 사람이 될 것이다. 미술관은 일반인의 정서를 순화시키고 지성을 자극하는 최상의 교육 수단이 될 것이고, 일반인의 공공장소 출입을 허락하는 것만으로도 훌륭한 도덕교육이 될 것이다. 사람들을 신뢰하라. 상대방을 인격적으로 신뢰할 준비가 되어 있음을 보여주라. 행동을 통해 그를 믿는다는 것을 보여주면 상대방의 마음을 얻는 것을 넘어서서 그에게서 보다 고상한 자질을 끌어낼 수 있다. 이것은 법과 권위로도 불가능한 일이다. 우리가 상대방의 선한 자질을 믿는다는 것이 행동으로 나타날 때 그의 악한 자질은 힘을 잃는다. 선이 악을 이기게 되는 것이다.

사실 사람들 안에 있는 선한 자질을 끌어내기 위해서는 그들을 믿어주기만 하면 된다. 사람들을 믿고 그들에게 권한을 위임하라. 그러면 그들은 실습을 통해 권한의 올바른 사용법을 터득하게 될 것이다. 그들이 새롭게 얻은 자유에 악이 수반된다면 이를 치유하는 유일한 방법은 그들에게 자유를 주는 것이다. 감옥에서 나온 죄수들로 하여금 빛에 익숙해지게 하라. 그러면 그들은 곧 밝은 태양빛을 견뎌낼 수 있게 될 것이다. 사람을 인간답게 만들기 위해서는 그에게 인간다운 요소를 많이 제공하여 이에 익숙해지게 하라. 훌륭한 시민으로 만들기 위해서는 그에게 시민의 권리와 의무를 연습하게 하라. 수영을 배우기 위해서는 먼저 물에 들어가야 하고, 승마를 배우기 위해서는 먼저 말에 올라타야 한다. 마찬가지로 훌륭한 시민이 되기 위해서는 먼저 시민의 의무를 이행하는 습관을 들여야 한다.

인내는 성인들을 연단하며
그들의 용기를 시험한다.
인내는 성인들로 하여금 그들 각자가 스스로의 구원자가 되게 하며
압제나 운이 가져다주는 모든 것에 대해
승리를 거두게 한다.

— 밀턴

이 지상에서 믿음으로 시작된 일이
무위로 끝나지 않고
보다 넓은 세계에서 완성되리라는 것을
우리는 아직 믿고 있기 때문입니다.

— A. H. 클러프Clough

그러나 나는 평생에 걸쳐 십자가를 봅니다
하느님의 아들들이 매달린 십자가를.
잃는 것이 없으면 얻는 것도 없고
죽음이 없이는 삶도 없으며
믿음이 없이는 비전도 없고
수치를 참아내지 않고는 영광도 없으며
비난을 감수하지 않고는 정의도 없습니다.
그리고 십자가상의 영원한 수난은 이렇게 말합니다.
영광과 자기의^{自己義}와 명성을 비우라고.

— 올리그 그랜지Olrig Grange

웰링턴 공작과 관련하여 다음과 같은 이야기
가 전해오고 있다. 어떤 목사가 힌두교도에게도 복음을 전할 필요가
있겠느냐고 묻자, 훌륭한 군인인 웰링턴 공은 "당신들의 진격명령은
무엇입니까?"라고 되물었다. 목사가 대답했다. " '그러므로 너희는 가
서 모든 족속으로 제자를 삼으라'*1입니다." 이에 웰링턴 공은, "그렇
다면 그대로 행하십시오. 당신의 할 일은 오직 명령에 복종하는 것입
니다."라고 말했다.

선교사의 삶

세상에는 아무리 힘들고 위험한 일일지라도 구세주인 예수 그리스
도의 명령에 순종하여 기꺼이 그 일을 수행해온 사람들이 많이 있다.

*1. 〈마태복음〉 28장 19절

그리스도는 유대인과 이방인에게 복음을 전했고, 성 바오로는 최초의 선교 사도였다. 성 바오로는 동쪽으로 고린도와 에베소, 데살로니가 및 기타 지역에 교회를 세웠고, 그의 선교사역지의 하나인 로마에 뼈를 묻었다.

선교사들은 그 누구보다 의무에 충실한 영웅적인 삶을 산다. 그들에게는 늘 많은 위험이 따른다. 그들은 야만족들 속에서 살아가며 때로는 식인종들과 함께 생활한다. 갖은 위험과 고난 속에서 이루어지는 그들의 헌신은 결코 돈으로 살 수 있는 것이 아니다. 그들은 오직 자신들에게 주어진 사명에 따라 자비를 베풂으로써 수고를 보상받는다. '뛰어난 사상가'라고 불리는 사람들도 국내외의 선교사역과 관련해서는 제공할 수 있는 것이 아무것도 없다. 단순히 종교를 부정하는 것만으로는 아무것도 가르치지 못한다. 부정은 파괴를 가져올 뿐 결코 무언가를 건설하지는 못한다. 부정은 신앙의 체계를 뿌리째 뒤흔들어 우리가 의지하고 신성시하고 드높일 만한 그 무엇도, 그리고 우리의 좋은 자질을 강화시킬 그 어떤 것도 남겨놓지 않는다.

어떤 사람들은 야만족이 비천하다고 생각할지도 모르겠으나, 셀윈 주교는 이렇게 말했다. "하느님으로부터 깨끗지 못한 사람은 아무도 없다고 배운 우리가 어떻게 그들을 비천하다고 말할 수 있겠습니까? 요즘 '불쌍한 이교도'니 '타락한 야만인'이니 하는 말들이 들려오지만 그들보다 훨씬 더 불쌍하고 타락한 사람은 하느님으로부터 많은 은혜를 받고도 아무런 의무도 지지 않으려고 하는 기독교 국가의 사람들일 것이며, 그 중에서도 가장 불쌍한 사람들이 하느님의 청지기로서의 직분을 제대로 수행하지 못하는 우리들일 것입니다. 우리가 저들과 같지 않다는 점에 감사하는 따위의 자기애에 빠지기보다는 같은 형제로서 이방인들 속으로 들어가는 편이 훨씬 더 유익할 것입니다."

영국인들은 잉글랜드에 처음 복음을 전한 성 아우구스티누스에게 얼마나 많은 것을 빚지고 있는가! 우리의 자유와 국민성, 학문, 선교 사역에 있어서조차 참으로 많은 것을 빚지고 있지 않은가! 6세기 말엽 아우구스티누스는 교황 그레고리우스 1세에 의해 잉글랜드의 주교로 축성받았다. 그는 선교사역을 도울 여러 명의 수사를 이끌고 프랑스를 거쳐 영국의 새닛Thanet 섬에 도착했으며, 켄터베리에서 켄트 왕인 에설버트Ethelbert의 환대를 받았다. 기독교인과 결혼한 에설버트 왕은 부분적으로는 아내의 영향으로 세례를 받고 입교했으며, 아우구스티누스의 선교사역을 지원하였다. 아우구스티누스는 605년에 사망할 때까지 잉글랜드 대부분의 지역에 기독교를 전파하였다.

잉글랜드 북부에서의 선교

그러나 잉글랜드 북부는 여전히 이교국으로 남아 있었다. 그런데 노섬브리아Northumbria의 왕 에드윈Edwin이 켄트 왕 에설버트의 딸인 기독교인 공주와 약혼을 하게 되었다. 공주는 결혼을 하기 위해 노섬브리아로 가면서 로마 출신의 선교사 파울리누스Paulinus를 대동했다. 그리고 몇 년 후 에드윈 왕은 기독교인이 되었다. 귀족과 지방 호족들은 아직 이교를 믿고 있었지만 말이다. 에드윈 왕은 이 새로운 종교에 대해 논의하고자 회의를 소집하였다. 회의석상에서 에드윈은 자신이 기독교로 개종한 사실을 밝히고, 회의 참석자들에게 차례로 이 문제를 어떻게 생각하는지에 대해 물었다. 이 이야기는 비드Bede의 『영국 교회사*Ecclesiastical History of the English People*』에 감동적으로 서술되어 있다.

먼저 대제사장이 대답하기를, 전에 섬기던 토르Thor 신과 오딘Odin 신 및 프레야Freia 여신[1]은 권능이 없으므로 더 이상 그들을 섬기지 않겠노라고 말했다. 그 다음에는 군대의 사령관이 일어나 이렇게 말했다.

"임금님께서는 눈비가 오고 찬바람이 몰아치는 추운 겨울날 장작을 지핀 따뜻한 실내에서 신하들과 함께 식사를 하실 때 가끔 일어나는 일을 기억하실 것입니다. 작은 새가 한쪽 문으로 들어왔다가 홀을 가로질러 다른 쪽 문으로 나가곤 했지요. 그 새에게는 홀 안에 있는 순간이 매우 아늑하고 기분 좋았을 것입니다. 비바람을 맞지 않아도 되었으니까요. 그러나 그 순간은 잠깐입니다. 눈 깜짝할 사이에 다시 바깥의 추운 겨울을 맞게 되지요. 제게는 이 세상에서의 우리의 삶이 그러하다고 생각됩니다. 전생과 내생에 비하면 현생은 그렇게도 짧은 것이 아닐런지요. 영원은 우리의 이해를 초월해 있기에 더욱 어둡고 두렵게 느껴집니다. 그런데 이 새로운 교의가 영원에 대해 무언가 확실한 것을 가르친다면 이 교의를 따르는 것이 마땅할 듯합니다."

노사령관의 이 말이 대세를 결정지었다. 이 문제는 투표에 부쳐졌으며, 회의 참석자들은 기존의 신들에 대한 믿음을 철회하기로 맹세하였다. 그러나 막상 파울리누스가 우상을 파괴해야 한다고 말했을 때 선뜻 나서는 사람은 아무도 없었다. 하지만 잠시 후 대제사장이 검과 창을 휘두르며 신전으로 돌진하여, 많은 사람들이 보는 앞에서 신전의 벽과 우상을 무너뜨렸다. 신전이 있던 자리에는 새로 목조건물이 지어졌으며, 그 안에서 에드윈과 많은 신하들이 세례를 받았다. 그 후 파울리누스는 데이라Deira와 버니시아Bernicia를 두루 다니며 현인회의 결정을 따르고자 하는 모든 사람들에게 스웨일Swale 강과 우어Ure 강의 물로 세례를 주었다.

유럽 · 중국 · 아프리카에서의 선교

7세기에는 선교사들에 의해 유럽에 기독교가 전파되었는데, 이때 활약한 선교사로는 갈리아 지방의 복음화에 힘쓴 안도마르Andomar, 아만드Amand, 콜룸바Columba와 잉글랜드에 복음을 전한 파울리누스, 윌프리드Wilfred, 커스버트Cuthbert, 그리고 독일에서 선교활동을 한 킬칸Kilcan, 루드퍼트Rudpert, 보니파키우스Boniface 등이 있었다. 보니파키우스는 영국에 올 때 한 손에는 성경을 들고 다른 손에는 목수의 자를 들고 왔다가 훗날 독일로 떠날 때에는 건축술을 익혀가지고 떠났을 정도로 근로정신이 몸에 배어 있었다.

826년에 동료 한 사람과 같이 덴마크로 파송된 안스카Anschar는 포교에 성공하자 이에 힘입어 덴마크에 장래의 선교사들을 양성할 신학교를 세웠다. 10세기에는 헝가리와 폴란드에 복음전도사들이 파송되었다. 그들은 크라카우Cracow 주교구를 설립하고 무수한 장애를 딛고 복음을 전했으며, 죽음의 위협에도 불구하고 흑사병 환자들을 돌보았다. 그들은 포교에 힘쓰는 이외에도 오스만 제국에 사로잡힌 포로들을 구하기 위해 기금을 모금하였다. 이처럼 인류애로 가득한 선교사역을 누가 거부할 수 있겠는가?

10~11세기에는 건축가들과 인부들의 성당 건축사역이 있었다. 그들은 국내외에서 웅대한 성당을 건설하면서 그 안에 자신의 혼과 신앙을 불어넣었다. 그들이 지은 건축물에는 생명과 진리와 사랑과 기쁨이 담겨 있어서, 가히 끌로 새긴 음악이라 할 만했다. 옛 성당 건물과 조악한 현대식 건물들과는 얼마나 다른가! 현대식 건물들은 금세 무너져서 쓰레기더미로 변하지만 옛 성당 건물은 그 장려한 외관과 위용으로 보는 이의 눈을 즐겁게 한다.

중국에는 7세기에 이미 네스토리우스교가 전파되었고 12세기에 프랑스 선교사들이 파송되었다고 한다. 개신교 선교사들은 1807년에야 중국 땅을 밟았다. 아시아와 아프리카는 선교의 변방지대였다. 아프리카에 이제 막 영웅적인 선교의 시대가 열렸지만, 그러나 아직 얼마나 더 많은 땅이 복음을 기다리고 있는가!

인도에 파송된 성 프란시스코 사비에르St. Francis Xavier는 모두의 귀감이 되는 선교사였다. 그는 미개인들에게 복음을 전하기 위해 1542년 포르투갈 배를 타고 고아로 갔다. 귀족 출신인 그는 얼마든지 호화로운 생활을 즐길 수 있었지만, 모든 것을 버리고 희생과 헌신의 삶을 택했다. 고아에서 그는 어린이들을 모아 가르쳤으며, 그곳에서 다시 인도 남단의 코모린 곶Cape Comorin과 트라반코레Travancore, 말라카Malacca, 일본 등지로 건너가 복음을 전했다. 그는 중국에도 들어가려 하였으나 열병에 걸려 결국 중국이 보이는 산치안Sanchean 섬에서 순교의 면류관을 썼다.

서인도 제도의 라스카사스

서인도 제도에서 선교활동을 벌인 라스카사스 또한 사람들의 기억 속에서 잊히지 않을 것이다. 그에 대해 아서 헬프스 경은 이렇게 말했다. "세상의 모든 일이 다 폭력에 의존하며 특히 종교와 관련한 일에 있어서는 더욱 그러했던 시절에, 그는 의회와 왕실 앞에서 선교사역은 군사적 지원을 필요로 하지 않으며 선교사는 군대나 민간 차원의 도움에 의존하지 않고 오직 하느님의 보호에 의존해야 한다고 주장했다. 그리고 그의 저작은 오늘날까지도 선교사들을 위한 최상의 지침서가 되고 있다."

라스카사스는 1498년 콜럼버스의 탐험여행에 참가한 아버지를 따라 처음 아메리카 대륙을 밟았으며, 그 후 스페인으로 돌아갔다가 다시 히스파니올라를 찾았다. 그리고 이곳에서 사제 서품을 받았다. 그는 사제직을 수행함에 있어서 호소력 있고 명민하고 진실하고 대담하고 희생적이며 경건했다. 그는 스페인인들을 따라 이리저리 옮겨다니면서 인디언들의 마음을 사려고 애썼으며, 인디언들보다 훨씬 잔인한 스페인인들의 수많은 가혹행위를 미연에 방지했다. 수차례의 대량학살을 목격한 후 라스카사스는 스페인으로 돌아가 이러한 사정을 알리기로 했다. 그는 페르디난도 왕을 알현하고 인디언들이 어떤 수난을 당하고 있으며 또 어떻게 신앙 없이 죽어가는지를 알렸다. 그러나 노쇠하여 죽음을 앞두고 있는 페르디난도 왕은 아무런 조치도 취할 수 없었다.

얼마 후 페르디난도 왕이 서거하자 라스카사스는 섭정인 시메네스

Ximenes 추기경으로 하여금 인디언들이 처해 있는 비참한 상황에 관심을 갖게 하려고 애썼다. 시메네스 추기경은 상황을 개선하겠노라고 약속한 후 3명의 예로니모회 신부를 서인도 제도로 파견하였다. 그러나 그들은 산도밍고에 도착하자 총독과 판사의 편에 섰고, 그리하여 라스카사스는 그들을 고발하기 위해 다시 스페인으로 돌아왔다. 그러나 라스카사스가 스페인에 도착했을 때 추기경은 죽음의 문턱에 있었다. 새왕(카를 5세)은 겨우 16세로 아직 어렸기에, 국사는 국새상서가 돌보고 있었다. 그런데 라스카사스가 국새상서와 가까워지기 시작했을 무렵 국새상서 역시 추기경처럼 죽음을 맞고 말았다. 그리하여 매번 죽음이 라스카사스의 선교사역을 가로막는 듯했다. 부르고스의 주교가 다시 득세하였고, 라스카사스는 그 자신의 말처럼 "심연에 빠져들었다." 결국 예로니모회 신부들은 본국으로 소환되었지만 라스카사스에게 그 이상의 도움은 주어지지 않았다. 라스카사스는 다시 서인도 제도로 돌아가 쿠마나Cumana에 식민지를 건설하고자 하였으며, 그곳의 인디언들과 친교를 나누며 그들을 잔인한 스페인인들로부터 보호해주고자 하였다. 그러나 이러한 그의 노력은 번번이 수포로 돌아갔으며, 식민지 건설 계획은 중단되었다. 그에게는 돕는 사람이 아무도 없었는데, 그가 이루고자 한 일은 혼자서는 할 수 없는 일이었다.

그 후 라스카사스는 종교생활에서 피난처를 구했다. 그는 8년 동안 히스파니올라의 도미니크회 수도원에서 은둔생활을 한 후 선교사역에 헌신했다. 그는 2명의 동료와 함께 페루로 선교여행을 다녀왔으며, 멕시코에서 인디언들에게 기독교 신앙을 전파하였다. 라스카사스는 또한 니카라과에 있을 때 총독에 대한 반대 운동을 전개하여 총독의 식

민지 탐사 여행을 무산시켰다. 이러한 탐사 여행에는 원주민들이 짐꾼
으로 동원되어 학대를 당했기 때문이다. 최악의 경우에는 4000명의
원주민 중에 6명만 살아 돌아온 적도 있었다. 라스카사스에 의하면, 짐
을 진 원주민들이 지치고 허기져 더 이상 걸을 여력이 없을 때 짐꾼들
을 한 줄로 엮어놓은 쇠사슬에서 그를 빼내는 가장 빠른 방법은 목을
베는 것이었다고 한다. 그럴 때 다른 짐꾼들의 기분이 어떠했겠는가?

인디언들에게 기독교를 전파하다

라스카사스와 그의 동료들은 인디언들에게 복음을 전하기 위해 투
술루탄Tuzulutan으로 향했다. 그곳은 스페인인들이 '전쟁의 땅land of war'
이라 부르며 들어가기를 꺼려하던 곳이다. 라스카사스 일행은 3번이
나 그곳 주민들에게 쫓겨났으면서도 위험을 무릅쓰고 그곳에 기독교
를 전파하기로 결심할 만큼 신앙과 용기가 충만했다. 그들은 먼저 기
독교 교리를 인디언의 언어로 번역하여 시를 만들었다. 그리고 이 시
를 어떻게 인디언들에게 보급할까 고민하다가 1년에 몇 번씩 그 지역
에 들어가 교역을 하는 인디언 상인 네 사람의 도움을 받기로 했다.
먼저 4명의 인디언 상인에게 시를 완전히 암송하게 한 후 그 시에다
곡을 붙여서 인디언의 악기로 연주할 수 있게끔 했다. 그리고 가위나
칼, 거울, 종 등과 같이 인디언들을 기쁘게 할 만한 선물을 준비했다.
상인들은 인디언 추장의 환대를 받았다. 저녁때 모두가 모인 자리
에서 인디언 상인들이 악기 연주에 맞춰 시를 암송하자 효과가 대단
했다. 시는 며칠 동안이나 반복해서 노래로 불리워졌다. 인디언 추장

이 그 시의 유래와 의미를 알고 싶어하자, 상인들은 이것을 신부님들에게서 들었다고 알려주었다. 추장은 신부가 누구냐고 물었고, 상인들의 설명을 들은 후 이 특별한 사람들을 초청하기로 했다. 그리하여 라스카사스 일행은 '전쟁의 땅'에 들어갈 수 있었다.

그 다음 일은 굳이 설명하지 않아도 짐작할 수 있을 것이다. 추장은 기독교 신앙을 받아들였으며, 전에 섬기던 우상을 태워버렸다. 그리고 부하들에게도 자신의 예를 따르도록 권했다. 라스카사스와 페드라 데 앙굴로Pedra de Angulo는 라비날Rabinal에 교회를 세운 후 그곳에서 설교를 하고 사람들을 가르쳤다. 그들은 영적인 문제뿐 아니라 실생활에 필요한 기술도 가르쳤으며, 몸을 씻고 옷을 입는 것과 같은 기초적인 생활습관도 가르쳤다. 그들의 이러한 가르침은 이웃 마을인 코반Coban에까지 전해졌으며, 그리하여 이 용감한 수사들이 거둔 모든 성공은 다시금 새로운 사역의 출발점이 되었다.

라스카사스는 1539년에 다시 스페인으로 돌아왔는데, 인디언 사회에 대한 그의 해박한 지식을 필요로 하는 곳이 많아서 오래 머물게 되었다. 그는 이 기간 동안 훗날 여러 나라 언어로 번역되어 널리 읽힌 『인디언의 멸망 The Destruction of the Indies』을 집필하였다. 라스카사스는 쿠스코의 주교직을 제안 받고 거절하였으나 다시 뉴멕시코 치아파Chiapa의 주교직을 제의 받았다. 그는 이번에도 거절하려 하였으나 장상이 양심의 문제라며 강권하자 순명하기로 한다. 라스카사스는 다시 신대륙으로 가서 치아파의 중심지인 시우다드레알Ciudad Real에 정착하였다. 주교에 임명된 후에도 라스카사스의 생활방식이나 태도에는 변함이 없었다. 옷은 평범한 수사의 옷으로 군데군데 기운 흔적이 보였으며,

집안의 집기는 매우 소박한 것들뿐이었다. 그는 카를 5세가 제정한 신 법령을 어기고 노예를 사들인 사람들에게는 사죄赦罪를 거부했으며, 노 예제 폐지를 위해 애쓰다가 많은 어려움을 겪고 암살 위협을 당하기조 차 했다. 사람들은 그를 '악마 주교' 혹은 '적그리스도인 주교'라고 불 렀지만 그는 조금도 개의치 않고 악을 근절하려는 노력을 계속하였으 며, 주교직을 사퇴한 1547년에 마침내 스페인으로 돌아왔다.

라스카사스는 불굴의 용기를 지닌 인물이었다. 그는 대서양을 12번 횡단하였으며 황제를 만나기 위해 4번 독일을 방문하였다. 그는 대단 히 정력적인 삶을 살았으며, 92세까지 살았던 것으로 보아 체력도 뛰 어났던 것 같다. 그는 짧게 병을 앓은 후 1566년 7월 마드리드에서 영 면하였다.

라스카사스가 3세기 전에 통탄스럽게 여긴 일—선교사들이 군대 의 지원을 받으며 포교를 한 것과 이교도들이 개종을 하기도 전에 죽 임을 당한 것—은 지금도 계속되어 우리를 슬프게 한다. 이 모든 악 행은 정복욕에서 비롯되었다. 1800~1850년에 영국 국민은 1450만 파운드의 선교 헌금을 했으며, 이는 분명 기독교 교회의 헌신과 열정 및 신앙의 기념비라 할 것이다. 그러나 같은 기간에 우리는 전쟁과 군 비확충을 위해 12억 파운드를 쏟아 부었다. 이는 전쟁에 대한 우리의 믿음을 나타내주는 보다 큰 기념비이다.

모팻 박사와 리빙스턴

선교사들은 남아프리카에 도착해 수많은 난관을 이겨내며 북쪽으로 선교 영역을 넓혀갔다. 그들은 원주민들과 함께 생활했으며, 온 마음을 다해 그들에게 그리스도의 사랑을 전하고자 했다. 문명사회의 편안한 생활에 익숙한 교육받은 사람들이 모든 것이 부족한 극도의 결핍상태를 견뎌내야 했는데, 처자식에게 그런 고생을 겪게 하기란 차마 견디기 힘든 일이었으리라. 모팻Moffat 박사가 베쿠아나Bechuana족 선교를 위해 오렌지 강을 건넜을 때 그의 월급은 본인의 몫으로 주어지는 18파운드 7실링과 부인과 자녀들의 몫으로 주어지는 5파운드 5실링이 전부였다.

모팻은 베쿠아나족의 언어를 몰랐기에 그들에게 가르칠 것이 없었다. 그래서 그는 말을 배우기 위해 그들의 혐오스러운 생활습관이나 잔인한 행위에도 개의치 않고 원주민들 속에서 생활하였다. 그들과 함께 걷고 잠자고 사냥하고 쉬고 먹고 마시면서 그는 그들의 언어에 통달하게 되었으며, 그때부터 복음을 전하기 시작했다. 모팻은 아무런 가시적인 성과가 없었음에도 갖은 고난과 역경 속에서, 때로 살해 위협을 당하면서까지 복음 전파에 힘썼다. 그 결과 원주민들은 그를 신뢰하게 되었고, 마음에 위안을 주는 그의 가르침을 받아들이게 되었다. 전에는 옷도 안 입고 지저분하게 하고 다니던 야만인들이 이제 옷을 입고 깨끗하게 하고 다니게 되었다. 그들은 예전의 나태한 생활습관을 버리고 집을 짓고 정원을 가꾸는 등 부지런한 생활을 하게 되었으며, 또한 물질적인 면뿐만 아니라 영적인 면의 필요도 충족시키기 위해 젊은이들을 위해서는 학교를, 노인들을 위해서는 예배당을 지었다. 그리하여 교육사업과 선교사업이 급진전을 보이게 되었다.

모팻에 이어 그의 사위인 리빙스턴Livingston 역시 선교에 헌신했다.

리빙스턴은 백인의 발길이 닿지 않은 아프리카의 내지로 들어갔다. 그는 야생동물들과 야만인들 사이에서 수천 마일을 여행하였으며, 지극히 위험한 일을 당하면서도 그곳 사람들에게 복음을 전할 수 있으리라는 것을 믿어 의심치 않았다. 다행히도 그는 남아프리카에 전쟁이 일어나서 많은 사람들이 영토 합병에 저항하다 살상당하는 것을 보기 전에 운명하였다.

사람들은 말이 아니라 행동으로 서로를 판단하며, 그것은 야만인들도 마찬가지이다. 기독교인이라 고백하는 사람들에 대해 세상은 종종 의심의 눈길을 보낸다. 거스리 박사는 말한다. "친절과 온화함, 너그러움, 자선행위 등에 있어서 세상의 많은 사람들이 기독교인에 비해 조금도 부족하지 않다. 세상 사람들이, '아, 기독교인들은 다른 사람들보다 조금도 나을 바가 없어. 아니, 때로는 더 나쁘지.'라고 말하는 것을 어떻게 막을 수 있겠는가? 기독교인이 되기를 촉구하는 선교사에게 한 인디언 추장은 결코 잊을 수 없는 대답을 남겼다. 몸에 칠을 하고 깃털 장식을 단 그 추장은 분노로 입술을 떨며, '기독교인은 거짓말쟁이에 사기꾼이다! 기독교인은 물건을 훔치고 술을 마시고 살인을 한다! 기독교인은 우리 땅을 빼앗고 우리 부족을 살해했다. 기독교인은 악마다! 나는 결코 기독교인이 되지 않을 것이다.'라고 말한 후 돌아섰던 것이다. 그러므로 우리는 기독교인임을 밝힐 때 신중해야하며, 밝힌 후에는 반드시 기독교인답게 살아가야 한다."

존 윌리엄스

이제 이 지구상의 또 다른 곳으로 눈길을 돌려보자. 폴리네시아에는 많은 선교사들이 영웅적으로 활동하고 있다. 그 한 예가 '에로망가 Erromanga의 순교자'로 알려진 존 윌리엄스John Williams이다. 모험으로 가득 찬 생애를 산 그의 소년 시절은 비교적 평범했다. 그는 런던의 철물상에 도제로 들어가 일을 배웠으며, 기계를 잘 다뤄서 정교한 기술을 요하는 철물을 만들어냈다. 그는 청소년기에는 스스로 신을 믿지 않으며 톰 페인Tom Paine의 지지자라고 공언하는 사람들과 어울렸으나, 후에 신앙이 깊은 사람들의 영향으로 '상호 향상을 돕는 모임 Mutual Improvement Society'에 가입하였으며 주일학교 교사로도 활발히 활동하였다.

그 당시는 해외선교에 관심이 집중되던 시기였다. 윌리엄스는 깊이 생각한 끝에 런던선교회The London Missionary Society에 지원하였다. 선교회에서 그를 받아들이기로 결정이 나자 1810년 그는 도제기간이 채 끝나기 전에 스승의 곁을 떠났다. 그의 나이 스무 살 때의 일이다. 그는 신학과 교양 공부를 위해 주어진 짧은 휴식 기간 동안 공장과 작업장을 방문하여 기계에 대한 지식을 넓혔다. 훗날 선교지에서 종교적 교리뿐만 아니라 생활에 필요한 실제적인 기술도 전해주기 위해서였다.

쿡 선장이 발견한 태평양의 여러 섬들에는 야만인들이 살았는데, 그들은 잔인한 정도에 있어서는 다소 차이가 있었지만 우상숭배자라는 점에서는 공통적이었다. 런던선교회에서는 남양선교회South Sea Missions의 설립자인 하웨이스Haweis 박사의 제안에 따라 이 섬들을 초기 사역 예정지로 정했다. 선교사들의 노력은 수년 동안 이렇다 할 결실을 맺지 못했으나 시간이 지나면서 섬의 원주민들은 점차 기독교를 받아들이게 되었고, 몇몇 섬에서는 우상숭배 의식이 완전히 사라졌다.

선교지에는 늘 선교사가 부족했기에 런던선교회에서는 다소 준비가 부족한 존 윌리엄스를 선교사로 파송하지 않을 수 없었다. 그러나 윌리엄스는 젊고 열정적이고 진지했다. 그는 항해를 떠나기에 앞서 메리 쇼너Mary Chauner와 결혼했는데, 그녀는 훗날 그의 사역에 귀중한 동반자가 되어주었다. 이렇게 해서 윌리엄스는 철물상에서의 도제 생활을 그만둔 지 6개월도 채 안 돼 선교사로서 다른 선교사들과 함께 시드니Sydney에 입항하였고, 그곳에서 다시 자신의 선교지인 에이미오 Eimeo 섬으로 갔다. 그는 다른 선교사들을 돕는 한편 타히티어를 익혔으며, 선교사들이 타히티 왕 포매어Pomare를 위해 만들던 작은 배의 철제 부분을 담당하였다.

그 후 얼마 지나지 않아서 윌리엄스는 후아히네Huahine 섬으로 보내졌다가 다시 라이아테아Raiatea 섬으로 파송되었다. 라이아테아는 런던 선교회의 선교사역지 중에서도 가장 크고 중심이 되는 섬이었다. 이곳에서의 윌리엄스의 수고는 장차 큰 결실을 맺게 된다. 그는 1차적인 목표인 포교를 소홀히 하지 않으면서도 섬 주민들의 도덕적·물질적 생활여건을 향상시키기 위해 애썼다. 당시 섬 주민들은 대단히 게으른데다 난잡한 성생활을 일삼았는데, 윌리엄스는 그들이 합법적인 결혼생활을 하도록 유도했다.

그런 뒤에 그는 섬 주민들로 하여금 각자 자신이 살 집을 짓게 했다. 그는 먼저 생활하기 편리한 영국식 가옥을 지어 섬 주민들에게 보여주었다. 회벽을 칠하고 마루를 깐 그 집은 내부가 몇 개의 방으로 구분되고, 방 안은 탁자와 의자, 소파, 침대, 카펫, 커튼 등으로 꾸며져 있었는데, 이러한 것들은 거의 대부분 윌리엄스가 직접 만들었다.

흉내내기를 좋아하는 원주민들은 곧 윌리엄스를 따라했다. 그들은 윌리엄스의 도움으로 집을 짓고 문명사회의 점잖고 편리한 생활을 배워나갔다. 윌리엄스는 섬 주민들에게 보트 만드는 법을 가르치는 한편 장차의 교역을 염두에 두고 담배와 사탕수수를 재배하도록 유도하였으며, 설탕 공장을 지었다.

이렇듯 산업화의 요소를 도입한 뒤에는 제품을 판매할 시장을 확보해야 했다. 윌리엄스는 다른 섬들에도 평화적인 방법으로 문명을 전파할 수 있기를 바랐다. 그는 섬들 사이에 교역이 이루어지는 것만큼 섬 주민들의 문화 및 종교적 여건을 향상시키는 데 도움이 되는 것도 없으리라 여겼다. 그리고 이를 위해서는 작은 보트가 아니라 대형 선박이 필요했다.

윌리엄스는 그가 구상한 여러 가지 것들을 실행에 옮기기 위해 1822년 시드니로 가서 8톤짜리 선박 인데버Endeavor호를 사들였다. 뉴사우스웨일스New South Wales의 총독 브리스베인Brisbane 경은 섬들 간의 교역을 돕는 차원에서 소와 송아지 및 양 몇 마리를 제공하였다. 이 일을 수행함에 있어서 윌리엄스는 스스로 모든 책임을 맡았다. 선교회 내부에서는 윌리엄스가 무역이 아니라 선교에 힘써야 한다는 이야기도 있었지만, 그는 이 일의 중요성을 고려할 때 런던에 있는 선교회 본부에서도 계속 그를 지지해줄 것으로 믿었다.

라라통가 섬

배를 구입한 후 윌리엄스는 무사히 라이아테아로 돌아왔으며, 1823년 라라통가Raratonga 섬을 찾을 목적으로 하비 군도Harvey Islands로 출발했다. 하비 군도는 지칠 줄 모르는 항해가 쿡 선장조차도 아직 발견하지 못한 섬들로, 윌리엄스도 원주민들에게서 들어서 그 존재를 알았을 뿐이다. 윌리엄스는 오랫동안 이 섬을 찾기 위해 애쓰다가 별 소득 없이 라이아테아로 돌아왔지만, 얼마간의 휴식을 취한 후 다시 출발했다. 여러 날을 풍랑에 시달리고 식량도 거의 바닥났을 즈음 선장이 윌리엄스에게 말했다. "탐사를 중단해야 할 것 같습니다. 그렇지 않으면 모두 굶어죽고 말 테니까요." 그리하여 다시 한번 원주민 선원이 주돛대에 올라가 보기로 했다. 돛대에 올라가는 것도 벌써 다섯 번째였다. 그때 돛대에 올라간 원주민이 라라통가 섬이 보인다고 소리쳤다.

윌리엄스는 말했다. "우리가 라라통가 섬을 찾기를 단념한 지 30분도 채 안 돼서 섬 주위를 감싸고 있던 구름이 떠오르는 태양의 열기에 의해 사라지고, 돛대 위에서 '저기 우리가 찾던 섬이 보입니다!' 하는 소리가 들렸습니다. 모든 근심이 사라지는 순간이었지요. 그 순간에 느낀 감정의 변화가 어찌나 컸던지 그로부터 수년이 지난 지금도 그때의 심정을 잊을 수가 없습니다. 기쁨에 차서 서로에게 축하 인사를 건네던 선원들의 밝은 표정은 모두가 같은 마음임을 말해주고 있었습니다. 우리는 또한 '우리를 바른 길로 인도해주신' 하느님께도 소리 높여 감사드리는 것을 잊지 않았습니다."[2]

월리엄스와 그의 동료(이웃한 섬의 원주민)들은 라라통가 섬의 주민들로부터 환영을 받았다. 교사들은 곧바로 참된 신에 대해 알려주고 싶다는 소망을 피력했고, 라라통가의 왕과 백성들은 기꺼이 가르침을 받고자 했다. 월리엄스 일행은 한동안 그 섬에 머물다가 원주민 교사 1명을 남겨두고 라이아테아로 돌아왔다. 월리엄스는 다른 섬에서도 이런 일이 가능하리라 보고 또 다른 탐사여행을 준비하던 중, 런던에 있는 선교회 본부로부터 세속적인 요소가 끼여 있는 선교사역은 승인하지 않겠다는 연락을 받았다. 게다가 뉴사우스웨일스의 상인들이 총독으로 하여금 새로운 회계법을 제정하게 함으로써 남양 제도에서의 무역은 위축되었다. 월리엄스는 인데버호를 팔지 않을 수 없었다. 그는 인데버호에 시장성이 높은 물품들을 싣고 시드니로 보내 배와 화물을 모두 처분하도록 했다.

월리엄스는 계속 라이아테아에 머물면서 가끔씩 라라통가를 방문했다. 1827년 그는 라라통가에서 선교활동을 할 피트먼Pitman 부부와 함께 라라통가를 찾았다. 그곳에는 예전에 섬기던 우상들이 대부분 파괴되고 섬 주민들의 도덕적 · 종교적 자질도 크게 향상되어 있었다. 월리엄스는 이제 성경을 라라통가 주민들의 언어로 번역할 때가 되었다고 생각했다. 그때까지는 아직 타히티어 성경이 사용되고 있었다. 그는 성경 번역을 위해 라라통가어에 문자 형태를 부여하고 문법체계를 정비했다. 또한 그의 제안으로 라라통가에 교회를 세우게 되었다. 교회 건물은 월리엄스의 설계에 따라 지어졌는데, 못이나 기타 어떤 철물도 사용하지 않았다. 각 부족의 추장과 주민은 즐겁고 기쁘게 일에 매달려 두 달 만에 교회를 완성하였다. 이 교회에는 3000명을 수용할 수 있었다.

교회를 짓는 동안에 다음과 같은 재미있는 사건이 있었다. 어느 날 아침, 건설 현장에 나온 윌리엄스는 깜빡 잊고 자를 집에 두고 온 것을 알게 되었다. 그는 나무토막에 숯으로 메모를 써서 아내에게 보내기로 했다. 그가 원주민 추장 한 사람을 불러 메모가 적힌 나무토막을 내밀면서 윌리엄스 부인에게 전해달라고 하자, 추장은 그것을 받아들며 "가서 뭐라고 전하면 되지요?"라고 물었다. "아무 말 안 해도 됩니다. 내가 하고 싶은 말은 그 나무토막이 전해줄 거니까요."라고 윌리엄스는 대답했다. 원주민 추장은 바보가 된 듯한 느낌으로 그것을 윌리엄스 부인에게 가져다주었다. 윌리엄스 부인은 잠시 나무토막을 들여다보더니 자를 들고 나와 추장에게 건네주었다. 추장은 나무토막을 집어 들고 달려가며 외쳤다. "이 영국인들의 지혜를 보라! 그들은 나무토막으로 하여금 말을 하게 한다!" 그는 그 나무토막을 줄에 꿰어 목에 걸고 다니며 사람들에게 그 놀라운 이야기를 들려주었다.

윌리엄스는 한동안 배편이 없어서 라이아테아로 돌아갈 수 없게 되자 라라통가에서의 시간을 유용하게 보내기로 했다. 그는 학교를 짓고 그곳 주민들에게 읽기를 가르쳤다. 그러나 다른 섬의 주민들에 비해 라라통가 주민들은 학습 속도가 매우 더뎠다. 처음에 윌리엄스는 타히티어로 가르쳤는데, 이것은 라라통가 사람들에게는 외국어나 마찬가지였다. 나중에 윌리엄스가 〈요한복음〉과 〈갈라디아서〉를 라라통가어로 번역한 후에야 라라통가 사람들은 자신들의 언어로 배울 수 있었다. 그리고 그때 이후로 그들은 학습에 큰 진전을 보이기 시작했다.

어느 날 몇몇 난폭하고 방종한 청년들이 윌리엄스와 그의 동료들을 살해하여 그 시신을 바다에 내다 버리기로 음모를 꾸몄다. 다행히 이 일은 사전에 발각되었다. 곧 추장회의가 소집되었고, 이 음모를 꾸민 청년들을 사형에 처하기로 결정되었다. 그러자 윌리엄스가 중재에 나서서 그들을 살려줄 것을 호소하였다. 대화 도중에 추장들은 영국에서는 이런 경우에 어떻게 하느냐고 물었다. 윌리엄스가 영국에는 사법제도가 있어서 모든 범죄자가 법에 의해 처벌을 받는다고 대답하자, 그들은 라라통가에도 그와 같은 제도를 도입하기로 했다.

그리하여 사회정의를 구현하기 위한 기초 작업으로 법전을 편찬하게 되었다. 윌리엄스와 스렐켈드Threlkeld가 쉽고도 명료한 언어로 법전의 초안을 작성하는 한편 사법부의 독단을 예방하기 위해 배심원제를 도입하기로 했다. 그리고 그 사이에 임시 판사를 지명하여 앞서의 네 젊은이를 재판하게 하였는데, 그 결과 네 사람은 4년간 무인도로 유배를 가게 되었다.

배를 만들다

라라통가에서 수개월을 보내면서 아무리 기다려도 지나가는 배가 눈에 띄지 않자, 윌리엄스는 결국 직접 배를 만들기로 했다. 하지만 배를 만들 줄 아는 사람도 없었고, 만드는 데 필요한 도구도 없었다. 윌리엄스는 먼저 대장간에서 사용하는 풀무를 만들기로 했다. 라라통가 섬에는 염소가 네 마리 있었는데, 윌리엄스는 젖을 얻기 위해 한 마리만 남겨두고 나머지 세 마리의 가죽으로 사나흘 만에 풀무 두 개를 만들었다. 그러나 그 풀무는 불을 피우는 데 전혀 효과가 없었다. 게다가 밤새 쥐들이 풀무의 염소가죽으로 된 부분을 갉아먹어서 다음 날 아침에는 풀무가 거의 남아 있지 않았다. 그러나 윌리엄스는 계속해서 이 문제의 해결책을 생각했고, 마침내 물을 길어 올리는 펌프의 원리에 착안하여 공기를 뿜어내는 펌프를 만들기로 했다. 곧 많은 시행착오 끝에 쓸 만한 송풍기가 만들어졌다.

윌리엄스는 이 송풍기를 가지고 배에 필요한 모든 철물을 만들어냈다. 커다란 돌을 모루로 삼고 목수들이 사용하는 못뽑이를 도가니 집게 삼아서 말이다. 석탄 대용으로 코코넛 및 그 밖의 나무로 만든 목탄을 사용하였으며, 톱 대신 쐐기로 나무를 쪼갰다. 흰 나무판자가 필요할 때에는 대나무를 구부려 사용하거나, 숲에 들어가 굽은 나무를 베어 왔다. 그리고 철이 많이 부족했기 때문에 쇠못 대신 커다란 나무못으로 배 안팎의 판자를 고정하였다.

히비스커스 껍질로 밧줄을 만들고 원주민들의 매트를 이어 붙여 돛을 만들었으며, 닻 대용으로는 돌을 가득 채운 통을 사용하였다. 그렇게 15주가량을 수고한 끝에 70~80톤의 화물을 적재할 수 있는 '평화의 사자Messenger of Peace' 호가 진수되었다. 이때 배의 키가 부착되었는데, 이 중요한 작업을 수행하는 데에는 많은 어려움이 따랐다. 키의 축을 만들 쇠가 부족해서 곡괭이와 까뀌 및 커다란 괭이를 녹여 만들어야 했던 것이다. 이렇게 해서 키가 부착되었고 이제 항해할 만반의 준비가 갖추어졌다.

800마일이나 떨어진 타히티로의 항해는 위험하다고 생각되어 처음에는 170마일 거리의 아이투타키Aitutake 섬까지 가보기로 했는데, 이

여행에 라라통가의 왕 매키아Makea가 동행했다. 배의 성능은 매우 훌륭했다. 원주민 선원의 미숙한 대처로 앞돛대가 부러진 것 이외에는 별다른 사고 없이 아이투타키 섬에 도달할 수 있었다. 항해 도중 풍랑을 만나기는 했으나 다행히 나침반과 사분의가 있어서 큰 어려움은 없었다. 어느 방향에서 섬이 나타날지를 미리 예측할 수 있다는 것은 라라통가 왕을 매우 놀라게 했다. 그는 보이지 않는 것에 대해 어떻게 그렇게 정확하게 예측할 수 있는지를 묻고 또 물었다. 그는, "앞으로 해안에서 싸우는 사람들을 전사라 부르는 일은 없을 것이다. 대양의 파도와 바람에 맞서 싸우는 영국인들만이 전사라 불릴 자격이 있다." 라고 말했다.

쥐와 고양이

평화의 사자호는 10일가량 아이투타키 섬에 머문 뒤에 라라통가에 가져갈 짐을 싣고 돌아갈 채비를 했다. 선적화물은 주로 돼지와 코코넛, 고양이 등이었다. 라라통가의 토종 돼지는 너무 작고 키우기가 어려워 보다 잘 자라는 외래종 돼지 70마리를 실었고, 고양이는 라라통가에 쥐가 너무 많았기 때문에 실었다. 라라통가에는 마치 이집트를 휩쓴 10대 재앙처럼 쥐가 창궐하였다. 쥐들은 식탁에 차려진 음식물 사이를 종횡무진하며 빵과 고기 조각을 가져다 먹었고, 의자 위에 앉았으며, 침대에서 잠을 잤다. "가족 기도회 때 무릎 꿇고 기도를 드리고 있노라면 우리 몸 위로 쥐들이 기어 다니곤 했습니다."라고 윌리엄스는 회고한다.

큰 쥐, 작은 쥐, 여윈 쥐, 우람한 쥐.

갈색 쥐, 검은 쥐, 회색 쥐, 누런 쥐.

근엄한 늙은 쥐에 까불대는 어린 쥐.

아빠 쥐, 엄마 쥐, 삼촌 쥐, 사촌 쥐.

꼬리를 세우고 빳빳한 수염을 한 쥐들.

쥐들 가족이 무수히 많다네.

형제 쥐와 자매 쥐, 남편 쥐와 아내 쥐가.

사실 쥐들은 라라통가 섬의 식량을 절반이나 먹어치웠다. 쥐들은 월리엄스의 풀무를 먹고 핏먼 부인의 구두를 갉아먹었으며, 먹을 것이 떨어지자 새끼 쥐까지 먹어치웠다. 따라서 고양이들은 라라통가에서 큰 환영을 받았다. 고양이들은 곧 외래종 돼지들과 합세하여 섬의 골칫거리였던 쥐들을 소탕하였다.

월리엄스는 모든 것이 순조롭게 진행되는 라이아테아에서의 사역에 만족하지 않고 선교지를 보다 넓히고자 했다. 아직 복음이 미치지 않은 섬들이 많았기 때문이다. 월리엄스는 생명력과 활력과 용기로 충만했다. 라이아테아 섬의 서쪽에는 선교사의 발길이 닿지 않은 섬이 많았는데, 월리엄스는 평화의 사자호를 타고 이 섬들을 순례하며 다른 섬들에서 그랬던 것처럼 우상을 파괴하고 섬 주민들로 하여금 참된 신인 하느님을 섬기도록 했다.

월리엄스는 이렇게 말했다. "기독교는 인간의 권위가 아니라 기독교 자체의 도덕적 힘, 즉 자비의 정신으로 승리를 거뒀습니다. 자비는 야만인과 문명인을 구별하지 않고 인간의 마음을 여는 열쇠이기 때문입니다. 우리가 친절하게 다가가자 섬 주민들은 즉시 진리를 받아들였습니다. 그들은 예전에 잔인하기 그지없던 추장들이 복음의 영향으로 인해 변화되었다고 생각했습니다. …… 우리말에는 내가 좋아하는 2개의 짧은 단어가 있습니다. 바로 '시도하다'와 '믿다'입니다. 시도해보기 전에는 우리가 어떤 일을 행할 수 있는지 모릅니다. 하느님에 대한 믿음을 가지려고 한번 시도해보십시오. 그러면 머릿속에서 상상했던 것과 같은 무수한 어려움은 사라지고 예기치 못한 능력을 부여받게 될 것입니다."

에로망가 섬의 순교자

이윽고 윌리엄스는 영국에 다녀오기로 결심했다. 그는 평화의 사자호를 타히티로 보내 매각하도록 한 후 영국행 포경선에 올랐다. 1834년 6월 런던에 도착한 그는 라라통가어로 번역한 신약성경을 '영어 및 외국어 성경협회British and Foreign Bible Society'에 제출하여 책으로 인쇄되도록 하는 한편 자신의 선교사역과 관련한 중요한 사실들을 책으로 엮어냈는데,[3] 이 책은 각계에 비상한 관심을 불러 일으켰다. 윌리엄스는 영국 국교회의 많은 고위성직자들과 저명한 과학자들 및 귀족들을 알게 되었으며, 그들로부터 많은 선교헌금을 받았다. 런던 시의회에서도 그에게 500파운드의 선교헌금을 지원하는 안을 만장일치로 가결했으며, 그리하여 총 4000파운드의 선교헌금이 걷혔다. 윌리엄스는 이 돈으로 선교선 캠든Camden호를 구입하여 1838년 4월 11일 16명의 다른 선교사 부부와 함께 그레이브젠드Gravesend를 출항하였다.

캠든호는 무사히 항해를 마치고 남양 제도에 도착하였다. 윌리엄스는 런던선교회의 선교지를 포함한 여러 섬들을 둘러보고 나서 멀리 서쪽의 아직 복음이 전파되지 않은 섬들로 향했다. 캠든호는 순조롭게 항해하여 뉴헤브리디스New Hebrides 제도의 에로망가 섬에 이르렀다. 그러나 그 섬의 원주민들은 전에 그 섬을 찾아온 뱃사람들로부터 야만적인 취급을 당하고 화가 나 있었기 때문에 윌리엄스 일행을 공격하였다. 윌리엄스와 그의 동료 해리스Harris는 죽어서 그들의 먹이가 되었다.

이렇게 해서 고결하고 희생적인 선교사 윌리엄스는 44세를 일기로 생을 마감하였다. 선을 행하는 것을 의무로 알던 그는 기독교와 문명을 널리 전파했다. 그는 확고한 신념과 끈기의 소유자로서 아무리 힘든 상황 속에서도 선을 행하는 것을 중단하지 않았으며 인내심을 가지고 기다릴 줄 알았다. 그는 자신이 뿌린 씨앗이 언젠가는 발아하여 꽃을 피우리라는 것을 알고 있었다. 과연 그가 뿌린 씨앗은 그의 사후에도 살아남아서, 마침내 에로망가 섬의 식인종들도 우상을 파괴하고 기꺼이 기독교를 받아들이게 되었다.

셀윈과 패터슨 주교

윌리엄스가 죽자, 많은 고결한 사람들이 그의 뒤를 이어 남태평양에서의 선교사역에 헌신하였다. 1841년 조지 셀윈George Selwyn은 최초의 뉴질랜드 주교에 임명되었다. 그는 즉시 자신의 사명을 수행하기 위해 뉴질랜드로 출발했다.[4] 셀윈은 7년 동안 뉴질랜드 본토의 주교

관구에서 쉬지 않고 일했으며, 그 후 12년 동안은 뉴질랜드와 적도 사이의, 멜라네시아라고 불리는 섬들에서의 사역에 전념했다. 처음에는 멜라네시아에서의 사역에 보다 신중을 기해야 한다는 사람들이 있어서 의견이 나뉘었는데, 이 일이 지나치게 낭만적이며 비현실적이라고 생각한 사람들을 나무랄 수만은 없을 것이다.

너무 위험하다는 친구들의 충고에 셀윈은, "무역상이 수익을 올리기 위해 가는 곳에 선교사는 사람들의 영혼을 사러 갑니다."라고 대답하였다. 부친에게 보내는 편지에서는, "이미 알려진 위험은 별문제로 하더라도 선교사는 최대한 담대해야 합니다. 이 섬들에서 무언가를 이루려면 위험을 무릅쓰지 않을 수 없습니다."라고 쓰고 있다.

멜라네시아에서의 사역은 확실히 위험한 일이었으며, 특히 셀윈이 배에 어떤 무기도 실으려 하지 않았기 때문에 더욱 그러했다. 한번은 뉴헤브리디스 제도의 말리콜로Malicolo 섬에서 하마터면 목숨을 잃을 뻔한 일이 있었다. 셀윈의 침착하고도 위엄 있는 태도가 아니었다면 일행은 몇 년 전에 에로망가에서 윌리엄스에게 닥쳤고 수년 후 누카푸Nukapu에서 패터슨Patteson에게 닥칠 운명에서 벗어날 수 없었을 것이다.

그가 주교 관구를 소홀히 하고 한꺼번에 너무 많은 일을 벌이고 있다는 또 다른 종류의 반대에 대해 그는 자신의 멜라네시아 사역이 뉴질랜드의 사역에 전혀 해가 되지 않을 뿐더러 오히려 큰 도움이 된다고 반박하였다. 그의 마음은 멀리 멜라네시아로 향해 있었고, 그곳의 피부색이 짙은 원주민들에 대한 형제애로 가득했다. 그는 하느님이 그를 뛰어난 뱃사람으로 만들어주심으로써 마치 "산더미 같은 파도

위에 그의 길을 내주시고 바다를 집으로 삼게 해주셨다."고 느꼈다.

존 콜리지 패터슨John Coleridge Patteson은 셀윈을 돕고자 남양 제도에 온 또 한 사람의 고결하고 헌신적인 선교사이다. 그는 본국에서 명예로운 삶을 누릴 수 있었지만, 그보다는 선교사역에 헌신하는 삶을 택했다. 그에게는 쿡 선장에 의해 발견된 이후 방치되어 있던 일군의 섬들에 복음을 전하는 임무가 주어졌는데, 그곳의 주민들은 식인종으로 알려져 있었다. 그 섬들은 오스트레일리아 북동쪽의 뉴헤브리디스 제도와 뱅크스Banks 제도, 솔로몬Solomon 제도 및 산타크루즈Santa Cruz 제도 등이다. 그곳 주민들은 멜라네시아인이라고 불리기도 하고 피부색과 체형이 흑인과 비슷하다 하여 블랙 아일랜더Black Islanders라 불리기도 했다.

패터슨은 한동안 뉴질랜드에 머물면서 원주민의 언어와 항해술을 익힌 후 셀윈 주교와 함께 서던 크로스Southern Cross호를 타고 노퍽Norfolk 섬으로 갔다. 그리고 다시 스코틀랜드장로교선교회Scotland Presbyterian Mission가 들어와 있는 아이티움Aaiteum 섬에 들렀다가 윌리엄스가 죽임을 당한 에로망가 섬— 숲이 우거지고 비할 데 없이 아름다운—을 지나 사모아인 교사들이 살해당한 파테Fate 섬으로 갔다. 그리고 나서 배는 다시 해발 4000피트의 산맥이 장관을 이루는 에스피리투산토 Espiritu Santo 섬을 지나 르마엘Remael 섬에 닿았다. 셀윈과 패터슨은 그곳에서 마오리족 원주민들과 사귀었으며, 마오리족 소년 몇 명을 뉴질랜드의 세인트존 대학에 데리고 와 교육받게 했다.

패터슨의 사역

서던 크로스호가 그 다음으로 향한 곳은 솔로몬 제도의 마라Mara 섬이었는데, 이곳 주민들은 뱃사람들을 통해 영어의 욕설을 조금 알고 있었다. 그 다음에 도착한 섬은 산타크루즈 섬이었다. 섬의 주민들은 얌yam과 타로토란taro을 가지고 왔지만 인원이 너무 많아서 차분히 복음을 전하기가 어려웠다. 일행은 섬을 한 바퀴 돌아 거대한 화산을 구경한 후 누카푸 섬으로 갔다. 그곳 원주민들은 빵나무 열매와 코코넛을 가지고 마중을 나왔다. 패터슨 일행은 그 후 오랜 시일에 걸쳐 투부아Tubua 섬과 바니코라Vanicora 섬, 뱅크스 제도를 둘러본 후 뉴질랜드로 돌아왔다.

이 모든 섬들이 패터슨의 선교 사역지였다. 그는 고향집에 보내는 편지에 이렇게 쓰고 있다. "섬 주민들이 잔인하다는 말은 믿지 마십시오. 그들이 자극을 받으면 난폭한 행동을 하고 대부분이 식인종——전투가 끝난 후에만 인육을 먹습니다——인 것은 사실이지만, 그들을 잘 대해주면 섬을 방문하는 것이 그다지 위험하지 않습니다. 여기서 방문이라 함은 처음에는 뭍에만 잠깐 올랐다가 다음에는 마을을 방문하고 그 다음에는 해변에서 밤을 보내고 또 그 다음에는 10일가량 머무는 식의 것을 의미합니다."

패터슨은 인간이 하느님의 형상대로 지어졌다는 사실에 근거하여 원주민을 가르쳤다. 그는 시드니에서 행한 설교에서 이렇게 말했다. "인간의 마음에 심어진 이 사랑을 우리 형제에게 전해야 합니다. …… 사랑은 모든 것을 생동하게 합니다. 사랑은 하늘의 모든 별들과 바다의 은빛 파도, 들판의 모든 꽃들과 하느님이 지으신 모든 피조물, 그 중에서도 특히 모든 살아 있는 사람들의 영혼에 깃든 아름다움과 이들에 대한 창조주의 마음을 찬미하며 축복합니다."

그는 또 이렇게 말했다. "아버지가 데니슨 사건에 대해 몹시 걱정하는 편지를 보내셨습니다. 아, 논란의 소용돌이에서 벗어나 있다는 것은 얼마나 감사한 일인지요! 이교도들 앞에서는 고교파니 저교파니 하는 모든 분파주의가 사라지고 모든 사물이 보다 단순한 상태로 돌아갑니다."

패터슨은 멜라네시아 제도를 순회 방문하면서 아무것도 두려워하지 않았다. 섬의 주민들은 그를 친절히 맞아주었으며, 적어도 여자들이 같이 있을 때에는 안전했다. 패터슨은 사람들을 신뢰함으로써 모든 일을 해나갔다. 그는 푸투마Futuma 섬을 방문했고, 주민들이 거칠기로 유명한 파테 섬에도 갔다. 파테 섬의 주민들은 식인종으로, 로열 소버린Royal Sovereign 호가 난파했을 때 그 승무원들을 모두 죽여서 9명은 그 자리에서 먹어치우고 나머지 9명은 이웃 마을에 선사한 사람들이었다.

1861년 패터슨은 멜라네시아 제도의 선교 주교에 임명되었다. 그는 전과 마찬가지로 사역을 계속해나갔으며, 가끔씩 죽음의 위협에 직면하기도 했다. 언제 독화살이 날아와 그의 목숨을 앗아갈지도 모르는 가운데서도 그는 늘 쾌활하고 열정적이었다. 그는 이렇게 말했다. "감사하게도 내게는 위안이 되는 것들이 참으로 많으며, 무엇보다도 위안이 되는 것은 하느님이 이 모든 것을 굽어보고 계신다는 것이다. 그분은 섬 주민들 또한 굽어보고 계시며, 내가 그들을 사랑하는 것보다 무한히 더 큰 사랑으로 그들을 사랑하신다. 나를 그들에게 보내신 이는 하느님이라고 믿는다. 하느님은 원주민들 속에서 당신의 뜻을 이루려는 정직한 노력을 축복해주실 것이다. 멜라네시아에 진리의 동이 터 오기 시작했으며, 이러한 생각은 내게 큰 위안을 준다. 이 일이 내 생전에 이루어지느냐 그렇지 않느냐는 중요하지 않으며, 나는 오직 이 일을 계속할 뿐이다." 그는 또한 동역자로 어떤 사람을 원하느냐는 질문에 이렇게 대답했다. "산호초와 코코넛에 대한 감상적인 생각을 가진 사람은 전혀 도움이 안 될 뿐만 아니라 오히려 해가 됩니다. 스스로를 희생한다고 생각하는 사람 역시 적합하지 않습니다. 그리고 일하는 것을 비천하게 생각하는 사람은 방해가 될 뿐입니다. 그런 사람들은 자신들 생각에 비천한 일을 주교가 하는 것을 보고 불편해할 것입니다. 하느님의 은혜로 적합한 사람이 파송된다면 우리는 그를 진심으로 환영할 것입니다. 그리고 그는 다른 사람들이 알지 못하는 풍성한 은혜를 맛보게 될 것입니다."

이들 선교사들이 영국을 떠난 것은 돈 때문이 아니었다. 그들의 연봉은 100파운드에 불과했으며, 나중에 조금 늘어난 것이 고작 150파운드였다. 그러나 그들은 원주민들에게 경제습관과 정확성, 정리정돈을 비롯한 모든 것을 가르쳤다. 이러한 생활습관이 그들에게 얼마나 큰 도움이 되었을 것인가! 패터슨 주교는 가는 곳마다 학교와 대학을 세웠다. 그는 여행을 떠날 때마다 원주민 소년을 데리고 다니면서 그들의 말을 배웠고 또 그 소년에게 영어를 가르쳤다. 1864년 패터슨 주교 일행은 산타크루즈 섬에서 원주민들이 쏜 화살에 맞았다. 일행 중 한 명인 피어스Pearce는 가슴에 화살을 맞았고 에드윈 놉스Edwin Nobbs

는 왼쪽 눈에 맞았다. 노를 젓던 어부 영Young은 화살이 왼쪽 손목을 관통하였다. 패터슨 주교가 이들에게서 화살을 뽑아냈는데, 피어스의 가슴에 박힌 화살은 너무 깊이 박혀서 장시간의 수술 끝에야 제거할 수 있었다. 영은 파상풍으로 죽었는데, 그는 죽어가면서 패터슨 주교에게 "제게 입맞춤해주세요. 의무를 수행하다 가게 되어 기쁩니다."라고 말했다. 놉스도 파상풍으로 사망했다. 그러나 가장 상처가 깊었던 피어스는 건강을 회복하였다.

패터슨 주교는 그 후로 노퍽 섬과 피트케언Pitcairn 섬, 솔로몬 제도, 타히티 등을 순회 방문하면서 가는 곳마다 선을 행하고 새로운 신도를 얻었다. 그는 원주민들의 언어로 쓰인 신약과 구약의 발췌본을 인쇄하도록 했다. 그가 노퍽 섬에 머물던 해의 크리스마스이브에 20명쯤 되는 멜라네시아인이 그의 숙소 앞에서 캐럴을 불렀는데, 그는 그 때의 일을 이렇게 회고하고 있다. "얼마나 기뻤는지 모른다. 성가집을 들고 케블의 찬송가를 머릿속에 떠올리며 잠자리에 들었는데 원주민 학생들이 부르는 〈천사들의 합창〉과 〈이방인을 비추는 빛〉이 들려오는 것이 아닌가. 한밤중의 고요 속에 들려오는 그들의 목소리는 맑고 청아했으며, 구름 한 점 없는 하늘에는 달빛이 교교히 흐르고 밤공기는 온화했다. 그날 밤 나는 오랫동안 잠들지 못하고 저들의 마음에 찾아온 복된 변화와 자격 없는 내게 주어진 행운을 생각하며 하느님의 선하심과 자비 안에서 온전히 나를 잊었다."

패터슨의 죽음

이제 산타크루즈 제도로의 마지막 항해로 넘어가기로 하자. 그 당시 퀸즐랜드Queensland의 노예상인들은 배를 가지고 섬을 돌며 원주민들을 납치해서 대농장에 팔아넘겼는데, 이로 인해 몇몇 섬에서는 사람의 그림자도 찾아볼 수 없게 되었다. 누카푸 섬에서도 5명의 원주민이 노예상인에게 끌려갔었다. 패터슨 주교를 태운 배가 누카푸 섬에 도착했을 당시, 섬 주위에는 원주민의 카누 4척이 떠 있었다. 그들을 측은하게 여긴 패터슨 주교는 보트를 내리게 해서 동료 네 사람과 함께 보트에 올랐다. 보트가 카누에 접근하자 주교는 전에 그에게 우호적인 태도를 보여주었던 추장 2명이 있는 카누로 옮겨 탔다. 카누는 해안으로 다가갔다. 보트에 남아 있던 사람들은 패터슨 주교가 섬에 상륙하는 것을 보았지만, 다음 순간 그의 모습은 온데간데없이 사라졌다.

보트는 다른 3척의 카누 옆에 있었는데, 갑자기 카누에서 화살이 날아왔다. 보트는 급히 물러나 화살을 피했지만 그때는 이미 보트에 탄 4명 중 3명이 화살에 맞은 뒤였다. 그렇다면 패터슨 주교는 어떻게 된 것일까? 그는 해안에서 살해되었다. 잠시 후 두 척의 카누가 다가오는 것이 보였다. 첫 번째 카누에는 원주민들이 타고 있었고, 두 번째 카누는 비어 있는 듯했다. 잠시 후 두 번째 카누의 사공이 첫 번째 카누로 옮겨 타고 두 번째 카누만 무언가 짐을 실은 채 떠내려왔다. 보트에 탄 선원이 카누 안을 들여다보자 패터슨 주교의 신발이 보였다. 그는 곧 카누를 끌어다 안을 조사해보았다. 카누 안에는 원주민들의 매트에 감싸인 시신이 있었다. 매트를 젖히자 평화로운 미소를 머금은 주교의 모습이 드러났다. 그의 가슴에는 종려수 잎이 놓여 있었고, 몸에는 다섯 군데의 상처가 있었다.

이에 대해 영Yonge은, "이 상황의 기이하고 신비한 아름다움은 우리에게 원시 기독교 교회의 순교자를 접하는 듯한 느낌을 준다."라고 말했다. 패터슨 주교를 사랑하고 존경하는 사람들 중 그가 늘 이런 죽음을 꿈꿔왔다고 생각지 않은 사람이 없었다. 패터슨 주교는 늘 소명을 완수하기 위해 기꺼이 목숨을 바치고자 했기 때문이다. 퀸즐랜드의 노예상인이 누카푸 섬의 주민 5명을 납치한 데 대한 보복으로 섬 주민들이 패터슨 주교를 살해한 것이 분명했다.

패터슨 주교의 얼굴에 떠오른 온화한 미소는 영적 지도자를 잃은 사람들에게 평화를 가르쳐주었지만, 그 미소는 언제까지나 사람들 곁에 남아 있을 수 없었다. 다음날 아침 존 콜리지 패터슨의 유해는 태평양에 뿌려졌다. 그는 구세주를 섬기며 살았듯이 구세주에 대한 봉사 안에서 죽어갔다. 그의 최후는 평화로웠다.

그 외의 선교사들

그로부터 얼마 후인 1875년 여왕 폐하의 배 펄Pearl호의 사령관 굿이너프Goodenough가 산타크루즈 섬을 찾았다. 그는 주위의 만류에도 불구하고 패터슨 주교가 최후를 맞은 장소를 보고 싶어했다. 그가 처음 섬에 상륙했을 때에는 섬 주민들이 우호적으로 대했다. 그러나 두 번째 상륙 때에는 수상한 태도를 보여서, 그는 부하들에게 즉시 보트로 되돌아가라고 명령했다. 그는 마지막 편지에서 그때의 상황을 이렇게 묘사하고 있다. "왼쪽에 있는 원주민이 활시위를 당기는 모습이 보였습니다. 위협하는 시늉에 불과하리라고 생각하는 순간 화살이 날아와 내 옆구리에 박혔습니다. 나는 '보트로 돌아가라!' 하고 외치고는 화살을 잡아 뽑았습니다. 그리고 화살이 날아오는 소리를 들으며 해변을 향해 달렸지요. 보트에 도착하자 군의관이 즉시 상처를 돌봐주었습니다." 그로부터 5일 후 그는 다시 이렇게 덧붙였다. "나는 아주 건강합니다. 한 가지 문제가 있다면 허리의 통증 때문에 잠을 못이룬다는 것이지요. 나는 그다지……." 편지는 여기서 끝났다. 그는 편지를 완성하지 못했던 것이다.

굿이너프 사령관은 파상풍에 걸려 살아날 가망이 없었다. 그는 자신이 위중하다는 말을 마치 그의 전 생애가 죽음을 향한 긴 준비기간이었던 것처럼 극히 평온하게 받아들였다. 그는 자신을 갑판 위로 옮기도록 한 후 슬픔에 말을 잃은 부하들에게 애정이 가득한 목소리로 자신을 본받으라고 말한 후 평화롭고 고요하게 죽음을 맞이했다. 그의 시신은 바다에 수장되었다. 그는 진정한 뱃사람이자 기독교인 신사였다.

지금까지 소개한 사람들 이외에도 일본과 중국, 북미와 남미에서 활동한 예수회 사제들과 그린란드와 미국, 아프리카에 복음을 전한 모라비아교도, 아메리카 인디언들에게 전도한 최초의 선교사 존 엘리엇John Elliot과 그의 뒤를 이은 데이비드 브레이너드David Brainerd, 조나단 에드워즈Jonathan Edwards,5 인도 선교에 힘쓴 마틴Martyn, 헤버Heber, 캐리Carey, 마시먼Marshman, 미얀마에서 활동한 저드슨Judson 가족, 잠베지

Zambesi에서 순교한 찰스 프레더릭 매켄지Charles Frederick Mackenzie, 오스트레일리아 기독교의 대부 새무얼 마스든Samuel Marsden 등 수많은 선교 영웅들이 있지만 이들의 행적을 다 다루기에는 지면이 부족할 듯하다.[6]

세상의 모든 기독교인 영웅들에게 영광을! 우리에게 안식과 구원을 가져다주는 지식을 전해주기 위해 시간과 노력을 바친 모든 사람들, 신앙을 위해 목숨을 버린 사람들, 가난하고 미개한 이들에게 이 덧없는 세상에서의 행복보다 훨씬 더 큰 행복이 있음을 알게 해준 모든 사람들에게 영광 있으라!

동물들에게 자비를

모든 생명체에 대해
경멸을 느끼는 사람이라면
그는 이제까지 사용하지 않은
어떤 자질을 가지고 있는 것이리라.

— 워즈워스

모든 동물의 눈에는 희미한 인간성의 빛이 보인다. 그들의 생명력을 드
러내주는 빛, 수수께끼와도 같은 인간의 지배를 받아들이고 비록 영혼
의 교류는 아닐지라도 친구로서의 상호 교류를 갈망하는 기묘한 빛이.

— 러스킨

무자비한 기병대가 지나면서
내 어린 사슴을 쏘았다.
잔인한 인간들!
그대를 죽인 저들은 번창하지 못하리.
그대는 살아서 저들에게 아무런 해를 끼치지 않았고
죽어서 저들에게 이익이 된 것도 없거늘.

— 마블

말 못하는 짐승들──새와 들짐승, 말 및 그
밖의 모든 동물──이 얼마나 잔인하게 다루어지고 있는가. 로마의 검
투사는 사라졌지만, 스페인의 투우는 아직 존재한다. 로마의 귀부인
들이 원형경기장에서 피 흘리며 죽어가는 검투사들을 보고 즐거워했
듯이, 스페인의 귀부인들은 영국인 전사가 고개를 돌릴 잔인한 광경
에 열광한다. 카바예로Caballero는, "스페인 사람들은 동물에게 자비를
베푸는 일이 거의 없으며, 특히 하층민들 사이에는 전무하다는 것을
고백하지 않을 수 없습니다."라고 말했다.

동물학대와 금지법

그러나 우리 영국인들 또한 이러한 비난에서 자유롭지 못하다. 소

---

*1. 소몰이 : 개를 부추겨서 소를 물어 죽이는 영국의 옛 구경거리

몰이bull-baiting*1가 영국의 대중적 오락이었던 것이 그리 오래전 일이 아니기 때문이다. 닭싸움과 오소리몰이 또한 얼마 전까지만 해도 흔히 볼 수 있는 구경거리였다. 이러한 놀이는 부자와 빈자의 구분 없이 모두가 좋아했다. 1822년 골웨이Galway의 동물 애호가 리처드 마틴 Richard Martin이 동물의 권리를 인정하는 안을 법제화하는 데 성공했으나, 한 소송사건에서 2명의 판사가 소에게는 이 법이 적용되지 않는다고 선언하였다.

1829년 소몰이를 금지하는 법안이 하원에 상정되었다가 73 대 28로 부결되었다. 그러나 반대 여론이 힘을 얻으면서 소몰이는 점차 가난한 사람들의 오락이 되었다. 마틴 법에 근거하여 동물학대방지협회The Society for the Suppression of Cruety to Animals가 발족하였고, 동물들은 법적으로 보호받게 되었다. 그러나 불행히도 몇 가지 종류의 동물은 보호 대상에서 제외되었으며, 지금도 동물들에게 많은 가혹행위가 행해지고 있는 실정이다.

그 한 예로 새들은 보호 대상에서 빠져 있다. 여성 우대일에 헐링엄 Hurlingham에 가보면 비둘기들이 어떤 수난을 당하는지 알 수 있다. 불쌍한 비둘기들은 덫에 걸려 죽고 사냥꾼들의 내기 대상이 되어 총에 맞아 죽는다. 그리고 그 피는 여인들의 옷을 염색하는 데 사용된다. 그러나 비둘기 사냥에 나선 사람들은 스페인의 투우 관람객들과 마찬가지로 기뻐 환호한다. 털이 뽑히고 다리가 부러진 비둘기들은 간신히 들판을 빠져나와 사람들 눈에 띄지 않는 곳으로 숨는다. 그리고 오랜 고통 속에서 죽어간다. 이것이 영국의 여인들이 자녀에게 가르치고자 하는 인도주의인가?

새 깃털을 활용한 드레스가 유행하는 것은 새들에게는 불행한 일이다. '귀부인'들의 멋진 옷차림을 위해 각 나라마다 무수히 많은 새들이 죽어갔다. 〈스펙테이터Spectator〉 지에 난 기사에는 11명의 신부 들러리가 백조와 울새 깃털로 장식한 드레스를 입고 참석한 결혼식 이야기가 나온다. 한 번의 결혼식을 위해 얼마나 많은 새들이 희생되어야 하는가! 하지만 여인네들은 유행에 뒤지느니 새들을 죽이는 편을 택하리라.

이렇게 직업적으로 새를 도살하는 바람에 이제 신의 가장 아름다운 피조물 몇 종이 멸종 위기에 놓이게 되었다. 벌새와 물총새, 종달새, 나이팅게일은 이미 자취를 찾아볼 수가 없다. 런던의 한 상인은 한 번의 거래에 3만 2000마리의 벌새와 8만 마리의 물새 및 새 날개 80만 쌍의 판매 계약을 맺었다.

야생 조류 보호

몇 년 전 산란기야생조류보호법이 의회를 통과하였고 그 뒤를 이어 들새보호법이 의회를 통과하였다. 그러나 이러한 법률들은 실효를 거두지 못하고 있는 실정이며, 지금도 여인들의 즐거움을 위해 많은 들새가 희생되고 있다. 깃털 장식이 달린 여성 모자는 유행을 타지 않는 아이템 중 하나이다. 영국의 의류업계에서는 만약 국내에서 깃털을 구할 수 없다면 온 세계를 뒤져서라도 구하고 말 것이다. 인도는 깃털이 아름다운 물총새의 서식지이지만, 인도의 물총새들은 사냥꾼의 총에 맞아 영국 시장에 공급되고 있다.[1]

영국의 질 나쁜 여행자들은 야생동물 및 조류를 함부로 사냥함으로써 노르웨이인들에게 멸시의 대상이 되고 있다. 노르웨이의 한 신문에는 영국의 시골 사람들에 대한 다음과 같은 기사가 실렸다. "영국은 과감한 정치 참여의 시기 이후로 오랫동안 잠을 자고 있는 듯하다. 해마다 여름이면 영국의 시골뜨기들이 우리나라로 몰려와 낚시와 사냥을 즐기면서 야생동물을 죽이는 탓에 우리나라에는 얼마 안 가 사냥감이 동이 날 것이다."

영국인 여행자들이 단체로 몰려오자 노르웨이 의회에서는 외국인들에게 허가 없이 총과 낚싯대를 휴대하지 못하게 하는 법안을 통과시켰다. 굳이 야생동물을 죽이지 않더라도 노르웨이의 멋진 자연 경관을 감상하는 것만으로도 충분하지 않은가? 앞으로 이 법이 시행되면 노르웨이에서 동물들이 대량으로 죽어나가는 일은 없을 것이다.

영국에서 새 사냥꾼의 제물이 되는 종달새의 수는 엄청나다. 서퍽 Suffolk의 레이큰히스Lakenheath에서는 3일 만에 종달새 2만 마리가 잡혀 런던으로 보내졌다. 미식가들의 별미인 종달새 파이를 만들기 위해서이다. 사실 종달새 파이는 매우 인기가 있어서 영국인들은 국내외에서 대량으로 종달새를 확보하느라 온갖 수단을 동원하고 있는 실정이다.

이제 어떤 선한 사람이 어떻게 종달새들을 미식가의 식탁에서 구해냈는지를 이야기하고자 한다. 몇 년 전 애버딘에서 있었던 일이다. 3월 중순경, 폭설이 내려서 천지가 온통 새하얘졌다. 내륙 지방의 새들은 추위와 굶주림에 쫓겨 바닷가로 이동하였다. 종달새의 무리가 특유의 날갯짓으로 해변에 내려앉자 해변은 거뭇하게 변했다.

그러자 많은 사람들이 덫과 새잡는 끈끈이, 총 등을 가지고 새 사냥에 나섰고, 곧 엄청난 수의 종달새가 붙잡혔다. 암수가 함께 다니는 봄철이라 종달새는 모두 짝이 있었다. 불쌍하게도 그들은 함께 죽음을 맞이하게 될 것이었다. 이때 앞에서 언급한 선인이 등장했다. 그는 어떤 사람이 양동이에 종달새를 가득 담아 팔고 있는 것을 보았다. 종달새들이 좁은 양동이 안에서 서로 밀치며 필사적으로 탈출하려 애쓰는 모습에 그 선인은 견딜 수 없는 기분이 되었다. 그는 양동이에 담긴 종달새를 모두 사서 자신의 넓은 창고 안에 넣어둔 후, 동물학대방지협회를 찾아가 대책을 문의했다. 그러나 어찌된 일인지 종달새는 1876년에 제정된 들새보호법의 적용 대상에서 제외되어 있었다.

그는 하는 수 없이 직접 종달새 보호에 나서기로 했다. 그는 사람들에게 종달새를 산 채로 가져오면 새 장수들과 같은 가격으로 사주겠다고 알렸다. 사람들은 그의 제안을 받아들였다. 새 장수들에게 팔면 종달새가 죽어서 사람들의 식탁 위에 올라가겠지만 그에게 팔면 다시 풀려날 것이기 때문이었다. 사람들이 그에게 가져온 종달새는 1000마리가 넘었다. 창고 안의 새장만으로는 그 많은 새를 다 수용할 수가 없어서 그는 시골에 따로 널찍한 건물을 하나 얻었다. 아침이 되면 그 안에서 들려오는 종달새들의 노랫소리가 어찌나 컸던지 귀가 먹먹할 지경이었으며, 그 소리를 들은 다른 새들도 그 건물로 모여들었다.

이윽고 폭설이 멈췄다. 눈이 녹으면서 다시 땅의 검은 흙과 파릇한 새싹이 보이기 시작했다. 종달새들을 놓아줄 시기가 된 것이다. 종달새들이 수용되어 있는 건물의 창문을 열어주자 종달새들은 지지배배 노래하며 미끄러지듯 창문을 빠져나가 사방으로 날아올랐다. 이제 창고에 있는 새장을 한적한 교외로 가지고 나와 그 안에 갇힌 종달새들을 풀어줄 차례였다. 선인은 새장 문을 열어준 후 그 옆에 서서 종달 새들이 빠져나가는 모습을 지켜보았다. 쏜살같이 새장을 빠져나가 하늘 높이 날아오르며 목청껏 노래하는 새들도 있고, 땅에서 날개를 퍼덕이다가 근처의 숲 속으로 사라지는 새들도 있었다. 선인의 이 작은 선행에 북녘에서 온 우리의 친구들이 얼마나 기뻐했을까? 상상은 가지만 말로 표현하기란 쉽지 않다.

그대는 불덩이처럼
높이높이 솟아올라
푸른 바다 위를 날으며
노래하고 또 노래한다.

옛 사람들

위대한 레오나르도 다빈치——건축과 군사공학, 철학, 예술에 있어서뿐만 아니라 동물 사랑에 있어서도 위대했던——는 새장에 갇힌 새들을 사서 놓아주곤 했다. 파리의 루브르 박물관에는 이 고결한 예술가의 선행을 묘사한 그림이 전시되어 있다. 다빈치가 빈 새장 옆에서 새들에게 둘러싸여 있는 그림이다.

옛 은자들은 동물을 매우 사랑했다. 동물들은 그들의 유일한 친구였기 때문이다. 은자의 거처에는 새들이 깃들었고, 들짐승들도 그곳에서 은신처를 찾았다. 그곳이 안전하다고 느껴졌던 것이리라. 총을 든 사람이 나타나면 새들도 위험을 알아차린다. 그래서 까마귀들은 논에서 해충을 잡아먹고 있다가도 총 든 사람을 보면 즉시 도망치는 것이다. 그러나 까마귀들이 해충을 잡아먹음으로써 이듬해 농작물 수확에 얼마나 큰 보탬이 되는가.

성 프란체스코는 살아 있는 모든 것을 다 형제자매라고 생각했는데, 이러한 그의 생각은 시적인 비유에서 그치지 않는다. 그는 새들에게도 설교를 했고, 모든 피조물에게 마치 그들이 지성을 갖춘 존재인 듯 말을 건넸으며, 그들 안에서 신적인 완전성을 보고 기뻐했다. 또 다른 성인 한 사람은, "마음이 올바른 사람에게는 모든 피조물이 삶을 반영하는 거울이자 거룩한 경전이다."라고 말했다.

그러나 포스 협만의 배스^{Bass} 바위섬 일대에는 이와는 전혀 다른 사고방식이 퍼져 있다. 북양가마우지의 서식지인 배스 섬은 새 사냥꾼들이 특히 좋아하는 사냥터이다. 그들은 요트와 증기선을 타고 섬 주변을 돌며 몇 시간이고 총을 쏘아댄다. 그래서 무수한 새들이 총에 맞아 죽거나 부상을 당한다. 다리가 부러진 새들이 피를 흘리며 스치듯 바다 위를 날아 피신하지만 결국 형언할 수 없는 고통 속에 죽어간다. 그런데도 비인도적인 인간들은 이를 '스포츠'라 부른다.

이런 사람들에 비하면 새들이 오히려 더 인간적이다. 새들은 곤경에 빠진 동료를 돕는다. 밴프^{Banff}의 에드워드^{Edward}는 제비갈매기를 쏘아 맞췄을 때 두 마리의 제비갈매기가 부상당한 동료를 날개에 태우고 바다로 날아가는 것을 보고 놀라지 않을 수 없었다. 에드워드는 더 많은 제비갈매기를 사냥할 수도 있었지만 "그들이 인간은 감히 흉내도 낼 수 없는 사랑을 실천하도록" 내버려두었다.

동물학대와 동물을 사랑한 위인들

영국의 몰이사냥battue은 주로 독일에서 유래되었다. 사냥터지기 등이 자고새나 꿩, 토끼 같은 들짐승의 무리를 막다른 곳으로 몰아넣은 후 총으로 쏘아 죽이는 것이 그것인데, 이 역시 '스포츠'라 불린다. 요크의 대주교는 이렇게 말했다. "나는 영국 신사들이 친구들과 몰이사냥을 나가서 이틀 만에 2000마리의 들짐승을 잡았다고 자랑하곤 하던 일이 역사의 수수께끼로 여겨질 날이 머지않았기를 바랍니다. 덫에 걸린 새들은 상처를 입은 채 풀려나지만 다시금 덫에 걸려 상처를 입고 고통을 당합니다. 강자인 인간은 이렇게 새들을 괴롭히는 것으로 소일합니다. 이런 유희를 즐기는 여인들을 보면 그들에게는 사랑과 연민이 없는 듯합니다. 이는 우리 사회의 어두운 일면으로, 고통스럽지만 연구해보아야 할 대상입니다."

이것이 영국의 기사도란 말인가? 존엄성을 지닌 인간이 이토록 비인도적이고 잔인했던가? 찰스 네이피어 경은 말 못하는 짐승들을 죽이는 것이 견딜 수 없어 사냥을 그만두었다. 그러나 그는 미아니Miani 전투에서 이긴 용사였던 것이다. 그는 용감했지만 잔인하지는 않았다. 인도의 바야르라 할 만한 오트램 장군이 부인과 함께 이집트에서 요양을 하고 있을 때, 그의 저녁 식탁에 놓일 고기가 없다는 것을 안 친구 한 사람이 새를 사냥해서 가지고 왔다. 오트램은 본인도 사냥을 즐기긴 했으나 슬픈 목소리로 이렇게 말했다. "나는 다시는 새를 쏘아 죽이지 않겠다고 맹세했다네." 새 요리가 완성되었지만 오트램은 손도 대지 않았다. 친구는 하는 수 없이 그것을 이웃 농가의 할머니에게 주어야 했다.

시에나Siena의 알베르투스Albertus는 그림 속에서 토끼를 안고 있는 모습으로 나타나는데, 그것은 그가 사냥꾼에게 쫓기는 토끼를 보호해 주었기 때문이다. 성 크리소스토무스는 이렇게 말했다. "어떤 사람은 개에게 다른 짐승들을 사냥하게 함으로써 스스로 무자비한 인간으로 전락하고, 어떤 사람은 짐을 나르는 나귀와 소는 돌봐주면서도 사람들은 굶어 죽게 내버려두며, 또 어떤 사람은 대리석 조각상을 만드는데에는 아낌없이 돈을 쏟아 부으면서도 열악한 환경 속에서 돌처럼 굳어가는 진짜 사람에게는 무신경하다."

프랑스의 한 소설가는 "나가서 무언가를 죽이자!"라는 말로 영국인의 특성을 요약하고자 했다. 이것이 그가 생각하는 영국인의 행동양식인 것이다. 그러나 그는 정작 자기 나라 사람들에 대해서는 잊고 있다. 영국에는 추위와 굶주림을 이기지 못하고 죽거나 사냥꾼의 총에 맞아 죽은 새들이 많지만 그래도 아직 새들이 남아 있어서 영국의 자랑거리가 되어주고 있다. 그러나 프랑스의 들판에는 새 소리가 들리지 않는다. 하늘에서 들려오는 음악소리가 없는 것이다. 종달새들은 모두 투망에 잡혀 사람들의 식탁 위에 오르고, 깃털이 아름다운 새들은 모두 총에 맞아 여인들의 모자 장식에 사용된다. 프랑스에서는 참새와 피리새, 울새, 나이팅게일 등을 찾아볼 수 없다. 모두 잡아먹힌 것이다.[2]

그러나 그러한 행위에는 응분의 대가가 따른다. 나무들은 벌레에 파먹혀 가지만 앙상하고, 포도 넝쿨에는 진딧물이 가득하며, 애벌레들이 관목의 잎사귀를 갉아먹는다. 애벌레와 진딧물을 잡아먹는 새들이 모두 사라진 때문이다. 따라서 프랑스 전역에 자연파괴가 일어나고 있다. 열매는 뿌리째 파먹히고, 지역에 따라서는 아예 나무에 열매가 맺히지 않는 곳도 생겨났다. 비인도주의적 처사는 이렇게 화를 자초한다. 워터턴^{Waterton}이 계산한 바에 의하면, 참새 한 쌍이 하루에 잡아먹는 벌레의 양은 1에이커의 밭에 있는 곡식을 일주일 동안 먹어치울 만큼이라고 한다.

다행히 최근 프랑스에서는 교육부의 후원하에 야생동물 및 조류의 보호 조치가 취해지고 있다고 한다. 프랑스의 소년들은——잔인한 행동을 흉내 내는 것은 늘 어린이들이므로——말 못하는 짐승들을 비롯해서 보호의 손길이 필요한 모든 것들에 대한 인도주의적인 태도를 배우고 있다. 이것은 프랑스의 새로운 기사도라 할 만한 것으로, 앞으로 틀림없이 자연보호에 좋은 결과를 안겨줄 것이다. 프랑스에는 동물 보호와 관련한 청소년 단체가 이미 500개를 넘어서고 있다. 미국에서도 비슷한 추세여서 이미 2000명의 청소년이 필라델피아에 본부를 둔 동물보호협회의 청소년 지부에 가입해 있는 상황이다. 그리하여 이들은 말 못하는 동물들에게 친절히 대하는 법을 배우며, 이를 통해 생명에 대한 외경과 생명체에 대한 연민을 알아가게 된다.

학생들에 대한 가혹행위와 동물학대

우리는 어린이들에게 인도주의와 같이 유익한 것을 가르치지는 않고 쓸데없는 지식을 주입하느라 얼마나 많은 시간을 허비하는가! 어린이들은 책을 가지고 공부하지만 이러한 공부는 그들을 인간적으로 보다 나은 사람으로 만들지는 못한다. 그들은 상냥함과 친절함, 예의 바름 등과 같은 것을 교육받지 못한다. 오늘날 머리로 하는 교육은 있지만 가슴으로 하는 교육은 없기 때문이다. 그러나 후자와 같은 교육을 하려 해도 학생들에게 내면의 보다 나은 자질을 일깨워줄 교사를 구하기란 쉽지 않을 것이다. 교사들은 대개 물리적인 힘에 의존한다. 그것이 보다 손쉬운 방법이면서도 가시적인 성과를 거두기 때문이다. 물리력의 즉각적인 효과는 겉으로 드러나지만, 그 궁극적인 효과는 학생들의 가슴속에 남는다. 정서의 함양과 같은 것은 눈으로 확인이 되지 않고 멀게만 느껴져서 흔히 간과되곤 한다.

퀼른의 오이포르디우스^{Euffordius}는 길을 가다가 학교 건물에서 들려오는 비명소리를 듣고 교실 안으로 뛰어 들어갔다. 그는 교사와 보조교사에게 단장을 휘둘러 그들의 손에서 학생을 구해낸 후 이렇게 말했다. "뭐 하는 거요? 당신들은 학생들을 가르치기 위해서 여기 있지 죽이라고 있는 것은 아니지 않소!"

교사들 못지않게 부모들 중에도 자녀에게 몹시 가혹하게 구는 사람들이 있다. 어린아이들 역시 부모나 교사와 마찬가지로 그들 나름의 정신세계와 성정과 학습 적응력을 가지고 있다. 그런데도 그들은 다른 아이들처럼 빨리 배우지 못한다는 이유로 매를 맞거나 벌을 받는 것이다. 성인들은 어린이들이 얼마나 비참하게 느끼는지를 잊고 있다. 어린이들은 제한된 세계 안에서 살아가기 때문에 상처를 치유할 방법을 모른다. 그 조그만 몸에 온통 슬픔이 가득할 뿐.

"아비들아 너희 자녀를 격노케 말지니 낙심할까 함이라."[*2] 어린 시절에 상처를 많이 받은 사람은 커서 소심하고 소극적인 사람이 되기 쉽다. 어린이일지라도 부당한 처사에 대해서는 그 부당성을 느끼기에 그런 일이 있으면 마음속에 쓴 뿌리가 자라난다. 어떤 아버지는 전도 유망한 아들을 잃고 나서 그 아들에 대해 심하게 대했던 것을 평생 후회하며 지냈다. 그는 한 친구에게 이렇게 말했다. "우리 아들은 나를 잔인하다고 생각했네. 그리고 그렇게 생각할 만한 충분한 이유가 있었지. 그러나 그 아이는 내가 저를 마음속 깊이 사랑한다는 것을 모르고 세상을 떠났다네. 돌이키기에는 이제 너무 늦었어!"

자녀에게 매질을 하는 부모의 이야기가 들려오면 나는 그 부모가 자신에게 가해야 할 벌을 자녀에게 가하고 있다는 생각이 든다. 부모는 자신들의 성격적 특성을 자녀에게 물려준다. 어린이에게는 스스로 성격을 형성하거나 성격의 방향을 결정지을 힘이 없다. 만약 부모가 자녀에게 성마른 성격을 물려주었다면 그 부모는 자녀에게 자기규제와 인내심을 훈련하게 하여 습관화시킴으로써 타고난 단점을 고쳐주어야 한다.

'아이의 의지를 꺾어놓아야 한다.'는 말처럼 잘못된 것도 없다. 의지는 성격의 기초를 형성하며, 의지력이 없이는 목표를 추구하는 힘도 없다. 그러므로 아이의 의지를 꺾으려 들 것이 아니라 그 의지를 올바른 방향으로 이끌어주어야 하며, 이것은 물리력의 사용이나 공포심의 조장을 통해 이루어져서는 안 된다. 이는 무수한 사례를 통해 입증된 사실이다.

부모나 교사가 어린이의 의지를 통제하기 위해 고통을 가하는 방법

---

*2. 〈골로새서〉 3장 21절

을 사용한다면 그 어린이는 자기도 모르는 사이에 의무와 그 수행을 두려움과 공포에 연관지을 것이다. 고통을 가함으로써 어린이의 의지를 조절하는 것은 그 어린이 안에 나쁜 성격을 형성하여 그로 하여금 나쁜 아들, 나쁜 남편, 나쁜 아버지, 나쁜 이웃, 나쁜 시민이 되게 하는 길이다.[3] 부모는 자녀에게 매질을 할 때 자신들의 결점을 자녀에게 그대로 심어준다고 생각하지 않겠지만, 이것은 엄연한 사실이다. 고통을 가함으로써 상대의 의지를 통제하는 것은 상대방을 점차 부당함과 잔인성, 억압, 독재의 길로 이끈다. 얼마 전 블루코트 학교에서 학생이 자살하는 사건이 발생했을 때, 그 학교 졸업생 한 사람은 시설이 훌륭한 그 학교에서 학생들에게 어떤 처벌이 가해지고 있는지를 털어 놓았다. "처벌은 잔인할 정도로 가혹했으며, 공정하지 않을 때가 많았다."[4] 여기서 또 한 가지 언급하고 싶은 점은 학생들에 대한 교사의 가혹행위는 학생들 안에 폭력성을 심어줌으로써 그들로 하여금 다른 사람들에게 잔인한 행동을 하게 한다는 점이다. 매를 맞은 학생들은 자기들보다 힘없는 사람에게 이를 되갚아주며, 자기들의 고통이 무시당했듯 다른 사람의 고통에 대해 무신경하다. 그들은 나이 어린 하급생이나 말 못하는 동물에게 고통을 가하는 데서 쾌감을 느낀다.

가정이나 학교에서의 체벌은 아이들의 동물학대로 이어지는 경우가 많다. 많은 아이들이 불쌍한 당나귀를 때리거나 고양이를 물에 빠뜨리며 개의 꼬리에 냄비를 매달아놓고 풍뎅이를 회전시키는 등의 장난을 친다. 부모와 교사는 어린이에게 모든 생명체를 존중하고 또 그들에게 불필요한 고통을 가하는 일이 없도록 가르쳐야 한다. 그리고 이를 위해서는 어른들 스스로 어린이들에게 불필요한 고통을 가하지 않는 것 이상의 효과적인 방법이 없다.

충성스러운 짐승들

위에서 당나귀를 언급했는데, 이 동물은 결코 심성이 못된 짐승은 아니다. 당나귀는 무거운 짐을 충실히 운반해준다. 스위스에서는 무거운 나뭇짐을 지고 낭떠러지 길을 따라 집으로 돌아오는 당나귀를 흔히 볼 수 있다. 당나귀는 가난한 사람들의 살림에 큰 보탬이 된다. 당나귀는 고집이 세다고들 하지만, 그것은 사람들이 당나귀를 함부로 대한 데서 비롯된 것이다. 당나귀들 중에는 정이 많고 열심히 일하는 당나귀도 많이 있다.

'말 못하는 짐승'이라는 말은 잘못된 표현인 듯하다. 짐승들은 언어를 사용하지는 않지만 나름대로의 의사전달 수단이 있어서, 하소연도 하고 불평도 하며 비명을 지르기도 한다. 그들은 나름의 신호체계를 가지고 있으며, 심지어 인간의 말도 알아듣는다. 개와 말, 코끼리 및 그 밖의 동물들은 인간의 지시를 알아듣고 그대로 행한다.

사람들에게 가장 신임을 받는 동물은 개다. 개에게는 애정과 규율 및 양심이 있으며 사람을 잘 따르고, 심지어 이성도 지니고 있다. 브루엄Brougham 경은 장터에서 개를 잃어버린 양치기에 대한 이야기를 들려주었는데, 그 개는 주인을 잃어버리자 사방으로 주인을 찾다가 마침내 주인의 냄새를 맡고 어떤 길로 들어섰다고 한다. 얼마쯤 가자 길이 세 갈래로 갈라졌다. 그 개는 첫 번째 길에서 냄새를 맡아본 후 다시 두 번째 길에서 냄새를 맡더니 더 생각해볼 것도 없이 세 번째 길로 들어섰다. 첫 번째 길과 두 번째 길로는 주인이 가지 않은 것이 분명하기에 세 번째 길로 갔으리라고 추론한 것이다.

이제 개의 양심에 대해 이야기해보자. 어느 날 밤 어떤 개가 개집 바깥으로 달려나와 한 할머니를 물었다. 할머니가 비명을 지르자 개는 즉시 그녀를 놓아주었다. 그녀는 개에게 먹이를 주던 할머니였던 것이다. 그 개가 얼마나 마음고생이 심했겠는가! 만약 개도 말을 할 수 있다면 그 개는, "나는 가장 좋은 친구를 물었습니다. 내게 먹이를 주고 친절하게 대해준 친구를요."라고 말했을 것이다. 그 개는 자신의 배은망덕을 부끄럽게 여기고 3일 동안 밥도 먹지 않고 개집 바깥으로 나오지 않았다. 마침내 할머니가 화해를 시도하자 그 개는 몹시 기뻐하며 할머니에게 애정과 감사를 표시했다.

개는 또한 애정이 깊은 동물이다. 충견 바비의 이야기를 모르는 사람은 아마 없을 것이다. 바비는 에든버러의 그레이프라이어 교회에서 치러진 주인의 장례식에 참석한 후 4년간 주인의 묘소를 지켰다. 주인의 무덤에는 아무런 표시도 없었지만 바비는 그 장소를 잊지 않았으며, 비가 오나 눈이 오나 그 자리에 있었다. 누군가 채찍으로 쫓아내도 다시 돌아왔다. 바비는 주인을 자신보다 더 사랑했던 것이다. 결국 바비는 비쩍 여위어 뼈만 남았다.

이 이야기는 한 세금 징수원에 의해 세상에 알려지게 되었다. 세금 징수원은 바비에 대해 세금을 부과하고자 했으나 주인을 찾을 길이 없었다. 그도 그럴 것이 바비의 주인은 무덤 속에 누워 있었기 때문이다. 바비에게 먹이를 주는 사람도 있었고, 바비를 데려다 키우고자 하는 사람도 있었지만 바비는 주인의 무덤을 떠나려 하지 않았다. 그리고 4년간 주인의 무덤을 지키다가 죽었다. 바비가 죽은 후 그레이프라이어 교회 앞에는 충실하고 헌신적인 개 바비를 기리는 기념비가 세워졌다. 인간인 우리에게 감사와 사랑을 가르치는 이야기가 아닐 수 없다.

홀Hall 선장은 월터 스콧에게 큰 영향을 끼친 어린 시절의 일화 한 토막을 들려주었다. 어느 날 월터 스콧 경은 자신을 향해 다가오는 개를 보자 돌을 들어 그 개에게 던졌다. 돌에 맞은 개는 다리가 부러졌으면서도 스콧에게 다가와 그의 발을 핥았다. 정이 많았던 월터 스콧은 심한 양심의 가책을 느꼈으며, 결코 이 사건을 잊지 못했다. 스콧은 늘 애완동물을 가까이 했고, 살아 있는 모든 것들에 친절했으며, 자신의 소설에도 주변의 개들——마이다, 님로드, 브랜——에 대한 이야기를 썼다. 스콧은 마이다를 특히 좋아해서, 이 개가 죽었을 때에는 대문 앞에 마이다의 기념비를 세우기까지 했다. 마이다는 그의 소설 『우드스탁Woodstock』에 베비스라는 이름으로 등장한다.

인간보다 나은 동물들

개의 주인에 대한 충성심과 애정은 놀라울 정도이다. 우리는 웨일스의 유명한 개 베질러트와 눈 덮인 알프스에서 수많은 인명을 구한 세인트 버나드*3들의 이야기를 알고 있지 않은가? 그리고 존 브라운 John Brown 박사에 의해 훌륭하게 묘사된 유명한 개 랩과 니퍼의 이야기

---

*3. 세인트 버나드 : 개의 품종

를 알고 있으며, 주인을 적의 손에서 구하려고 애쓰다가 실패한 후 나중에 주인을 죽인 살인자를 밝혀내는 데 공헌한 몽타르지Montargis의 개에 대해서도 알고 있다. 주인인 리치먼드Richmond 공작을 암살자의 손에서 구해낸 후 반다이크Vandyke의 그림 속에 길이 남은 총명하고 용감한 개는 또 어떠한가?

월터 스콧 경의 일기에는 주인을 화마로부터 구해낸 개의 이야기가 나온다. "R. 케르Kerr 경은 포브스Forbes 경으로부터 받은 편지에 적힌 이야기를 들려주었다. 그에 따르면, 포브스 경은 잠을 자다가 숨이 막혀서 일어나보니 손가락 하나 까딱할 수 없을 만큼 전신에 힘이 빠져 있었다. 그는 어렴풋이 불이 났다는 사실을 알아차렸다. 그때그의 개가 불길을 뚫고 침대로 달려와 그를 계단으로 끌고 간 덕에 그는 겨우 상쾌한 공기를 들이마시고 원기를 회복하여 그곳을 빠져나올 수 있었다."

마지막으로 폼페이와 헤르쿨라네움Herculaneum*4의 개들이 있다. 폼페이 유적에서 나온 개는 그 형태를 그대로 거푸집으로 떠서 조각상으로 만들어졌다. 그 개는 숨을 쉬지 못해 고통스러운 가운데서도 성경에 나오는 로마의 백부장처럼 자리를 지켰다. 헤르쿨라네움의 충견 델타에 대해서는 그 용감한 행위가 기록으로 전해온다. 헤르쿨라네움 발굴 당시 델타의 유골은 열두 살쯤 된 소년의 유골을 감싸안은 자세로 발견되었다. 마치 소년을 불에서 보호해주려는 듯한 자세였다. 비

---

*4. 헤르쿨라네움 : AD 79년 베수비오 화산의 분화로 폼페이와 함께 매몰된 나폴리 인근의 고도

록 소년 역시 충견 델타와 함께 저 세상으로 갔지만, 개 목걸이 하나가 남아서 델타의 숭고하고도 용감한 행위를 전해주고 있다. 개 목걸이에 씌어 있는 기록에 의하면 델타는 3번이나——바다와 강도와 늑대로부터——주인을 구했다고 한다.

따라서 인간의 도덕성과 지성이 동물을 통해 놀라울 정도로 잘 예시되어 있음을 알 수 있다. 동물에게도 인간과 마찬가지의 애정과 충성심, 감사, 의무감, 양심, 우정이 가능하며, 숭고한 자기희생까지도 가능한 것이다. 하틀리Hartley는 그의 『인간에 대한 고찰Observations on Man』에서 개에게는 인간이 하느님과 마찬가지의 존재이며, 따라서 우리는 그들에게 하느님과 같은 보호자가 되어주어야 한다고 말했다.

다윈은 이렇게 말했다. "우리는 주인에 대한 개의 깊은 애정과 자발적인 순종, 약간의 두려움 및 기타의 감정에서 이러한 마음 상태에 근접한 무언가를 본다. 외출했다 들어오는 주인을 반기는 개의 태도는 같은 개들에 대한 태도와는 완연히 다르다. 후자의 경우에는 기쁨의 표현이 덜하고 모든 행동에 있어서 동등한 상대로서의 느낌이 강하다."[5] 니콜슨Nicholson은 동물들 중에는 대부분의 인간보다 낫고 현명한 동물이 많으며, 어떤 동물은 전 인류보다 현명하다고 말했다.

여기에 동물이 인간보다 더 나은 예가 있다. 컴벌랜드Cumberland의 한 농장주는 자신의 개가 사람의 도움이나 감독 없이도 컴벌랜드에서 100마일가량 떨어진 리버풀까지 혼자 양 떼를 몰고 갈 수 있다고 친구들과 내기를 걸었다. 고르지 못한 도로 사정과 도로 위에서 만나게 될 소 떼나 차량, 그리고 긴 여정을 감안하면 가망이 없는 일이었다. 그럼에도 불구하고 며칠 뒤에 그 개는 양 떼를 모두 이끌고 리버풀에 도착했다. 개는 의무를 다했지만 너무나 굶주려 있었기에 양 떼를 주인에게 인계한 후 리버풀의 거리에서 숨을 거뒀다. 잔인한 주인 때문에 희생된 것이다.

'안드로클레스Androcles와 사자' 이야기는 모두들 기억하고 있을 것이다. 안드로클레스는 사자를 발견하고 동굴 안에 몸을 숨겼다. 그는 사자에게 잡아먹힐까 두려워했으나, 사자는 다리를 절고 있었으며 몹시 고통스러운 듯했다. 안드로클레스는 용기를 내어 사자에게 다가가 그의 앞발에 박힌 커다란 나뭇조각을 뽑아주었다. 사자는 고맙다는 듯 그에게 어리광을 부렸다. 훗날 안드로클레스는 죄수가 되어 로마에서 사자의 먹이가 될 운명에 처했다. 사자 우리의 문이 열리고 사자가 나타났다. 그러나 그 사자는 전에 안드로클레스가 구해준 사자였다. 안드로클레스를 알아본 사자는 그를 잡아먹지 않고 오히려 그 앞에서 어리광을 부렸다. 아피아누스Appian는 그 광경을 로마의 원형경기장에서 직접 목격했다고 한다.

동물의 권리에 대한 볼테르의 생각

동물에게도 권리가 있을까? 법에 의해 정해진 것 이외에는 없을 것이다. 그러나 동물에게도 주어진 삶을 살아가고 향유할 권리가 있다. 정의의 개념에는 자비와 연민도 포함되며, 그러한 정의는 분명 지각이나 감정과 상관이 있다고 존 로렌스John Lawrence는 말했다. 또한 제러미 벤담은, "문제는 동물들에게 이성적 사고력이나 언어 능력이 있느냐 하는 것이 아니라 동물들이 아픔을 느낄 수 있느냐 하는 것이다.

이것이야말로 문제의 핵심이다. 문명인 대부분의 양심은 주변 사람들뿐만 아니라 동물의 행복에도 관심을 가지고 동물에게 자비를 베풀라고 말한다."라고 말했다.

아서 헬프스 경은 동물의 권리를 옹호한 볼테르Voltaire를 인용하여 다음과 같이 말했다.

"짐승들은 지식과 지각이 없어서 늘 같은 행동만 반복할 뿐 무언가를 배우거나 완수할 수 없다는 말이 과연 타당한가? 벽에다가는 반원형의 둥지를 만들고 모서리에는 사분면의 둥지를 만들고 나무에는 원형의 둥지를 만드는 새에게 어찌 지각이 없다 할 것인가? 이것이 같은 행동의 반복이란 말인가? 3개월 동안 훈련시킨 이 개가 처음 데려왔을 때 알던 것 이상은 알지 못하는가? 이 피리새는 처음 데려왔을 때 부르던 노래를 아직도 부르는가? 꾸준한 연습으로 처음보다 나아지지 않았는가?

여러분은 내가 하는 말을 듣고 내게 지각과 기억력과 사고 능력이 있다고 생각하는가? 그렇다면 이제 입을 다물겠다. 그러나 여러분은 내가 우울한 얼굴로 집에 돌아와서 책상 서랍에 두었던 논문을 꺼내 읽으며 다시 기쁜 표정을 짓는 것을 볼 수 있을 것이다. 그리고 이로써 내가 고통과 기쁨을 느끼며, 내게 기억력과 지식이 있다는 것을 추론할 수 있을 것이다.

주인을 찾아 온 거리를 헤매다가 불안한 모습으로 집에 돌아온 개에 대해서도 이 같은 추론이 가능하다. 개는 계단을 오르락내리락하며 이 방 저 방을 뒤지다가 마침내 벽장 안에서 주인을 발견하자 부드럽게 짖으며 주인에게 몸을 비벼댐으로써 기쁨을 나타낸다.

그러나 인간보다 더 큰 애정을 간직한 이 개는 실험실 테이블에 놓여 의술의 대가에게 생체해부를 당한다. 그리하여 여러분은 여러분의 몸에 있는 것과 같은 감각기관을 개의 몸을 통해 들여다볼 수 있게 되었다. 자, 이제 해부학자들은 대답해보라. 자연이 개에게 감각기관을 주면서 그것이 아무런 느낌도 느끼지 못하게끔 만들었을까? 이 개에게는 기쁨이나 슬픔을 느끼는 신경이 없는 것일까? 참으로 부끄러운 노릇이 아닌가. 자연이 그렇게 불완전하고 일관성이 없다고는 말하지 말라.

그러나 의학자들은 짐승의 영혼이란 것이 도대체 무엇이냐고 묻는다. 나로서는 이해가 안 되는 질문이다. …… 세상 만물을 만드신 이가 누구인가? 모든 생명체에게 그 각각의 고유한 기능과 자질을 심어주신 이가 누구인가? 들판의 풀을 자라게 하시고 지구가 태양의 인력에 끌리게끔 만드신 그분이 아닌가?'

말도 못하는 동물들이 어떻게 사람의 마음을 끄는지, 참으로 신기한 노릇이다. 에비니저 엘리엇은, "나는 개와 고양이가 아니었다면 살아갈 수 없었을 것이다."라고 말했다. 고양이조차도 사람으로 하여금 집에 마음을 붙이게 할 수 있다. 언젠가 한 어린 소년이 학교를 뛰쳐나왔다. 그는 대처로 나가 세상 구경을 하고 싶었다. 하지만 고양이 태비가 마음에 걸렸다. 자신이 없는 동안 물에 빠져 죽거나 다른 사람의 집에 보내질지도 몰랐으므로. 결국 소년은 집에 남기로 했고, 모든 일은 좋게 해결되었다.

월든 연못의 은자, 소로

매사추세츠 주 콩코드Concord의 소로는 옛 은자들처럼 동물들을 사랑했다. 그는 1845년 월든 연못 근처의 숲으로 들어갔다. 그가 숲 속에 집을 짓기 시작하자 다람쥐와 너구리들은 몹시 놀랐지만, 곧 그에게 그들을 해칠 의도가 없음을 알게 되었다. 소로는 쓰러진 나무나 바위 위에 누워 있곤 했다. 다람쥐와 너구리, 마멋 등은 점점 그에게 가까이 접근해왔으며 때로는 몸이 닿기도 했다. 동물들을 해치지 않는 인간이 나타났다는 소식이 온 숲 속에 퍼졌고, 인간과 동물 간의 공감대가 형성되었다. 소로가 부르면 숲 속의 동물들은 모습을 나타냈다. 뱀조차도 소로의 다리를 감아 올라가곤 했으며, 나무 위의 다람쥐는 소로를 떠나려 하지 않고 그의 조끼 안에 머리를 집어넣곤 했다. 연못 속의 물고기들조차도 소로를 알고 있어서, 소로가 그들을 들어 올리더라도 두려워하지 않았다. 소로는 숲쥐의 보금자리 위에 집을 지었는데, 처음에는 두려워 떨던 쥐들도 나중에는 소로의 발밑에서 빵 부스러기를 주워 먹을 정도가 되었다. 쥐들은 소로의 구두와 의복 위를 돌아다니기 시작하더니 이윽고 벤치에 앉아 있는 소로의 소매 속을 돌아다니고 그의 저녁식사가 놓인 신문지 주위를 맴돌기에 이르렀다. 소로가 치즈를 한 조각 잘라주면 쥐들은 소로의 손바닥에 앉아 그것을 받아먹었으며, 다 먹고 난 후에는 파리처럼 얼굴과 앞발을 씻고는 돌아갔다. 인간과 동물 사이의 이러한 교제는 케넬름 딕비Kenelm Digby의 『가톨릭 윤리Mores Catholici』에 등장하는 은자들의 경우를 제외하고는 유례가 없는 것이다.

시어도어 파커Theodore Parker는 연못 속의 자라에게 돌을 던지려다가 그의 내면에서 그러한 행위를 제지하는 무언가를 느꼈다. 그는 집에 돌아와 어머니에게 그것이 무엇인지 물어보았다. 그의 어머니는 그것은 흔히 양심이라고 말해지는 것이지만 자신은 그의 안에 있는 신의 목소리라고 말해주고 싶다고 대답했다. "이 일은 내 삶의 전환점이 되었습니다."라고 파커는 말했다. 이것은 파커가 우리의 영혼을 향해 말씀하시는 성령의 진리를 어떻게 받아들이고 있는지를 보여준다.

J. S. 우드Wood는 이렇게 말했다.

"인간이 동물을 훈련시키는 데 있어서 따뜻한 배려만큼 강력한 힘을 발휘하는 것도 없다. 확고한 원칙에 상냥함과 부드러운 애정이 더해질 때 이에 저항할 동물은 없을 것이다. 나는 올바르게만 다룬다면 길들이지 못할 동물은 없다고 생각한다.

사납게 날뛰던 말 크루저 역시 단호하면서도 친절한 주인을 만나 3시간 만에 온순해졌다. 크루저는 사소한 동작으로도 주인의 의중을 금세 알아차리게 되었으며, 노한 기색 없이 주인의 명령에 따랐다.

언젠가 나는 래리Rarey가 아랍의 멋진 흑마를 다루는 것을 본 적이 있는데, 그 말은 마치 사자처럼 달려들어 걷어차고 물어뜯고 소리를 질러댔다. …… 30분쯤 지나자 래리와 말은 지쳐서 땅바닥에 드러누웠다. 래리의 머리는 말의 뒷발굽 위에 놓여 있었고, 말의 또 다른 뒷발이 래리의 관자놀이께에 닿아 있었다. …… 래리는 해칠 의사가 없음을 말에게 각인시켰고, 그리하여 말은 자신에게 아무런 고통을 가하지 않으면서도 명령에 순종해야 함을 보여준 래리에게 공포와 두려움이 아닌 애정을 느끼게 된 것이다."6

학대당하는 동물들

어느 나라에서나 새와 동물들에 대한 가혹행위가 수없이 자행되고 있다. 이탈리아에서는 특히 심해서 어린이들이 새의 발에 실을 매달아서 가지고 논다. 새가 날아가려 하면 실을 잡아당기곤 하다가 새가 기력이 다하면 산 채로 깃털을 뽑고 발을 자르는 것이다. 이에 대해 어른이 꾸짖으려 하면 아이들은, "이 새는 기독교 신자가 아닌데요." 라고 대꾸한다.

나폴리에 가면 작은 말들이 많은 승객을 실은 마차를 끌고 달리는 모습을 볼 수 있다. 마구가 살에 박혀 옆구리가 벌겋게 된 채 말이다. 또한 쓸모없게 되어 길가에 누워 있는 말들을 볼 수 있는데 이 말들은 상처가 낫기를 기다리는 중이며, 상처가 나으면 다시 마차를 끈다. 어느 날 아침, 승객을 가득 태운 마차 한 대가 로마의 거리를 달려 내려오고 있었다. 과일과 야채를 장에 내다 팔려고 하는 사람들과 사제 한 사람을 태운 마차였다. 말은 평상시처럼 속도를 냈으나 마침 거리가 젖어 있었던 까닭에 그만 미끄러져 넘어지고 말았다. 비명 소리와 함께 승객과 야채, 과일이 마차 밖으로 튕겨져 나왔다. 그러나 혼란은 오래가지 않았다. 말은 금세 다시 일으켜 세워졌고, 승객들은 채소 광주리를 들고 마차에 올랐다. 마부가 채찍질을 하자 말은 다시 속도를 내기 시작했다.

영국에는 노예제도가 없다고 말해진다. 그러나 승합마차와 짐마차를 끄는 말들을 보면 이 말이 사실이 아님을 알 수 있을 것이다. 일찍이 1642년에 제임스 하월James Howell은, 영국이 "말들의 지옥이라 불리는 데에는 이유가 없지 않다."고 말했다. 승합마차를 끄는 말들은 대개 지쳐 있고 발에 통증을 느낀다. 말들이 어떻게 앞발을 부드럽게 들어올렸다가 살짝 내려놓는지를 한번 보라. 아마도 길에 울퉁불퉁한 큰 돌들이 깔려 있어서 달리기가 힘들었으리라. 짐마차를 끄는 말들에게 그들이 어떤 취급을 당하고 있는지 물어보라. 그들은 오랜 세월 발길질과 채찍질에 고통 받으며 무거운 짐을 끌어야 했고, 저항 한번 못해보고 더위와 추위 및 굶주림을 견뎌야 했다. 그리고는 쓸모없게 되면 도살장에 끌려가는 것이다.

어떤 친절한 부인은 무거운 짐마차를 끄는 말들이 런던교 근처의 템스 강에서부터 시작하는 가파른 길을 오르다가 미끄러져 넘어지는 것을 방지하기 위해 날마다 하인과 함께 나와 길에 자갈을 깔았다. 그녀는 교통이 혼잡한 도로에서 말이 그녀의 바로 곁을 지나는 가운데서도 그 일을 했다. 그녀는 임종시에도 불쌍한 말들을 잊지 않고 런던의 가파르고 미끄러운 도로에 '영구히' 자갈을 깔 수 있도록 상당한 금액을 기탁하였다. 영원히 기억되어야 할 그녀의 이름은 리제타 레스트Lisetta Rest이다. 그녀는 타워 거리의 올할로우스 교회에서 43년간 오르간 연주자로 봉사해왔다.

로튼로Rotten Row*5에서 오만한 미인 옆에 마차를 멈춰 세우느라 갑자기 고삐를 잡아당기는 바람에 살갗이 벗겨지고 입에서 피거품을 흘리는 말들에게 물어보라. 그들이 뭐라고 할 것 같은가? 아마도 남자든 여자든 모두가 무자비한 폭군이라고 할 것이다. 그러나 바로 그런 여

---

*5. 로튼로 : 런던의 하이드파크에 있는 승마 도로

자들이 동물의 생체해부에 반대하는 집회에 참석하고 있지 않은가!⁷

인간은 말과 나귀, 낙타, 순록 및 그 밖의 동물들을 노예로 삼았다. 동물들은 인간이 시키는 일을 하고 인간의 짐을 운반하면서 자유가 없는 고통스런 삶을 산다. 그들은 채찍과 굴레와 쇠사슬에 신음하고 움츠러든다. 리버풀에서 열린 한 장애물 경마에서는 경주 후 최소한 다섯 마리의 말을 도살해야 했다. 세 마리는 등뼈가 부러졌고 두 마리는 다리가 부러졌기 때문이다.

아서 헬프스 경은 이렇게 말했다. "인간에 대한 말의 예속은 이 세상을 위해 불행한 일이라고 생각될 때가 더러 있다. 말처럼 심하게 착취당하는 동물도 없지만 그렇다고 해서 그것이 인류에게 유익을 가져다준 것만은 아니다. 말은 초기부터 압제의 도구로 사용되었다. 암흑시대에 일어난 약탈의 대부분은 말이 있었기에 가능했다. 말은 피비린내 나는 전쟁터에서 가장 요긴하게 사용되는 도구였다. 인간이 대포를 직접 언덕 위로 끌고 올라가야 했다면 어땠을까? 그랬다면 인간은 대포의 사용에 저항했을 것이다. 또한 지휘관이 전쟁터를 도보로 누비고 다녀야 했다면 그는 금세 전쟁에 염증을 느꼈을 것이다."⁸

지금으로부터 3400년쯤 전에 쓰여진 〈욥기〉에는 군마에 대한 다음과 같은 묘사가 나온다. "말의 힘을 네가 주었느냐? 그 목에 흩날리는 갈기를 네가 입혔느냐? …… 그 위엄스러운 콧소리가 두려우니라. 그것이 골짜기에서 허위고 힘있음을 기뻐하며 앞으로 나아가서 군사들을 맞되 두려움을 비웃고 놀라지 아니하며, 칼을 당할지라도 물러나지 아니하니. …… 나팔 소리 나는 대로 소소히 울며 멀리서 싸움 냄새를 맡고 장관의 호령과 떠드는 소리를 듣느니라."*⁶

그리고 그로부터 몇 세기 후에 쓰인 베르길리우스의 〈농경시〉에는 군마에 대해 이렇게 묘사되어 있다.

저 사나운 군마는 멀리서 들려오는
기운찬 트럼펫 소리와 전쟁의 함성을 듣고
귀를 쫑긋거리며 기쁨에 떤다.
그리고 발을 들었다 놓았다 하며 장차 벌어질 전쟁을 고대한다.

대영박물관에 소장되어 있는 파르테논 신전의 부조에 새겨진 군마들에는 이 고상한 동물들에 대한 그리스인의 자부심이 드러나 있다. 부조 속의 말들은 전쟁터로 향해 달려가듯 앞발을 높이 치켜들거나 질주하는 모습이다. 말은 멕시코와 페루의 정복에도 큰 도움을 주었다. 멕시코와 페루의 원주민들은 말 탄 전사를 신으로 여기고 그들이 공격도 하기 전에 지레 겁을 먹고 달아났던 것이다. 그러나 멕시코와 페루의 원주민들은 말을 사용하지 않고도 높은 수준의 문명에 도달하였다. 스페인인들은 멕시코를 정복하러 갔다가 정원이 딸린 아름다운 집을 수도 없이 발견하였다. 아서 헬프스 경의 말에 의하면, "수백만의 가난한 영국 촌사람들이 사는 것과 같은 집에 사는 멕시코인은 한 명도 없었을 것이다." 우리는 진정 문명의 진보를 이룩해나가고 있는가? 우리는 과연 그리스인이나 로마인, 혹은 전성기의 멕시코인들보다 더 낫다고 할 수 있는가?

---

*6. 〈욥기〉 39장 19~25절

노예와 말의 친구, 플라워

그는 선善의 결정체.

주위를 온통 촉촉이 적시고

지금도 솟아나는 샘에서부터

흘러나오는 시냇물처럼

그에 대한 칭찬은 끊일 줄을 모른다.

— 셰익스피어

사람이 되었든 새나 동물이 되었든

기도를 잘하는 자가 잘 사랑하는 자이다.

위대한 사람이 되었든 평범한 사람이 되었든

기도를 가장 잘하는 자가 가장 잘 사랑하는 자이다.

우리를 사랑하시는 하느님은

우리 모두를 만드셨고 사랑하시기에.

— 콜리지

기사도 정신은 인간보다 하등하면서도 보다 고상한 동물의 생명에 대한 외경과 이해에 달려 있다. ……『일리아드』전편을 통해 파트로클로스의 죽음 앞에 슬퍼하는 말들과 그들을 위로하는 최고신에 대한 묘사 ─모든 문학작품을 통틀어 하등동물에 대한 인간의 연민과 생명에 대한 외경심이 가장 잘 드러나 있는─ 만큼이나 의미 깊은 부분도 없을 것이다.

─ 러스킨

우리는 말에게 얼마나 많은 것을 빚지고 있는가! 말은 많은 사람들에게 기쁨과 즐거움을 준다. 젊고 아름다운 말은 주인의 애완동물로 사랑받으며, 구보와 질주를 통해 최상의 기량을 선보인다. 말은 오래도록 충실하게 우리의 탈것이 되어주고 짐을 운반해줌으로써 우리의 수고를 덜어주기에 남녀노소의 구별 없이 누구에게나 사랑받는다. 그러나 이러한 말들에게도 함부로 다루어지고 노예처럼 착취당할 시간이 온다.

말에 대한 가혹행위

짐마차를 끄는 말은 발길에 차이고 채찍에 맞으며 감당하기 힘들 정도로 무거운 짐을 끌어야 한다. 자가용 마차의 말은 재갈을 물린 채 마차를 끄느라 고통스러워하고, 승합마차의 말은 악천후 속에서도 마차를 끌어야 하며, 더 이상 견딜 수 없게 될 때까지 일을 계속해야 한다. 울퉁불퉁한 자갈밭을 지나고 미끄러운 물웅덩이에 빠지면서 말은 발에 상처를 입는다. 그리고 그렇게 고생하다 쓰러져 죽거나 아니면 도살장으로 보내져 그곳에서 고통스런 삶을 마감하게 된다.

프랑스 남부에서는 말이 색다른 방식으로 최후를 맞는다. 〈쿠리에 뒤 상트르*Courrier du Centre*〉지에 의하면 보르도의 투기꾼들은 거머리를 가지고 돈을 번다고 한다. 그들은 가론Garonne 강 제방에 인공 늪을 조성하여 그 안에 거머리를 잔뜩 집어넣은 뒤 그 일대의 늙고 병든 말들을 이 늪으로 보낸다. 그러면 말이 늪에 들어온 즉시 수천 마리의 거머리 떼가 말에게 달라붙어 피를 빨아먹는다. 그 광경을 목격한 사람의 끔찍하리만큼 생생한 증언에 의하면, 말은 몸의 모든 구멍에서 피를 쏟으며 눈 주위나 입, 콧구멍 같은 민감한 부분에 달라붙은 거머리들을 떼어내려고 애쓰다가 지쳐서 결국 늪 속으로 가라앉는다고 한다. 보르도에서는 매년 1만 8000~2만 마리의 말들이 이런 식으로 죽어간다.

그러므로 영국 못지않게 프랑스도 '말들의 지옥'임에 틀림없다. 그러나 먼저 영국 안에서 벌어지는 일에 주목하자. 모든 사람이 웰링턴 공작처럼 전쟁에 진 적에게 평화로운 삶을 허락하는 것은 아니다. 하물며 사람도 아닌 말에 대해서랴! 말들은 살아 있는 동안 고통을 당하다가 쓸모없어지면 버림을 받는다. 브래든Braddon은 재갈이 자가용 마차의 300기나 하는 말을 과일행상의 나귀보다 못하게 만든다고 말했으며, 또 어떤 숙녀는 최근에 리전트 거리에서 한 쌍의 말에게 가해지는 가혹행위를 보고 〈트루스*Truth*〉지에 다음과 같은 글을 기고하였다.

"길을 가다가 한 쌍의 말이 끄는 마차가 서 있는 것을 보았다. 그런데 그 말들은 고삐가 너무 바짝 죄어져 있어서 입을 다물지 못하고 있었다. 그 모습이 너무 고통스러워 보여서 나는 마부에게 다가가 고삐를 조금만 느슨하게 해달라고 해보았다. 그러나 "말들이 이런 방식에 길들여져 있습니다. 그리고 마님께서 이렇게 하는 것을 좋아하시지요." 하는 대답이 돌아왔을 뿐이다. 오른쪽 말은 특히 고통이 심한 듯했다. 그 불쌍한 짐승은 고통을 덜려고 애를 썼으나 아무 소용이 없었다. 그 말의 눈에 가득한 고통스러운 빛은 오랫동안 나를 괴롭힐 것 같다."

에드워드 포덤 플라워

자가용 마차를 끄는 말들의 고통을 덜어주기 위해 누구보다 애쓴 사람은 에드워드 포덤 플라워Edward Fordham Flower였다. 그는 '말들의 사도'라 불릴 만한 사람으로, 말에게 고통을 가하는 재갈과 고삐의 사용을 막기 위해 자신의 시간과 돈과 노력을 쏟아 부었다. 그는 특유의 단호함으로 이 일을 진행해나갔으며, 명확한 어조로 팸플릿을 쓰고 전국 각지에서 강연을 했다. 버뎃쿠츠Burdett-Coutts 남작부인이 개최한 대중 집회에서 그는 재갈과 고삐라는 잔인한 도구를 예전에 군인들이 사용하던 스톡stock*1에 비유하면서 이런 것들을 사용하는 사람들은 ──그 대부분이 마부가 아니라 신사숙녀였음에도 불구하고──감옥에

---

*1. 스톡 : 군복에 쓰이던 일종의 가죽 목도리

보내야 한다고 말했다. 플라워의 집에는 '고문실'이라 불리는 방이 있었는데, 그는 이 방 안에 동물에 대한 인간의 가혹행위에 항의하는 의미로 재갈을 일렬로 걸어두었다. 플라워는 또한 다음의 이야기가 말해주듯, 노예제도에 대해서도 꾸준히 폐지를 주장해왔다. 플라워처럼 생생하게 이야기를 전달하지 못할까 두렵지만, 이제 그의 생애에 대해 이야기해보기로 한다.

플라워는 1805년 허트퍼드Hertford에서 태어났다. 자산가였던 그의 아버지는 하트퍼드에서 3마일 반가량 떨어진 마든힐Marden Hill의 영지를 사들여 1808년 가족과 함께 그곳으로 이사하였다. 어린 플라워는 동물들을 매우 사랑했으며, 다섯 살이 되자 말을 타기 시작했다. 그에게는 '작은 모세'라는 이름의 조랑말이 있었는데, 그는 매일같이 이 조랑말을 타고 우체국에 가서 편지를 가져오곤 했다. 조랑말은 그의 둘도 없는 친구였다.

플라워는 여섯 살 때 외삼촌 에드워드 킹 포덤Edward King Fordham으로부터 멋진 선물——안장과 굴레와 채찍——을 받았다. 하루는 그가 아버지와 함께 바깥에 나왔다가 조랑말에게 채찍질을 한 적이 있었다. 조랑말이 무엇을 보았는지 좀처럼 앞으로 나아가려 하지 않았기 때문이다. 그러자 아버지가 그를 불러 물었다. "네드, 왜 채찍질을 했지?" "조랑말이 앞으로 나아가려 하지 않아서요." 플라워가 대답했다. "그래, 네게는 저 앞의 깊게 패인 구멍이 보이지 않는단 말이냐?" 아버지는 이렇게 말하고는 그에게서 채찍을 빼앗아 그의 어깨를 내리쳤다. "어떠냐? 기분 좋으냐?" "아니요." "그렇다면 네드, 앞으로는 피치 못할 상황이 아니라면 절대로 조랑말에게 채찍질을 하는 일이 없도록 해라."

　그로부터 얼마 후 플라워는 사고를 당했다. 어느 날 새로 들여온 탈곡기가 어떻게 작동하는지 보러 갔다가 기계의 톱니바퀴 사이에 손가락이 낀 것이다. 마침 옆에 있던 일꾼이 기계를 멈추고 그의 팔을 잡아 빼지 않았더라면 팔까지 기계 속으로 빨려 들어갈 뻔했다. 에드워드는 결국 손가락 하나의 절반가량을 잃고 나서 한동안 앓아누웠다. 플라워는 읽고 쓰는 법을 몰랐지만 학교에 다니지 않았다. 그는 공부하기를 싫어했고, 그의 아버지 또한 그를 억지로 학교에 보내려고 하지 않았다.

　마든힐에 살 때 플라워의 아버지는 아들을 데리고 런던을 방문할 때가 있었는데, 그럴 때면 길을 가다가 가끔씩 아들에게 "말에서 내려 고삐를 풀어주렴." 하고 소리치곤 했다. 플라워는 이때 처음으로 재갈과 고삐가 말을 불편하게 한다는 사실을 알았다.

　플라워의 아버지가 마든힐과 웨스트엔드에 가지고 있던 1000에이커의 땅에서는 별로 수익이 나지 않았다. 그곳에 놓아기르던 양 떼도 잘 자라주지 않았던데다 프랑스와의 전쟁 이후로 영국의 농업 여건이 좋지 않았기 때문이다. 그래서 그는 큰아들인 조지를 미국으로 보내 그곳 땅을 살펴보게 했다. 조지는 아버지에게 보낸 편지에서 미국은 매우 풍요로운 땅이라며, "이곳으로 오시면 후회하지 않으실 겁니다." 라고 써서 보냈다.

플라워 일가의 미국 이민

플라워의 아버지는 1817년 영국에 있는 재산을 처분하여 가족과 함께 미국으로 떠났다. 당시 플라워는 열두 살이었다. 플라워의 아버지는 리버풀에서 두 척의 배를 세내어 짐을 실었다. 가족 외에도 함께 갈 하인들과 일꾼, 대장장이, 쟁기수리공, 양치기, 마부 등을 모두 합하면 100명 정도가 되었다. 여기에다 소 두 마리와 양 열 마리, 영국의 토종 돼지 몇 마리와 사냥개 열두 쌍, 스코틀랜드 사냥개 두 마리도 싣고 가기로 했다. 1818년 3월 드디어 그들을 태운 배가 리버풀을 출항했다.

두 척 중 한 척(안나 마리아Anna Maria호)은 뉴욕으로 향했고, 다른 한 척은 필라델피아로 향했다. 플라워 일가는 뉴욕에 도착하자 뭍에 올라 이 거대한 도시를 구경하였다. 플라워와 그의 아버지는 브로드웨이를 걸어 내려가다가 맞은편에서 셔츠 바람으로 걸어 올라오는 윌리엄 코벳William Cobbett을 만났다. 플라워의 아버지 역시 영국 정가에 잘 알려진 인물이었기에 두 사람은 서로를 알아보고 영국과 미국의 정세에 대해 대화를 나눴다.

그 후 안나 마리아호는 필라델피아로 가서, 다른 배를 타고 온 일행과 합류하였다. 당시 필라델피아는 깨끗하고 아담한 도시로, 인구가 많지 않고 서부와 가까웠다. 필라델피아 시의 50마일 바깥에는 도로가 없었고, 시에서는 아직 도로와 운하 건설에 필요한 자금——훗날 갚기를 거부한——을 빌리기 전이었다. 플라워의 아버지는 큰아들이 일리노이 주 워배시에 사놓은 2만 에이커에 달하는 소유지로 가기 위해 즉시 마차대를 조직했다. 가족을 위해서는 여섯 필의 말이 끄는 마차 3대를 전세냈고, 하인들을 위해서는 두 필의 말이 끄는 마차 3대를 전세냈다.

마차대는 1818년 5월 필라델피아를 떠났다. 날씨가 좋았으므로 여행길은 틀림없이 즐거웠을 것이다. 그들은 원시림을 피해 사람들이 왕래한 흔적이 있는 길로만 말을 몰았다. 주변에 여관이 없었기 때문에 밤에는 개들이 파수를 보는 가운데 마차 안에서 잠을 청해야 했다. 가끔 이제 막 형성되기 시작한 마을을 지날 때면 그곳 주민들에게서 빵과 음식을 사서 식량 문제를 해결했다. 훗날 격전장으로 변한 게티즈버그Gettysburg도 그런 마을 중 하나였다. 마차대는 체임버스버그Chambersburg로 가서 앨러게니Alleghany 산맥을 넘었다. 오르막길이 몹시 가팔라서 자주 멈춰 서서 말을 쉬게 해주어야 했기 때문에 하루에 10~12마일씩밖에 전진하지 못했다.

마침내 험한 산맥을 넘어 피츠버그Pittsburg에 도착하자 오하이오 강이 보였다. 그 당시는 오하이오 강에 증기선이 떠다니기 전이었기 때문에, 플라워의 아버지는 뗏목을 이용하여 이동하기로 했다. 그는 3개의 거대한 방주를 만들어 그 위에 사람과 마차와 가축 등 모든 것을 싣고 오하이오 강을 타고 내려갔다. 방주는 느릿느릿 떠가며 강가의 마을과 도시를 지나 당시에는 작은 마을에 불과했던 신시내티에 도착했다. 그들 일행은 그곳에서 잠시 쉬었다가 다시 인디애나 주 남쪽 강변을 지나 루이빌로 갔다. 플라워 가족은 렉싱턴에서 잠시 머물면서, 당시 그곳에 와서 살고 있던 헨리 클레이Henry Clay와 친교를 맺게 되었다. 클레이는 친절하게도 그들이 나중에 다시 찾으러 올 때까지 그곳의 비옥한 초지에서 그들의 소 떼를 돌봐주기로 했다.

플라워 가족이 노예제도를 접한 것은 그 무렵이었다. 오하이오 강을 경계로 자유주와 노예주가 나뉘어 있었기 때문이다. 켄터키는 노예주였고 인디애나와 일리노이는 자유주였다. 그래서 흑인 노예들이 자유를 찾아 오하이오 강을 건너왔다가 다시 노예 상인들에게 붙들려 가는 일이 더러 있었다.

어느 날 아침 플라워의 아버지는 묵고 있던 여관의 지하실에서 끔찍한 비명소리가 나는 것을 들었다. 그래서 벌떡 일어나 지하로 달려 내려가 문틈으로 안을 엿보니 여관 주인이 흑인 소녀에게 매질을 하고 있는 것이 아닌가. 그는 문을 박차고 들어가 소녀의 앞을 가로막고 서서 주인에게 칠 테면 쳐보라고 말했다. 여관 주인은 그를 고소하겠다고 위협했으나 결국 그냥 보내주었다.

마차대는 다시 육로로 여행을 계속했다. 플라워 가족의 소유지는 일리노이 주 에드워즈 카운티Edwards County의 워배시 서부에 있었다. 여행 도중 그들은 조지 라프George Rapp와 그의 독일인 추종자들이 정착하여 살고 있는 하모니 마을을 지났는데, 그곳에는 여러 채의 통나무집과 교회, 학교, 제분소 및 작업장이 있었다. 훗날 이 마을은 영국의 공상적 사회주의자 로버트 오웬Robert Owen이 사들였으며, 라프주의자들은 피츠버그 인근의 이코너미Economy 마을로 들어갔다.[1]

마차대는 워배시 강의 동쪽 나루로 갔다. 인근에 사람이 살지 않았기 때문에 그곳에서 볼 수 있는 사람이라곤 뱃사공이 유일했는데, 그는 한참 만에 모습을 드러냈다. 평소에 손님이 많지 않았기 때문이다. 플라워 일행은 오랜 시간에 걸쳐 사람들과 가축 및 마차를 모두 무사히 강 저편으로 옮길 수 있었다. 그들은 강을 건넌 뒤 잠시 쉬었다가 북쪽의 초원지대로 향했다. 초원은 너무나 아름다웠다. 풀과 야생화로 뒤덮인 언덕이 아지랑이에 싸인 채 끝없이 펼쳐져 있었고, 밤에는 반딧불이 무수히 날아들어 어둠 속을 떠다녔다. 초원의 풀은 사람과 말을 모두 가릴 만큼 키가 컸다. 이제 밤하늘의 별들 이외에는 표지가 될 만한 것이 없었기에 마차대는 전적으로 나침반에 의존하여 전진했다.

그들은 육로와 수로를 합쳐 1000마일을 여행한 후 마침내 서부의 그들 소유지에 이르렀다. 소유지의 서쪽은 순전히 초원과 사막이어서 인디언과 모피사냥꾼, 무단거주자들만이 가끔씩 모습을 나타낼 뿐이었다. 일행은 얼마 전까지만 해도 쇼니족Shawnees 인디언이 살던 피안키쇼Piankishaw 정착촌으로 향했다. 그런 오지에는 집을 짓기가 힘들었지만 그들은 굳은 의지를 가지고 집짓기에 착수했다. 일꾼들과 대장장이들이 근처 숲에서 가장 큰 나무를 베어다가 매일같이 수고한 덕에 플라워 가족과 하인들의 통나무집이 완성되었다. 집을 짓는 동안 플라워 가족은 마차 안에서 잠을 잤다. 그 후 일꾼들은 자신들이 살 집도 지었으며, 그리하여 마을이 형성되었다. 그러나 죽음은 어디에나 찾아왔다. 플라워는 최초의 사망자인 어린 조카를 위해 처음으로 그곳에 무덤을 팠다.

그러나 식량 문제는 어떻게 해결할 것인가? 이미 7월이라 밭을 갈기에는 늦은 시기였다. 식량이 떨어진 후 그들은 극도의 굶주림에 시달리기 시작했다. 때때로 사슴이 잡히기도 했지만 그것으로 100명이 넘는 사람들의 허기를 달래기에는 부족했다.

마침내 굶주림을 견디다 못한 그들은 다른 곳에서 식량을 구해오기로 했다. 플라워는 사람들 몇 명을 데리고 쇼니타운Shawnee Town을 향해 출발했다. 60마일을 가는 데 이틀이나 걸렸다. 밤에는 늑대 울음소리가 들려오는 가운데 말들을 쉬게 해주었으며, 용감한 개들이 그들을 지켜주었다. 다행히 쇼니타운에서 밀가루와 햄을 구할 수 있어서 그들은 이것을 가지고 즉시 집으로 향했다. 올 때와 갈 때 모두 말을 타고 워배시 강을 건너야 했는데, 식량을 물에 젖지 않게 하는 것이 중요했다. 그들은 안전하게 강을 건넌 후 불을 피워 옷을 말리고 몸을 녹였다. 그리고는 그곳에서 밤을 지낸 뒤 다음날 아침 일찍 집으로 돌아왔다. 사람들이 그들을 얼마나 반겨 맞아주었을지 짐작할 수 있으리라.

이런 식으로 마을은 근근이 유지되었다. 플라워 가족은 한동안 통나무집에 살다가 새로 집터를 정해서 파크하우스Park House를 지었다. 새 집이 완성되자 플라워는 집을 짓는 동안 잠시 렉싱턴에 머물고 있던 어머니를 모셔왔으며, 그리하여 플라워 가족은 다시 단란한 가정을 이루게 되었다. 그러는 동안 그 일대에 새로운 마을들이 생겨났다. 워링턴Warrington에 여러 채의 통나무집이 들어섰고, 현재 에드워즈 카운티Edwards County의 중심지가 된 앨비언Albion에 마을이 형성되기 시작했다.

네드의 교육과 마을의 발전

플라워가 열네 살이 되자 그의 아버지는 아들의 교육에 대해 생각하기 시작했다. 마침 워링턴에 학교가 있어서, 플라워의 아버지는 아들을 불러 이렇게 말했다. "네드, 너는 매우 똑똑하고 영리한 아이야. 그러니 학교에 가서 배워야 한다." 학교까지는 꽤 먼 거리였다. 플라워는 날이 좋을 때면 습지를 통과하는 지름길을 택했다. 그곳은 야생 칠면조들의 서식지였고, 당연히 플라워는 총을 휴대하고 개를 대동했다. 그는 가는 길에 멋진 칠면조를 잡아 선생님께 선물했다. 선생님은 몹시 기뻐했고, 그때부터 플라워는 선생님의 애제자가 되었다.

다음날 플라워는 선생님에게 사슴을 선물하고 싶다고 말했다. 선생님은 그를 따라 사슴 사냥에 나섰으며, 그 후로 자주 사냥을 나가게 되었다. 집에 사슴과 칠면조 및 기타 사냥감이 쌓이자 선생님은 매우 좋아했다. 그러나 플라워의 학습은 엉망이었다. 사실 플라워는 공부에 별로 취미가 없었고, 공부보다는 사냥을 훨씬 더 좋아했다. 하루는 플라워가 집에서 구구단을 외워보았다. "이이는 삼, 이사오, 이오팔." 그러자 그의 어머니가 말했다. "그만! 순 엉터리다. 학교에 가서 다시 배워가지고 오렴."

그러나 선생님은 여전히 그를 데리고 사냥을 다녔다. 플라워는 앉아서 수업을 받아본 적이 없었다. 그의 아버지는 또다시 그에게 구구단을 외워보라고 했지만 결과는 마찬가지였다. "이이는 육, 이삼팔, 이사……." 플라워는 6개월이나 학교에 다녔지만 그 결과는 이러했던 것이다. 마침내 아버지는 학교 공부를 중단시키고 그에게 소 떼를 돌보게 했다. 플라워가 미국에서 교육받은 것은 이것이 전부이다.

플라워는 사슴 사냥을 계속했다. 식량이 필요했기 때문이다. 어느 날 그는 친구들 몇 명과 함께 도보로 사슴 사냥을 떠났다. 한참을 걷다가 마침내 플라워의 개가 사슴 발자국을 찾았다. 개는 냄새를 맡더니 앞으로 달려나갔다. 그리고는 주인이 올 때까지 기다렸다. 플라워는 빨리 달려가느라 친구들과 거리가 벌어지게 되었다. 그는 개가 가리키는 곳을 향해 총을 쏘아 사슴을 잡았다. 때는 이미 저녁 무렵이었고, 그는 집에서 25마일이나 떨어진 곳에 있었다. 그는 친구들을 불러보았으나 아무런 대답도 들려오지 않았다. 그들은 집으로 돌아가는 길이었던 것이다. 플라워는 사슴을 가져가고 싶은 마음에 그곳을 떠나지 않고 나무 밑에 앉았다. 그리고는 개를 옆에 앉힌 채 깜빡 잠이 들었다가 늑대 울음소리에 놀라 잠에서 깼다. 늑대가 피 냄새를 맡고 다가온 것이다. 플라워는 계속 총을 쏘아 늑대를 쫓았지만 늑대가 여전히 주변에서 어슬렁대는 것이 느껴졌다. 간간이 늑대 울음소리도 들려왔다. 밤은 칠흑같이 어두웠다. 간신히 밤을 보내고 마침내 나뭇가지 사이로 아침 햇살이 비쳐들었다. 플라워는 그제야 일어나 집으로 향했으며, 집에 도착하자 심한 시장기를 느꼈다. 그도 그럴 것이 30시간 동안이나 아무것도 먹지 못했던 것이다.

플라워 가족이 일리노이에 정착한 초기에는 그 일대에 곰이 자주 출몰했다. 흑곰도 있고 회색 곰도 있었다. 플라워의 아버지는 그때의 일을 다음과 같이 회고했다. "어느 날 아침에 나무를 하러 가다가 커다란 곰을 보았습니다. 곰은 우리를 피해 습지로 도망을 쳤지요. 우리 일행은 나 이외에 일꾼 네 사람과 개가 있었는데, 일행 중 3명이 나와 함께 곰을 공격하기로 했습니다. 먼저 개가 달려갔습니다. 하지만 곰은 개를 잡아서 죽여버렸지요. 우리는 도끼를 들고 덤벼들었습니다. 그리고는 격투 끝에 놈을 잡아서 집으로 날라왔습니다. 덕분에 겨울

동안의 양식 걱정을 덜었지요."

어느 날 저녁 땅거미가 질 무렵이었다. 총을 둘러멘 채 말 위에 올라 있던 플라워 곁에서 개가 무언가를 향해 짖기 시작했다. 플라워는 그때 작은 숲이 바라보이는 초원 근처에 있었는데, 전방을 주시하니 무언가 커다란 짐승 같은 것이 다가오는 듯했다. 거리가 좁혀지면서 자세히 보니 말 탄 사람이었다. "영국인인가요?" 그 사람이 물었다. "네, 그렇습니다만." "어디로 가시나요?" "이제 막 집으로 돌아가려던 참입니다. 함께 가서 식사라도 하시지 않겠습니까? 모두들 환영할 겁니다." 그 당시 오지의 숲이나 초원지대에서는 낯선 사람도 크게 환영을 받았다. 사람이 나타나면 누구나 융숭한 대접을 받았던 것이다.

이 외딴 시골 마을에도 자본이 유입되면서 변화가 일기 시작했다. 마을 사람들은 옥수수를 재배하고 소 떼를 방목했다. 그러나 이러한 일에는 많은 수고가 따랐다. 곡식과 가축을 들짐승들로부터 지키는 것도 그 중 하나였다. 플라워는 이 모든 일에 적극 참여했는데, 아마 청소년기의 이러한 훈련이——워링턴에서의 학교 교육이 아니라—— 그에게 어떤 장애도 헤쳐나가는 강인한 정신을 심어준 듯하다.

플라워의 아버지가 마을이 들어서기도 전에 그토록 넓은 토지를 매입한 것은 실책이었다. 그곳은 여전히 인구가 적었으며, 20년이 지난 후에야 워배시 강 일대의 서부에 이주민들이 들어왔다. 앨비언에 가려면 사람들이 모여 사는 곳에서 다시 또 500마일을 들어가야 했다. 따라서 플라워의 아버지는 가축과 곡식을 내다 파는 데 어려움이 많았다. 그러나 이주민 수가 점차 늘어나면서 앨비언 인근에도 많은 사람들이 모여 살게 되었다. 또 자유의 몸이 된 흑인들이 앨비언에 정착하게 되면서 앨비언은 점차 번창하였다. 영국인 이주민들 중에는 이민에 실패하여 고국으로 돌아간 사람들도 더러 있었다. 지금은 런던의 본드 거리에 위치한 도서관에 사서로 근무하고 있는 후컴Hookham 부부도 그랬다. 어느 날 플라워는 그들 부부의 집에 들렀다가 두 사람이 닭을 잡는 광경을 보게 되었는데, 후컴 부인이 피를 보고 기절을 했다. 결국 두 사람은 이민 생활을 포기하고 영국으로 돌아갔다.

노예상인들과 전쟁을 벌이다

플라워 가족에게 닥친 또 다른 어려움은 노예제도와 관련이 있었다. 오하이오 강을 경계로 자유주인 일리노이와 노예주인 켄터키가 서로 마주 보고 있음은 기억할 것이다. 흑인 노예들 중에는 친절한 주인을 만나 자유의 몸이 된 사람들도 많았는데, 그들은 오하이오 강을 건너 주로 앨비언에 정착했다. 그러나 강 저편에서 주인에게 가혹한 취급을 받는 노예도 많았다. 그들은 남편과 아내가, 부모와 자식이 각각 다른 곳으로 팔려갔다. 많은 노예가 잔인한 주인에게서 도망쳐 강을 건넜으며, 자유를 얻기 위해 습지나 숲 속에 숨었다. 오하이오 강을 헤엄쳐 건너 앨비언에 은신한 노예도 많았으며, 계속 북상하여 캐나다로 도망치는 노예도 있었다.

도망친 노예의 주인들은 사냥개를 풀어 노예의 뒤를 쫓았으며, 그들을 다시 붙잡아 끌고 가는 경우도 있었다. 그 무렵에는 도망노예와 자유민이 된 흑인을 구분하지 않고 마구잡이로 붙잡아 미시시피 강을 타고 내려가 뉴올리언스에서 그들을 팔아넘기는 노예상인들도 있었다. 플라워의 아버지는 흑인 한 사람을 고용했는데, 그는 체격이 건장하고 성실했다. 어느 날 플라워의 아버지는 그에게 "자네는 노예인가, 자유민인가?"라고 물었다. 그러자 그 흑인은, "자유민이 되지는 못했습니다만, 주인의 매질을 견디다 못해 도망쳐 나왔습니다."라고 대답했다. 오래지 않아 그 노예의 주인은 사람들과 함께 그를 찾아다니다가 그가 플라워 농장에서 일하는 것을 알게 되었다. 그는 즉시 흑인노예를 붙잡아 양손을 묶어서 끌고 갔다.

그러나 그 노예는 다시 도망쳐 나와서 플라워 농장으로 왔다. 몹시 지친 기색의 그가 주인에게 쫓기고 있다고 말하자 플라워는 그를 우물 속에 숨긴 후 판자로 그 위를 덮어두었다. 그리고는 가끔씩 빵을 내려 보내주었다. 이윽고 노예 주인이 들이닥쳐서 온 집안을 뒤졌으나 노예를 찾지는 못했다. 주인이 사라지고 난 후 플라워는 우물에서 흑인 노예를 끌어올려 빵을 건네주고는 어서 도망치라고 말해주었다. 그 노예는 즉시 캐나다를 향해 북으로 발길을 옮겼으나, 미처 강을 건너기도 전에 다시 주인에게 붙들리고 말았다. 노예 주인은 그의 두 손을 묶어서 치안판사에게 끌고 갔다. 노예는 죽으면 죽었지 주인에게 돌아가지 않겠다고 말했으며, 그를 체포하려고 경관이 다가오자 옷속에 감추어둔 총을 꺼내 경관을 쏘아 죽였다. 그는 즉시 교수형에 처해졌다.

이 같은 사건은 비일비재했다. 플라워의 아버지는 소위 자유국가라고 하는 곳에서 이런 일이 벌어지는 것을 몹시 부끄럽게 여겼다. 그는 그곳을 떠날까도 생각해보았지만, 그러기에는 이미 너무 많은 자본을 투자한 상태였다. 노예상인들은 꾸준히 증가했으며, 집단으로 몰려와 노예사냥을 했다. 그들은 플라워를 주 경계 바깥으로 쫓아내고 싶어 했지만, 그러기 위해서는 그와의 일전을 불사해야 했다. 당시의 행정 장관 중에는 이상한 사람들이 많았다. 어느 날 플라워가 행정장관의 서명을 받아야 할 서류가 있어서 가장 가까운 지역의 행정장관 드퓌De Pugh를 찾아갔더니, 그는 벌거숭이인 채로 침대에서 일어나면서 "옷을 걸쳐야겠군."이라고 말했다. 그리고는 일어나서 서명을 해주었다. 플라워는 또 다른 행정장관인 모지스 마이클Moses Michel을 알게 되었는 데, 그는 다음의 일화를 통해서도 알 수 있듯 훗날 플라워에게 큰 도움을 주었다. 다음은 플라워가 들려준 이야기이다.

"제가 18, 9세쯤 되었을 때의 일입니다. 동료 한 사람과 집으로 돌아오는 길이었어요. 우리는 하루 종일 걸어서 몹시 지쳐 있었습니다. 그런데 집 근처에 이르자 숲 속에서 심하게 다투는 소리가 들렸어요. '내가 살아 있는 한 절대 이 말 고삐를 놓지 않겠다!' 하는 소리가 들렸는데, 우리 아버지의 목소리였습니다. 즉시 동료와 함께 덤불을 헤치고 들어가 보니 아버지가 우리 농장의 흑인 일꾼 하나가 붙들려 매인 말의 고삐를 쥐고 있었습니다. 노예상인이 '고삐를 놓지 않으면 쏜다!'라고 말했습니다. 나는 즉시 도끼로 그를 내리쳤습니다. 내 동료도 다른 노예상인에게 달려들어 팔을 분질러놓다시피 했지요. 아버지는 목숨을 건졌고, 노예상인들은 숲 속으로 도망쳤습니다.

우리는 곧바로 행정장관인 모지스 마이클을 찾아가 그들에 대한 체포영장을 발부 받았습니다. 그들이 어디쯤에서 워배시 강을 건넜으리라는 것을 대충 짐작할 수 있었으므로 우리는 그곳으로 가서 그들을 붙잡기로 했습니다. 행정장관이 우리와 동행했지요. 우리는 밤에 출발하여 동틀 무렵 워배시 강에 도착했습니다. 나루터의 사공에게 알아보니 그들은 아직 강을 건너기 전이었습니다. 우리는 다시 돌아와서 말을 나무에 매어두고 반 마일쯤 전진하여 노예상인이 지나가는 길목을 지키고 서 있었습니다. 잠시 후 말발굽 소리와 함께 낙엽 밟는 소리가 들리더니 노예상인들이 모습을 나타냈어요. 행정장관은 우리에게 총을 든 자들을 조준하라는 명령을 내렸고, 우리는 만반의 준비를 갖추었습니다. 이윽고 행정장관이 앞으로 나서며 말했습니다. '항복하라! 너희들은 포위되었다. 너희들 모두에게 체포영장이 발부되었다.' 노예상인들은 멈춰 서서 상의하려고 하였지만, 행정장관은 다시 '안 돼! 즉시 항복하라. 움직이면 쏜다. 모두 겉옷을 벗고 이리로 와서 포승을 받아라.' 하고 말했지요. 마침내 그들은 무기를 버리고 겉옷을 벗고는 한 사람씩 와서 결박당했습니다. 모두 8명이더군요. 그들에 대한 심리는 그곳에서 20마일쯤 떨어진 앨비언에서 열릴 예정이었기에 우리는 그들을 끌고 앨비언으로 향했습니다. 가는 도중에 행정장관이 말했습니다. '8명은 우리가 감시하기에는 너무 많네. 이들 중 2명은 좋은 사람 같으니 잘 타일러서 보내주세.' 그래서 2명을 풀어주었고, 또 다른 2명에 대해서도 다시는 이런 일에 가담하지 않겠다는 다짐을 받고 풀어주었습니다. 그리하여 가장 죄질이 심한 네 사람만 남게 되었지요. 그 4명은 재판을 받고 2년간 밴데일리어Vandalia 교도소에서 징역을 살게 되었답니다." 이렇게 해서 오하이오 강을 따라 성행하던 노예매매의 전 조직이 와해되었으며, 플라워와 영국인 거류민단의 적극적인 노력으로 일리노이 주는 노예주가 될 운명에서 벗어날 수 있었다.

그러나 플라워는 노예상인들의 원한을 사게 되었다. 그는 노예매매를 뿌리뽑기 위해 가장 활발하게 활동한 사람이었기 때문이다. 그리하여 플라워와 그의 친척들은 테러 위협에 시달리게 되었다. 전에 플라워와 함께 사슴 사냥을 다니던 잭 앨리스^{Jack Ellis}는 어느 날 우연한 기회에 노예상인들이 플라워를 암살하려 한다는 것을 알게 되었다. 플라워는 전에도 난로가에 앉아 있다가 총에 맞을 뻔한 적이 있었다. 어느 날 밤 총알이 유리창을 뚫고 날아와 플라워의 머리 뒤편에 있던 거울을 박살낸 것이다. 그러나 놀란 가족들이 문간으로 나갔을 때에는 범인은 이미 사라지고 없었다.

싸움은 점점 치열해져갔다. 어느 날 밤 잭 앨리스가 플라워의 누이를 찾아와 노예상인들이 플라워를 죽이려고 하니 즉시 피신시키는 것이 좋겠다고 알려주었다. 플라워 가족은 잭의 충고에 따르기로 했다. 다음날 아침 일찍 플라워의 아버지가 플라워를 깨워 함께 영국으로 출발했다. 그러나 비극은 시시각각 다가오고 있었다. 이틀 후, 플라워가 영국으로 떠난 사실을 모르는 노예상인들은 한밤중에 플라워의 집에 들이닥쳤다. 칠흑같이 어두운 밤이라 얼굴을 분간하기가 힘들었다. 플라워를 많이 닮은 사촌 리처드가 현관으로 나갔다가 그 자리에서 도끼를 맞고 죽었다. 플라워 가족은 리처드의 죽음을 비통히 여겼으나, 결국 살인범은 찾지 못했다.

플라워는 집을 떠날 때 그의 사랑하는 개 펜을 잠시 가둬두게 했다. 펜은 그와 함께 자고 함께 사냥하며 잠시도 그에게서 떨어지지 않았다. 집안사람들은 플라워가 떠나던 날 펜을 가둬두었지만, 어찌된 영문인지 펜은 집을 빠져나와 주인의 뒤를 쫓아서 배에 올랐다. 펜은 곧 붙잡혀 부두에 서 있던 플라워의 형에게 넘겨졌지만, 배가 출항하자 바다로 뛰어들었다. 물론 배는 개를 기다려주지 않았다. 멀어져가는 배 위에서 플라워가 마지막으로 본 것은 오하이오 강을 헤엄치는 작은 개였다. 개는 점차 작은 점으로 변하더니 마침내 보이지 않게 되었다.

영국으로 돌아가다

플라워와 그의 아버지는 150톤급의 작은 범선에 몸을 싣고 영국으로 향했다. 승객이라곤 그들 부자가 전부였다. 그들은 1824년 리버풀에 상륙했다. 7년 만에 다시 보는 리버풀은 많이 달라져 있었으며, 플라워 역시 열세 살의 소년에서 스무 살의 청년으로 성장해 있었다. 그는 꼬리가 등에까지 늘어지는 너구리 모자와 사냥 셔츠, 코듀로이 바지에 검은 레깅스를 입고 북아메리카 원주민이 신는 신발을 신고 있었으나, 곧 문명인다운 복장을 갖추었다.

두 사람은 위릭셔의 바퍼드Barford에서 한동안 머물다가 케임브리지의 한 신문사 편집인으로 있던 벤저민 플라워Benjamin Flower를 만나러 갔다. 벤저민 플라워에게는 엘리자와 사라라는 이름의 두 딸이 있었는데, 사라는 〈내 주를 가까이 하게 함은〉이라는 아름다운 찬송가의 작사가이다. 그 몇 달 뒤에 플라워는 스코틀랜드의 뉴래너크New Lanark로 가서 그 당시 위대한 박애주의자로 알려져 있던 로버트 오웬을 만나고 돌아와 아버지에게 영국에 남아서 공부를 하겠다고 말했다. 그의 아버지는 놀라서 어리둥절해했지만 플라워는 뜻을 굽히지 않았다. 말은 안 했지만, 그가 영국에 남기로 한 것은 사랑 때문이었다. 그의 아버지는 그에게 2000파운드 상당의 미국 증권을 주어 거기서 나오는 배당금으로 생활할 수 있게 해주고는, 돈이 떨어지면 언제든 미국으로 돌아오라고 말했다.

플라워는 리버풀에서 아버지를 배웅한 후 로버트 오웬이 있는 뉴래너크로 돌아가 최초의 인문교육을 받았다. 서부의 오지에서 습득한 실제적인 지식이 훨씬 더 쓸모가 있는 것으로 판명되었지만 말이다. 플라워는 첫 두 주가량은 로버트 오웬의 집에서 묵다가 하숙집으로 옮겼다. 어느 날 플라워는 길을 걷다가 뉴래너크로 가는 길을 묻는 신사를 만났다. 그는, "마침 제가 그곳에 살고 있으니 그곳까지 제가 안내해 드리지요."라고 대답했다. 두 사람은 길을 가며 대화를 나누는 동안 매우 가까워졌다. 그 신사는 에든버러의 앤드루 쿰Andrew Combe 박사로, 뉴래너크의 공장 근로 청소년들에게 행해지는 교육의 놀라운 효과를 직접 살펴보러 오는 길이었다. 플라워는 쿰 박사와 식사를 하면서 자신이 살아온 이야기를 들려준 후 앞으로 교육을 받을 생각이라고 말했다. 그러자 박사는 "그렇다면 머리Murry의 문법책을 공부한 후 바로 독서로 들어가세요. 가장 훌륭한 책들을 읽고 그 내용에 대해 생각해보면 좋을 겁니다. 그다지 어렵지 않아요."라고 조언해주었다. 플라워는 뉴래너크에서 6개월 동안 책에 매달렸다. 어찌나 열심이었던지 건강을 해칠 정도였다. 과연 좁은 방에 갇혀 책과 씨름하는 것은 서부의 대초원을 돌아다니는 것과는 많은 차이가 있었다. 마침내 그는 뉴래너크를 떠나 에든버러에서 런던까지 도보여행을 하며 마을과 도시를 구경한 후 런던에서 여섯 달 동안 트리니티 광장 인근의 켈리Kelley 박사 댁에 머물면서 대수와 기하 및 그 밖의 고등 학문을 배웠다.

플라워는 스물한 살이 되자 사회생활을 시작하였다. 그는 버밍엄으로 가서 연봉 100파운드를 받고 양곡 위탁판매업자의 조수가 되었는데, 일을 잘해서 2년 만에 연봉 400파운드를 받게 되었다. 그때쯤 그는 훌륭한 여성과 결혼하였으며, 결혼 이후 줄곧 행복한 생활이 계속되었다. 플라워는 스트래퍼드어펀에이번Stratford-upon-Avon에 정착하여 그 지역 최대의 양조장을 운영하였으며, 4년간 스트래퍼드어펀에이번의 시장을 지냈다. 그는 또한 워릭 카운티의 치안판사를 지냈으며, 어디에서나 환영받고 존경받는 인물이 되었다. 그는 집에 손님들을 자주 초대했는데, 특히 미국인 친구들을 좋아해서 여름에는 집안에 미국인 친구들이 가득했다. 플라워는 또한 1864년의 셰익스피어 탄생 300주년 기념축제를 그 나름의 독특한 방식으로 멋지게 치러냈다.

그해에 플라워는 몸에 마비가 와서 사업에서 은퇴했다. 하지만 그는 놀라운 힘과 용기로 버텨냈다. 1865년 또 한 번의 마비가 찾아왔고 그는 반신불수 상태가 되었다. 그러나 1868년 그는 노스워릭셔에서 하원에 출마하였다. 그는 선거에서 졌지만 그대로 주저앉지 않았고, 1872년 코번트리에서 다시 의원직에 도전했다가 다시 패배하였다. 1869년 또다시 마비가 찾아와 언어 능력을 잃어버리는 바람에 그는 말을 처음부터 다시 배워야 했다.

말에 대한 가혹행위에 반대하다

플라워는 로마로 가서 건강을 조금 회복한 후 프랑스 남부의 포Pau로 향했는데, 가는 곳마다 말과 노새와 나귀가 잔인하게 다루어지는 것을 보고 몹시 안타까워했다. 1873년 런던에 자리잡은 그는 말에게 가해지는 가혹행위를 바로잡기로 결심했다. 그는 흑마를 한 필 샀는데, 그 말은 재갈과 고삐로 인해 몸에 상처가 나 있었다. 그는 말에게서 재갈과 고삐를 벗겨 상처를 낫게 해주었다. 플라워는 말에게 가해지는 가혹행위에 대한 기고문을 써서 〈더 타임스〉에 보냈고, 이 글은 아서 헬프스 경 덕분에 신문에 실리게 되었다. 아서 헬프스 경의 『동물과 그 주인들Animals and their Masters』은 플라워의 제안에 의해 쓰여진 책이다. 플라워는 동물학대방지협회의 모임에 참석했다가 회장 바깥에 서 있는 10여 대의 마차에 재갈 물린 말이 매여 있는 것을 보고 관련 위원회를 찾아갔으나, 아무 소득 없이 문 밖으로 쫓겨나고 말았다.

그러나 그는 계속해서 말에 대한 가혹행위의 중단을 촉구했다. 잠자코 있을 수만은 없었던 것이다. 그는 모든 일간지에 기고문을 써 보냄으로써 이 문제에 대해 세인의 관심을 불러일으켰다. 〈재갈과 고삐Bits and Bearing-Reins〉라는 팸플릿을 써서 전국에 유포하였으며, 그 후 다시 속편 격인 〈말과 마구Horses and Harness〉를 써서 큰 호응을 얻었다. 플라워는 당시 유행하는 마구에 대해 이렇게 묘사하고 있다. "말의 고개를 치켜들게 하기 위해 고삐를 너무 단단히 죄고, 바투 붙은 곁눈가리개를 사용하여 말의 시야를 가리며, 끙거리끈을 팽팽하게 잡아당겨 말의 머리부터 꼬리까지가 너무 단단히 조여들어 아프게 한다. 그리하여 말은 가만히 서 있을 때면 등의 길이를 좁혀 고통을 덜어보려고 앞다리를 부자연스러울 정도로 앞으로 내뻗고 뒷다리도 균형을 맞추기 위해 같은 정도로 내뻗음으로써 주상골염과 같은 염증을 유발한다. 또한 고삐를 사용하여 말의 목을 비정상적으로 곧추세우는 것도 호흡기에 문제를 일으킨다. 굴레의 앞부분은 대개 너무 짧아서 귀 아랫부분을 아프게 하며, 눈가리개는 너무 조여졌을 경우 굴레 윗부분을 앞으로 잡아당겨 귀 뒷부분에 무리가 가게 한다. 그런데도 말이 머리를 흔들어 불편을 표시하면 마부는 무엇이 잘못되었는지를 살펴볼 생각은 않고 굴레를 더 단단히 조여 말을 더 힘들게 한다. 유행의 힘은 대단히 강하지만──인도주의보다 강하다──나는 말에게 고통을 가하는 새로운 유행이 없어지기를 바란다. 말의 꼬리를 치켜들게 하기 위해 꼬리 밑에 칼자국을 내는 유행이 사라졌듯이 말이다. 유행을 선도하는 소수가 인도주의적이고 상식을 지닌 사람들과 연합하면 문명세계의 오점이라 할 만한 이런 일들은 말끔히 없앨 수 있을 것이다. 나는 이 일을 위해 미력이나마 보탤 수 있었던 것을 기쁘게 생각하며, 이 일로 인해 나를 격려해준 많은 분들께 감사한다. 나는 끈기를 가지고 이 일을 계속할 것이며, 오래오래 살아서 훗날 '그는 고삐를 사라지게 한 사람들 중 하나였다.'라는 문구를 묘비명으로 새길 수 있도록 할 것이다."

플라워는 마치 귀부인들이 말에게 가장 잔인하게 굴기라도 하는 것처럼 귀부인들에게 호소했다. "귀부인들은 말이 목을 곧추세우고 껑충껑충 뛰는 것을 좋아한다. 잘 자란 말이 자유롭게 달리는 모습이 얼마나 더 우아한지를 모르기 때문이다. 귀부인들이여, 그대들의 말의 입을 한번 들여다보고, 야만적인 재갈과 고삐 및 채찍을 사용해야 한다는 말구종의 말에 귀기울이지 말기를 바란다. 그대들이 말의 민감한 부분을 알아서 그 부위를 아프게 하지 않는다면, 말들도 배려와 친절로 보답할 것이다."

플라워의 노력으로 인도주의적인 신사들이 고삐를 사용하지 않게 된 덕분에 말에게 가해지는 가혹행위의 30퍼센트가 줄어들었다. 이제 친절한 귀부인들이 동참할 차례였다. 플라워는 또 이렇게 말했다. "우리는 무지와 편견과 유행, 그리고 많은 경우 의도적인 잔인성과 싸워야 한다. 나는 많은 사람들로 하여금 말에 대한 가혹행위를 중단하게 할 수 있어서 기쁘기 한량없으며, 앞으로도 말이 굴레와 재갈과 채찍으로 인해 거품을 물고 고통스러워하며 뛰어오르는 일이 소위 문명국이라고 하는 이 나라에서 완전히 사라질 때까지 아내의 도움을 받아, 아마도 친구들과 일반 대중을 지루하게 할 말을 계속 써 내려갈 것이다. 공원이나 번화한 거리에 나가 재갈 물린 말들을 한번 보면 내가 묘사한 '고통'이 과장이 아님을 알게 될 것이다. 마차 안의 아름다운 여인네들은 말의 고통은 모르는 채 미소 짓고 있으며, 마부는 아마도 말의 고통에 무신경하거나 아니면 자신의 무지와 거만함의 제물인 불쌍한 말에게 횡포를 부릴 수 있다는 것에 대해 기뻐하고 있을 것이다."

일전에 리 경은 플라워에게 다음과 같은 짤막한 편지를 써 보냈다. "당신의 성공을 축하드립니다. 고삐에 매인 말이 갑옷 입은 병사들만큼이나 희귀한 현상이 될 날이 머지 않았기를 바라며, 또한 불쌍한 노예들을 위해 애쓴 월버포스처럼 당신도 말들을 위해 수고한 것에 대해 자부심을 느낄 행복한 그날이 오기를 바랍니다."

플라워는 자가용 마차를 끄는 말들을 돕는 것에서 만족하지 않고 짐마차의 말을 돕기 위해 나섰다. 금혼식을 넘긴 75세의 플라워는 아내의 도움을 받아 『런던의 돌 The Stones of London』을 집필했는데, 이것은 러스킨의 『베니스의 돌 The Stones of Venice』과는 전혀 다른 종류의 책이다.

그는 책의 앞머리를 위대한 도로 개혁가 머캐덤^{Macadam}의 초상화로 장식했다. 머캐덤의 원칙은 잊혀진 지 오래였지만 말이다. 런던의 도로는 커다란 돌들로 덮여 있어서, 만약 머캐덤이 살아 있었더라면 무지한 교구위원회와 부패한 하청업자들의 결탁에서 빚어진 현재의 도로 상태를 보고 통탄했을 것이다. 머캐덤의 시대에는 도로에 깔린 돌들이 지름 2인치의 고리를 통과할 수 있어야 했으며 무게는 6온스 이하여야 했다. 그래야 그 돌들이 잘게 쪼개져 흙 속에 단단히 박히기 때문이다. 그러나 요즘 거리를 포장한 돌들은 성인 남자의 주먹만 한 것들도 많다. 무거운 수레를 끄는 말들이 어떻게 그런 돌들 위를 달린단 말인가? 이러한 사정은 플라워로 하여금 이를 시정하도록 하겠다는 마음을 먹게 했으며 팸플릿을 쓰게 했다. 그는 교구위원회에 가서 불평을 쏟아냈다. 거리에서는 실생활의 지혜가 소리 높여 외치는데, 교구위원들은 못 들은 척하고 있다. 우리 모두 플라워의 목소리가 더 이상 헛되이 울리지 않기를 고대하자!

플라워는 모든 피조물——사람뿐 아니라 동물까지도——에 대한 진정한 애정을 지닌 사람이었다. 미국에 남북전쟁이 발발하자 그는 영국 전역을 돌며 노예해방에 대한 강연을 했다. 그는 일리노이에서 흡수한 정신에 끝까지 충실했다. 남북전쟁이 한창일 때 미국에서 플라워의 부친이 사망하자 미국의 한 저널리스트는 플라워에 대해 이렇게 말했다. "1823년 일리노이에서 노예제를 합법화하려는 시도가 있자 이에 반대하는 투쟁이 벌어졌는데, 이때 누구보다 적극적으로 활약한 사람이 플라워였다. 남북전쟁의 소용돌이에 휘말린 우리는 일리노이 사태의 심각성과 의미를 잘 알지 못한다. 당시 일리노이에서는 노예제에 대한 찬반양론이 팽팽하게 대립해 있던 터라 자유정신에 투철한 영국인 거류민단의 표가 결정적인 역할을 했다. 불굴의 의지를 지닌 소수의 영국인이 압제에 대항하여 승리를 이끌어낼 유일한 희망이었으며, 그들의 성공은 미 공화국의 운명과 헌정의 자유를 결정지었다."

에드워드 포덤 플라워의 무덤에 비석을 세울 때 위의 글이 잊혀지지 않기를! 그리고 부디 그가 살아생전에 말에 대한 가혹행위가 사라지는 것을 볼 수 있기를!

그리하여 선인이 죽으면
그로서는 생각도 못할 긴 세월 동안
그가 남기고 간 빛이
인류의 앞길을 밝혀준다.

― 롱펠로

그의 순결한 뮤즈는 수금으로 천상의 음악을 연주하면서
가장 고상한 열정만을 불어넣었다.
부도덕하고 타락한 생각은 끼어들 여지도 없었고
임종을 앞둔 그가 지웠으면 하고 생각할 만한 구절은 단 한 줄도 없었다.

— 리틀턴Littleton 경이 톰슨Thomson에 대해 한 말

영원히 살 것처럼 배우고, 내일 죽을 것처럼 생활하라.

— 알랭 드 릴Alain de Lille

의무는 출생과 동시에 시작되어 죽음과 함께 끝난다. 의무는 우리의 전 존재를 에워싸고, 우리로 하여금 옳은 일을 행하고 그릇된 일을 하지 못하게 한다. 의무는 자녀 양육과 더불어 시작한다. 우리는 자녀를 양육하고 우리 자신의 모범을 통해 올바른 삶으로 인도할 의무가 있다.

의무와 존재

의무는 평생 우리를 따라다니며, 가정 바깥의 것들에까지 이어진다. 주인에게는 하인에 대한 의무가 있고, 하인에게는 주인에 대한 의무가 있으며, 우리 모두에게는 이웃과 국가에 대한 의무가 있다. 이 모든 의무의 수행에는 막대한 책임감이 뒤따른다. 책임감을 가지고 열심히 살아가지 않는 한 누구도 진실한 삶을 살 수 없다.

사회적 권리는 그 권리의 준수를 통해 유지된다. 책임감이 무뎌지면 사회는 몰락한다. 월터 스콧 경은 이렇게 말했다. "서로 돕지 않는 한 인류는 멸망하고 말 것이다. 어머니가 아이의 머리를 붕대로 싸매 줄 때로부터 어느 친절한 간병인이 죽어가는 사람의 이마에 맺힌 땀 방울을 닦아줄 때에 이르기까지 우리는 서로의 도움 없이는 살아갈 수가 없다. 그러므로 도움을 필요로 하는 사람은 누구나 다른 사람에게 도움을 청할 권리가 있다. 도움을 베풀 여력이 있는 사람 중 그 누구도 죄의식 없이 도움을 거절할 수는 없다."

나는 이전의 저서들에서 좋은 본보기가 얼마나 중요한지를 보여주고자 애썼다. 좋은 본보기는 더할 나위 없이 귀중한 것이며, 우리는 각자 할 수 있는 한 가장 좋은 본보기가 되어야 할 책임이 있다. 좋은 본보기는 훈계보다 나아서, 사람들의 인격 형성에 지대한 영향을 끼친다. 좋은 본보기는 최고의 유산이며, 우리가 후손들을 위해 해줄 수 있는 가장 가치 있는 일은 훌륭한 인격을 체현하는 것이다.

이 모든 것은 믿음과 용기, 겸손, 이타심을 요한다. 유혹은 누구에게나 찾아오지만, 우리는 믿음과 용기로 유혹을 이겨낼 수 있다. 의무는 우리에게 순결하고 사랑이 많은 사람이 될 것을 요구하며, 정의는 모든 종류의 이기심과 압제 및 가혹행위를 거부한다. 선에 대한 믿음에는 도처에서 선이 악을 이기리라는 신념이 내포되어 있다. 엘런Ellon의 어스킨Erskine은, "악에 대한 선의 승리는 모든 악한 존재가 선한 존재로 변화되는 것을 가리킨다. 그리고 어두운 곳에 빛을 비추며 굽은 것을 곧게 하는 것을 의미한다."라고 말했다.

대단히 훌륭하고 용감한 사람들조차도 때로는 의심에 휩싸이고 마음이 약해질 때가 있으며, 믿음이 뿌리째 흔들리는 것을 느낄 때가 있다. 그러나 그들이 진실로 훌륭하고 용감한 사람들이라면 기본 원칙으로 돌아가 우울한 마음을 떨쳐버리고 다시 용기를 낼 수 있을 것이다. 우리는 이 우주가 현명하게 설계되어 있으며, 누구나 이 절대적인 우주 질서에 순응해야 한다는 것, 신이 이루신 모든 것은 선하다는 것, 전 인류가 한 형제라는 것을 믿어야 한다. 그리고 서로를 사랑하고 서로의 보다 나은 삶을 위해 노력해야 하며, 심지어 우리에게 해악을 끼친 사람들에게조차도 그렇게 해야 한다는 것을 믿어야 한다.

부정적인 사고방식은 아무것도 이룰 수 없다

부정의 질서를 마음속에서부터 믿는 사람은 아무도 없다. 부정의 질서는 아무것도 이루어내지 못한다. 부정적인 사고방식으로는 파괴는 가능해도 건설은 불가능하다. 부정은 우리 안에 있는 보다 나은 부분을 파괴하고 믿음과 소망을 사라지게 한다. 악은 말로 비난한다고 무너뜨릴 수 있는 것이 아니라 실제적이고 적극적으로 선을 행함으로써 무너뜨릴 수 있다.

믿음은 과학 분야에 있어서조차 승리를 거둬왔다. 뉴턴의 운동법칙은 부정적인 사고방식으로는 결코 발견할 수 없었을 것이다. 케플러와 돌턴Dalton, 패러데이 역시 믿음을 가지고 노력한 사람들이다. 프리처드Pritchard 교수는 이렇게 말했다. "회의가 아니라 믿음 안에서 허셜Herschel은 몇 시간이고 천체를 관측하였고, 병이 들어 누이가 떠 먹여 주는 음식을 먹으면서도 언젠가 그의 망원경이 천체의 구조를 드러내 주리라는 믿음을 가지고 성능 좋은 망원 렌즈의 개발에 박차를 가했다. 그의 재능 있는 아들 또한 아버지와 같은 확신을 가지고 멀리 남아프리카에까지 가서 천체를 관측했으며, 아버지가 시작한 저서를 완성하여 가문의 명예를 드높였다."

부정적인 사고방식은 우리에게 절망과 좌절을 심어줄 뿐이다. 부정적인 생각은 모든 것을 의심하게 한다. 그것은 신에 대한 믿음과 사람에 대한 믿음, 의무에 대한 믿음, 그리고 우리 자신과 우리가 좋아하는 것들을 제외한 모든 것에 대한 믿음을 뒤흔들어놓는다. "그 이외의 것들은 모두 격정이고 혼돈이고 이기심이고 암흑이며, 이런 것들로 가득한 곳에서는 인간성이 상실되고 영혼은 어디로 가야 할지 그 향방을 알지 못한다. 우리의 삶의 가치는 우리가 얼마나 신의 뜻에 부합하는 행위를 했느냐로 가늠할 수 있다. 신의 뜻에 부합하는 행위에는 자유가 있고, 자유가 없는 곳에는 참된 삶이 불가능하기 때문이다."

언젠가 어떤 사람이 병상에 누워 이렇게 자문했다. "내 삶은 세상에 어떤 유익을 끼쳤는가? 나는 누구의 마음을 가볍게 해주었으며 누구의 슬픔을 덜어주었는가? 누구의 가정을 축복해주었는가? 나는 어떤 좋은 일을 했는가? 내가 이 세상에 삶으로써 이 세상은 얼마나 더 나아졌는가?" 그는 아무런 대답도 할 수가 없었다. 그는 보다 현명하고 선한 사람이 되어 병석에서 일어났으며, 그때부터 좋은 일을 하는 데 진력했다. 좋은 일을 할 기회는 얼마든지 있었다. 그에게는 단지 의지가 부족했을 뿐인데, 이제 신의 섭리 안에서 좋은 일을 할 기회를 많이 발견할 수 있었다. 신앙은 영원한 사랑의 구속 이외의 다른 무엇이 아니다. 사랑은 믿음이나 소망보다 위대하며, 신이 우리에게 요구하시는 유일한 것이다. 사랑 안에서 우리의 모든 의무는 완수된다.

의무감은 우리의 인생길을 평탄하게 한다. 의무감은 우리의 인격과 학습 및 권위에의 순종을 돕고, 우리에게 어려움을 극복할 힘과 유혹에 저항할 힘, 목표한 바를 이루어낼 힘, 그리고 정직하고 친절하며 진실하게 살아갈 수 있는 힘을 준다. 우리가 악을 행하지 않고 선을 행하고자 노력할 때 조금씩 우리가 되고자 하는 사람이 되어간다. 매일의 노력은 목표의 달성을 한결 수월하게 하며, 우리는 뿌린 대로 거둘 것이다.

인격의 중요성

어떤 분야가 되었든 본받을 만한 가장 완벽한 예를 제시할 수 있다면 최선을 다했다고 할 수 있으리라. 그러나 비록 완벽에 이르지는 못하더라도 시도 자체만으로도 전보다 더 나아진다. 훌륭한 인품은 늘 영향력을 발휘한다. 교양도 제대로 갖추지 못했고 능력도 별로 없으며 재산이나 지위 또한 없을지라도, 인품이 뛰어나다면 그 사람은 영향력을 발휘하고 주위의 존경을 받는다. 우리의 자질은 사용한다고 해서 닳아 없어지는 것이 아니라 사용하지 않음으로 인해 녹이 슨다. 인간의 삶에 아름다움과 빛을 주는 것은 열정과 부지런함이다.

페르테스Perthes는, "활발한 상상력은 인생에 소금과 같은 역할을 한다. 그러나 재능이 많으면 그만큼 책임도 크다."라고 말했다. 그는 또한 젊은이에게 이렇게 말했다. "희망과 자신감을 갖고 나아가게나. 이것은 인생의 신산辛酸함을 모두 맛본 늙은이가 주는 충고일세. 우리는 무슨 일이 있어도 바로 설 수 있어야 하며, 그러기 위해서는 삶의 제반양상에 기꺼이 스스로를 맡겨야 하네. …… 이 유한한 삶이 보다 높은 목표에 도달하기 위한 중간 단계에 불과하다고 해서 삶을 기쁘게 살아가지 말라는 법은 없다네. 아니, 오히려 기쁘게 살아가지 않으면 우리는 완전히 기운을 잃고 말 걸세."

청춘기는 성장과 활동의 시기이며, 인생의 봄이다. 젊은이는 세상에 나아가 다양한 형태의 삶을 전개한다. 부모로부터 제대로 보살핌을 받고 개인의 존엄성과 가치를 중시하도록 교육받은 젊은이라면 부모를 명예롭게 할 것이며, 부모가 얼굴을 붉힐 만한 일은 결코 하지 않을 것이다. 그는 자신에게 훌륭한 인품을 물려주고 근면과 선행으로 모범을 보인 정직한 사람들에게 감사할 것이다. 그리스의 일곱 현인 중 하나인 페리안드로스Periander는, "스스로가 부모에게 합당한 자녀임을 입증하라."라고 말했다. 후손에게 모범을 보인 조상들의 명예를 드높이기 위해 젊은이는 꾸준히 노력해야 한다. 그러나 그 젊은이가 의식이 깨어 있지 않거나 아무런 희망의 싹을 찾아볼 수 없는 사람이라면, 우리는 절망까지는 아니더라도 다소의 실망감을 가지고 그의 성장을 지켜보게 될 것이다.

우리의 모든 언행은 좋은 쪽으로든 나쁜 쪽으로든 젊은이들에게 영향을 미친다. 그 무엇도——말 한 마디나 사소한 행동조차도——영원히 잊혀지거나 사라지는 법이 없기 때문이다. 잘못을 범하면 반드시 벌을 받게 되어 있고, 영원한 정의의 법을 어기면 만천하에 드러난다. 말과 행동은 사소하게 생각될지도 모르지만 금세 사라지지 않고 영원히 남는다. 근거 없는 말이나 남을 비방하는 말은 결코 지워지지 않으며, 훗날 우리 앞에 다시 나타나 우리를 고발한다. 20년 뒤가 되었든

100년 뒤가 되었든, 아니면 우리가 죽고 나서 오랜 세월이 흐른 뒤에라도 말이다. 성 마태오는 이렇게 말했다. "내가 너희에게 이르노니 사람이 무슨 무익한 말을 하든지 심판날에 이에 대해 심문을 받으리니, 네 말로 의롭다 함을 받고 네 말로 정죄함을 받으리라."*1

마찬가지로 악한 행동 역시 되살아난다. 악행은 결코 사라지지 않고 모든 시대에 영향을 미친다. 마치 유산처럼 후세에 전해지는 것이다. 사람이 죽는다고 그에 대한 기억까지 사라지는 것은 아니며, 이미 일어난 일은 결코 돌이킬 수 없다. 말름즈베리Malmesbury의 토머스Thomas는, "이 세상의 모든 인간 행동은 누구도 끝을 예측할 수 없을 만큼 긴 사건들의 시작이다."라고 말했다. 그리고 배비지Babbage는 이렇게 말했다. "선하든 악하든 모든 원자는 철학자와 현인들에 의해 전달되는 운동을 즉각 받아들이지만 그러한 운동 안에는 무가치하고 속된 온갖 것들이 수만 가지 방법으로 혼합되어 있다. 대기는 하나의 거대한 도서관으로, 그 안에는 인간이 한 모든 말과 속삭임이 영구히 보존되어 있다."

그리하여 모든 말과 생각과 행동은 인간의 운명에 영향을 미친다. 잘살았든 못살았든 모든 인생에는 결과가 따르고, 이것은 아직 태어나지 않은 세대에까지 이어진다. 이 모든 것은 우리로 하여금 생각과 말과 행동에 대해 깊은 책임감을 느끼게 한다. 차머스Chalmers 박사는 『로체스터 백작의 최후The Last Moments of the Earl of Rochester』라는 소책자를 읽으면서 유해한 팸플릿이 얼마나 많은 악을 퍼뜨릴 수 있는지 깨달

---

*1. 〈마태복음〉 12장 36~37절

았다."고 말했다.

저자의 책임

나쁜 책은 나쁜 말보다 더 해롭다. 나쁜 책은 악행과 마찬가지로 후
세 사람들의 생각과 의지를 빚는다. 저자는 죽어서 재가 되지만, 활자
화된 책은 오래도록 남는다. 나쁜 책을 쓴 저자는 책을 통해 영원히
살아남아서 악과 부도덕과 불신앙을 유포한다. 프리드리히 슐레겔
Frederick Schlegel은 이렇게 말했다. "인쇄술은 그 자체로는 대단히 유용
하고 좋은 것이지만, 점차 유해한 책자와 남을 비방하는 글을 유포하
는 도구로 이용되고 있다. 그것은 건전한 사고와 훌륭한 취향에 악영
향을 끼치는 하찮고 피상적인 글을 유입시켰다. 그리하여 이제 시대
정신은 천박하고 공허한, 소리만 요란하고 지루하기 이를 데 없는 생
각의 바다 위를 이리저리 떠돌다가 사유의 나침반과 진리의 북극성을
잃어버릴 위험에 처했다."[1]

그는 또 다음과 같이 저자들의 책임을 논했다. "그들은 이미 서로
의견을 달리하고 있지만 각자의 이익을 추구하느라 서로에게서 한층
더 멀어진다. 그들의 마음속에는 탐욕만 가득하다. 그들 중 가족과 나
라를 생각하는 사람이 누가 있는가? 모두 자기 자신밖에 모르는 사람
들이다. 관용과 명예, 헌신 등과 같이 과거에 조상들의 심장을 뛰게
했던 모든 것이 그들에게는 공허한 울림일 뿐이다. …… 그들이 하는
일이라곤 머릿속으로 계산하는 것밖에 없다. 그들에게 있어서 양심은
어이없고 수치스러운 그 무엇일 뿐이다."

저자들은 그들이 책을 통해 가르친 모든 선과 악에 대해 책임이 있다. 때로 저급한 책이 우리의 서재와 가정에 들어온다. 겉으로 보기에는 그럴듯해 보이고 독자의 마음을 잡아끄는 흡인력이 있지만 유해한 생각으로 가득 찬 그런 책들 말이다. 스턴Sterne은 "악덕에서 천박함의 요소를 제거하면 악의 요소도 절반은 사라진다."라고 말했지만, 그것은 잘못된 생각이다. 천박함은 우리에게 혐오감을 주지만, 재기발랄한 말 속에 감추어진 천박함은 우리 마음에 더 깊이 파고든다. 그 한 예로 젊은 여성들이 즐겨 읽는 저속한 소설들을 보라. 문체는 멋들어지지만 부도덕한 내용으로 가득하지 않은가. 그런 소설들은 대개 살인으로 시작해서 간음으로 끝난다. 마치 작가의 목표가 삶의 추악한 실상을 드러내 보여주는 데 있기라도 한 듯이 말이다. 그런데 이런 소설들 중에서도 가장 저속한 소설의 저자가 영국인 여성들이다.

그 밖에도 독자로 하여금 계속 낄낄대게 하는 책도 있다. 선인을 조롱하고 악인을 칭찬하는 책, 저자의 뒤틀린 심성이 엿보이는 이런 책들은 좋은 책, 좋은 소설과 얼마나 다른가! 여기서 좋은 책이라 함은 도덕 교과서 같은 책을 말하는 것이 아니라 독자에게 건전한 사고와 순수한 심성 및 용기를 불어넣어주는 책을 말한다. 록하트Lockhart는 장인인 월터 스콧 경에 대해 이렇게 말했다. "우리는 대단히 매혹적이면서도 높은 이상과 건전한 사상이 깃든 소설들을 30년 동안이나 꾸준히 발표해온 그에게 얼마나 큰 빚을 지고 있는지 짐작할 수 있을 것이다. 그의 작품은 우리의 정신을 고양시키고, 복수심이나 관능 따위의 저급한 정열을 경계하며, 방종이나 지나치게 엄격한 도덕주의와는 구별되는 인도주의적 자비를 드높이고, 냉소주의로 빠지지 않는 지성과 감상주의로 흐르지 않는 온정을 담고 있으며, 사상과 감정과 문체 전반에 걸쳐 인간다움이라는 단 한 가지의 순수하고도 강력한 원리에 의존하며, 인간의 모든 선하고 고결한 본성에 호소하는 한편 저급하고 이기적인 본성을 꾸짖는다."

참으로 대단한 찬사이지만 스콧은 이러한 찬사를 받을 만한 자격이 있다. 만년의 스콧에게 체니Cheney 박사가 그의 소설의 순수성을 칭찬하자, 스콧은 이렇게 대답했다. "이제 내 작가 경력도 마지막에 가까워 가는군요. 나는 금세 무대를 떠나게 될 것입니다. 나처럼 다작 소설가도 없을 것입니다만, 그래도 내가 쓴 많은 작품들 중에 사람의 믿음을 흔들거나 원칙을 흐리게 하는 작품은 없다는 것, 임종시에 지워 없애버리고 싶다는 생각이 들 만한 작품이 없다는 것은 내게 위안을 줍니다."

찰스 디킨스Charles Dickens에 대해서도 같은 말을 할 수 있겠다. 그는 인민의 사도였다. 맨체스터의 주교는 그에 대해 이렇게 말했다. "나는 디킨스의 작품을 거의 다 읽었지만, 내가 기억하는 한 그의 소설에는 야비하거나 악한 생각을 드러내주는 대목이 단 한 페이지, 아니 단 한 줄도 없었습니다. 나는 그가 쓴 모든 작품이 사람들에게 이루 말할 수 없는 유익을 끼쳤다고 생각합니다. 그의 소설은 투박한 외형 안에 단순한 미덕을 지니고 있습니다. 우리는 그의 소설에서 기독교적 자비의 위대한 교훈을 배웁니다. 설령 찰스 디킨스가 우리의 이상에 부합하는 작가가 아니라고 할지라도 우리는 그의 심판자가 될 수 없습니다. 우리는 그가 어떤 시련을 겪었는지 자세히 알지 못하기 때문입니다. 그러나 영국은 그 가장 필요한 곳에 인간의 삶을 고양시키고 정화시킨 이 위대한 작가에게 큰 빚을 지고 있다는 생각이 드는군요."

책은 살아 있는 목소리

좋은 책도 나쁜 책과 마찬가지로 저자보다 훨씬 오래 남는다. 2000년 전에 씌어진 책이 우리에게 삶의 목표를 부여하기도 하고 고인이 된 저자의 책이 우리의 마음을 사로잡아 인격을 변화시키기도 한다. 반면 나쁜 책은 여전히 목소리를 높여 청소년들로 하여금 범죄와 그 밖의 수치스러운 짓을 하도록 부추긴다. 나쁜 책의 저자들은 무덤 속에서 악을 퍼뜨리고 있는 것이다.

책은 살아 있는 목소리이며, 지표 위를 걸어 돌아다니는 정신이다. 책은 시공간적으로 우리와 다른 세계에 있는 저자의 생각을 생생하게 전달해준다. 사람은 죽고 기념비는 재가 되지만, 사람의 생각은 남는다. 플라톤을 보라. 그는 오래전에 죽어서 재가 되었지만 그의 사상과 행동은 아직도 살아 있다.

나쁜 책은 계속해서 악을 퍼뜨리는 정신적 독약이다. 나쁜 책의 저자들은 무덤 속에서도 세대를 거듭하여 살아 있는 사람들의 영혼을 살해한다. 좋은 책은 평생의 보물이지만 나쁜 책은 우리를 고문한다. 좋은 책은 선과 정직과 진실을 가르치지만 나쁜 책은 악과 이기심과 불신앙을 가르친다. 저자는 죽어도 책은 남는다는 점을 생각하고 책임감 있게 책을 써야 할 것이다.

다음은 워즈워스의 친한 친구 한 사람이 워즈워스에 대해 회고한 글이다. "내가 마지막으로 그를 보았을 때 그는 불행한 가정사로 인해 깊은 슬픔에 잠겨 있었고 나이 들어 몸도 쇠약해져 있었다. 그는 이렇게 말했다. '나와 내 시에 대해 세상이 어떻게 생각하느냐 하는 것은 조금도 중요하지 않네. 그러나 노년의 내게 한 가지 위안이 되는 것은 내가 젊었을 때부터 써온 시들 중에 지워버리고 싶을 만큼 인간의 저급한 본성에 영합한 구절은 단 한 줄도 없다는 점일세. 내가 죽은 후에도 사람들에게 해악을 끼칠 일이 없다고 생각하니 참으로 위안이 된다네.'"

이 장을 마치기에 앞서 러시아 시인 크릴로프Krilof가 쓴 우화 한 편을 소개하기로 한다. 〈작가와 강도The Author and the Robber〉라는 제목의 이 우화는 적어도 한 명 이상의 작가에게 도움이 되었다.

"두 명의 죄수가 지옥의 심판관들 앞에 섰다. 한 사람은 길거리에서 남의 물건을 빼앗다가 교수대에 오른 강도였고, 또 한 사람은 작품 속에 약간의 독을 타서 무신론을 조장하고 타락을 부추긴 유명작가였다. 그는 사이렌*2처럼 달콤한 목소리를 지녔고 사이렌처럼 위험했다. 지옥에서는 재판이 불필요하게 지연되거나 하는 일이 없었기 때문에 재판은 금세 끝났고, 곧바로 형이 선고되었다. 두 명의 죄인은 곧 천장에서 내려온 두 개의 쇠사슬에 매달린 커다란 무쇠솥에 들어가게 되었다. 강도의 솥 밑에 거대한 장작더미가 놓였는데, 복수의 여신이 불을 붙이자 장작이 무섭게 타오르면서 돌로 된 천장에 금이 갈 정도로 불길이 치솟았다. 그에 비하면 작가가 받을 형벌은 보다 가벼

---

*2. 사이렌 : 아름다운 노랫소리로 근처를 지나는 뱃사람을 유혹하여 파선시켰다는 바다의 요정

운 듯했지만, 그러나 처음에는 거의 보이지도 않던 솥 밑의 불길이 시간이 갈수록 점점 커졌다.

그 불길은 수세기가 지난 지금도 사그라지지 않았다. 강도의 솥 밑에서 타오르던 불길은 꺼진 지 오래이지만, 작가의 솥 밑에서 타오르는 불길은 시간이 갈수록 커져만 갔다. 작가는 자신의 고통이 줄어들지 않으리라는 것을 알고 신들에게 불공평하다고 소리를 질렀다. 그는 세상에 이름을 날렸으며, 비록 그의 글이 자유분방하다고는 해도 벌이 너무 지나치다고, 또 자신은 강도보다 더 큰 죄를 짓지는 않았다고 항변했다. 그러자 온몸을 화려하게 장식한 복수의 여신이 뱀의 머리칼을 한 채 피 묻은 채찍을 들고 나타났다. 그녀는 이렇게 소리쳤다.

'이놈! 네가 감히 신들을 비난하느냐? 네 죄에 비하면 강도의 죄는 아무것도 아니다. 강도는 살아 있는 동안에만 악행을 저질렀지만 너는 그렇지 않다. 너는 이미 오래전에 죽어서 재가 되었으나 네가 저지른 죄악은 매일 새로운 악을 낳고 있다. 네가 쓴 글은 독기가 줄어들기는커녕 널리 독을 퍼뜨리고 있으며 해가 갈수록 그 정도가 심해지고 있다. 저기를 보거라.' 복수의 여신은 그로 하여금 잠시 세상을 바라보게 한 후 다시 말을 이었다. '너로 인해 야기된 범죄와 고통을 보아라. 부모를 낙심하게 하고 가족에게 수치를 가져다준 사람들을 보아라. 그들의 이성과 감성이 누구에 의해 오염되었느냐? 바로 너다. 결혼의 신성함과 법의 권위를 어리석다고 비웃음으로써 사회의 결속을 파괴한 자가 누구냐? 네가 바로 그자다. 너는 계몽이라는 미명하에 불신앙을 조장하지 않았느냐? 그리고 사악한 정열을 대단히 매력적으로 보이게 하지 않았느냐? 자, 보아라. 너로 인해 한 나라 전체가 살인과 강도, 싸움과 반항으로 얼룩진 채 파멸의 길을 걷고 있다. 너는 이 나라 사람들이 흘린 모든 피와 눈물에 대해 책임이 있다. 그런데도 네가 감히 신들을 모욕하는 게냐? 이제까지 네 책이 세상에 끼친 악이 얼마냐? 그러니 너는 계속 벌을 받아야 한다. 이곳에서는 모두 공과에 따라 형벌이 정해진다.' 분노한 복수의 여신은 이렇게 말하고 무쇠솥의 뚜껑을 쾅하고 닫았다."2

16

마지막 때

| 새무얼 스마일즈의 의무론 |

흑암이 만물을 덮고
기우뚱거리던 마지막 기둥이 쓰러질 때
신의 자비는 그 재에 온기를 불어넣어
천국의 형상으로 빚으시네.

— 올리버 웬들 홈스Oliver Wendell Holmes

그대에게는 들리지 않는 목소리가 내게는 들립니다,
내게 더 이상 머물러서는 안 된다고 말하는 목소리가.
그대에게는 보이지 않는 손이 내게는 보입니다,
내게 가라고 신호하는 손짓이.

— 티켈Tickell

아, 인생이여! 아, 죽음이여! 아, 세상이여! 아, 시간이여!
아, 모든 것을 빨아들이는 무덤이여!
그대는 거대한 슬픔의 무게로
우리의 운명을 숭고하게 만드나니.

삶은 즐기는 동안에만 존재하는 것. 인생은 화살보다 빠르게 날아가는
태양 같지만 아무도 그 움직임을 감지하지 못한다. …… 지구는 결국
지구이며, 밤이 오면 우리의 태양은 저들의 태양과 마찬가지로 저물지
않는가?

— 헨리 스미스^{Henry Smith}

젊은이는 기쁨과 열정을 가지고 삶에 뛰어든다. 그의 앞에는 온통 황금빛 태양에 물든 아름다운 세상이 펼쳐진다. 그러나 열정은 금세 식고, 그는 아침의 상쾌함을 밤에까지 이어가지 못한다. 젊음은 사라지고 그는 나이 들어 노인이 된다.

젊음과 죽음

인생의 말년은 지나간 삶의 결과이다. 말과 행동은 돌이킬 수 없으며, 그 모든 것이 사람의 성격과 결합하여 그의 미래를 결정한다. 그러므로 과거는 늘 우리 안에서 현존한다. 제러미 테일러는, "모든 죄악은 처음에 미소 짓는 얼굴로 다가온다. 빛나는 얼굴에 꿀을 바른 입술로."라고 말했다. 그러나 시간이 지나고 사람이 악행을 그만두지 않으면 그는 두려움과 절망에 찬 노년을 맞이하게 될 것이다.

반면 선의 원리는 어떤 무기로도 뚫을 수 없는 전신갑주를 형성할 것이다. 세실^{Cecil}은, "참된 신앙은 우리의 삶과 건전한 사고와 영혼을 고양시킨다. 참된 신앙을 지닌 사람이라면 누구나 선한 말과 행위에서 힘을 얻는다."라고 말했다.

그러나 우리 모두는 언젠가 이 세상을 떠나야 한다. 그때가 되면 우리가 아는 이 세상은 더 이상 우리가 아는 곳이 아니리라. 죽음의 사자는 늘 가까이에 있다. 칼라일은, "죽음의 사자는 부지런한 사람과 게으른 사람을 가리지 않고 데려가며, 사람이 쾌락에 탐닉해 있을 때나 일에 몰두해 있을 때를 구분하지 않고 데려가, 그의 용모를 바꾼 후 저세상으로 보낸다."라고 말했다. 그리고 발자크는, "불쌍한 에드워드는 한창 때에 불행한 일을 당했다. 그는 지상의 가장 위대한 군주인 죽음을 맞이하기 위해 마차와 마부를 보내기 시작했다."라고 말했다.

죽음은 누구에게나 찾아온다. 우리는 날마다 이로 우리의 무덤을 파고 있다. 모래시계는 인생을 상징한다. 점점 모래가 줄어들다가 마지막 한 알까지 빠져나가면 조용해지면서 죽음이 찾아오는 것이다. 조상들의 무덤을 밟고 왕관을 쓴 군주들도 죽으면 다시 열조^{烈祖}에게 돌아간다.

영원히 살 수 없다

에스쿠리알 수도원에서 티치아노^{Titian}의 유명한 그림 〈최후의 만찬 *Last Supper*〉을 감상하는 윌키^{Wilkie}에게 예로니모회 수도원의 노수사 한 사람이 다가와 이렇게 말했다. "나는 60년에 가까운 긴 세월 동안 매일같이 여기 앉아서 저 그림을 보아왔습니다. 그동안 동료들이 차례로 세상을 떠났지요. 선배와 동료 수사가 모두 저세상 사람이 되었고, 후배 수사들도 대부분 명을 달리했습니다. 하지만 세대가 바뀌어도 그림 속의 저 인물들은 변함이 없군요. 어떨 때는 그들이 실제이고 우리가 그림자인 것처럼 느껴진답니다." 그 노수사도 지금은 세상을 떠나고 없다.

노인들은 젊은이들에게 자리를 내주어야 한다. 사람이 너무 오래 살면 신체 기능이 저하되어 혼자서는 아무것도 할 수 없는 상태가 되고 자기 자신과 다른 사람들을 힘들게 한다. 그런데도 더 오래 살기를 바라다니 얼마나 끔찍한 일인가. 페르테스는 이렇게 말했다. "주변의 많은 노인들을 보면 프리드리히 대제가 병사들에게 한 말이 생각난다. 병사들이 죽음이 확실시되는 전쟁터에 나가는 것에 대해 불평하자, 그는 '그러면 너희들은 영원히 살 생각이었더란 말이냐?' 하고 말했다." [1]

키루스Cyrus 대왕은 다음의 문구를 자신의 묘비명으로 삼았다. "아, 행인이여! 그대가 어디서 온 누구이든 (나는 그대가 오리라는 것을 알고 있다) 나는 페르시아 제국을 창건한 키루스이다. 내 몸을 덮은 이 좁은 땅을 탐하지 말라." 훗날 키루스 왕의 무덤을 찾은 알렉산더 대왕은 인생의 불확실성과 제행무상을 느끼게 하는 이 묘비명에 감동했으며, 그 무덤을 파헤친 자를 죽음으로 다스렸다.

크세르크세스에 대한 기록 중 그의 현명함을 보여주는 유일한 이야기는 100만 명의 무장한 군사들을 보고 그들 중 누구 하나도 100년을 살지 못하리라고 생각했다는 대목이다. 그때 그는 진실의 빛을 본 듯한 느낌이었으리라. [2]

임종을 앞둔 페리클레스는 주위 사람들이 그의 인품의 가장 훌륭하고 존경할 만한 면은 알아주지 않고, 그가 아닌 다른 사람이 했어도 잘 해냈을 일들만 가지고 그를 칭찬한다고 말했다.

무한한 야망을 가지고 있으나 결국 이를 가로막는 한계가 있음을 알게 된 사람은 절망에 사로잡힌다. 알렉산더 대왕은 더 이상 정복할 왕국이 없음을 한탄하였다. 인도를 정복한 최초의 이슬람교도인 가즈니 왕국의 마흐무드Mahmoud 역시 마찬가지였다. 그는 자신이 죽어간다는 사실을 알고 그가 가진 모든 금은보화를 가져오게 하여 펼쳐놓고는 그것들을 하나하나 살펴보며 어린아이처럼 울음을 터뜨렸다. "아, 이 보물들을 얻기 위해 얼마만한 위험을 감수하고 얼마나 심신을 피곤하게 하였던가! 이 모든 것을 보존하기 위해 또 얼마나 신경을 썼던가! 그런데 이제 이 모든 것을 남겨두고 죽어야 하다니!" 그는 자신의 궁전 안에 묻혔는데, 그 후로 그곳에는 그의 불행한 유령이 돌아다닌다는 말이 전해진다.

막대한 부를 쌓은 맨체스터의 한 제조업자는 새 금화 뭉치를 가져오게 하여 침대 위에 펼쳐놓고는 그것을 흐뭇하게 바라보며 손으로 만지작거렸다. 금화를 두 손 가득 움켜쥐었다가 하나씩 떨어뜨릴 때의 그 짤랑거리는 소리는 그의 귀에 음악처럼 감미롭게 들렸다. 그랬던 그도 죽을 때에는 그의 집 문 앞에서 구걸을 하던 거지와 다를 바 없었다.

프랑스의 샤를 9세는 끔찍한 죽음을 맞았다. 그는 성 바르톨로뮤 축일의 학살을 허가했는데, 죽어가는 순간 그날의 악몽에 시달렸다. 그는 시의에게 이렇게 말했다. "어찌된 영문인지 지난 며칠간 마치 열병에 걸린 듯했소. 심신이 허약해졌나 보오. 매 순간, 잠이 들었을 때나 깨어 있을 때나 피범벅이 된 시체의 모습이 나를 괴롭히오. 아, 무죄한 자들과 천치들은 살려둘 것을!" 그는 대학살이 있고 나서 2년 후에 죽었는데, 그날의 악몽은 마지막 순간까지도 그의 마음을 괴롭혔다.

시드니 스미스는 언젠가 하워드 성을 방문하여 새무얼 로밀리Samuel Romily 경과 함께 입구의 계단에 서서 주변 경관을 감상한 적이 있었다. 로밀리 경은 눈앞에 펼쳐진 아름다운 경치를 바라보다가 장려한 가족 묘지로 눈길을 돌렸다. 그리고는 한참 후에 두 팔을 들어올리며 이렇게 말했다. "아, 이 모든 것은 죽음을 끔찍한 것으로 만든다네."

마자랭 추기경은 살 날이 두 달밖에 안 남았다는 말을 듣고 아름다운 예술작품으로 가득한 그의 화랑을 거닐며 이렇게 외쳤다. "이 모든 것을 두고 가야 하다니. 이것들을 얻기 위해 얼마나 고생을 했는데. 이제 더 이상은 보지 못하다니!" 브리엔Brienne이 다가오자 추기경은 그의 팔을 잡으며 말했다. "기운이 없네. 이제 그만 봐야겠어." 그러나 그는 또다시 마음의 고통을 느꼈다. "친구여, 코레조Correggio의 저 아름다운 그림이 보이는가? 티치아노의 비너스와 카라치Carracci의 저 비할 데 없이 아름다운 그림이 보이는가? 아, 가엾은 친구여, 나는 이 모든 것들을 두고 가야하네. 아듀, 내가 그토록 사랑했고 내게 그토록 비싼 대가를 치르게 한 소중한 그림들이여!"[3]

죽음은 최악의 재난이 아니다

그러나 죽음이 인간에게 닥치는 최악의 재난은 아니다. 죽음은 만인을 동등하게 만드는 동시에 고귀하게 만든다. 의무를 다한 후의 죽음은 평안하지만 명예롭지 못한 죽음은 끔찍하다. 해리 베인Harry Vane 경은 처형을 당하기에 앞서 "복 되신 주님, 저로 하여금 대의를 저버리지 않게 하시니 감사합니다."라고 말했으며, 월터 롤리Walter Raleigh 경은 단두대의 사형집행인으로부터 머리를 동쪽으로 향하라는 말을 듣고 "마음만 올바르면 머리는 어디에 두든 상관없네."라고 대답했다.

한번은 어느 위대한 장군이 죽어가는데, 그의 주변에 있던 사람들이 그가 거둔 승리와 적에게서 빼앗은 군기의 수를 이야기했다. 그러자 그 노장군은, "아, 그대들이 '영광스럽다'고 일컫는 그 모든 행위가 얼마나 하찮은 일인지! 그 모두를 다 합쳐도 하느님의 사랑으로 내민 냉수 한 잔만 못하다네."라고 말했다.

존 무어 경은 코루냐의 들판에 쓰러진 후 그의 상처를 살피러 온 군의관에게, "아니, 아니야! 내게는 자네가 필요 없으니 병사들에게 가보게. 그들에게는 자네가 필요해."라고 말했다. 넬슨 제독이 마지막으로 남긴 말은, "하느님, 감사합니다. 저는 의무를 다했습니다. 저는 의무를 다했습니다!"였다. 월터 스콧 경은 임종시에 아들에게 이렇게 말했다. "아들아, 선한 사람이 되거라. 덕 있고 신앙 깊고 선한 사람이 되어라. 이 자리에 눕게 되면 그 밖의 다른 어떤 것도 위안이 되지 못한다." 새무얼 존슨Samuel Johnson은 죽어가면서, "잘 살아라!"라는 말을 남겼다.

칸트Kant는 80세에 사망했는데, 거의 마지막 순간까지 운신할 기력이 있었다. 병석에 누웠을 때 그는 다가오는 죽음에 대해 자주 언급했다. "나는 죽음이 두렵지 않다. 어떻게 죽어야 할지를 알고 있기 때문이다. 오늘 밤이 마지막 밤이라면 나는 두 손을 높이 들고 '하느님, 찬양 받으소서!' 하고 말했을 것이다. 그러나 만약 내가 다른 사람들에게 고통을 가져다준 일이 있다면 그렇게 하지 못했을 것이다."

칸트는 또한 이런 말도 했다. "인간에게서 희망과 잠을 앗아간다면 인간은 이 지상에서 가장 불행한 존재일 것이다. 그렇게 되면 인생의 짐이 너무나 무겁게 느껴지며, 약속의 땅을 보게 되리라는 희망에 의해서만 비스가 산*1을 오르는 고생을 감수할 수 있음을 알게 될 것이다."

참된 삶

우리가 이 세상에 태어나는 길은 한 가지이지만 이 세상을 떠나는 방법은 여러 가지이다. 탄생과 죽음은 생의 순환 고리를 이룰 뿐이다. 하느님은 우리를 존재하게 하셨고, 우리에게 인생의 방향타를 맡기셨다. 우리는 일을 하고 사람들을 사랑하며 그들에 대한 의무를 다할 수 있다. 제러미 테일러는 "신앙심은 의무의 수행으로 판별할 수 있다. 신앙이란 경건의 지식이라기보다는 경건한 삶이다. 천국에서는 먼저 보고 나중에 사랑하겠지만, 지상에서는 그렇지 않다. 여기서는 먼저 사랑하면 그 사랑이 우리의 눈과 마음을 열어줌으로써 우리가 보고 느끼고 알게 된다."

---

*1. 비스가 산 : 구약의 〈신명기〉에 나오는 산으로, 모세는 이 산의 정상에서 약속의 땅 가나안을 보았다

미래를 맞이하려면 매일매일을 용감하게 살아가야 한다. 우리는 죽어서 고통과 슬픔이 없는 세계에 가게 되리라는 강한 소망이 있기에 이 세상에서의 힘겨운 삶을 살아갈 수 있다. 내세의 참된 부는 현세에 이웃에게 베푼 선행이다. 사람이 죽으면 주위에서는 "그가 남긴 재산이 얼마나 된답니까?"라고 묻지만, 천사들은 "당신은 어떤 좋은 일을 했습니까?"라고 묻는다.

해 아래 있는 모든 것에는 마지막이 있다. 책에는 마지막 행이 있고, 마지막 설교와 마지막 연설이 있으며, 삶의 마지막 행위가 있고, 임종시의 마지막 유언이 있다. 아시시의 성 프란체스코가 마지막으로 남긴 말은, "제 영혼을 감옥에서 나오게 하여 주님의 이름을 찬양할 수 있게 하소서."였다. '여기에 잠들다'라는 문구는 대부분의 묘비에서 볼 수 있는 말이다. 그러나 마지막 날이 오면 모든 사람들의 마음속에 감추어진 비밀이 마침내 드러나리라.

우리에게서 청춘과 기쁨, 그리고
우리가 가진 모든 것을 가져가버리고
오직 노화와 재만을 남겨주는 것이 시간이다.
우리가 유랑을 모두 마쳤을 때
시간은 우리의 지나온 이야기들을
어둡고 고요한 무덤 속에 묻는다.
그러나 주님은 이 무덤과 흙과 재로부터
나를 들어올리시리라.

주

1 노동이 점잖지 못하다는 생각은 노예가 밭을 갈고 농노가 씨앗을 뿌리던 봉건시대의 잔재이다. 상류층에 대한 로마인들의 정의는 '조상 중에 하인으로 남을 섬긴 자가 없는 사람만을 상류층이라 한다.'라고 되어 있다. 미 공화국에는 노예의 피가 섞인 자는 모두 고대 로마의 옛 조상들로부터 그 피를 물려받았다는 생각이 널리 유포되어 있다. 독일의 시인 하이네는 이렇게 말했다. "친애하는 독일 농민 여러분, 미국에 가보시라. 그곳에는 왕도 없고 귀족도 없으며 모든 사람이 평등하지만 단 하나의 예외가 있다. 검은색과 갈색의 피부를 지닌 수백만 명의 사람들이 개와 같은 취급을 받고 있다. 흑인 조상을 둔 이는 피부가 희고 흑인처럼 보이지 않아도 이루 말할 수 없는 모욕을 감수해야 한다. …… 분명 고결한 인품의 소유자들은 마음 속으로 이런 이기주의와 불의가 판치는 것을 슬퍼할 것이다. 그러나 이에 맞서고자 한다면 그들은 유럽인들로서는 상상도 할 수 없는 고난을 당하게 될 것이다."

2 『인류의 유래 *Descent of Man*』, 1권 2장

3 그는 이렇게 말했다. "만약 죽음이 모든 것의 끝이라면 악인에게는 득이 될 것이다. 육신과 더불어 영혼도 사라진다면 그들의 악도 함께 사라질 것이기 때문이다. 그러나 확실히 영혼은 불멸하기에 지고의 덕과 지혜를 얻는 것 이외에는 악에서 놓여나 구원을 얻을 방법이 없다."—자우엣Jowett의 『플라톤의 대화 *Dialogues of Plato*』, 1장 488쪽

4 『인물로 본 철학사 *Biographical History of Philosophy*』, 1장 213쪽

5 칼라일은 이렇게 말했다. "사람들에게 도움이 될 만한 것이 있다면 왜 그것을 끊임없이 떠들어대는가? 사람이 자신의 재능을 행동으로 표현하지 않고 말로 떠들어대는 것은 불행한 일이다. 이 세대와 관련하여 참으로 안타까운 점은 신들에게 천재성(천재성이란 지성과 용기와 단호함의 빛 이외의 다른 무엇이 아니다)을 부여받은 사람들이 지금처럼 진지한 시대에 운문 형태로 자신의 재능을 드러내기를 고집한다는 것이다. 운문을 진지하게 읽는 이는 이제 아무도 없다." 반면 매슈 아널드는 『영국의 시인들 *The English Poets*』 서문에서 영국 민족은 시간이 갈수록 더 시와 친해지고 있다고 쓰고 있다. "그 어떤 주의도 흔들리지 않은 것이 없고, 그 어떤 교의도 의문점이 제기되지 않은 것이 없으며, 그 어떤 전통도 사라질 위험에 처하지 않은 것이 없다. 우리의 종교는 실제, 다시 말해서 사

실로 받아들여진 실제에 기초하고 있으나 이 실제에 감정이 더해짐으로써 이제 실제가 무너지고 있다. 그러나 시에 있어서는 개념이 모든 것이며, 그 나머지는 환상, 곧 거룩한 환상이다."

2장

1 윌슨이 에든버러 시의회 의원들 앞에서 선거유세를 할 때 시의원 중 한 사람이, "윌슨 씨, 당신에게 투표하고 싶지만 당신은 은혜로 구원받을 생각이 없다고들 하더군요."라고 말했다. 그러자 윌슨은 "그런 것은 잘 모릅니다. 하지만 내가 은혜로 구원받지 못한다면 분명 일이 나를 구원하는 일도 없을 것입니다."라고 말했고, 이에 상대방은 "좋습니다. 그것으로 충분합니다. 나는 당신에게 투표하겠습니다."라고 말했다.

2 P. E. 카로Caro의 『19세기의 염세주의*Le Pessimisme au XIX Siecle*』, 1877년

3 최근에 '필리스틴philistine'이라는 또 하나의 특이한 단어가 등장했다. 레슬리 스티븐 Leslie Stephen은 이것이 젠체하는 사람들이 같은 부류의 사람들을 비하해서 일컫는 말이 라고 하였으며, 쇼펜하우어Schopenhauer는 다음과 같은 또 다른 정의를 내렸다. "필리스 틴에게는 아무런 정신적 욕구가 없으며, 따라서 그들은 아무런 정신적 기쁨도 느끼지 못 한다. '진정한 기쁨이 아니라 욕망일 뿐이다'라는 말 그대로이다. 그들은 학문이나 깨달 음을 그 자체를 목적으로 해서 추구하지는 않는다. 예술작품의 감상도 그들의 존재에 활 기를 불어넣어주지는 못한다. 그들이 누리는 즐거움은 감각적인 즐거움이다. 죽음은 그 들의 신체에 또 하나의 안락함을 보탤 뿐이다."

4 A. 헤이워드Hayward의 『괴테*Goethe*』

3장

1 『성경과 신문*The Bible and the Newspaper*』, 1878년

2 조지 롱George Long 역譯, 『마르쿠스 아우렐리우스의 명상록*Thoughts of Marcus Aurelius*

Antoninus』, 144~5쪽

3 『영국 상업의 힘 *The Commercial Power of Great Britain*』, 1권 서문 11쪽

4 『굿 워즈 *Good Words*』에 실린 F. R. 콘더Conder의 글

5 "왜 도제제도를 되살리려는 노력이 이루어지지 않느냐고 묻는다면 매우 심각한 복병이 숨어 있기 때문이라고 대답해야 하겠다. 어떤 피아노 제작자는 협회에서 일인당 가르칠 수 있는 도제의 수를 한 명으로 제한하고 있기 때문에 필요한 인원을 확보할 수 없다고 불평했는데, 과연 한 명이라는 숫자는 수요를 감당하기에 턱없이 부족한 숫자이다. 그 피아노 제작자는 이미 기술을 익힌 일꾼을 외국에서 수입해오는 수밖에 달리 방법이 없다고 말했다. 간단히 말해서 미국 전역의 협회원들 사이에 미국 소년들을 쓸모있는 직업에서 배제시키려는 공모가 이루어지고 있는 것이다. 터무니없는 제도로 인해 기술 교육에 제한이 가해지고 있는데, 법의 엄정한 시행으로 이를 바로잡아야 할 것이다. 공교육제도의 도입으로 자연스럽게 많은 학생들이 수공업 분야에 등을 돌리게 된 지금 정작 수공업 분야에 종사하고 싶은 사람도 고용주와 고용인 모두의 위에 군림하는 협회원들이 길을 가로막고 있어서 그 일을 할 수 없는 상황이 되어버렸다."—〈월간 스크리브너즈 *Scribner's Monthly*〉, 1880년 3월호

6 이 시의 지은이인 월터 스미스Walter C. Smith 박사는 에든버러에서 열린 한 모임에 참석하여 이렇게 말했다. "나는 많은 사람들로부터 은행 파산과 관련한 편지를 받았습니다. 그 중 몇몇 사람은 내가 어떻게 해서 부정 이득에 반대하는 활동을 벌이게 되었는지 궁금해했지요. 현재의 재난은 수많은 사람들을 불행에 빠뜨렸습니다. 그런데 종교계에서는 형제들의 고통을 못 본 체하니 안타까운 일이지요. 이런 사기 사건이 신앙인들 사이에서 벌어졌다는 사실이 부끄럽지만, 그러나 나는 사랑하는 조국이 이런 불명예의 그늘에서 벗어나, 전보다 더 깨끗하고 건전한 풍토에서 활발한 기업 문화를 꽃피워가기를 바랍니다. 사람들이 보낸 편지에는 내 시에 등장하는 다섯 할머니가 실제 인물인지를 묻는 질문도 많았는데, 실제 인물 맞습니다. 내가 처음 그 할머니들을 본 것은 은행이 파산한 지 9일째 되던 날이었는데, 지금도 그때의 일은 잊혀지지가 않습니다. 그 9일 동안 할머니들은 식사도 하지 못하고 옷도 갈아입지 않고 밤에 잠도 이루지 못했습니다. 그분들은 너무나 놀라고 당황해서 선하신 하느님이 그들을 장차의 재난으로부터 구원해주시기만을 막연하게 바라고 있었습니다."

7 피터버러Peterborough의 주교는 이렇게 말했다. "편안함과 즐거움을 추구하는 경박한 마음과 부富의 숭배, 부를 소유하고자 하는 욕망에서 비롯된 사기와 부정직한 행동들, 부를 소유한 사람들에게 너무나 자주 따라다니는 사치, 미덕을 존중하는 시늉조차도 하지 않는 철면피함, 고결한 삶의 기초가 되는 훌륭한 사상과 고상한 목표들을 비웃는 냉소주의, 그리고 이 모든 것들로부터 기인하며 빈자의 시기 어린 이기심이 부자의 과시적인 이기심에 부딪쳐 날로 골이 깊어가는 계층 간의 갈등, 사회 체제를 존중하고자 하면서도 그렇지 못한 사람들의 절망적인 증오(이들에게 사회는 그들을 억압하는 하나의 거대한 장치로 보인다), 혁명이 일어나서 지금은 소수의 특권층에게만 허락되어 있고 많은 사람들이 쓰라린 마음을 안고 끊임없이 희구하는 여가와 오락을 수고와 인내 없이도 모두가 똑같이 나눠 갖게 되었으면 하는 열망—이러한 것들은 우리 손에 의해 우리 밭에 뿌려진 악의 씨앗들로, 어느 날 무성하게 자라나 그 어떤 외국의 침략자들보다 무서운 적이 될 것이다. 현대문명의 휘황찬란한 광휘는 잠시 이것들을 우리 눈에 보이지 않게 감춰둘 것이다. 그리하여 우리는 우리 민족의 위대성을 이루는 가장 중요한 요소들이 이 고조된 분위기 속에서 시들어가고 있음을, 그리고 문명의 어두운 그늘 속에서 어떠한 악이 자라고 있는지를 알아차리지 못할 것이다. 그러나 그럼에도 불구하고 우리가 그것들을 경계하지 않고 바로잡지 않으면 우리는 전쟁의 무서운 교훈이, 아니 패전으로 인한 끔찍한 시련과 고통이 평화로운 시대에 우리 자신의 죄에서 자라난 더 큰 공포로부터 우리를 구원해주기를 바라게 될지도 모른다.

| **4장** |

1 1871년 〈노스 아메리칸 리뷰North American Review〉 1월호에서 제이컵 D. 콕스Jacob D. Cox는 공직과 공금에 대한 열망이 미국 전역으로 확산되었다고 쓰고 있다. 그에 의하면 이런 분위기가 전염되지 않을 만큼 외진 마을은 없다고 한다. 미국의 한 정당이 상대 정당을 누르고 승리를 거두면 최하위직에 이르기까지 모든 관직을 그 정당에서 휩쓴다. 선거전의 구호는 '승자에게 관직을!'이다. 콕스는 이렇게 말한다. "부끄럽지만 이 말이 정계에 미치는 효과는 도시를 포위 공격하는 군대에게 '미녀와 전리품'이라는 말이 미치는

효과와 같다는 것을 고백해야 하겠습니다. 우리는 이권 다툼에 너무나 익숙해져서 이제 놀라울 만큼 무감각해졌으며, 대중의 양심은 부분적으로 사그라들기 시작했습니다(89쪽). 존슨 행정부 시절에는 다른 어느 나라의 역사에도 유례가 없을 만큼 부패가 만연했습니다. 그후로 시간이 갈수록 중상과 아첨, 뇌물수수 및 그 밖의 온갖 술수가 기승을 부리더니 마침내 부정 투표와 정당을 위한 투석전이 벌어지고, '술 한잔에 넘어갈 유권자들을 대접하라고' 받은 돈을 착복하기에 이르렀습니다(92쪽)."

2 괴테는 이 책이 그에게 얼마나 큰 축복이 되었는지에 대해 기술하고 있다. 죽음의 문턱에 다가선 81세의 괴테는 친구에게 『웨이크필드의 목사Vicar of Wakefield』는 그의 정신적 발달에 큰 영향을 미쳤으며, 70년 전에도 흥미롭게 읽었지만 최근에도 처음부터 끝까지 아주 흥미롭게 읽었다고 말했다.―『포스터Forster』

3 F. J. 골드스미드Goldsmid의 『오트램의 생애Life of Outram』참조

4 가장 최근의 유대인 박해자들은 루마니아인과 불가리아인이다. 그들은 자신들은 자유를 얻었으면서도 아직 고통과 슬픔 속에 살고 있는 유대인들에게는 자유를 인정하지 않고 있다. 루마니아인과 불가리아인은 자유를 누릴 자격이 없다. 그들은 권력을 쟁취했을지는 몰라도 정의는 얻지 못했다. 그들의 불의는 결국 그들 자신에게 돌아갈 것이다.

5 이 이야기는 프레더릭 마틴Frederick Martin의 『은행과 은행가들 이야기Stories of Bank and Bankers』에 자세히 수록되어 있다.

6 언젠가 시드니 스미스는 자신의 서류철을 공개하는 것을 두려워한 적이 없다고 말했다. 그는 대단히 양심적인 사람이었으며, 다른 사람의 돈을 사취하는 일 따위는 결코 없었다. 만약 그가 돈을 잃었다면 (펜실베이니아 주로부터 지급 거절을 당했을 때처럼) 그것은 그의 잘못이 아니라 채권자들의 잘못이었을 것이다.

5장

1 로마의 성 요한 라테란 성당은 "런던 근교의 성 판크라티우스 성당을 제외한 모든 교회의 어머니이자 머리"라고 말해진다. 모든 성 판크라티우스 성당의 문장紋章에는 공통적으로 이교 신앙을 믿고 서 있는 어린 성인의 그림이 그려져 있으며, 성 판크라티우스

성당은 영국에 7개가 있고, 이탈리아와 프랑스에도 다수가 있다.

2 아널드 박사는 이렇게 말했다. "나는 태어나서 지금까지 아비뇽Avignon의 교황청 감옥만큼 놀라운 것을 본 적이 없다. 지하 감옥의 천장은 아직도 검게 그을려 죄수들이 불로 고문을 당한 흔적을 보여주고, 바닥에 난 뚜껑문을 통해 아래를 내려다보면 벽에 핏자국이 묻어 있는데, 그것은 1791년의 대량학살 때 주르당 쿠 텟Jourdan Coup Tete이 아래의 얼음창고에 던져 넣은 죄수들에게서 나온 것이다. 인간의 사악함을 드러내주는 이 두 가지 정반대되는 형벌의 흔적을 보는 것은 끔찍한 일이었다.

3 필자는 이 주제에 대해 이미 2권의 책——『위그노: 잉글랜드와 아일랜드에서의 정착과 신앙생활 및 산업활동 The Huguenots: their Settlements, churches, and Industries in England and Ireland』과 『낭트 칙령 철회 이후의 프랑스 위그노 The Huguenots in France after the Revocation of the Edict of Nantes』——를 쓴 바 있으므로 여기서는 더 이상 언급하지 않기로 한다.

4 텔 이야기는 여러 나라에서 민담으로 전해 내려온다. 덴마크에도 텔 이야기가 있고 핀란드와 스위스에도 있으며 동양에도 있다. 원전은 아마 인도의 신화에서 비롯된 듯하다.

5 1707년의 스코틀랜드 인구는 100만 명에 불과했다.

6 베이츠Veitch 교수의 『접경 지대의 역사와 시가 Border History and Poetry』, 277쪽.

7 아널드 박사는 이렇게 말했다. "오를레앙 전투는 유럽 역사에 일대 전환기가 된 사건의 하나이다. 만약 잉글랜드가 프랑스를 지배하게 되었다면 그 결과 잉글랜드에 어떤 변화가 초래되었을지는 아무도 모르는 일이다. 어쩌면 잉글랜드가 프랑스의 속령이 되었을 수도 있다. 국가의 번영은 전쟁의 승리에 달려 있지 않으며, 우리가 경험한 2번의 참패——오를레앙과 배넉번에서의——는 우리에게 가장 큰 축복으로 판명되었다. 배넉번에서 스코틀랜드에 패한 것이 우리에게 큰 축복이 되었듯이 에드워드 2세 때 애선리Athunree에서 아일랜드에 승리를 거둔 것이 우리에게는 큰 재앙이 되었음은 흥미로운 일이다. 아일랜드가 독립국으로 남아 있었다면 훗날 아일랜드는 현재의 스코틀랜드처럼 잉글랜드에 병합되었을 것이고, 만약 스코틀랜드가 잉글랜드에 패해 속국이 되었다면 스코틀랜드는 지금의 아일랜드처럼 우리에게 큰 두통거리를 안겨주었을 것이다."

8 미슐레의 『프랑스사 Histoire de France』, 7권 4장

1 알렉산데르 6세의 교황 재위 기간은 분명 로마 근대사의 가장 암울한 시기이다. 이 시기에 만연한 부정부패와 부도덕은 판비니우스Panvinius, 무라토리Muratori, 파브레Fabre 등이 공동 저술한 『교회사Ecclesiastical History』와 신·구교 저술가들의 여러 저작 및 존 버처드John Burchard의 『일기Diarium』에 자세히 소개되어 있는데, 오늘날의 관점에서 보면 거의 믿을 수 없을 정도였다.—『영국 백과사전English Cyclopedia』

2 빌라리 교수의 『지롤라모 사보나롤라와 그의 시대History of Girolamo Savonarola and his Times』

3 이 저택은 현재 개인 소유로 넘어가 '메디치슬로언Medici-Sloane'이라는 이름으로 불리고 있다.

4 사실 사보나롤라는 보통의 가톨릭교도들보다 더 가톨릭적이었다. 그가 사제들에 대해 가장 빈번하게 나무랐던 것도 그들에게 화체설transubstantiation에 대한 믿음이 부족하다는 점이었다.

5 라파엘로는 피렌체의 보호령에서 태어났다.

7장

1 새무얼 베이커 경은 다른 기회에 이런 말도 했다. "우리들 여행자들은 조국에 대한 의무를 다해야 합니다. 우리는 미지의 나라를 탐험할 뿐만 아니라 조국에 상업적인 이익을 안겨줄 수 있는 정보를 가지고 돌아와야 합니다. 여행자들이 아무리 심한 고생을 한다 해도 우리에게 상업적 이익을 가져다줄 그 나라의 특산품을 발견하지 못하면, 그리하여 그들의 뒤를 이어 우리의 기업들이 그 나라로 진출하지 못한다면 그들의 수고는 의미 없는 일이 돼버리고 말 것입니다. 여행자들은 지난 수세기 동안—적어도 엘리자베스 여왕의 치세 이후로—영국이 세계를 문명화시키는 데에 공헌해왔다는 점에 자부심을 느껴도 좋을 것입니다. 아메리카 신대륙과 오스트레일리아는 이미 영국인들로 가득하고, 세계 각지에 영어 사용자들의 공동체가 형성되고 있습니다. 이러한 현상들은 여행자들의 탐

험보다는 기업의 상업활동에 기인한 것으로, 이제까지 미개했던 나라들이 어떻게 점차로 문명화되어 가는지에 대한 시사점을 던져주고 있습니다. 위대한 탐험가나 발견자들은 주로 포르투갈과 네덜란드에서 배출되었지만, 그들의 발견이 인류에게 영원히 가치 있는 일이 된 것은 주로 기업활동을 통해서입니다. 나는 여행에서 돌아온 이후로 만약 영국이 중앙아프리카의 자원을 개발한다면 이제까지 미개인들만 살던 나라에 점차로 문명의 빛이 비춰지리라 확신하게 되었습니다. 그리고 상업이 이것을 가능하게 해줄 것입니다."

2 스페인 전함 한 척은 페어Fair 섬의 절벽에 부딪혀 파선된 것으로 보이며, 페어 섬에 스페인계 주민이 사는 것으로 보아 당시 그 배에 타고 있던 사람들 몇 명이 섬 주민들에 의해 구조된 듯하다.

3 용감한 영국 수병들이 아니었다면 무적함대는 영국 침략에 성공했을지도 모른다. 지금도 그렇지만 그 당시에도 함대는 영국의 1차 방어선이었다. 상비군이 없었던 엘리자베스 여왕은 4000명의 자원병을 모집했는데, 여왕이 틸베리Tilbury에서 이들을 만나기도 전에 무적함대는 영국 함대에 의해 큰 타격을 입고 쫓겨갔다. 만약 영국 함대가 무적함대 병사들의 상륙을 저지하지 못했다면 런던은 그들의 손에 떨어졌을 것이다. 그러므로 영국의 안전은 전적으로 뱃사람들에게 달려 있었다.

4 『자조론Self-help』, 405쪽

5 『엔지니어들의 삶Lives of the Engineers』, 2권 참조

6 레드클리프의 스트랫퍼드Stratford 경은 이 오래된 구명정을 보고 시를 지었는데, 그 시는 이렇게 끝난다.

구조된 사람들의 목소리와
노랫소리가 들려오는 듯합니다.
그들의 아내와 아이들은
말없이 감격의 눈물을 흘립니다.
위난에 처한 사람들의 목숨을 구한
그 모든 고마운 기억들이
한데 모여 소중한 그대,

낡은 구명정을 부르는 듯합니다.

매년 구명정에 의해 구조된 사람들의 숫자와 용감한 구조대원들의 구조활동에 대해 자세히 알고 싶은 사람은 〈구명정 저널*Life-boat Journal*〉과 『구명정의 역사와 구조활동*The History of the Life-boat and its Work*』을 참조하라.

8장

1 브루스Bruce의 『역사 속의 인물들*Classic and Historic Portraits*』, 2장 207쪽

2 주트펜Zutphen 들판에서 치명상을 입고 누워 있던 필립 시드니 경은 심한 출혈로 목이 말라 물을 청했다. 곧 물병이 날라져 와서 그가 물병에 입을 대는 순간, 옆의 병사가 간절히 그 물병을 바라보는 것이 그의 눈에 띄었다. 그는 물병에서 입을 떼고 옆의 병사에게 건네주며, "나보다는 자네의 갈증이 훨씬 더 심한 것 같군."이라고 말했다. 필립 경은 그로부터 며칠 후 아른하임Arnheim에서 생을 마감하였다. 부상당한 한 덴마크 병사의 이야기도 이에 못지않게 감동적이다. 이 병사는 부상당해서 옆에 누워 있던 스웨덴 병사에게 맥주가 담겨 있는 자신의 물통을 건넸지만, 그 보답으로 어깨에 총을 맞았다. 그러자 그 덴마크 병사는 이렇게 말했다. "내 이제 자네에게 벌을 주겠네. 원래는 물통 속에 든 것을 다 줄 생각이었지만, 이제 반만 마시도록 하게."

3 코르도바의 곤살로Gonzalo가 이끄는 스페인 보병대는 1643년의 로크루아Rocroy 전투에서 전원 사망하였다. 그들은 낙오병 하나 없이 열을 그대로 유지한 채 죽음을 맞았다. 반도전쟁 때의 스페인 보병과는 얼마나 다른가! 반도 전쟁 때의 스페인 보병은 매우 무질서했다. 한 번은 웰링턴 공작이 1만 명의 스페인 병사가 달아나는 것을 목격했는데, 그들은 그의 시야를 벗어난 곳까지 계속해서 달렸다고 한다.

4 베야르의 검은 현재 부알로J. P. Boileau 경이 소장하고 있으며, '금빛 천Cloth of Gold' 들판(프랑시스 1세와 헨리 8세의 회담 장소. 들판에 임시로 지어진 양측 진영의 궁전이 매우 화려했던 데서 얻어진 이름이다.—역주)에서 헨리 8세에게 헌정한 베야르의 방패는 윈저 성의 근위병실에 보관되어 있다.

5 토머스 비니Thomas Binney의 『웰링턴*Wellington*』 참조

6 슈타인이 브레슬라우Breslau로 가기 위해 베를린Berlin을 떠나려 할 때 프로이센 궁정에 새로 파견된 프랑스 공사가 다음과 같은 내용이 적힌 포고문을 가지고 도착했다.

> 1. 슈타인이라는 자는 독일에서 문제를 일으키려 하였기에 프랑스와 라인 연방의 적으로 선포한다.
> 2. 프랑스와 라인 연방 내에 있는 슈타인의 재산을 모두 몰수할 것이며, 슈타인이 어디에 있든 프랑스군과 동맹군은 그를 발견하는 즉시 체포할 것이다.
>
> 1808년 12월 16일, 나폴레옹

7 〈젠틀맨즈 매거진*Gentleman's Magazine*〉에 실린 W. 키네어드 로즈Kinnaird Rose의 '다시 가본 세노바와 십카*Senova and Shipka Revisited*'

| 9장 |

1 성 바오로가 〈디도서〉 1장 12절에서 언급한 크레타인은 에피메니데스로 여겨진다.

2 한 미국인 작가는 이렇게 말했다. "오늘날 누군가 어린아이들의 전 생애에 영향을 미칠 만큼 폭넓은 주일학교 교육을 실시하려 한다면, 비록 그것이 그리스도가 했던 것처럼 실제적이고 성공적인 가르침을 베풀 수 있는 유일한 방법임에도 불구하고 그는 사람들의 반대에 부딪칠 것이다. 예를 들어 그가 자신의 서재에 있는 유익한 책들을 제공함으로써 저속한 책의 유입을 막고, 학교 안에 취업상담소를 운영하여 부랑자들에게 일자리를 알선해주려 한다면 그 즉시 안식일과 성경 연구의 옹호자들이 들고 일어설 것이다. 어느 세대에도 바리새인들은 꼭 있기 마련이니까. 완고한 형제들이여! 그대들 같은 훼방꾼들이 사라지는 일이 없기를!"

3 킹레이크Kinglake의 『크리미아*Crimea*』, 3장 334쪽

4 맨체스터의 주교는 오스웨스트리Oswestry에서 설교를 하면서 한 젊은 아가씨의 편지를 읽어주었다. 그 아가씨는 편지에서 다음과 같이 자신의 일상을 소개하며 이렇게 바쁜데

과연 교회 일을 할 짬이 있겠느냐고 묻고 있다. "우리는 10시에 아침식사를 합니다. 식사를 하는 데에는 한 시간쯤 걸리며, 그 사이에 편지나 신문의 사교난을 읽기도 합니다. 아침식사가 끝나면 편지에 답장을 써야 하고, 어머니를 대신해서 초대장을 쓰거나 초대장에 대한 답장을 쓰기도 합니다. 그런 뒤에는 온실에 가서 카나리아와 앵무새에게 모이를 주고 화초의 죽은 잎사귀와 시든 꽃잎을 떼어내야 합니다. 그러다 보면 점심식사를 위해 옷을 갈아입을 시간이 되고, 2시에 점심식사를 합니다. 3시쯤 되면 어머니와 함께 사람들을 방문합니다. 그리고 나서 5시쯤 집에 돌아오면 차 마실 시간이고, 이때 친지들이 우리를 방문합니다. 그 후 공원으로 산책을 나갔다가 집에 돌아와 저녁식사를 하고 다시 연극이나 오페라를 보러 갑니다. 밤에 집에 돌아오면 너무나 피곤해서 무엇을 해야 좋을지 모르는 형편입니다."

5 『굿 워즈*Good Words*』, 1873년

6 『스탠다드*Standard*』, 1879년 6월 28일

| 10장 |

1 베인Bain의 『인격 연구*On the Study of Character*』

2 J. F. 메이오Mayo

3 로버트 콜리어Robert Collyer 목사의 설교집 『현재의 삶: 그리고 자연과 인생*The Life that now is: and Nature and Life*』

4 앨프리드 그레고리Alfred Gregory의 『로버트 레이크스: 저널리스트이자 박애주의자*Robert Raikes: Journalist and Philanthropist*』, 1877년

| 11장 |

1 아래의 이야기는 작고한 시인 하이네Heine가 마지막으로 발표한 글에서 인용한 것이다. "〈림뷔르흐 크로니클*Limburg Chronicle*〉에 의하면 1480년 독일에는 그때까지 독일 땅

에 알려진 그 어떤 노래보다 아름다운 노래가 발표되어 남녀노소를 가리지 않고 누구나 그 노래를 연주하고 따라 불렀으며, 특히 여성들은 그 노래에 심취되어 아침부터 저녁까지 도처에서 그 노래의 곡조가 흘러나왔다고 한다. 그런데 이 노래를 지은 젊은이는 나병 환자로, 세상과 격리된 채 홀로 살아가고 있다고 〈림뷔르흐 크로니클〉은 덧붙이고 있다. 독자 여러분은 중세에 나병이 얼마나 무서운 질병이었는지, 그리고 이 병에 걸린 불행한 사람들이 어떻게 사회에서 추방되어 그 누구와도 접촉할 수 없었는지 잘 알고 있을 것이다. 그들은 머리끝부터 발끝까지 온몸을 가리고 얼굴에는 두건을 덮어쓴 채 산송장처럼 떠돌아다녀야 했으며, 손에는 '라자로의 방울'이라 불리는 것을 들고 다니면서 방울소리로 미리 사람들의 접근을 막아야 했다. 〈림뷔르흐 크로니클〉에서 극찬한 이 유명한 시인 겸 가수는 바로 이러한 나병 환자로, 모든 독일인이 즐거이 그의 노래를 부르는 동안 홀로 불행한 삶을 살아야 했다. …… 나는 가끔 밤에 〈림뷔르흐 크로니클〉의 기사에 난 그 불행한 젊은이의 환영을 볼 때가 있다. 두건으로 얼굴을 가린 젊은이의 슬픈 눈동자가 나를 이상스럽다는 듯이 빤히 쳐다보다가 사라지는 것이다. 그러면 꿈의 여운처럼 라자로의 방울 소리가 들려왔다."

2 마티노Martineau의 『서부 기행 *Western Travel*』

3 미국의 몇몇 주 교도소에서 죄수들에 대한 처우가 개선된 것은 사실이나, 1880년 2월 3일자 〈타임스 *Times*〉에 실린 윌리엄 털럭William Tulloch의 기고문을 보면 아직도 청소년 범죄자들이 매우 가혹하게 다루어지고 있음을 알 수 있다. 기고문의 내용은 다음과 같다. "예를 들어 최근 필라델피아의 한 신문에 난 기사에 의하면, 조지아 주 감옥의 경우 감옥 안에서 죄수들이 온갖 악행을 배우는 것은 물론이고 수십 명의 죄수들이 탄광에서 부역을 한다고 한다. 죄수들은 쇠사슬에 매인 채 사냥개의 감시를 받는 비참한 생활을 하고 있는데 그들 중에는 열다섯 살 난 소년도 있었다. 그 소년은 열 살 때 도둑질을 한 죄로 40년형을 선고받은 이후 벌써 5년째 노예나 다를 바 없는 생활을 하는 중이다. 이 기사가 난 신문이나 기사를 쓴 필자의 성격으로 미루어 볼 때 안타깝지만 기사의 내용은 매우 정확한 듯하다. 사실 미국의 수많은 감옥에서 이 같은 가혹행위가 이루어지고 있음은 많은 공문서에 의해 입증되고 있다. 그토록 어린 소년에게 그와 같은 중형을 선고한 판사는 그 자신이 감옥생활을 경험해보아야 할 것이며, 그 감옥생활이 언젠가 내가 펜실베이니아 주 교도소에서 목격한 판사의 경우처럼 편안한 생활이어서는 안 될 것이다. 그

판사는 뇌물수수죄로 2년형을 선고받았으나 그의 감방에는 온갖 사치품이 가득했다."

4 『행동으로 말하는 삶*Lives that Speak*』의 저자

12장

1 이 신들의 이름에서부터 영어의 요일명인 Thursday와 Wednesday, Friday가 유래하였다.

2 존 윌리엄스John Williams의 『남양 제도에서의 선교사 사역기*A Narrative of Missionary Enterprise in the South Sea Islands*』, 1841년

3 런던선교회 소속 존 윌리엄스 선교사의 『남양 제도에서의 선교사 사역기』에는 남양 제도의 자연사와 기원, 언어 및 섬 주민들의 전통과 습관이 기록되어 있다.

4 시드니 스미스는 어떤 편지에서 다소 풍자적인 어투로 이렇게 말했다. "나는 뉴질랜드의 주교에게 편지를 보내 식인종 추장들을 접대하게 되면 '여러분의 입맛에 맞는 음식이 없어서 정말 죄송합니다. 하지만 찬장 안을 열어보시면 목사보 요리와 성직자 구이가 많이 있을 것입니다.'라고 말하라고 조언해주었습니다. 하지만 손님들이 그것으로 만족하지 않고 주교마저 잡아먹으려 한다면 그가 그들과 의견을 달리하기를 바란다고 말해줄 수밖에 없겠지요. 분명 그도 이 마지막 말에 동의했을 겁니다. 그리고 전체적으로 내 말을 유익한 충고로 받아들여 고마워했을 것이 틀림없습니다."—『시드니 스미스 회고록*A Memoir of the Rev. Sydney Smith*』, 1장 386쪽

5 에드워즈는 매사추세츠 주 노샘프턴Northampton의 교회에서 목회를 하던 중 회중의 도덕성 개혁을 촉구하다가 쫓겨난 후 스톡브리지Stockbridge로 가서 인디언들에게 복음을 전했다. 그는 6년간 스톡브리지에서 생활하면서 부인으로부터 큰 도움을 받았으며, 또이 기간 동안 그의 가장 심오한 저작들을 집필했다. 에드워즈가 노샘프턴에서 면직당한이유는 다음과 같다. 그가 시무하던 교회의 젊은이들 몇 명이 음란물을 가져다 보고 다른 사람들에게도 빌려주었다. 이를 알게된 에드워즈는 교회의 장로들을 불러 이 문제를 의논하면서 사건에 연루된 사람들의 이름을 언급하였다. 그런데 거의 모든 가정이 이 문제와 직·간접적으로 관련이 있었던 듯하다. 장로들은 목사인 에드워즈에게 경멸적인

태도를 보이며 대항하였고, 결국 그의 면직을 표결에 부쳐 200 대 20으로 그를 쫓아내고
말았다. 이것이 에드워즈가 인디언들 사이에서 선교를 시작하게 된 계기이다.

6 영Yonge의 『개척자와 창시자들*Pioneers and Founders*』을 보면 이 선교사들에 대한 감동적
인 이야기가 소개되어 있다.

| 13장 |

1 다음은 카이르푸르Khairpur의 '자연 애호가' 한 사람이 라호르Lahore의 한 신문에 기고
한 글이다. "그제 저녁 나는 이곳의 커다란 호숫가를 거닐다가 특이하게 생긴 양동이를
든 두 남자를 만났다. 무엇에 쓰는 양동이냐고 물었더니 그들은 마드라스Madras에서 온
새 사냥꾼이라고 자신들을 소개한 후 양동이를 보여주었다. 그 안에는 물총새 200마리
의 깃털이 들어 있었는데, 그것을 마드라스에 가져다 팔면 40루피를 받는다고 한다. 그
들은 1년 내내 장소를 옮겨다니며 물총새를 잡아서 그 깃털을 영국에 판다고 말했다. 남
쪽으로 발길을 옮기는 그들에게 구자라트Gujarat에 가느냐고 묻자 구자라트에서는 물총
새 사냥이 금지되어 있기 때문에 가지 않는다는 대답이 돌아왔다. 선한 구자라트인들이
여! 영국령 인도의 다른 도시에서도 구자라트의 예를 본받았으면 한다. 아름다운 새들을
마구잡이로 죽이는 일이 오래 계속되다가는 세상에서 가장 아름다운 야생조류의 한 종
이 멸종되고 말 것이다."

2 "새 문제에 관한 한 프랑스는 할 말이 없는 나라다. 자연이 그 자녀를 잃고 한탄하는
것에 대해 프랑스는 눈을 가리고 귀를 막고 있다. 공화정이 어떠니 농민의 소유가 어떠
니 하면서도 그들은 자연보호를 위해서는 한 일이 거의 없다. 오히려 봉건주의와 귀족정
치 하에서 자연보호가 더 잘 이루어졌다. 프랑스에서는 어느 지역에 깃털이 아름다운 새
들이 많다는 소문이 났다 하면 그 즉시 총과 커다란 자루를 들고 정체 모를 개를 동반한
사람들이 그곳으로 몰려가 온종일 사냥감이 나타나기를 기다리는 형편이다."—〈더 타
임스〉

3 리히터Richter는 이렇게 말했다. "어린아이가 최초에 접한 모든 사물은 그의 마음속에
영원히 남는다. 어린이가 접한 최초의 색채와 음악과 꽃 같은 것들은 그의 인생의 전경前

548

^屬을 구성한다. …… 첫사랑이나 처음으로 겪는 불공정한 처사 등은 먼 훗날까지도 그의 인생에 그림자를 드리운다."

4 앤드루 A. W. 드루^{Drew} 목사는 〈더 타임스〉에 다음과 같은 글을 기고하여 이 문제에 대한 일반의 관심을 촉구하였다. "다행히도 나는 매를 맞아본 적이 없지만, 매를 맞은 다른 소년의 일은 평생 잊지 못할 것이다. 내 옆 침대의 학생은 블라운트^{Blount}라는 이름의 작고 연약한 소년이었다. 그런데 덩치 큰 소년 하나가 블라운트에게 반장의 설탕 그릇에서 설탕을 훔쳐오라고 시켰다. 블라운트가 설탕을 가져오자 그 덩치 큰 소년은 블라운트에게는 나눠주지도 않고 혼자 그 설탕을 다 먹어치웠다. 이 사실을 알게 된 반장은 사감에게 보고했고, 사감은 덩치 큰 소년은 벌하지 않고 블라운트에게만 매질을 가했다. 가엾은 블라운트는 그날 밤 고통에 잠을 이루지 못하다가 결국 내게 등의 상처를 좀 봐달라고 말했다. 그의 셔츠를 들추자 어깨에서부터 허리까지 살갗이 벗겨져 있었고, 상처 부위에서 스며 나온 피가 옷에 들러붙어서, 옷을 벗길 때 블라운트는 몹시 고통스러워했다. 나는 그의 옷을 벗긴 후 등에 박힌 가시를 10개도 넘게 빼냈다. 자작나무 회초리에서 나온 가시였다. 피범벅이 된 블라운트의 등은 그야말로 고깃덩어리 같았다. …… 한 신문 기사에 의하면 올드베일리 교도소의 죄수도 매질을 당했을 때 '등은 벌개졌지만 피는 나지 않았다'고 하는데, 이에 비하면 크라이스트 병원에서의 매질은 너무 심하지 않은가."

5 『인간의 유래 *Descent of Man*』, 1장 68쪽

6 우드^{Wood}의 『인간과 짐승 *Man and Beast*』, 1장 296~7쪽

7 다음은 1880년 4월 28일자 〈더 타임스〉에 난 기고문이다.

"마차를 끄는 말들은 매일같이 고통을 당하고 있다. 바짝 조인 고삐 이외에도 요즘에는 재갈을 사용함에 따라 더 큰 고통에 시달리게 되었다. 어제 본드 거리에서 멋진 회색 말 한 쌍이 끄는 훌륭한 사륜마차를 보았는데, 고삐가 너무 바짝 조여져 있었고 오른쪽 말의 입에서는 거품과 함께 피가 나고 있었다. 마차의 소유주인 젊은 부부가 과연 말의 고통을 알고도 저럴까 싶었다. 이런 광경은 나처럼 말을 사랑하는 사람들의 마음을 갈가리 찢어놓는다. 우리 같은 사람들은 평소 말들을 자세히 관찰하는 버릇이 있기에 한눈에 그들의 상태를 알 수 있다. 그래서 우리에게는 오후의 산책이 앞에서 언급한 것과 같은 장면 때문에 늘 망쳐지곤 한다. 거의 매일같이 입안에 피가 고여 있거나 재갈 때문에 혀가

거무튀튀하게 부어오른 말들을 만나게 되기 때문이다. 말들에게 가해진 이 모든 고통은 무지에서 비롯된 것인가, 관심이 부족한 탓인가, 아니면 인간의 잔인성으로 인한 것인가? 말 주인들에게 부탁하노니 제발 말에게 자비를 베풀기 바란다. 그들은 신의 피조물들 중 가장 고상한 생명체이며 인간에게 매우 헌신적이고 충직한 동물이다."

8 『동물과 그 주인들*Animals and their Masters*』, 20쪽

| 14장 |

1 라프주의자들은 종교적인 은둔생활을 하며 예수가 곧 재림하리라 믿는 신비주의적 성향을 가지고 있으면서도 그와는 대조적으로 실제적인 사고방식과 검약정신이 몸에 배어 있다고 알려져 있다. 라프주의자들은 셰이커교도와 같은 심령주의자들이 아니다. 교부 라프는 신도들에게 실제적인 기독교인이 되라고 가르쳤으며, "겸손과 소박한 삶, 자기희생, 이웃 사랑, 규칙적이면서도 꾸준한 노동, 기도 및 자기 성찰의 의무"를 강조했다. 그들은 초대 기독교인들을 본받아 공산제共産制를 도입하였기에 모든 사람이 노동에 참여해야 했다. 독일인 여행가 노르트호프Nordhoff는 그들 중 한 명에게서 "우리 각자는 모두를 위해 일합니다. 각자의 이익은 곧 모두의 이익이기에 이기적인 행동이나 낭비는 있을 수 없습니다. 우리는 알뜰하게 생활하도록 배워왔으며, 낭비는 곧 죄라고 알고 있습니다. 우리의 생활은 소박합니다. 각자 먹을 것, 입을 것을 충분히 가지고 있으며, 누구도 그 이상은 소유하지 않습니다."라는 말을 들었다. 라프주의자들은 꽃과 음악, 그림, 조각 등을 좋아하며, 교부 라프의 집에는 훌륭한 그림들이 많이 있다. 그들에게는 도서관도 있지만 "가장 많이 읽는 책은 역시 성경"이라고 한다.

| 15장 |

1 『문학사*History of Literature*』, 2장 39쪽

2 W. R. S. 롤스턴Ralston의 『크릴로프와 그의 우화*Krilof and his Fables*』

16장

1 『페데스의 생애 *Life of Perthes*』, 2장 473쪽

2 아시리아의 위대한 군주 니누스의 죽음에 대해서는 제러미 테일러의 『거룩한 죽음 *Holy Dying*』 1장을 보라.

3 생트뵈브 St.Beuve의 『월요한담 *Causeries du Lundi*』, 2장 249쪽

KI신서 9682

의무론(개정판)

1판 1쇄 발행 2021년 5월 31일

지은이 새무얼 스마일즈 **옮긴이** 박상은
펴낸이 김영곤 **펴낸곳** (주)북이십일 21세기북스
본문 디자인 김성엽
영업팀 한충희 김한성
제작팀 이영민 권경민
출판등록 2000년 5월 6일 제 406-2003-061 호
주소 (우 10881) 경기도 파주시 회동길 201(문발동)
대표전화 031-955-2100 **팩스** 031-955-2122 **이메일** book21@book21.co.kr

(주)북이십일 경계를 허무는 콘텐츠 리더

21세기북스 채널에서 도서 정보와 다양한 영상자료, 이벤트를 만나세요!

페이스북 facebook.com/jiinpill21   **포스트** post.naver.com/21c_editors
인스타그램 instagram.com/jiinpill21   **홈페이지** www.book21.com
유튜브 www.youtube.com/book21pub

당신의 인생을 빛내줄 명강의! 〈유니브스타〉
유니브스타는 〈서가명강〉과 〈인생명강〉이 함께합니다.
유튜브, 네이버, 팟캐스트에서 '유니브스타'를 검색해보세요!

ISBN 978-89-509-9525-6 13320